Julia Cameron

Mit offenen Augen durch die Welt

Julia Cameron

Mit offenen Augen durch die Welt

Neue Wege zu mehr Kreativität

Aus dem Amerikanischen von
Susanne Kahn-Ackermann

Knaur
MensSana

Die amerikanische Originalausgabe erschien 2002 unter dem Titel
Walking in this world. The practical art of creativity bei
Jeremy P. Tarcher/Putnam, a member of Penguin Putnam Inc., New York

Die Folie des Schutzumschlags sowie die Einschweißfolie
sind PE-Folien und biologisch abbaubar.
Dieses Buch wurde auf chlor- und säurefreiem Papier gedruckt.

Besuchen Sie uns im Internet: www.droemer-knaur.de
Alle Titel aus dem Bereich MensSana finden Sie im Internet unter
www.knaur-mens-sana.de

Umschlaggestaltung: ZERO Werbeagentur, München
Redaktion: Ralf Lay, Mönchengladbach
Umschlagmotiv: Fine Pic, München
Satz: Wilhelm Vornehm, München
Druck und Bindung: Ebner & Spiegel, Ulm
Printed in Germany
ISBN 3-426-66671-5

2 4 5 3 1

Dieses Buch ist dem Herausgeber, Verleger und Visionär
Jeremy P. Tarcher in Dankbarkeit für seine Klarheit,
seine Weisheit und seinen Esprit, vor allem aber
für seine Freundschaft gewidmet.

Danksagung

Sara Carder für ihre höchste Sorgfalt

Carolina Casperson für ihre gläubigen Augen

Sonia Choquette für ihren visionären Optimismus

Joel Fotinos für seinen Glauben und seine Visionskraft

Kelly Groves für seine Klarheit und seinen Enthusiasmus

Linda Kahn für ihre klarsichtige Wahrnehmungskraft

Bill Lavallee für seinen Optimismus und seine Stärke

Emma Lively für ihr eigensinniges Vertrauen

Larry Lonergan für seinen Humor und seine Führung

Julianna McCarthy für ihr geschicktes Herz

Robert McDonald für seine Inspiration und Kunstfertigkeit

Bruce Pomahac dafür, dass er ein Spiegel des guten Glaubens ist

Domenica Cameron-Scorsese für ihre Liebe und Urteilskraft

Jeremy Tarcher für seine Freundschaft und Führung

Edmund Towle für seine gut gelaunte Weisheit

Claire Vaccaro für ihren Schönheitssinn

Jerusalem geht um in dieser Welt

Dies ist große Seligkeit.
Die Luft ist seidig.
Sanftheit liegt
In den Blicken von Fremden.
Ich könnte nicht glücklicher sein,
Wäre ich Brot und du könntest mich essen.
Diese Freude ist gefährlich.
Sie füllt mich mit Geheimnissen.
»Ja«, zischt es in meinen Adern.
Meine Mühen, mich zu verstecken,
Sind so blank wie Glas.
Sicher wird dies ein Ende haben,
Der Wind wie Küsse,
Die Musik in der Suppe,
Die Versammlung von Bäumen,
Die lachen, als ich sie beim Namen nenne.

Alles ist Hosianna.
Alles ist Gebet.
Jerusalem geht um in dieser Welt.
Jerusalem geht um in dieser Welt.

Inhalt

Einleitung

Draußen vor meinem Fenster ein trüber Dezembertag. Unten im Riverside Park geht, auf den Arm ihres Begleiters gestützt, eine alte Frau im fahlen Sonnenlicht spazieren. Die beiden wandern langsam und vorsichtig den kopfsteingepflasterten Weg entlang. Immer mal wieder halten sie inne, um den Kapriolen eines Eichhörnchens zuzuschauen, das einen Ast entlangflitzt, oder um einen wagemutigen blau gefiederten Eichelhäher zu beobachten, der im rauschenden Sturzflug vor ihnen niedersaust, um einen Krümel für sich zu beanspruchen.

Zu meinen bevorzugten Formen der Unterhaltung mit Freunden zählt die, mit ihnen spazieren zu gehen. Ich liebe es, wenn wir uns mit der Welt im Allgemeinen und mit uns selbst befassen. Ich liebe es, wenn der Rabe, eine Steinmauer im Visier, im Landeanflug vorbeisegelt und meine Gedankengänge unterbricht. Ich liebe das gemächliche Herabwehen von Herbstblättern, von Schneeflocken, von Apfelbaumblüten – jedes zu seiner Jahreszeit. Gehen und reden, das macht mein Leben menschlich, bringt es auf ein uraltes und tröstliches Maß. Wir leben so, wie wir uns bewegen, ein Schritt nach dem anderen, und irgendetwas am sanften Dahinschreiten erinnert mich daran, wie ich leben muss, wenn ich dieses mir geschenkte Leben auskosten möchte.

> *Ich versuche jeden Satz, jedes Wort aufzufangen, das wir – du und ich – sagen …*
>
> ANTON TSCHECHOW

Das Auskosten des Daseins stellt sich in dem Moment fast wie von selbst ein, in dem ich auf das Eiltempo verzichte und mich vom Druck befreie. Diese Erde ist so wunderschön, und auch wir sind es – wenn ich mir nur die Zeit nehme, es wahrzunehmen. Gegenwärtig teile ich mein Leben zwischen New Mexico und New York auf, zwischen Spaziergängen im Riverside Park und Spaziergängen auf Feldwegen durch Salbeigebüsch, wo wir auf Klapperschlangen achten müssen. Für sie bedeuten die Wege eine Unbequemlichkeit, eine Störung ihrer Gefilde von wogendem Salbei und duftenden Pinien.

Während dieser Spaziergänge kommen mir meine besten Ideen. Beim Gehen steigt diese schwer zu erringende Klarheit auf. Beim Gehen erlebe ich dieses Gefühl von Wohlbefinden und Verbundenheit, und beim Gehen lebe ich am stärksten im Gebet. In New York bin ich eine Höhlenbewohnerin, gehe am späten Nachmittag spazieren, von goldbebänderten Sonnenuntergängen überwältigt, die die Skyline der Stadt herausputzen. Wenn möglich, gehe ich mit Freunden spazieren, und dann fällt mir stets auf, wie wohltuend die Momente unseres Schweigens, wie mühelos tief und wahr unsere Unterhaltungen sind. Ich hoffe, dass der gemächliche und sorgfältig geplante Aufbau dieses Buches Ihnen ein Vorgehen erlaubt, das solchen Spaziergängen gleichkommt. Die langsame Bewegung lässt uns unsere vielen Schichten der Verdrängung und Verteidigungsmechanismen rasch durchdringen, bis wir mit dem lebendigen Puls der uns allen innewohnenden Kreativität in Berührung kommen. Der Große Schöpfer erschuf diese Welt, um uns zu verzaubern und zu rühren. Wenn wir unser Tempo drosseln, um es dem der natürlichen Welt anzugleichen, merken wir, dass wir verzaubert, berührt, bewegt und ergriffen sind.

Vor zehn Jahren schrieb ich ein Buch mit dem Titel *Der Weg des Künstlers* und stellte darin die These auf, dass unsere kreative Entfaltung eine spirituelle Entfaltung ist und dass wir Hand in Hand mit dem Großen Schöpfer arbeiten – und wandern – können. Nun ist ein Jahrzehnt vergangen, und noch immer haben für mich die Unterweisungen jenes Buches den Klang der Wahrheit. Die beiden entscheidenden Hauptwerkzeuge oder Grundtechniken, jeden Morgen drei handgeschriebene Seiten, die Morgenseiten genannt, und eine wöchentliche Solounternehmung, das so genannte künstlerische Stelldichein oder auch Künstlertreff, sind mir – und inzwischen einer Million weiterer Leserinnen und Leser – noch immer äußerst dienlich. In den zehn Jahren hat sich nichts daran geändert. Der Drill und das Training bleiben sich gleich. Dazu hat sich nun noch ein weiteres Instrument als von entscheidender Bedeutung herauskristallisiert, der wöchentliche Spaziergang.

Nichts lässt uns der Schönheit und Kraft der Welt, in der wir leben, so innewerden wie das Spazierengehen. Indem wir uns in unseren Körper begeben, verkörpern wir die Wahrheit, dass wir als Künstler darauf aus sind, ein möglichst umfassendes und vollkommenes Werk zu schaffen, was bedeutet, dass wir mehr im Blick haben und erfassen müssen als nur den täglichen Tagesmarsch. Der wöchentliche Spaziergang verhilft uns zu einem solchen Überblick. Er erlaubt uns, sowohl Perspektive wie auch Trost zu finden. Wenn wir unsere Beine strecken, strecken wir auch Geist und Seele. Vom

Zeit ist keine gerade Linie, sondern eine Abfolge von Punkten im Jetzt.

TAISEN DESHIMARU

heiligen Augustinus, selbst ein großer Spaziergänger, stammt der Spruch: »Solvitur ambulando«, was wörtlich übersetzt heißt: »Beim Gehen wird es gelöst.« Das »es«, das wir da lösen, kann etwas so Spezielles sein wie eine aufreibende Liebesaffäre oder auch etwas so Erhabenes wie der Entwurf einer neuen Symphonie. Beim Gehen kommen uns Ideen. Und wir laden auch deren stillere Freundin ein, die Einsicht und das Sicheinfühlen. Das Gehen bringt uns oft dazu, vom »Was« in unserem Leben zum schwerer zu fassenden »Warum« zu kommen.

Vielleicht wäre es ganz hilfreich, Ihnen ein Gefühl zu vermitteln, wie meine persönliche Kreativitätspraxis aussieht. Sie wird täglich geübt, und was ich dazu brauche, kann ich bei mir tragen. Es sind nur Papier, Stift und Schuhe erforderlich.

Ich wache am Morgen auf, greife nach Stift und Morgenseiten-Journal und stippe meine Seele in mein gegenwärtiges Leben, notiere, was mich beunruhigt, was mich ärgert, was mich begeistert, was sich nach Plackerei anfühlt. Ich setze den Stift mit der gleichen methodischen Hingabe aufs Papier, wie eine Frau in den hohen Bergen Tibets Kleider im Fluss wäscht und an einem Felsstein schrubbt. Es ist ein Ritual, um den Tag zu beginnen, und eine Methode, vor mir selbst und Gott sauber dazustehen. Auf den Morgenseiten gibt's kein Sich-etwas-Vormachen. Ich bin wirklich so kleinlich, so ängstlich, so blind für all die Wunder um mich herum. Beim Schreiben dämmert das Licht herauf – so wie die Sonne über dem Kamm der Berge aufsteigt –, und es zeigt sich mehr, wird mehr enthüllt. Ich erkenne, warum ich Angst habe; wen ich anrufen sollte, um etwas wieder gutzumachen; was ich im Verlauf dieses speziellen Tagesmarsches tun muss, um ein kleines bisschen voranzukommen. So wie die Frau, die die Wäsche wäscht, vielleicht gerade lange genug für diesen einen Augenblick der Verbundenheit innehält, in dem die Sonne die Flanke eines aufragenden Berggipfels in blendendes Licht taucht, habe auch ich meine Augenblicke der Erkenntnis, der flüchtigen Einsicht in das Warum hinter dem Was, das ich lebe. Aber zum größten Teil sind die Seiten Routine. Ich mache es, weil ich es mache. Ich mache es, weil es »funktioniert«. Sie halten mein Bewusstsein sauber geschrubbt.

Die besten Einfälle kommen meist morgens im Bett nach dem Aufwachen oder beim Spazierengehen.

LEO TOLSTOI

Einmal in der Woche führe ich mich zu einem kleinen Abenteuer aus, zu meinem künstlerischen Stelldichein. Und ich meine wirklich klein. Ich gehe in einen

Stoffladen. Ich suche einen Knopfladen auf. Ich niese beim Eintreten in ein verstaubtes Antiquariat. Ich nehme mich zu einem Ausflug in eine Tierhandlung mit, wo in der Vogelabteilung unter dem traurig achtsamen Blick eines sich langsam bewegenden Kongo-Graupapageis Zebrafinken, Turteltauben und Nymphensittiche um Aufmerksamkeit buhlen. Wenn ich Glück habe, mache ich vielleicht auch einen Besuch in einem Teppichladen und verspüre einen Hauch von Ewigkeit, in einen Knoten um den anderen eingeknüpft. Vielleicht suche ich auch einen großen Uhrladen auf und lausche dem rhythmischen Ticken, so stetig wie ein Mutterherz.

Bei meinen künstlerischen Stelldicheins entsteige ich für eine kleine Weile dem Fluss gehetzter Zeit. Ich erkläre eine Stunde zur Verbotszone für eiliges Produzieren und habe die Möglichkeit, bewundernd zuzuschauen, wie mein eigenes »Sein« produziert wird. Ich bin nur eine Seele inmitten so vieler Seelen, ein Leben, geführt inmitten eines Buketts von Leben. Wenn ich aus dem drängenden und schubsenden Zeitgefüge heraustrete, nicht der Uhr nachjage, und sei es nur für eine Stunde, fühle ich, wie ich zu einem erlösenden Maß hingezogen werde. »Wir sitzen alle gemeinsam im selben Boot« lerne, erfahre ich. Dies und: »Es ist wunderschön.«

Ebenso getrieben und gestresst wie alle, die ich jemals unterrichtet habe, musste ich lernen, mit dem Gerenne aufzuhören. Das Gehen flog mir nicht ganz natürlich zu – und auch keinen Augenblick zu früh. Ich war schon Mitte vierzig, als ich die Kraft dieses so wesentlichen Werkzeugs entdeckte. Jetzt unternehme ich, wenn möglich täglich, ansonsten wenigstens einmal in der Woche einen ausgedehnten, die Seele erquickenden Spaziergang.

In unserem geschäftigen Leben müssen wir solche Spaziergänge vielleicht irgendwo dazwischenschieben, sei es, dass wir eine U-Bahn-Haltestelle früher aussteigen, sei es, dass wir das Haus ein paar Minuten früher verlassen, um ein Stück weiter zu gehen als nur bis zum nächsten Taxi. Die Mittagspause könnte zur Spaziergehzeit werden, oder es lässt sich in den späten Nachmittagsstunden Zeit dafür finden. Wie Sie gehen, ist weniger wichtig, als *dass* Sie gehen. Das Gehen ermöglicht es, dass Ihre innere Lehrerin oder Ihr innerer Lehrer mit ihren oder seinen Erkenntnissen in einen Dialog mit der Lehrerin eintritt, der Sie hier auf diesen Seiten begegnen.

Einfälle kommen von überall her.
ALFRED HITCHCOCK

Seit ich *Der Weg des Künstlers* verfasst habe, hörte ich viele Geschichten über das Wundersame und Wunderbare. Manchmal hält mich jemand in einem Restaurant oder auf einer belebten Straße an und sagt: »Ihr Buch hat mein Leben verändert.« Ich freue mich, als Kanal gedient zu haben, denn genau das war ich. Ich habe einfach die Regeln aufgeschrieben, die für eine göttliche Intervention in unser Leben gelten in dem Moment, in dem wir unsere Kreativität und dadurch unseren Großen Schöpfer in Anspruch nehmen. Meine Unterweisung hatte im Wesentlichen die Aussage zum Inhalt, dass wir alle miteinander verbunden sind und uns alle, wenn wir dies zur Kenntnis nehmen und uns darein ergeben, einer langen und sicheren Traditionslinie anschließen: Der Große Schöpfer liebt Künstler und wartet wie ein Liebhaber darauf, auf unsere Liebe zu reagieren und zu antworten, wenn wir sie anbieten.

Wie wir Gott nennen, spielt keine Rolle. Dass wir ihn in Anspruch nehmen und auf ihn zählen, schon. Da gibt es ein interaktives, gütiges wohlwollendes Etwas, das Wind in die Segel unserer Träume bläst und unsere Landung abfedert, wenn sich unsere aufgeblähten Fallschirme nach einem kreativen Höhenflug zusammengefaltet haben. Dieses kreative Etwas, der Große Schöpfer, interessiert sich für unsere Kreativität, bewegt sich ganz natürlich und unvermeidlich, um sie zu unterstützen, erkennt unsere kreativen Ideen als Kinder mit eigenständiger Entwicklung.

Wir gehen unseren Weg in dieser Welt nicht ohne Partner. Wir sprechen nicht unsere Gebete, ohne dass sie gehört werden. Da ist jemand oder etwas, das mit überaus zärtlichem Herzen zuhört. Mit unserer Öffnung für unser inneres Leben findet auch eine Veränderung unseres äußeren Lebens statt. Das Leben wird durch eine sanfte Form von Zuhören transformiert, gleichsam wie wenn man mit einer sehr geschätzten Freundin spazieren geht, die zuhört und sagt: »Vielleicht möchtest du es mal mit X probieren. O schau, das große Eichhörnchen dort ...«

Als auf den Großen Schöpfer eingestellte Künstlerinnen und Künstler werden wir beschwatzt und beschmust und gecoacht, damit wir weitermachen. Ich will ja nicht behaupten, dass Gott ein Burgess Meredith ist, der aus uns allen wie im Film einen »Rocky« macht, doch so ganz daneben ist dieser Vergleich vielleicht nicht. Gott ist der Große Künstler, und jeder Künstler begegnet Gott genau in der Form oder in den Formen, die für seine persönliche kreative Entfaltung hilfreich und notwendig sind: Freundlichkeit und Güte kommen in unser Leben; wir erfahren sie, wenn wir sie brauchen, wo wir sie brauchen – und in der Form, in der wir sie brauchen. Da findet eine Frau eine Sprechlehrerin. Eine andere machte eine Quelle für wundervolle Garne ausfindig. Ein Mann erhält freien Zugang zu einem Schneidetisch. Ein anderer entdeckt einen Laden für Künstlerbedarf, der die wunderschönsten deutschen Spitzer führt, die er für seine Bleistifte beim Komponieren brauchen kann.

Nichts ist zu geringfügig, zu klein. Nichts ist zu groß. Wenn wir regelmäßig bewusst Spaziergänge machen, täglich unsere Morgenseiten schreiben, wöchentlich unser künstlerisches Stelldichein unternehmen, fangen wir allmählich an, ein Gefühl für die Spielräume und Dimensionen Gottes zu bekommen – das eine Auge auf den Spatz gerichtet und das andere auf das endlos weite, sternenübersäte Universum. Wir sind Teil all dessen, und dadurch, dass wir einfach die Hand ausstrecken, um Kontakt herzustellen und uns zu verbinden, werden wir zu einem mit Partner ausgestatteten Teil des Lebens.

Wenn wir uns nach innen wenden, entdecken wir, dass wir dort nicht allein sind. Die Einsamkeit, die wir in der Kunst zu finden fürchten, ist vielmehr die Einsamkeit, die entsteht, wenn wir die Verbindung zu unserer Kreativität und unserem Schöpfer *abbrechen.* Doch wenn wir uns daran versuchen, buchstäblich etwas zu schaffen, begegnen wir unserem Schöpfer.

> *Unsere Bestrebungen sind unsere Möglichkeiten.*
>
> SAMUEL JOHNSON

Indem wir versuchen, immer mehr und mehr zu schaffen, wird aus uns und durch uns immer mehr und mehr gemacht und geschaffen. »Nicht ich, sondern der Vater tut das Werk.« Zu allen Zeiten haben sich Künstler in dieser oder ähnlicher Weise über die Inspiration geäußert. Sie berichteten vom Wispern des Göttlichen in ihrem Ohr, wenn sie es auf das Zuhören ausrichteten. »Die Ideen flogen mir direkt zu!«, riefen Komponisten, die ihre eigene Kreativität mit der des Schöpfers in Einklang gebracht hatten. Ideen können uns allen auf solche Weise »zufliegen« – und sie tun es auch. Sie sind das Eichhörnchen, das den Ast entlanghuscht. Sie sind die verwehte rosa Blüte, die auf dem Wangenknochen landet. Sie sind die leichte, doch entschiedene Berührung der unsichtbaren Welt, die die unsere berührt, wann immer wir bereit sind, berührt zu werden.

Mit offenen Augen durch die Welt soll eine sanfte Pilgerreise sein. Wir werden von Thema zu Thema wandern und beim Gehen über die tieferen Belange unserer

Seele sprechen. Ich sage »Seele«, weil das Kreativsein ein spirituelles, kein intellektuelles Unterfangen ist. Kreativität bedeutet tägliche spirituelle Praxis und ist, wie alle spirituellen Wege, sowohl geheimnisvoll wie auch gangbar. *Mit offenen Augen durch die Welt* beabsichtigt eine Entmystifizierung der Hindernisse, denen man gemeinhin auf dem Weg der Kreativität begegnet. Das Buch geht auf Probleme ein, vor denen nicht nur Anfänger stehen, sondern auch schon sehr viel weiter Fortgeschrittene. Wenn man sagen kann, dass *Der Weg des Künstlers* viele Reisende in die Meere des Schöpferischen entlassen hat, so soll dieses Buch ihnen den benötigten Nachschub in Form von Klarheit und Ermutigung bringen. Das kreative Leben ist lohnenswert, aber schwierig. Und viele Schwierigkeiten werden durch das Gefühl von Kameradschaft sowie gemeinsames Vertrauen und geteilten Glauben relativiert.

Wenn wir, indem wir einen Fuß vor den anderen setzen, unseren Weg in dieser Welt gehen, werden wir von Engeln begleitet, die wir zwar nicht sehen, aber doch spüren können. Und indem wir uns – durch unsere eigene lauschende Kreativität – für die göttliche Führung öffnen, werden wir zum Göttlichen in dieser Welt und in unseren allzu weltlichen Herzen geleitet.

Deine Arbeit im Leben ist letztlich die stärkste Verführung.

PABLO PICASSO

Grundwerkzeuge

Viele Menschen, die mit meinen früheren Büchern *Der Weg des Künstlers* und *Der Weg zum kreativen Selbst* gearbeitet haben, werden die Grundwerkzeuge meiner Kreativitätspraxis kennen. Andere werden sich erst noch damit vertraut machen müssen. Dennoch sollten sich alle Leserinnen und Leser die Zeit nehmen, sich folgende drei einfache Werkzeuge noch einmal vor Augen zu führen oder den Umgang mit ihnen zu erlernen: Morgenseiten, künstlerisches Stelldichein und wöchentlicher Spaziergang. Es ist empfehlenswert, sie während dieses »Kurses« immer wieder zu üben.

WERKZEUG 1: *Morgenseiten*

Die Morgenseiten sind ein grundlegendes Werkzeug für eine genesende Kreativität. Aus meiner Sicht bilden sie das Fundament eines kreativen Lebens. Dabei handelt es sich um drei mit der Hand geschriebene Seiten, auf denen Sie, noch bevor der Tag »beginnt«, Ihren Bewusstseinsstrom zu Papier bringen. Die Morgenseiten dienen dazu, Prioritäten für die Aktivitäten des Tages zu setzen, die Aktivitäten abzuklären und zu erden. Häufig fragmentiert, kleinkariert und sogar jammerig, wie sie sind, wurden die Morgenseiten einmal als »Gehirndränage« bezeichnet, weil sie so ganz eindeutig Negativität absaugen. Alles und jedes ist Brennstoff für sie. Sie bieten Raum für die Sorgen wegen des Tons in der Stimme des Liebsten, wegen der merkwürdigen Klopfgeräusche des Wagens, wegen der ungelösten Frage, woher das Geld für diese Monatsmiete kommen soll. Sie bieten Raum für die Bedenken hinsichtlich einer Freundschaft, für die Spekulationen über einen möglichen neuen Job, für die Erinnerung, Katzenstreu zu kaufen. Sie erwähnen, manchmal wiederholte Male, das übermäßige Essen, den Mangel an Schlaf, das maßlose Trinken und Immer-wieder-Nachdenken, jene Lieblingsgifte des Zauderers, die Künstler so gerne mögen.

> *... wir alle brauchen die beruhigende und heilende Botschaft, die uns geschätzte und bewährte Rituale zukommen lassen.*
>
> SARAH BAN BREATHNACH

Ich schreibe nun seit zwanzig Jahren Morgenseiten. Sie waren Zeugen meines Lebens in Chicago, New Mexico, New York und Los Angeles. Sie haben mich durch das Schreiben von Büchern, das Komponieren von Musik, durch den Tod meines Vaters, eine Scheidung, den Kauf eines Hauses und eines Pferdes geleitet. Sie haben mich zu Klavierstunden geführt, zum Körpertraining, zur intensiven Korrespondenz mit einem bedeutsamen Mann, zum Kuchenbacken, zum neuerlichen Durchlesen und Aufpolieren alter Manuskripte. Es gibt keine Nische meines Lebens oder Bewusstseins, die von diesen Seiten nicht durchgefegt worden ist. Sie sind der tägliche Besen, der mein Bewusstsein für den Tag klar und für die Aufnahme eines frischen Gedankenstroms bereitmacht.

Ich schreibe meine Morgenseiten in mein *Der Weg des Künstlers Morgenseiten Journal*, das ich für diesen Zweck entworfen habe. Sie könnten Ihre Morgenseiten in ein schimmerndes Schreibheft mit Spiralbindung schreiben. Manche verfassen ihre Seiten am Computer, obwohl ich sehr stark empfehle, sie mit der Hand zu schreiben. Sogar der Charakter meiner Schrift sagt mir etwas über den Charakter und die Klarheit meiner Gedanken. Natürlich ist das Schreiben der Morgenseiten manchmal schwierig. Sie fühlen sich gestelzt, langweilig, abgedroschen, sich ewig wiederholend oder ganz schlicht deprimierend an. Ich habe gelernt, mich durch solche Widerstände hindurchzuschreiben, und glaube, die Morgenseiten gehören mit zum Heilungsweg. Ich kenne Menschen, die sagen, sie seien »zu beschäftigt«, um Morgenseiten zu schreiben. Ich habe zwar Verständnis dafür, bezweifle aber, dass die Geschäftigkeit ihres Lebens jemals dadurch gemindert wird, dass sie keine Morgenseiten schreiben.

Ich habe die paradoxe Erfahrung gemacht, dass die Morgenseiten sowohl Zeit beanspruchen wie auch schenken. Es ist, als würde uns die Tatsache, dass wir unseren inneren Film zu Papier bringen, frei machen, in unserem Leben zu agieren. Plötzlich ist ein Tag voll von kleinen Wahlmöglichkeiten, voller winziger »Fenster«, die uns für unseren bewussten Umgang mit der Zeit zur Verfügung stehen. Es mag sich um eine so simple Sache handeln, wie dass wir »Ich sollte Alberta anrufen« aufgeschrieben haben und dies uns nun dazu bringt, es auch tatsächlich zu tun, sobald sich ein freier Augenblick ergibt. Wir verspüren beim Schreiben der Morgenseiten die Neigung, die Dinge zurechtzurücken, »ins Lot« zu bringen. Unsere Tage werden unser Eigen. Die Belange und Prioritä-

> *Wir müssen bereit sein, uns des Lebens zu entledigen, das wir geplant haben, um das Leben haben zu können, das auf uns wartet.*
>
> JOSEPH CAMPBELL

ten anderer Menschen bestimmen nicht länger über Gebühr unser Leben und kosten nicht mehr unnötig Zeit. Wir nehmen fürsorglichen Anteil an anderen, kümmern uns jetzt aber auch um uns selbst.

Ich stelle mir das Schreiben der Morgenseiten gern als einen Retreat-, einen Rückzugsprozess vor. Wir ziehen uns in die Morgenseiten zurück, ins Innere, in den Kern unserer wahren Werte, Wahrnehmungen und Vorhaben. Dieser Prozess nimmt ungefähr eine halbe Stunde in Anspruch – etwa die gleiche Zeitspanne, die man normalerweise für die Meditation reserviert. Ich betrachte die Morgenseiten inzwischen als eine Form der Meditation, eine sehr machtvolle und befreiende Form für uns hyperaktive Westler. Unsere Sorgen, Fantasien, Ängste, Hoffnungen, Träume, Anliegen und Überzeugen breiten sich alle frei und ungehindert über die Seiten hin aus. Die Seiten werden zur Projektionsfläche unseres Bewusstseins. Unsere Gedanken sind wie Wolken, die vor dem Berg unseres beobachtenden Auges dahinziehen.

Als ich mit den Morgenseiten anfing, lebte ich in New Mexico am Fuß des Taos Mountain. Ich steckte in meinem Leben, in meiner Kunst, in meiner Karriere fest. Da kam ich eines Morgens schlicht auf die Idee, Morgenseiten zu schreiben, und seither habe ich das fortgeführt. Meine drei Seiten täglich haben – Tag für Tag, Seite für Seite – die Knoten in meiner Karriere, meinem Leben und meiner Liebe gelöst. Sie zeigten mir einen Weg, wo keiner war, und ihm folge ich nun im Vertrauen darauf, dass er sich, wenn ich ihm folge, fortsetzen wird. Ich möchte Sie bitten, für die Dauer Ihrer Arbeit mit diesem Buch und, wie ich hoffe, noch sehr viel länger täglich Morgenseiten zu schreiben. Sie werden Sie zu einer inneren Lehrerin oder einem inneren Lehrer führen, deren oder dessen Tiefgründigkeit Sie in Erstaunen setzen wird. Nur Sie können die Tür öffnen, damit Ihr Lehrer eintreten kann.

WERKZEUG 2: *Das künstlerische Stelldichein*

Für eine genesende Kreativität ist auch ein zweites Werkzeug wesentlich: der Künstlertreff bzw. das künstlerische Stelldichein. Hier handelt es sich um eine Expedition von etwa einer Stunde, die Sie einmal in der Woche im Alleingang unternehmen, um etwas Festliches, Stimmungsvolles oder für Ihr kreatives

Bewusstsein Interessantes zu erkunden. Dabei geht es um Ihre Autonomie, aber auch um ein wenig Abenteuerlust. Will man die Morgenseiten als Arbeit bezeichnen, so ist das künstlerische Stelldichein ein Spiel. Aber lassen Sie sich durch diesen Begriff nicht zur der falschen Ansicht verleiten, dass es deshalb »weniger wichtig« sei. Kunst kommt durch eine spielende Imagination zustande. Ein Künstler, der vergisst, wie man spielt, vergisst bald, wie man arbeitet. Ohne Übung wird der Flug ins Unbekannte, der Glaubenssprung auf das Blatt Papier, die Bühne oder die Leinwand immer schwieriger.

> *Die Erkenntnis, dass ich kreativ und glücklich zugleich sein kann, bedeutet eine große Erleichterung für mich.*
>
> JAMES W. HALL

Jedwede Kunst ist im Grunde ein Prozess, der sich der Bildhaftigkeit bedient. Wir tauchen in die Quelle unseres Bewusstseins ein, um dort Bilder und Ereignisse zu finden, mit denen sich unsere Imaginationsgabe beschäftigen kann. Und wenn wir nicht aufpassen, ist unsere innere Quelle ganz leicht überfischt, und wir haben unser Bilderreservoir erschöpft. Wir stellen fest, dass neue Ideen beim Fischen nach etwas, was wir sagen, tun oder zeichnen können, immer flüchtiger und ungreifbarer werden. Nichts »ködert« uns.

Das bewusste Einsetzen unseres wöchentlichen künstlerischen Stelldicheins füllt unsere innere Quelle wieder auf und erzeugt ein Gefühl von Wohlbefinden. Und das gilt umso mehr, wenn wir völlig ausgelaugt sind. Die Synchronizität – dieses unglaubliche Geschick, zur rechten Zeit am richtigen Ort zu sein – nimmt merklich zu, wenn wir das künstlerische Stelldichein praktizieren. Wie einem kranken und zu lange ans Haus gefesselten Invaliden die Decke auf den Kopf fällt und ihn das Gefühl der Ruhelosigkeit und Klaustrophobie überwältigt, leidet auch der Künstler ohne seine künstlerischen Stelldicheins unter einem Gefühl von Beengtheit. Ich weiß es aus eigener Erfahrung, denn ich hatte unter langen Phasen angegriffener Gesundheit zu leiden. Und immer wenn ich zu meiner Praxis des künstlerischen Stelldicheins zurückkehre, steigert sich mein Wohlbefinden und gewinnt meine Arbeit an Umfang und Tiefe.

> *Eine Ahnung ist der Versuch der Kreativität, dir etwas mitzuteilen.*
>
> FRANK CAPRA

Sie werden für die Dauer dieses Kurses und für noch länger, wie ich hoffe, gebeten, Ihre(n) innere(n) Künstler(in) zu einem wöchentlichen Ausflug mitzunehmen. Seien Sie hier auf Widerstand und Selbstsabotage gefasst. Da planen Sie etwas Abenteuerlustiges und Vergnügliches, nur um sich dann dabei zu ertappen, dass Sie Ihr Stelldichein selbst sabotieren. Unser innerer Künstler ist ein unbeständiges und verletzliches Geschöpf, so bedürftig wie eine Scheidungswaise. Er möchte wenigstens einmal in der Woche Ihre ganze Zeit und ungeteilte Aufmerksamkeit haben, damit er Ihnen von seinen Träumen und Schwierigkeiten berichten kann. Das mag schmerzlich werden. Ist es da ein Wunder, wenn wir manchmal einen solchen Kontakt meiden? Seien Sie auf der Hut und bemüht, Ihrem Widerstand mit Widerstand zu begegnen.

WERKZEUG 3: *Wöchentliche Spaziergänge*

Die meisten von uns verbringen ihr Leben im Laufschritt, sind zu beschäftigt und zu gehetzt, um irgendwohin zu Fuß zu gehen. Von allerlei Problemen und Schwierigkeiten in Beschlag genommen, haben wir das Gefühl, Spazierengehen sei eine banale Form von Verschwendung unserer wertvollen Zeit. »Wann soll ich das denn noch machen?«, sagen wir und deklassieren es zu einem weiteren Problem, zu einer weiteren Frage für unser geschäftiges Hirn. Die Wahrheit ist jedoch, dass das Gehen unsere Lösungen für die Probleme bereithält.

Ich entdeckte in einer Zeit, in der ich mich sowohl in ganz persönlicher wie auch in kreativer Hinsicht orientierungslos fühlte, den Trost und die Orientierung, die sich im Spazierengehen finden lassen. Damals besaß ich einen 1965er Chevy-Pick-up namens Louise. Und jeden Nachmittag belud ich sie mit einem halben Dutzend Hunde und fuhr uns dann auf einem Feldweg in die Salbeibüsche. Nach einer Meile Fahrt ins »Nichts« hinein parkte ich den Wagen am Wegrand und signalisierte den Hunden, dass sie frei herumstreunen konnten – solange sie sich in Rufweite hielten. Dann marschierte ich los. Ich ging eine Schleife von 45 Minuten, erst nach Süden und Osten in Richtung der Vorgebirge, dann nach Norden und Westen direkt auf den Taos Mountain zu. Beim Gehen wurde ich von meinen Emotionen erfasst und durchströmt. Ich grämte mich wegen einer gescheiterten Ehe und betrauerte den Tod meines Vaters, der mir viele Jahre lang ein enger, kreativer Gefährte gewesen war. Ich ging und bat um Führung. Wolken zogen vor dem

Berg vorbei. Ich nahm die Wolken wahr und dann in mir das Gefühl von Führung. Ich wusste, was ich schreiben sollte, wie ich es schreiben sollte und dass ich es schreiben sollte. Immer ein Tag, ein Spaziergang, ja sogar ein einfacher Schritt auf einmal, so begann sich mein trauriges und verwickeltes Leben allmählich selbst zu ordnen und zu sortieren. Ich sage, es sortierte sich selbst, denn ich tat nichts weiter dazu, als »durchzugehen«. Und seither gehe ich spazieren.

»Geh spazieren und denk drüber nach« ist ein guter Rat, gleich ob es sich bei dem Problem um einen heiklen Handlungsfaden oder einen hartnäckigen persönlichen Konflikt handelt. Die Indianer gehen auf Visionssuche, die Aborigines begeben sich auf ihr Walkabout. In beiden Kulturen existiert das Wissen, dass das Gehen den Kopf frei macht. Wir in unserer modernen Kultur halten oft fälschlicherweise den Kopf für die Quelle aller Weisheit statt für den Produzenten von Querulanz und Nörgelei. Sie werden für die Dauer dieses Kurses gebeten, wenigstens einmal in der Woche einen zwanzigminütigen Spaziergang zu unternehmen. Sie werden feststellen, dass diese Spaziergänge Ihr Denken fokussieren und Ihre Durchbrüche einleiten. Sie werden mit der »Imagi-Nation« in Kontakt treten – mit jenem Reich der größeren, umfassenderen Gedanken und Ideen, das den Schamanen und spirituell Suchen wohlbekannt ist. Ich hoffe, dass dieser Kurs in Ihnen sowohl die Gewohnheit, spazieren zu gehen, wie auch die Gewohnheit wecken und aufleben lassen wird, beim Gehen mit jenen zu sprechen, die Sie lieben.

Denn die Dinge, die wir erst lernen müssen, bevor wir sie tun, lernen wir beim Tun.

ARISTOTELES

Wie Sie von den Grundwerkzeugen Gebrauch machen

1. *Stellen Sie den Wecker so, dass er eine halbe Stunde früher als gewöhnlich klingelt; stehen Sie auf und schreiben Sie Ihrem Bewusstseinsstrom folgend drei Seiten mit der Hand.* Lesen Sie diese Seiten nicht noch einmal durch und erlauben Sie niemandem, sie zu lesen. Ideal wäre es, wenn Sie diese Seiten in einen großen Umschlag steckten oder irgendwo beiseite räumten und versteckten. Herzlich willkommen bei den Morgenseiten. Sie werden Sie verändern.

2. *Führen Sie sich zu einem künstlerischen Stelldichein aus.* Für die Dauer dieses Kurses machen Sie das einmal in der Woche. Ein Beispiel für so ein Stelldichein: Unternehmen Sie einen Ausflug in einen Spielzeugladen. Meist befindet sich vorne in der Nähe der Kasse allerlei Krimskrams, den man gerne spontan noch mitnimmt, Dinge wie Klebesternchen, lustige Bleistifte und Kugelschreiber, Kaugummi und Sticker. Lassen Sie Ihren Künstler ein oder zwei Dinge für sich aussuchen. Vielleicht würden Sie gerne Goldsternchen für jeden Tag haben, an dem Sie es schaffen, Ihre Morgenseiten zu schreiben – was sieben Sterne für sieben Tage macht, wie wir hoffen. Bei Ihrem künstlerischen Stelldichein geht es mehr ums Mysterium als um Meisterschaft. Tun Sie irgendetwas, was Ihren Künstler bezaubert und verführt.
3. *Unternehmen Sie einen wöchentlichen Spaziergang.* Ziehen Sie sich Ihre bequemsten Socken und Schuhe an. Machen Sie sich zu einem Spaziergang von gut 20 Minuten auf den Weg. Sie können einen Park wählen, eine Landstraße oder auch eine Strecke in der Stadt. Wo Sie gehen, ist weniger wichtig, als dass Sie gehen. Gehen Sie so weit und lange, dass Sie das Gefühl haben, sowohl Ihr Körper wie auch Ihr Geist »entknoten« sich. Sie entdecken vielleicht, dass Ihnen das Spazierengehen ausnehmend gut gefällt und es Ihnen Freude macht, sich mehr als einmal in der Woche auf den Weg zu machen. Spaziergänge helfen Ihnen definitiv, den Inhalt dieses Kurses zu »verstoffwechseln«.

KREATIVITÄTSVERTRAG

Ich, ______________________________, verpflichte mich hiermit, regelmäßigen Gebrauch von den drei grundlegenden Werkzeugen zu machen. Für die Dauer dieses Kurses werde ich täglich Morgenseiten schreiben, einmal in der Woche ein künstlerisches Stelldichein und einen wöchentlichen Spaziergang unternehmen. Zusätzlich verpflichte ich mich zur exzellenten Selbstfürsorge, zu ausreichend Schlaf, gutem Essen und liebenswürdiger Gesellschaft.

________________ ________________________________

(Datum) (Unterschrift)

ERSTE WOCHE

Ein Gespür für den Ursprung entdecken

Diese Woche leitet Ihre Pilgerreise zur Kreativität ein. *Sie* sind die Quelle, Sie sind der Ausgangspunkt. Sie fangen da an, wo Sie gerade stehen, mit der Person, die Sie zu diesem Zeitpunkt an dieser Stelle sind. Sie sehen sich vielleicht voller Hoffnung, skeptisch, gespannt, ablehnend oder alles zusammen. Die Texte und Aufgaben in dieser ersten Woche zielen darauf ab, den Aspekt Ihrer Person auszumachen, dem Sie ausgewichen sind. Wenn wir unserer Kreativität aus dem Weg gehen, kneifen wir vor uns selbst. Wenn wir unserer Kreativität begegnen, begegnen wir uns selbst, und diese Begegnung findet stets im gegenwärtigen Augenblick statt. Die Bereitschaft, wir selbst zu sein, liefert uns den Keim zur Originalität.

Aufbruch

Sie sagen, Sie wollen Kunst machen. Sie wollen damit anfangen oder damit weitermachen. Das ist gut. Wir brauchen eine künstlerischere Welt, und das bedeutet, wir brauchen Sie und den speziellen Beitrag, den Sie und nur Sie leisten können. Aber dafür müssen Sie irgendwo anfangen, und das ist oft der Knackpunkt; denn wir sind voller Selbstzweifel: »Es ist zu spät dazu«, »Ich bin nicht gut genug«, »Das schaffe ich nie« …

Wir alle haben unsere Ängste, und die fühlen sich so real an wie der Sessel, auf dem Sie sitzen. Wir können uns in diese Ängste hineinlümmeln und hineinsinken, genau wie in den Sessel, oder wir können sie hinter uns lassen. Manchmal müssen wir uns aufsetzen, unseren verrenkten Rücken und unsere steifen Schultern ignorieren und einfach loslegen. Und genau so ist es auch bei der Kunst. Wir müssen einfach damit anfangen.

Beginnen Sie da, wo Sie stehen, und mit der Person, die Sie sind. Sie müssen irgendwo anfangen, wenn Sie mit Ihrer Kreativität dahin kommen wollen, wo Sie hingelangen wollen. Und somit beginnen Sie am besten genau da, wo Sie sich gerade befinden. Das gilt für Künstler, die am Anfang stehen, ebenso wie für jene, die schon viele Meilen auf dem Weg hinter sich gelassen haben. Denn auch erfahrene Künstler können viel Zeit und Energie damit verschwenden, dass sie über das Ansehen ihrer erreichten künstlerischen Position nachgrübeln, wo sie in Wahrheit doch wieder schlicht von vorn anfangen müssten.

> *Jedes echte Wagnis beginnt in unserem eigenen Innern.*
>
> EUDORA WELTY

Dem Schreiben ist es im Grunde egal, wo Sie es tun. Ihm ist wichtig, *dass* Sie es machen. Das Gleiche gilt für das Zeichnen. Ich sah einen meiner Freunde ein ganzes Jahr vergeuden, weil er »ohne Atelier nicht arbeiten konnte«. Als er schließlich ein Atelier bekam und wieder zu arbeiten begann, malte er nur ein paar wenige größere Gemälde, machte aber sehr viele schöne kleine Kohle- und Bleistiftzeichnungen, die er auch auf einem Couchtischchen hätte anfertigen können, wenn er gewollt hätte. Er war also nicht deshalb untätig geblieben, weil er kein Atelier hatte, sondern weil er nicht arbeitete. In jedem Leben ist Platz für Kunst – in jedem Leben, ganz gleich, wie voll gestopft oder überladen, ganz gleich, wie trocken oder leer es scheint. Wir selbst sind die »Blockade«, die wir wahrnehmen.

Wenn Sie eine am Anfang stehende Musikerin sind und Klavierspielen lernen wollen, dann setzen Sie sich ans Klavier und berühren Sie die Tasten. Großartig. Morgen können Sie sich wieder ans Klavier setzen und das wiederholen. 5 Minuten am Tag sind besser als nichts. 5 Minuten führen vielleicht zu 10 Minuten, so wie eine vorsichtige Umarmung zu etwas Leidenschaftlicherem führen kann. Kunst machen bedeutet, mit dem Leben Liebe machen. Wir öffnen uns für die Kunst wie für die Liebe.

Statt daran zu denken, wie Sie eine Kunstform beherrschen können, stellen Sie sich lieber vor, sie mit einem Kuss zu begrüßen, sie zu umwerben, sie mit kleinen, verführerischen Schritten zu erforschen. Wie viele von uns haben sich an viel versprechenden Beziehungen verbrannt, weil sie zu rasch vorgegangen sind? Wie viele von uns brannten in neuen kreativen Unternehmungen aus, weil sie ihre Ziele zu hoch gesteckt hatten?

Wenn Sie an einem großen schöpferischen Werk arbeiten, ist das wie eine Fahrt von der Ostküste zur Westküste, von New York nach Los Angeles. Erst müssen Sie in den Wagen steigen. Sie müssen mit der Reise beginnen, sonst kommen Sie nie an. Auch wenn Sie die Nacht in New Jersey verbringen, sind Sie immerhin schon unterwegs und haben bereits den Hudson überquert. Ein kleiner Anfang ist genau das: ein Anfang. Statt sich auf große Sprünge zu konzentrieren – die uns vielleicht Schrecken erregend und als unmöglich zu bewältigen vorkommen –, konzentrieren wir uns besser auf den ersten kleinen Schritt und danach auf den nächsten kleinen Schritt. »Du meine Güte, solche Babyschritte, wo bleibt denn das Dramatische?«, fragt manch einer vielleicht naserümpfend. Denken Sie mal eine Minute darüber nach. Wenn ein Baby seinen ersten Schritt macht, ist das eine *äußerst* dramatische Angelegenheit!

Eine Reise von tausend Meilen beginnt mit dem ersten Schritt.

LAOTSE

Heute war ein dicker Briefumschlag von einem Freund in meiner Post, ein geborener Geschichtenerzähler, der Jahre damit verbrachte, schreiben zu wollen, ohne dass er aber je geschrieben hätte. An einem ganz gewöhnlichen Tag im letzten Juni tat Larry etwas für ihn außerordentlich Ungewöhnliches: Er griff zu einem Stift und fing an zu schreiben. Nun halte ich einen dicken Stapel Geschichten in meiner Hand. Er brauchte nichts weiter zu tun, als anzufangen. Und dann am nächsten Tag wieder anzufangen.

Wenn wir uns nach einem kreativeren Leben sehnen, geben wir unserer Hintergrundmusik oft einen Stich ins Hochdramatische. Da wallen gewaltige dissonante Akkorde in unserem Innern auf, während wir uns ausmalen, wie wir unsere Lieben verlassen und uns irgendwohin begeben, wo es einsam und vielleicht exotisch ist und wo wir ganz große Künstler sein werden. Wenn ich von solchen Plänen höre, denke ich bei mir: *Okay, mach das nur.* Die Erfahrung hat mich gelehrt, dass die Künstlerin in mir am besten arbeitet, wenn der Einsatz etwas niedriger ist. Wenn ich das Drama auf eine Seite beschränkt halte, mehren sich die Seiten.

Verantwortung beginnt in den Träumen.

WILLIAM BUTLER YEATS

Ich sage es nicht gern, aber Kunst machen ist so ähnlich wie eine Diät machen. Eines Tages müssen Sie einfach damit anfangen, und was Sie an diesem Tag tun, ist der Beginn von Erfolg oder Scheitern. Heute kann ich kein ganzes Buch schreiben, aber ich kann eine Seite schreiben. Ich kann keine erfolgreiche Pianistin werden, aber ich kann mich 15 Minuten dem Klavier widmen. Heute bekommen Sie vielleicht noch keine eigene Ausstellung in SoHo, aber Sie können den abgewetzten Ledersessel, in dem es sich Ihr Cockerspaniel ausgesprochen gemütlich gemacht hat, oder die Armbiegung Ihres Liebsten zeichnen. Sie *können* anfangen.

Kreativität ist mit Initiative gepaarte Inspiration. Sie ist ein Glaubensakt, und hierbei spielt das Wort »Akt« eine ebenso große Rolle wie der »Glaube«, der erforderlich ist.

Wenn wir unsere Träume nicht in die Tat umsetzen, »träumen« wir nur. Träume haben etwas Irrlichterndes, etwas Phantomartiges an sich. Träume, die mit der festen Absicht, sie zu manifestieren, gepaart sind, werden zu stählerner Realität. Wenn wir unseren Träumen treu sind, sind auch sie uns treu und werden wahr. Wir kommen in unseren Träumen ins Rollen und Realisieren, wenn wir den Köderhaken der Absicht ausspucken. Wenn wir unsere innere Aussage von »Ich würde gerne« in »Ich werde« umwandeln, wechseln wir von der Rolle des Opfers zum Abenteurer über. Wenn wir wissen, dass wir »werden«, verknüpfen wir unsere Willenskraft mit der Kraft realer künftiger Ereignisse. So wird das, was wir tun, zu dem, was geschieht. Um uns dies selbst beweisen zu können, müssen wir die Größe unserer Träume mit dem kleinen, konkreten und machbaren »nächsten richtigen Ding« verkoppeln. Wenn wir dann den nächsten kleinen Schritt unternehmen, rücken die größeren Schritte ein Quäntchen näher an uns heran und werden dabei ein wenig kleiner. Und indem wir immer weiter ausreichend kleine nächste Schritte tun und so immer weiter an den so genannten »gewaltigen« Risiken herumschnitzen und sie verringern, werden sie, wenn sie dann tatsächlich vor unserer Tür stehen, ganz einfach zum nächsten richtigen »Ding« geworden sein, klein und machbar und bedeutsam, aber undramatisch. Viele von uns zögern oder geraten ins Stocken, weil sie meinen, dass wir schon bei Beginn einer kreativen Arbeit genau wissen müssen, wie wir sie beenden werden, und darüber hinaus, wie wir ihre Aufnahme in der Welt sicherstellen können. Das heißt im Grunde, dass wir schon eine Garantie für unseren Erfolg haben wollen, noch bevor wir den einen, den wichtigsten Schritt getan haben, der nötig ist, um den Erfolg überhaupt zu ermöglichen. Und dieser Schritt heißt Engagement.

Wenn wir merken, dass wir etwas machen wollen – ein Buch, ein Theaterstück, eine Zeichnung, ein Gedicht, ein Bild –, sehnen wir uns nach der Erfüllung dieses Verlangens. Uns verlangt danach, Kunst zu schaffen, vielleicht nicht anders, als wir nach einem Liebesakt verlangen. Es beginnt als ein Sehnen, und dieses Sehnen verlangt, dass wir handeln, damit der Wunsch Realität wird.

Obwohl sich unsere Kultur den Ruf erworben hat, dass sie uns zur sofortigen Befriedigung unserer Bedürfnisse ermuntert, werden wir nicht *dazu* ermuntert, auf unsere tiefen Wünsche nach Kreativität zu reagieren und entschieden zu handeln. Wir sind darauf trainiert, über sie nachzudenken, sie anzuzweifeln, Kritik an ihnen zu üben. Kurz gesagt, wir sind darauf dressiert, uns Kunst, die uns Engagement abverlangt, oder ein Engagement *für* die Kunst auszureden.

Als der Regisseur Martin Ritt zu mir sagte: »Das Nachdenken ist der Feind der Kunst«, wollte er darauf hinwirken, dass wir als Künstler den Nike-Slogan befolgen: »Just do it!« – »Tu's einfach!« Er meinte damit nicht, dass Intelligenz dem kreativen Prozess entgegensteht, aber er ermahnte uns, unsere Intelligenz einzusetzen, um Kunst zu schaffen, und nicht dazu, über das Schaffen von Kunst nachzudenken. Das Denken an sich ist nicht der Feind, aber übermäßiges Nachdenken schon.

Wenn Sie *im Sinn haben*, ein Projekt auszuführen, können Sie sich das Problem des übermäßigen Nachdenkens einmal folgendermaßen vergegenwärtigen: Stellen Sie sich Ihr Projekt als »den Pfeil des Verlangens« vor. Stellen Sie sich vor, wie Sie Ihren Blick auf das Zentrum der Zielscheibe richten, wie Sie die Bogensehne zurückziehen – und dann darüber nachdenken, sich Sorgen machen, Betrachtungen darüber anstellen, ob Sie genau richtig zielen oder ob Sie ein bisschen höher oder tiefer zielen sollten. Ihr Arm beginnt zu ermatten, und aus Ihrem Zielen wird allmählich ein Zittern. Wenn Sie es dann schließlich doch noch schaffen, den Pfeil abzuschießen, wird sein Flug nicht von Zuversicht und Stärke getragen. Das liegt an Ihrem Schwanken, an Ihrer Unschlüssigkeit, wie Sie denn nun den Pfeil genau abschießen sollen. Kurz gesagt, Sie haben das Beginnen mit dem Beenden von etwas verwechselt. Sie wollten eine Bestimmtheit, eine Gewissheit, die erst mit der Zeit erworben wird und die es nicht schon als Vorab-Garantie gibt. Sie haben den Schaffensprozess von Kunst verweigert, weil Sie derart auf das Endergebnis konzentriert sind: Wird das auch wirklich ein Treffer ins Schwarze sein? Wir vergessen, dass die Absicht die Richtung schafft. Wenn wir mit dem Auge unseres Herzens zielen und etwas sagen wie: »*Das* begehre ich zu tun«, dann zielen wir wahrhaftig und gut. »Begehren« oder »Verlangen«, diese für viele so negativ besetzten Begriffe sind in der Tat die besten Wegweiser für unseren Kreativitätskompass. Reiter, die bei den großen Turnieren Hürden von Schrecken erregender Höhe überspringen, reden davon, dass sie ihr »Herz über die Hürde werfen«, damit das Pferd ihm nachspringt. So ähnlich müssen auch wir uns verhalten.

In solchem Tun ist Gebärde ein Redner.

WILLIAM SHAKESPEARE

Wir machen so viel Gedöns um die Vorstellung, ein Künstler zu sein, dass wir uns nicht einmal die einfachste und offensichtlichste Frage stellen: Will ich das machen? Ist die Antwort ein Ja, dann fangen Sie an. Schießen Sie den Pfeil ab.

Wir machen keinen Schritt ohne Partner. Vielleicht kommen wir uns vor wie der Narr aus den Tarotkarten, der kopflos einen Schritt in den leeren Raum macht, aber so ist es in Wirklichkeit nicht. Der Große Schöpfer ist ein Künstler, und er/sie/es ist ein Künstler in ihrer/seiner Partnerschaft mit anderen Künstlern. In dem Moment, in dem wir uns für das Schaffen von Kunst öffnen, öffnen wir uns zugleich für unseren Schöpfer. Wir befinden uns automatisch in einer Partnerschaft. Joseph Campbell spricht von der Begegnung mit »tausend unsichtbaren helfenden Händen«. Ich stelle mir diese Hände als unsichtbares Netz vor, das ein jedes kreatives Bemühen losgurtet. Es ist, wie wenn man den Strom einschaltet oder den ersten Dominostein umwirft – in dem Moment, in dem wir aus dem Glauben und Vertrauen heraus handeln, ereignet sich eine spirituelle Kettenreaktion. Irgendetwas oder irgendjemand reagiert auf unser Handeln.

Wenn wir den Pfeil des Begehrens, des Verlangens abschießen, wenn wir ein Projekt tatsächlich starten, lösen wir die Unterstützung für unseren Traum aus. *Wir* sind das, was die Dinge in Bewegung setzt – Menschen und Ereignisse lenken ihren Widerhall in Richtung unserer leidenschaftlichen Entschlossenheit. Energie zieht Energie an. Unser Pfeil ist der schnelle Pick-up auf der sommerlichen Straße, der die Hunde anzieht und sie ihm hinterherjagen lässt. Wir erzeugen Energie und Erregung. Dann werden andere nachfolgen. »Bau es auf, und sie werden kommen.«

Schöpferische Energie ist wertvolle Energie. Wenn wir uns zu sehr *über* das Erschaffen Sorgen machen, statt tatsächlich zu erschaffen, vergeuden wir unsere kreative Energie. Sind wir unschlüssig und schwankend, lassen wir die Luft aus unseren Reifen. Unser Pick-up saust nicht die Straße entlang, ja schafft es vielleicht nicht einmal aus der Ausfahrt heraus. Aus unserem Projekt ist die Luft raus.

> *Ohne Begeisterung wurde nie etwas Großes erreicht.*
>
> RALPH WALDO EMERSON

Soll das heißen, dass wir ungestüm losrasen sollen? Nein, aber es heißt, dass wir, wenn wir erst einmal ein Herzensverlangen haben, darauf reagieren und handeln sollten. Dieses Handeln, diese Bewegung aus dem Glauben heraus ist es, die Berge versetzt – und Karrieren schafft.

Das Manuskript zu dem Buch, das Sie nun in Händen halten, schreibe ich in meiner Wohnung am Riverside Drive in Manhattan sowie in dem Schlafzimmer, das zu meinem Wohnsitz im Norden New Mexicos gehört und im oberen Stockwerk liegt – auch im Auto und an Fernfahrerraststätten, wenn ich zwischen beiden Orten hin- und herpendele und das Land durchquere. Nichts an dieser Vorgehensweise entspricht der Vorstellung, die ich mir vom »dramatischen« Dasein einer echten Schriftstellerin gemacht hatte. Diesem Drama zufolge hätte ich mich entweder nach Australien begeben, wo ich lange Strandspaziergänge mache und um Inspiration flehe, oder aber ich hockte frierend in einer Holzhütte in der Nähe des Yosemite-Tals, wo ich den ganzen Winter über nichts weiter zu tun habe, als vor Kälte zu zittern und zu schreiben. Wenn wir uns der Kreativität auf diese Art nähern, kommt uns das vor wie ein Gang über glühende Kohlen oder ein Bungeesprung in Sachen Kreativität – ganz entschieden etwas Schreckenerregendes und nichts, was ich ausprobieren möchte, jedenfalls nicht, ohne mein Testament gemacht zu haben. Es gehört zu der Ironie des kreativen Lebens, dass das Drama zwar ein Bestandteil dessen ist, was wir machen, es aber dabei, wie wir es machen, so gut wie keinen Platz hat. Selbst jene berühmten Künstler, die so dramatische Leben durchlitten, waren, was ihre konkreten Arbeitsgewohnheiten anging, bemerkenswert undramatisch. Hemingway schrieb am Tag 500 Worte, Ehefrau hin, Ehefrau her. Der Komponist Richard Rodgers schrieb jeden Morgen von neun bis neun Uhr dreißig eine Komposition. Sein Kollege Oscar Hammerstein stand um sechs Uhr morgens auf, um sich ein paar Stunden der Arbeit auf seiner Farm in Doylestown, Pennsylvania, zu widmen. Glanz oder Drama vermochten sie nicht zu verführen, und ihre Schaffenskraft war stetig und enorm. Das sind nur einige Beispiele dafür, dass wir in kreativer Hinsicht sehr viel weiter kommen, wenn wir auf dem Boden bleiben und in dem Leben, das wir schon führen, täglich etwas Kleines und Machbares tun.

Dort werde ich … mich freuen an der großen Stille, von der ich das Geschenk guter und tüchtiger Stunden erwarte.

RAINER MARIA RILKE

Viele unserer Anfangsschwierigkeiten sind darauf zurückzuführen, dass wir glauben, der Weg sei so weit. Wenn wir dies denken, haben wir die Kunst vom schöpferischen Prozess abgelöst und zum Produkt gemacht – »Ein so weiter Weg, bis es vollendet ist« – und uns auch von Gott getrennt. Wenn wir Angst haben anzufangen, dann immer, weil wir Angst haben, allein zu sein – winzig kleine Davids, die vor riesigen Goliaths stehen. Aber wir sind nicht allein.

Gott ist allgegenwärtig. Der Akt des Kunstschaffens ist ein direkter Weg, mit Gott in Kontakt zu sein, und wir müssen keine weiten geographischen oder »psychischen« Strecken reisen, um die Gnade der Schöpfung in der Gnade unseres eigenen Schaffens zu erfahren.

Goethe sagte, dass wir das beginnen sollen, was immer tun zu können wir meinen oder glauben, weil das Handeln Magie, Gnade und Kraft in sich birgt. Das war ein Bericht über eine spirituelle Erfahrung – eine Erfahrung, die wir alle machen können, wann immer wir uns darin ergeben, dass wir Anfänger sind, wann immer wir unsere Erwachsenenhaltung der Distanziertheit und des Meidens ablegen und uns aktiv um die Hand des Großen Schöpfers bemühen, indem wir unsere eigene Hand ausstrecken und neu anfangen.

Wenn wir aufhören, uns die Filme mit ihren Angst erregenden Soundtracks anzusehen, die in unserem Kopf ablaufen, und stattdessen solchen Sprüchen zuhören wie »Pfeif dir was beim Schuften« oder einem einfachen »Dippidi Duu-Daa«, kommen wir vielleicht ein bisschen weiter. Wir müssen in die Realität eintreten. Bei der Kunst geht es darum, Kunst zu machen, um nicht mehr und nicht weniger. Puccini mag »Madame Butterfly« geschrieben haben, trotzdem summte er beim Spazierengehen auf sonniger Straße einfach etwas vor sich hin, verspeiste Pasta und verbrachte Zeit mit seinen Freunden, um sich ein Handlungsgeschehen auszudenken, für das vielleicht der Dorfklatsch die Vorlage lieferte. Hohe Kunst wird von Menschen gemacht, die Freunde haben und von mehr leben müssen als nur von »Inspirationssuppe«.

AUFGABE *Was soll das Gedöns? Geh's einfach an!*

Oft fühlen wir uns ohnmächtig, weil wir nicht wissen, was wir tun sollen, um uns von dem Gefühl zu befreien, dass wir irgendwie festsitzen. In solchen Zeiten tun wir gut daran, nicht so starr und linear zu denken und vorzugehen. Manchmal müssen wir uns in jeder erdenklichen kreativen Richtung ein wenig ins Zeug legen. Und wenn dabei schon nichts anderes passiert, wird uns eine kleine kreative Unternehmung zumindest aus der Opferhaltung herausholen. Plötzlich merken wir, dass wir Entscheidungs- und Wahlmöglichkeiten haben und dass unsere Passivität möglicherweise auf eine starrsinnige Faulheit zurückzuführen ist, eine Art Trotzhaltung, die besagt: »Wenn ich X nicht sofort besser machen kann, mach ich eben gar nichts.« Versuchen Sie es statt der Trotzhaltung mal mit Folgendem:

> *Im Himmel ist ein Engel nichts Besonderes.*
>
> GEORGE BERNARD SHAW

Greifen Sie zum Stift und zählen Sie in nummerierter Reihenfolge zwanzig kleine kreative Unternehmungen auf, die Sie angehen *könnten*.

Zum Beispiel:

1. das Fensterbrett in der Küche streichen,
2. Spitzenborten an die Schlafzimmertür hängen,
3. die Schlüsselblume in einen guten Topf umpflanzen,
4. den Duschvorhang im unteren Bad auswechseln,
5. Fotoalben kaufen und in eins davon die Hundefotos einkleben,
6. meiner Schwester das Fondantrezept schicken, um das sie gebeten hat,
7. meiner Schwester Fondant schicken,
8. rote Socken kaufen,
9. sie beim Kirchgang tragen,
10. im Computer eine Datei anlegen für Gedichte, die ich liebe,
11. allen meinen Freundinnen und Freunden jeweils ein großartiges Gedicht schicken,
12. mein gegenwärtiges Leben fotografieren und die Fotos meiner Großmutter schicken,
13. irgendetwas zum »Gottesgefäß« deklarieren als speziellen Behälter für meine Träume und Hoffnungen,
14. etwas zum »Zur-Hölle-damit«-Korb deklarieren für meinen Groll und für all meine Ärgernisse und Ängste,
15. eine Pyjamaparty veranstalten und alle Gäste darum bitten, eine gute Gespenstergeschichte vorzutragen,
16. einen Topf Suppe kochen,
17. alle Klamotten weggeben, die ich auch nur ansatzweise nicht mag,
18. einen CD-Player für mein Auto besorgen und mit CDs bestücken,
19. in eine gute Parfümerie gehen und mir ein großartiges Parfüm besorgen,
20. mit einer älteren Freundin ins Aquarium gehen.

Engagement und Verpflichtung

Sehr häufig sind wir zu beschäftigt, das nennen wir dann Professionalität, um Kunst um der Kunst willen zu machen. Wir widmen uns voll und ganz bestimmten Dingen, die mit den Erfordernissen von Karriere und Beruf zu tun haben, und reden uns ein, dass uns für mehr keine Zeit oder Energie bleibt. Doch das ist ein Irrtum. Wenn wir die Kunst schaffen, die wir lieben, *schafft* sie für uns Zeit und Energie für unsere beruflichen Aktivitäten. Wie das? Weil wir uns dann vitaler fühlen, und diese Vitalität ist eine Energie des Durchsetzungsvermögens, die für ihre eigenen Wünsche Raum schafft.

> *Folge deinem Entzücken.*
>
> JOSEPH CAMPBELL

Wenn wir sagen: »Ich will und werde meine wahren Werte, meine Essenz zum Ausdruck bringen«, schaltet dieses »Will und werde« den Strom ein. Wenn wir »wollen«, dann »werden« wir. So gesehen sagen wir unsere Zukunft voraus und gestalten sie zugleich. Alles ist Energie. Ideen sind einfach strukturierte Energie, eine Art Form, in die eine etwas gefestigtere Energie gegossen werden kann. Ein Buch nimmt als Idee seinen Anfang. Ebenso eine soziale Bewegung. Und auch ein Gebäude. Wir werfen unsere Träume und Wünsche vor uns aus, und dann nimmt ihr Inhalt, während wie uns auf sie zubewegen, eine feste Form an. Wir sind Mitschöpfer unseres Lebens. Das ist sowohl unsere Verantwortung wie auch unser Privileg. Eine Symphonie geht einem Komponisten sowohl voraus, wie sie sich auch durch ihn hindurch bewegt. So wie er auf sie zugeht, geht sie auf ihn zu. In gewisser Hinsicht ist es so, dass wir als Künstler den Ball der kreativen Energie sowohl werfen wie auch fangen.

Verpflichten Sie sich, etwas zu machen, das Sie lieben, und Sie werden feststellen, dass die dazu nötigen Dinge auf Sie zukommen. Und wenn das der Fall ist, müssen Sie sie »fangen«. Ein freies Studio für Musikaufnahmen. Die Benutzung eines Schneidetischs. Ein unerwarteter Kostümregen vom Speicher Ihrer Tante. Platz in einer frisch renovierten Kirche, in der unterstützenswerte Unternehmungen veranstaltet werden sollen, zum Beispiel Auftritte Ihrer Theatergruppe, die sich gerade im Aufbau befindet. Unsere kreative Energie löst eine kreative Reaktion aus.

> *Ändere alles außer deine Lieben.*
>
> VOLTAIRE

Verpflichten Sie sich, die Musik zu spielen, die Sie lieben, und die Musik des Lebens wird liebreizender. So wie das Liebemachen ganz buchstäblich Liebe schaffen kann, kann auch das Kunstmachen aus dem Sein Kunst schaffen. Die Kunst des kreativen Lebens ist wie die Schauspielkunst eine Empfänglichkeit, eine Aufnahmebereitschaft von Augenblick zu Augenblick, ein harmonisches Sichhineinlehnen in die sich entfaltende melodische Struktur der Existenz, wie es großartige Streicher tun, wenn sie gemeinsam Kammermusik zum Erklingen bringen. Wer um der Liebe willen erschafft, strahlt – so wie die Anhänger einer spirituellen Tradition, die diese mit Leidenschaft und Begeisterung praktizieren – etwas unbestimmbar Anziehendes aus, und das zieht auch das Gute an.

Wenn wir um des Kunstmachens willen Kunst machen, besteht die große Chance, dass sich finanzieller Erfolg einstellt. Geld ist Energie und folgt dem Weg, den wir ihm bereiten. Wenn wir uns verpflichten, etwas zu tun, folgen die finanziellen Mittel, die es uns ermöglichen, das zu tun. Unser hingebungsvolles Engagement zieht die Versorgung mit den Mitteln an. Das ist ein spirituelles Gesetz, wenngleich nicht das, was zu glauben wir gelehrt wurden. Geld ist im Grunde eine kodifizierte Form von Kraft. Wir meinen oft, dass wir eine bestimmte Menge an Geld brauchen, um an einen soundso großen Raum zu kommen, aber was wir eigentlich wirklich brauchen, ist der Raum an sich. Die Absicht erzeugt Kraft, oft in Form von Geld, manchmal auch in Form von Zugangsmöglichkeiten. Kunst erzeugt Fülle, aber sie löst sie in verschiedenen Formen aus. Mag sein, dass unser Bargeldfluss nicht sofort anschwillt, aber der Fluss an günstigen Gelegenheiten *wird* es tun. Und viele positive, scheinbar zufällig zusammenpassende Ereignisse und Synchronizitäten werden unser Leben und unser Kunstschaffen bereichern, wenn wir es zulassen. Aufnahmebereitschaft/Empfänglichkeit ist der Schlüssel, er schließt die Schatztruhe auf.

Der Glaube versetzt Berge, und wenn wir die Kunst als einen Glaubensakt ansehen, werden wir allmählich auch feststellen, dass tatsächlich Berge versetzt werden können, sobald wir uns unserer Kunst verpflichten und ein Weg klar sichtbar wird. Wenn wir uns dem »Was« verpflichten, setzen wir das »Wie« in Gang – das nötige Geld taucht vielleicht in Form eines unerwarteten Bonus auf, eines lukrativen Arbeitsauftrags gerade zur rechten Zeit, einer überraschenden Erbschaft, einer Bewilligung von Geldern oder vielleicht sogar eines Stipendiums.

Wenn wir Energie in unsere Träume investieren, investieren andere oft Geld in unsere Träume: Ein begabter junger Pianist erhält unerwartet ein Jahr lang finanzielle Unterstützung von einem älteren Paar aus seiner Heimatstadt, das auf ihn und sein Talent »setzt«. Ein junger Schauspieler, der ganz ähnlich auf dem Trockenen sitzt, erhält das Geld, um zum Vorsprechen zur Schauspielschule zu fahren; und er wird dann auch angenommen und erhält ein Stipendium. Wenn wir uns unseren Träumen verpflichten, verpflichtet sich etwas Wohlwollendes und Wohltätiges wiederum uns. Wir können uns auf unterstützende sinnvoll zusammenhängende Ereignisse, Koinzidenzen, verlassen. Wir können, von Künstler zu Künstler, gefahrlos auf das Interesse des Großen Schöpfers an unseren kreativen Bestrebungen bauen.

> *Wie oft geschehen durch Zufall Dinge, die wir nicht einmal zu hoffen wagten.*
> TERENZ

Kunst ist eine Sache des Engagements. Und Engagement interessiert den Großen Schöpfer. Wenn wir das nötige Vertrauen und den nötigen Glauben an den Tag legen, deren es zum Schaffen von Kunst bedarf, bezeugt der Große Schöpfer Interesse an unserem Tun und unterstützt es mit aktiver Hand. Wir erhalten Mittel in jeglicher Form.

Ein Komponist, der zumeist Auftragsarbeiten für andere ausführt, nimmt für sich persönlich eine kleine Arbeit auf, die er als ein musikalisches Gebet betrachtet. Ein einfaches Musikstück und eine schlichte, kurze Aufnahme. So einfach und so kurz, dass er es viermal aneinander hängt und die dadurch entstandene zwanzigminütige Version als etwas ansieht, bei dem man vielleicht meditieren kann. »Einfach etwas, das ich für mich gemacht habe, für meinen persönlichen spirituellen Gebrauch.«

Er hält sich ein paar Tage als Gast im Hause eines anderen Komponisten auf und spielt seinem Freund die kurze Aufnahme vor. In diesem Moment klingelt es an der Haustür und ein leitender Angestellter einer prominenten Plattenfirma schneit herein. »Was ist denn das?«, will er sofort wissen.

»Nur etwas kleines Persönliches, was ich gemacht habe, um mich selbst auszudrücken.«

»Sie meinen ein Gebet?«

»So etwas in der Art.«

»Ich wurde gerade Chef einer neuen Abteilung für zeitgenössische spirituelle Musik. Glauben Sie, Sie könnten ein Album daraus machen?«

»Ja, ich glaube schon.«

Aus der Aufnahme dieses kleinen Musikstücks entstand schließlich ein großes und wunderschönes Album. Aus diesem Album entstand eine neue Richtung für die Karriere des Komponisten. Er fing an, mit größeren Choralgruppen zu arbeiten, und schrieb mehr Musik für Stimmen. Diese neue Richtung war für ihn zutiefst befriedigend.

»Ich habe schon immer Choräle geliebt, und der Gedanke an ein modernes Oratorium, das unsere spirituellen Werte zum Ausdruck bringt, war für mich wie die Erhörung eines Gebets – eines Gebets, das schon erhört wurde, kaum dass ich es geäußert hatte.«

Es mag sehr wohl sein, dass das »Selbst« beim Selbst-Ausdruck nicht nur die Stimme unseres sterblichen, individuellen Selbst oder Ichs ist, sondern auch die Stimme des höheren Selbst, dieser umfassenderen und höheren Kraft, aus der wir bestehen und der wir auch unterworfen sind. Wenn wir unserer Kreativität Ausdruck geben, sind wir ein Kanal für den Großen Schöpfer, mittels dessen er seine und unsere eigene göttliche Natur erforschen, zum Ausdruck bringen und erweitern kann. Wir sind wie Singvögel. Wenn einer von uns unserer wahren Natur eine Stimme verleiht, ist das ansteckend, und andere werden ihr auch bald Ausdruck geben. Da gibt es ein Gesetz, das unfehlbar zur Anwendung gelangt: Wenn wir bestrebt sind, zum Ausdruck zu bringen, was zu sagen uns verlangt, gibt es immer jemanden oder etwas, der oder das sich danach sehnt, genau das zu hören, was wir zum Ausdruck gebracht haben. Weder leben noch erschaffen wir in der Isolation. Jeder ist Teil eines größeren Ganzen, und wenn wir einwilligen, uns selbst zum Ausdruck zu bringen, willigen wir ein, dem größeren Selbst Ausdruck zu geben, das uns alle durchströmt.

Zu sein, was wir sind, und zu werden, was zu werden wir fähig sind, ist das einzige Ziel des Lebens.

ROBERT LOUIS STEVENSON

AUFGABE *Bringen Sie sich zum Ausdruck*

Greifen Sie zum Stift und zählen Sie der Reihe nach zehn Ihrer positiven Eigenschaften auf, zum Beispiel:

1. erfinderisch,
2. originell,
3. komisch,
4. energisch,
5. humorvoll,
6. redegewandt,
7. innovativ,
8. großzügig,
9. begeisterungsfähig,
10. aktiv.

Greifen Sie nun noch einmal zum Stift und schreiben Sie eine Annonce, in der Sie mithilfe der aufgezählten Eigenschaften ein positives und ansprechendes Bild von Ihrer Einmaligkeit entwerfen, zum Beispiel: »Machen Sie Erfahrungen mit den laserscharfen Einsichten und Erkenntnissen eines erfinderischen, humorvollen und innovativen Wegführers zur Kreativität.«

Wichtig ist zu erkennen, dass es bei diesem Instrument nicht um Selbsttransformation, sondern um Selbstakzeptanz geht. Wenn Sie ein sehr intensiver Mensch sind, soll es so sein. Manche Leute lieben die Intensität. Wenn Ihr respektloser Humor die hyperernsthafte Masse kränkt, *wird* er eben anderswo geschätzt werden. Wenn wir die Eigenschaften, die oft herausgegriffen werden, bestätigen, statt sie zu verleugnen, bekommen wir allmählich eine genauere Vorstellung davon, wo und von wem unsere Charakterzüge geschätzt werden.

Schnee

Das Schönste, was wir erleben können, ist das Geheimnisvolle.
ALBERT EINSTEIN

Weicher wunderschöner Schnee fällt vor meinem Fenster herab. Die tintenschwarzen Bäume im Riverside Park sehen aus wie gezeichnet. Der Himmel ist grau und phosphoreszierend. Es ist ein Tag fürs Suppekochen und Stricken, wenn wir das noch täten. Jedenfalls wäre es ein Tag, um die Seele zusammenzustricken.

Die meisten von uns führen ein hektisches Leben, und so kann ein Tag wie dieser, wenn der Schnee den Trommelschlag des ständigen Soundtracks dämpft, der uns antreibt und drängt, erfolgreich zu sein, erfolgreich zu sein, erfolgreich zu sein, eine Erleichterung für uns bedeuten – so wie eine schwere Erkältung, die uns ins Bett zwingt und dazu, wieder zu uns selbst zu kommen.

Dieses Schneetreiben ist mehr als ein Schneeschauer, doch weniger als ein Schneesturm. Jede Flocke fällt mit einer ganz bestimmten Geschwindigkeit, Federn aus einem Kissen, das der Himmel ordentlich ausschüttelt. In einem Schneesturm fühlen sich höhere Reiche sehr nah an.

Als ich ein kleines Mädchen war, blickte ich vom Fenster meines Schlafzimmers auf unsere Einfahrt. Auf der Spitze des Garagendachs war ein Flutlicht angebracht, und wenn es schneite, lag ich gerne auf dem Bett und sah zu, wie die tanzenden Schneeflocken im wirbelnden Reigen herunterfielen und manchmal wie ein großer Petticoat kreiselnd wieder aufstoben. Ich wuchs in Libertyville, Illinois, auf, in einem Haus auf dem Lande, aus gelbem Holz und Gestein erbaut, eine Art überdimensionales Sommerhäuschen mit vielen kleinen Zimmern und seltsamen Eckchen, Orte, um die Phantasie spielen zu lassen und aus dem Fenster auf den Schnee zu starren.

Genialität bedeutet in Wirklichkeit kaum mehr als die Fähigkeit, auf ungewohnte Weise wahrzunehmen.

WILLIAM JAMES

Wir alle brauchen ein Fenster für unsere Phantasie. Wir brauchen die Zeit und einen Ort, um aus dem Fenster auf den Schnee starren zu können. An einem Tag wie heute, wo eine große schwarze Krähe zwischen den dunklen Baumstämmen dahinflattert, lässt sich leicht nachempfinden, wie Poe, vor einem Jahrhundert, nur ein paar Häuserblocks von hier entfernt, auf den gleichen Schnee und irgendeinen dunklen Vogel schaute und seinen *Raben* schreiben konnte. Künstler haben schon seit sehr langer Zeit aus Fenstern und in ihre Seelen gestarrt. Etwas an diesem Hinausstarren befähigt uns zum Hineinschauen. Wir vergessen das.

So oft versuchen wir, uns zu wappnen, um einer harten und schwierigen Welt entgegenzutreten, wo wir doch stattdessen nur durch ein Langsamerwerden uns selbst und unsere Welt sanfter werden lassen könnten.

Wir sorgen uns, statt nachzusinnen. Wir beunruhigen uns, statt zu hoffen. Sogar Footballteams nehmen sich ihre Auszeiten, aber für uns Künstler ist es sehr schwer, das auch zu tun. Wir haben so oft das Gefühl, noch so viel tun zu wollen und so wenig Zeit dazu zu haben. Wir könnten hier von der Musik lernen. Da gibt es das Zeichen für »Pause« zwischen den Notenschauern. Ohne diese winzigen Pausen können die Sturzbäche der Töne überwältigend sein. Und dasselbe kann, ohne eine Pause in unserem Leben, für den Sturzbach unseres Daseins gelten.

Auch Wellen ruhen. Selbst Wirtschaftsgiganten schließen ihre Bürotür und spielen mit den Spielzeugen auf ihren Schreibtischen. Sogar Gott legte eine Ruhepause ein. Unsere Sprache der Kreativität kennt das. Da ist die Rede vom »Gedankenspiel«, aber wir arbeiten dennoch zu viel, spielen zu wenig und wundern uns, dass wir uns so ausgelaugt fühlen.

Einer meiner Freunde, ein fabelhafter Musiker, arbeitet an zwei Musikhochschulen und begibt sich auf internationale Tourneen. Manchmal dringt seine großartige Stimme, ein Instrument der Schönheit und so gewaltig und erhebend wie eine Orgel, vor Erschöpfung abgespannt an mein Ohr. Seine große Stärke wird zu seiner großen Schwäche. Er vergisst, sich auszuruhen.

Als Künstler, die wir mit dem Lärmen des Kommerzes leben, haben wir vergessen, dass »Pause« ein musikalischer Begriff ist und dass wir eine Ruhepause *brauchen*, wenn wir in der Musik unseres Lebens etwas anderes hören wollen als nur einen aufpeitschenden Trommelschlag, der uns vorantreibt, so wie die Kriegstrommeln die Männer in blutige Schlachten trieben.

Das Ego hasst es zu ruhen. Das Ego möchte nicht Gott oder den Schlaf den zerschlissenen Ärmel der Fürsorge wieder flicken lassen. Das Ego möchte das alles gern selbst managen, vielen Dank. Als Künstler müssen wir unserer Seele dienen, nicht unserem Ego. Unsere Seele braucht Ruhepausen. Das wusste meine Künstlerin-Mutter sehr gut.

> *Wir sind die Kinder unserer Naturlandschaft; sie diktiert das Verhalten und sogar das Denken in dem Maße, wie wir für sie empfänglich sind.*
>
> LAWRENCE DURRELL

Als Künstler ist es uns dienlich, ganz bewusst Fenster zur Welt der Wunder zu entdecken – wir müssen Orte ausfindig machen, die die Falltür in unsere Imagination öffnen und den Atem größerer Welten in unser allzu klaustrophobisches Leben hereinwehen lassen. Sie finden dieses Fenster für Ihre Imagination vielleicht im obersten Winkel der Bibliothek in Ihrer Stadt. Da inmitten des Gebälks und zwischen großen, staubigen Wälzern schauen Sie vielleicht durch ein Oberlicht hinaus und spüren, wie eine ganze Welt von anderen Schriftstellern über Ihre Schulter hinweg mit Ihnen hinausstarrt. Oder Sie erleben, wie Ihre Imagination in einem Orientteppichladen auf einem Perserteppich Platz nimmt, dessen verschlungene und verwobene Muster wie gewebte Fenster aus farbigem Licht Sie in vergangene Jahrhunderte versetzen. Ein Uhrenladen hilft Ihnen paradoxerweise vielleicht dabei, aus der Zeit herauszutreten, während Sie inmitten eines kleinen Waldes von Glockenspielgeläut und tickenden Standuhren und magischen Kuckucken stehen.

Bei Allison war es immer ein Besuch in einem großartigen Blumenladen, der ihrer Imagination Atemraum gab. Etwas in der dampfigen Dschungelluft, an den grell flammenden Farben erzählte ihr von besonderen Welten. Carolina liebte Secondhandläden für alte Kleider. Wenn sie so ein altes klassisches Abendkleid in Händen hielt und betastete, fühlte sie sich in eine sanftere Welt versetzt. Bei David entflammte die Welt der alten klassischen Modellautos den jungenhaften Forscher, der sein innerer Künstler ist. Er liebt die elegant lackierten, schnittigen Gehäuse, die wunderschönen überdimensionalen Käfern ähneln. Schon wenn er so ein Modellauto über den Deckel eines Schaukastens flitzen lassen kann, versetzt ihn das in Begeisterung. Die Imagination Edwards leuchtet bei Modelleisenbahnen und großen Spielzeugläden auf – mehr bei ihm als bei seinen jungen Neffen, die bei ihren gemeinsamen Shoppingtouren eher eine Art Alibifunktion einnehmen.

Welcher Unsterblichen
Soll der höchste Preis sein? . . .
Ich geb ihn
Der ewig beweglichen
Immer neuen
Seltsamen Tochter Jovis,
Seinem Schoßkinde,
Der Phantasie.

JOHANN WOLFGANG VON GOETHE

Die Imagination ist nicht linearer Natur. Sie muss aus der gewöhnlichen Zeit und aus dem gewöhnlichen Raum heraustreten. Deshalb versetzt die Welt alter klassischer Filmplakate Michael in Begeisterung. Deshalb liebt es Lorraine, die riesigen Stoffläden mit ihren vielen Etagen im Chicagoer Loop und die noch größeren Läden in der Nähe von Greek Town aufzusuchen. »Ich kann alles machen, was ich will«, frohlockt sie oft, und obwohl sie dann vielleicht einen dunkelblauen Gabardinestoff für ein vernünftiges Bürooutfit aussucht, hat sie doch einen raschelnden Taftstoff befingert, der ihr für ein Kleid beim Tanztee zur Jahrhundertwende gedient hätte.

Bei uns allen nimmt das Gefühl von Sicherheit und Erholung die vielfältigsten und sehr persönlichen Formen an. Carolina, meine Freundin aus der Kindheit, schickte mir gerade ein altertümliches langes, weißes Nachthemd, das mir das Gefühl gibt, geliebt und geschätzt zu werden. Das Backen von Pasteten – eine Tradition der Frauen in meiner Familie – vermittelt mir das Gefühl von Sicherheit. Auch das Kochen einer Gemüsesuppe – ebenfalls eine Familientradition – besänftigt und beruhigt meine hektische, vom Stadtleben und von der Karriere infizierte Seele. Meine Mutter Dorothy zog sich, wenn sie überreizt war, ans Klavier zurück und spielte den Donauwalzer, bis sich ihre Seele wieder im Dreivierteltakt niederließ.

Jean, die die Qualen einer unerwarteten und überfordernden Scheidung durchlitt, befand sich ständig unter Adrenalinschüben und in Unruhe, da sie befürchtete, auch in finanzieller Hinsicht »unterzugehen«. Sie brauchte mehr Stunden, als der Tag hatte, um panisch alles tun zu können, von dem sie glaubte, es tun zu müssen. Eine weise alte Freundin, die um Jeans altes Hobby des Stickens wusste und der auch klar war, dass ihr eine solche meditative Tätigkeit helfen würde, ihre tiefen kreativen Quellen ganz still anzuzapfen, schlug ihr vor, dieses Hobby wieder aufzunehmen. Und als Jean dem Vorschlag folgte, kehrten auch wieder Optimismus und Perspektive zurück. Immer ein Stich nach dem anderen, begann sie, ihr Herz und ihr Leben wieder zusammenzuflicken – und indem sie ihr Tempo drosselte, beschleunigte sie ihre Genesung und ihr Kreativsein.

Der richtige Gebrauch der Phantasie heißt der Welt Schönheit verleihen … die Gabe der Vorstellungskraft wird genutzt, einen Schleier der Schönheit über die gewöhnliche Alltagswelt zu breiten und sie in unserem ästhetischen Vergnügen pulsieren zu lassen.

LIN YÜ-T'ANG

Ich tippe dieses Manuskript auf einer mechanischen Schreibmaschine und blicke auf den Schnee von einem Fenster aus, das ich mit weißen Spitzenvorhängen versehen habe. Meine Mutter liebte den Schnee, und diese weiße Spitze erinnert mich daran. Meine Mutter wuchs in einem rein aus Holz erbauten Farmhaus auf, umgeben von schnurgerade gepflanzten Feldern und ebener Erde; sie liebte vielleicht deshalb den Schnee. Der Schnee brachte Zauber und Magie in diese Landschaft, dann konnte man nicht zehn Meilen weit bis zur nächsten roten Scheune und zum nächsten Silo sehen. Man war wieder in dem verzauberten Land, das dort existiert haben musste, bevor wir die großen Wälder mit ihren breitblättrigen Ahornbäumen und Eichen abholzten. Bevor man zu weit und doch nicht genug sehen konnte. In den Wintern ließ uns unsere Mutter am Esstisch Platz nehmen und brachte uns bei, aus gefaltetem Papier Schneeflocken auszuschneiden, steif und weiß. Wir klebten sie an die Fenster, um uns die Freude von Schnee an Wintertagen zu machen, die einfach nur dunkel und kurz waren. Der Schnee erinnert mich daran, Ruhepausen einzulegen, und er erinnert mich an meine Mutter, die nun in Frieden ruht.

Meine Kollegin, die Musikerin Emma Lively, und ich, wir besuchen manchmal sonntags eine winzige Kirche in Manhattan. Dort werden protestantische Kirchenlieder des 19. Jahrhunderts gesungen, die erhebende und beruhigende geistige Bilder aufsteigen lassen. »Gott ist ein Fels, ein Hafen, eine Zuflucht, eine Burg.« Vor allem ist Gott ein Ort der Erholung und Ruhe und Sicherheit.

AUFGABE *Tun Sie nichts*

Bei dieser Aufgabe werden Sie aufgefordert, nichts zu tun – und zwar durchgängig 15 Minuten lang. So richten Sie Ihr »Nichts« ein: Suchen Sie sich als Erstes eine Musik aus, die sowohl beruhigend wie auch bewusstseinserweiternd wirkt. Legen Sie sich dann hin. Strecken Sie sich auf dem Rücken aus, verschränken Sie bequem die Arme und lassen Sie Ihre Imagination zu Ihnen sprechen. Schließen Sie die Augen und folgen Sie Ihrem Gedankengang, wo immer er Sie hinführen mag – in Ihre Vergangenheit, in Ihre Zukunft, in irgendeinen Bereich Ihrer Gegenwart, den Sie bislang nicht ausreichend bewohnen konnten, weil Sie zu beschäftigt waren. Hören Sie, wie sich die Musik und Ihre Gedanken sacht entrollen, und wiederholen Sie für sich sanft und leise den einfachen Satz: »Ich bin genug … ich bin genug …« Hören Sie auf, danach zu streben, mehr zu sein, und schätzen Sie das, was Sie schon sind.

Check

1. *Wie viele Tage in dieser Woche haben Sie Ihre Morgenseiten geschrieben?* Wenn Sie einen Tag ausgelassen haben, was war der Grund? Welche Erfahrung haben Sie mit dem

Schreiben der Morgenseiten gemacht? Erfahren Sie mehr Klarheit? Ein breiteres Spektrum an Gefühlen und Emotionen? Ein stärkeres Gefühl von Objektivität, Zielgerichtetheit und Ruhe? Hat Sie irgendetwas überrascht? Gibt es irgendein Thema oder Problem, mit dem Sie sich wiederholt befassen müssen?

2. *Haben Sie in dieser Woche Ihr künstlerisches Stelldichein gehabt?* Haben Sie ein gesteigertes Wohlbefinden festgestellt? Was haben Sie unternommen, und wie fühlten Sie sich dabei. Das künstlerische Stelldichein kann eine schwierige Sache sein, und möglicherweise müssen Sie sich gut zureden, um sich dazu aufzuschwingen.
3. *Haben Sie Ihren wöchentlichen Spaziergang unternommen?* Wie fühlten Sie sich dabei? Welche Gefühle oder Erkenntnisse tauchten in Ihrem Inneren auf? Konnten Sie mehr als einen Spaziergang machen? Was hat Ihr Spaziergang für Ihren Optimismus und Ihr Gefühl von Perspektive bewirkt?
4. *Gab es in dieser Woche irgendwelche anderen Themen, die Ihrem Gefühl nach für Ihre Selbstentdeckung wichtig waren?* Beschreiben Sie sie.

ZWEITE WOCHE

Einen Sinn für Proportion entdecken

Diese Woche läutet einen fortlaufenden Prozess der Selbstdefinition ein. Wenn Sie die Rahmen und Grenzen, innerhalb deren Sie gelebt haben, neu bestimmen, ziehen Sie sich zu umfassender Größe heran. Wenn wir zu uns selbst kommen, stoßen wir manchmal bei den Menschen in unserer unmittelbaren Umgebung auf Widerstand. Die Texte und Aufgaben dieser Woche zielen darauf ab, eine realistische Selbsteinschätzung zu unterstützen und zu steigern, auch wenn es Schwierigkeiten gibt oder jemand versucht, Sie herabzusetzen.

Identität

Wir alle sind kreativ. Manche von uns erhalten das Feedback, das uns wissen lässt, *dass* wir kreativ sind, doch nur wenige erfahren die Spiegelung, die uns vermittelt, *in welchem Maße* dies für sie zutrifft. Was alle von uns zu hören bekommen, wenn wir kundtun, wir wollten unser Leben der Kunst widmen, ist jedoch der besorgte Rat, wir sollten erst mal eine »richtige Ausbildung« machen, damit wir etwas hätten, »auf das wir notfalls zurückgreifen können«. Würde man uns das auch raten, wenn wir ein Interesse am Bankwesen bekundeten?

Man könnte einwenden, dass wir als Menschen und als Künstler sind, was wir sind – doch werden wir auch dadurch wir selbst, zu *allem* von uns selbst, dass uns unsere »Größe« zurückgespiegelt wird. Mir kommt da eine Szene aus dem Walt-Disney-Film *Cinderella* in den Sinn, in der die Heldin sich zum ersten Mal in ihrem Kleid sieht und merkt, dass sie eine Schönheit ist. Das ist vergleichbar mit der Szene, in welcher der junge Held zum ersten Mal seine militärische Uniform anzieht und zu dem wird, der er ist. Da gibt es ein magisches »Klick« des Erkennens, wenn der Spiegel zu uns sagt: »Ja, wir sind, was wir uns erträumen.«

Uns fehlen nur allzu oft solche Spiegel und transformierende Augenblicke. Kein Zauberstab tippt unser Leben an und macht uns zu dem, was wir uns erträumen.

> *Es ist die Natur, die unsere Künstler für uns schafft, doch möglicherweise ist es die Kunst, die sie ihre richtige Ausdrucksart lehrte.*
>
> OSCAR WILDE

Zumeist sind es die Künstler selbst, die sich – ähnlich, wie Rumpelstilzchen es tat – benennen müssen: »Ich bin eine Künstlerin … eine Filmemacherin, ein Komponist, ein Maler, eine Bildhauerin, ein Schauspieler, ein Irgendetwas« – etwas, was die Außenwelt erst noch anerkennen muss. Oft durch magere Unterstützung begleitet, ist die Identität eines Künstlers an ein eigensinniges Samenkorn inneren Wissens geknüpft, an eine beharrliche »unrealistische« Gewissheit angesichts zuweilen schwieriger Situationen und entmutigender Aussichten, zweifelnder und schwieriger Freunde, manchmal in kreativer Hinsicht unerfreulicher und sogar unergiebiger Umstände. Der angehende Komponist komponiert, die angehende Schriftstellerin schreibt, die angehende Malerin malt aus einem inneren Muss heraus.

Als Künstler befinden wir uns oft in der Situation des hässlichen Entleins. Wir wurden in Familien hineingeboren, die uns »eigenartig und merkwürdig« finden – und wir werden dazu gebracht, uns selbst ebenso zu sehen. (Manchmal unterstützt uns unsere Familie, aber die Gesellschaft tut es im Großen und Ganzen nicht.) Unserem Wunsch, etwas als Künstler aus uns zu machen, wird oft ein »Für wen hältst du dich denn?« entgegengeschleudert. Ich nenne das »im Spiegelkabinett aufwachsen«, wo uns die Bestrebungen unserer Seele in verzerrender und verdrehender Weise zurückgespiegelt werden und sie egoistisch und unrealistisch erscheinen lassen: »Der Schuh ist zu groß für dich«, »Was denkst du denn, wer du bist?« ... Darauf wissen wir oft eigentlich keine definitive Antwort. Wenn wir von Menschen umgeben sind, die uns entweder nicht sehen oder nicht bestätigen können, was sie sehen, verwischt sich unser Bild. Wir fangen an, beides zu fühlen, einen gewissen Selbstzweifel *und* ein bestimmtes eigensinniges inneres Wissen, das wir möglicherweise als Verrücktheit abtun. Ein Teil von uns weiß, wir sind mehr, als sie sehen; ein Teil von uns befürchtet, wir sind weniger, als wir erhoffen. Diese innere Reibung und Spannung ist schmerzhaft.

Wenn wir als Künstler einen Schuh tragen, der uns nicht passt, kann es sein, dass wir trotzdem darin zu laufen versuchen. Falls man uns sagt, er passe, geschieht es möglicherweise, dass wir unsere hervorragende kreative Imaginationsgabe einsetzen, um uns einzubilden, dass er der richtige für uns ist. Vielleicht reden wir uns zudem noch ein, unser Unbehagen wegen des schmerzlichen Zwickens und Zwackens des falschen Schuhs – und einer falschen persönlichen und falschen kreativen Identität – sei einfach nur unser »Ego«. Und, könnten wir hinzusetzen, einfach nur unsere »Großspurigkeit«. Für viele von uns bedeutet es einen »Coming-out«-Prozess, wenn wir uns zum Künstler erklären. »Ich denke, ich bin, ich denke, ich könnte sein, ich identifiziere mich wirklich mit ... o du lieber Gott, ich denke, ich *bin* ein Künstler.« Es ist ein turbulenter Prozess, so wie jedes Coming-out.

> *Ein Gramm Handeln ersetzt eine ganze Tonne Theorie.*
>
> FRIEDRICH ENGELS

Wenn wir dazu erzogen wurden, in dem einen Bereich ganz »offiziell begabt« zu sein, in einem anderen aber nicht, können wir unter Umständen für die Führung taub und blind sein, die uns in Richtung einer erweiterten Rolle zu bugsieren versucht. »Du bist so musikalisch«, wurde Julius oft gesagt – aber er konnte es nicht hören. In Julius' Welt war sein Bruder, der Konzertpianist, musikalisch, und ebenso seine jüngere

Schwester; die sich der Oper widmete. »Ich bin nur derjenige, der genussvoll und wertschätzend zuhört. Jeder braucht ein Publikum«, pflegte Julius zu erwidern. Volle zwei Jahrzehnte gingen die Komplimente über seine Musikalität an Julius' tauben Ohren vorbei. Er schrieb Texte, um seinen Freunden, die Songtexter waren, »auszuhelfen«. Wenn sie sagten: »Du hast wirklich ein gutes musikalisches Gespür«, nahm er es nicht zur Kenntnis – obwohl immer mehr Beweise dafür sprachen. Seltsamerweise bedurfte es einer Reise auf fremden Boden – zu einem Ort, wo niemand seine berühmte Familie kannte –, damit Julius anfing, selbst zu komponieren. Ein Sommerurlaub in Europa wurde für ihn zur musikalischen Odyssee.

»Ich schwöre, es war Musik in der Luft. Sie war überall«, berichtete er später. Fernab von seiner Rolle und Selbstdefinition in der Familie begann er, seine »Melodien« festzuhalten, summte sie auf Tonband, notierte sie skizzenhaft auf Notenpapier für Kinder. Er bezeichnete sich nicht als Komponisten, auch nicht als Songschreiber oder auch nur als Musiker, aber er bezeichnete sich als glücklich. »Vielleicht bin ich ein bisschen musikalisch«, gab er schließlich zu. Seither hat er Musik komponiert und langsam gelernt, Musik zu machen. Im Moment fängt er an, Klavierunterricht zu nehmen. Und wenn sein Lehrer nun sagt: »Mit deiner Begabung kannst du es weit bringen«, stellt er sich nicht mehr taub und widerspricht auch nicht mehr. Er bedankt sich einfach und fährt mit der Erforschung und Entfaltung seiner musikalischen Begabung fort, die er endlich selbst anerkannt hat.

Manche sagen, dass wir weniger zu Künstlern gemacht als vielmehr schon als Künstler geboren werden, und das oft in Umstände hinein, die unsere Identität verhüllen. Die Erkenntnis kommt häufig wie in einem Märchen – der erhaschte Blick auf ein Geschöpf im zerborstenen Spiegel, von dem man nicht wusste, dass man selbst es ist. Oft ist es auch ein älterer Künstler, der sagt: »Das ist es, was du bist oder was du sein könntest.«

Wir alle brauchen und verlangen nach Spiegeln des guten Glaubens. Spiegel des guten Glaubens reflektieren uns als kreativ, stark und kompetent. Sie erzählen uns etwas von der Möglichkeit, *nicht* der Unwahrscheinlichkeit. Sie ignorieren »die geringen Chancen«, die wir haben mögen. Diese Spiegel werden von Menschen hochgehalten, die spirituell stark und großmütig genug sind, um sich nicht von der Größe und Großartigkeit eines anderen Künstlers, der sein beträchtliches Gefieder spreizt, bedroht zu fühlen. Als ich 22 und als Künstlerin noch völlig unerfahren war, nahm mich beispielsweise der Literaturagent Sterling Lord, ein alter Hase in seinem Metier, in seine Obhut. Im gleichen Jahr stellte mich William McPherson, der später selbst einen Pulitzerpreis gewann, ein, um für ihn in der *Washington Post* zu schreiben. Diese Männer sahen etwas in anderen, und alle Künstler erzählen wie ich Geschichten von älteren Kollegen, die »rätselhafterweise« auf sie setzten.

> *Ich wurde im Alter von zwölf Jahren in einem Metro-Goldwyn-Mayer Studio geboren.*
>
> *JUDY GARLAND*

Viele Künstler können dankbar dafür sein, dass sie von einem erfahrenen Kollegen auf den richtigen Weg gebracht worden sind. Ein unglücklicher Geiger begegnet einem älteren Komponisten, der ihn auf sein mögliches Talent zum Arrangieren hinweist: Und einer Karriere als Arrangeur wachsen Flügel. Eine Gesangslehrerin sagt einer jungen Pianistin: »Sing nicht, spiele!« Ein Fotograf ermuntert eine Hobbyfotografin: »Sie haben ein ziemlich gutes Auge. Ich frage mich, was Sie wohl mit einer wirklichen Kamera zuwege bringen könnten.« Die Antwort darauf ist: »Sei eine Fotografin«, und mit der Zeit und wenn sie die richtige Ermunterung erfährt, wird sie sich schon entsprechend entwickeln.

Manchmal bekommen wir durch das flüchtige Interesse eines Nachbarn, eines Angestellten in einem Künstlerbedarfsladen oder einer älteren Tante unerwartet Ermutigung. Wir stoßen auf einen Zeitschriftenartikel oder ein Buch über unseren speziellen Interessenbereich, hören zufällig einen halbstündigen Vortrag im Radio darüber, stolpern über ein Video oder eine entsprechende Internetseite. Wir erleben auch das Phänomen, das ich »innere Unterstützung« nenne. Das ist dieses hartnäckige und vertraute innere Wissen, das uns sagt, dass wir etwas Bestimmtes sein, tun oder versuchen sollen – auch wenn es so aussieht, als erhielten wir von der Außenwelt keine Unterstützung.

Richard Rodgers wuchs mit einem Arzt als Vater und einem Bruder auf, der sich ebenfalls der Medizin verschrieben hatte. Als seine eigenen Interessen geradewegs auf das Rampenlicht des Broadways zuliefen, wollte ihm seine Familie Unterstützung zukommen lassen, hatte aber keine Erfahrung darin, wie man das macht. Rodgers erinnert sich daran, dass er Samstagsmatineen mit Jerome Kerns Musicals besuchte. Er wusste genau, dass er ein Komponist werden würde – aber wie man das nun bewerkstelligte, war für ihn völlig unklar. Er versuchte es mit der »normalen« High School; und als diese sein Interesse nicht zu erwecken vermochte, ging er zu Juilliards Vorläufer, wo er weit und breit der einzige Komponist war, der erklärtermaßen zum Broadway wollte.

Kein Vogel schwingt sich zu hoch empor, wenn er sich auf eigenen Flügeln emporhebt.

WILLIAM BLAKE

»Alle waren sehr freundlich«, erinnert er sich – und seine an klassischer Musik orientierten Schulkameraden betrachteten ihn mit Wohlwollen und auch Neugier. Sie teilten seine Liebe zur Musik, doch darüber hinaus war er auf sich selbst gestellt. Er bahnte sich seinen Weg, so gut er konnte, mithilfe von Freunden seiner Schulkameraden und seines Bruders. Außerdem ergab sich eine glückhafte Chance, bei der ein Freund der Familie eine Rolle spielte. Es gab keinen vorgezeichneten Weg, und in späteren Jahren erzählte Rodgers, dass er seinen Weg »einfach durchs Tun« fand. Dieser innere Reiz, es »einfach zu machen«, ist der Kompass des Künstlers.

Obwohl wir Pläne machen, finden wir unseren Weg nicht wie auf einer Landkarte. Eine Künstlerkarriere gleicht nicht dem mehr oder weniger linearen Aufstieg Sprosse für Sprosse, wie man es etwa bei einer Banker-Laufbahn erwartet. Kunst verläuft nicht in geraden Bahnen und das Leben eines Künstlers ebenso wenig. Es gibt keine festen und sicheren Routen. Sie werden nicht zur Romanschriftstellerin, indem Sie sich von A nach B zu C bewegen. Schriftsteller waren Lehrerinnen, Journalisten und Großmütter. Sie werden nicht durch den Besuch einer Musikhochschule zum Komponisten. Das macht Sie vielleicht zum glänzenden Theoretiker, zum begeisterten Strukturalisten, zum urteilsfähigen Kritiker, aber zum Komponisten? Das ist etwas, was die Musik sich selbst schafft.

Wenn wir mitten in den Qualen eines Identitätswechsels stecken, sagen wir zuweilen: »Ich weiß manchmal nicht, wer ich bin«, und zeigen damit nur Realitätssinn. Wir spüren nämlich ganz richtig, dass bestimmte Talente noch keine Unterstützung, keine Fürsprache durch uns selbst erfahren – oder dass sie vielleicht noch nicht vernommen wurden. Wir sind weitaus vielseitiger und reicher, als die meisten von sich selbst denken. Wir sind wesentlich größer und farbiger, viel mächtiger und komplexer, weitaus tiefer gehend und höher reichend, als wir uns oft zugestehen.

So kann es Künstlern gehen: Der Maler wird in einem Anfall von Verärgerung und Langeweile zum Töpfer, nur um eine völlig unerwartete Leidenschaft zu entdecken. Wie der Schauspieler Joshua Logan zum Regisseur wird, tritt der Schriftsteller hervor, um zu schauspielern. Nichts davon war erwartet, nichts davon wurde vorhergesagt, und doch wird in gemütlicher Rückschau die Spur dessen, was man Bestimmung nennen könnte, oft deutlich sichtbar. »Das ist es, was ich bin. Das ist es, was ich tun soll.«

Neugier ist eines der dauerhaftesten und sichersten Merkmale eines starken und lebhaften Intellekts.

SAMUEL JOHNSON

Es gehört zu den rätselhaften Glücksfällen des kreativen Lebens, dass die »leise innere Stimme« lauter zu werden scheint, wenn wir schließlich bereit sind, auf sie zu hören. Das Netz des Lebens ist allseitig und wechselseitig verknüpft, und das Gebet einer Künstlerin in Omaha wird ebenso deutlich vernommen wie das gleiche in Manhattan gesprochene Gebet. »Hilf mir zu werden, was ich bin«, beten wir – und wir werden es.

Cole Porter stammte aus Indiana, was nicht gerade den Ruf hat, eine Brutstätte für Komponisten zu sein. Es ist kein musikalisches Mekka, obwohl es jetzt eine wundervolle Musikhochschule hat. Zu seiner Zeit bekam er dort außer der Ermutigung seiner gebildeten Mutter allerdings keine Unterstützung geboten. Porter war von Geburt an ein Weltbürger – und ein weltgewandter Bürger dazu. Er wusste, weil er auf das, was er »wusste«, hörte. Kunst beginnt im Herzen. Wenn wir auf die tiefen Wünsche unseres Herzens hören, wenn wir sehr genau auf sie hören, werden wir nicht nur dahin geführt, die Kunst zu schaffen, die zu schaffen wir uns erträumen, sondern wir werden auch in den Traum dieser Kunst geführt, die träumt, auf bedeutungsvoller Ebene verwirklicht zu werden. Wie der Farmer in dem Film »Field of Dreams« müssen wir genug Vertrauen haben, um es – was immer dieses »es« ist – aufzubauen, und darauf vertrauen, dass »sie« kommen werden.

Diese »Sie« werden für jeden von uns eine andere Gestalt annehmen. Für die eine wird es die liebevolle Anerkennung durch ihren Ehemann oder einer bewundernden Nachbarin sein. Für den anderen das Auslandsstipendium. Für wiederum eine andere das in der Lokalzeitung veröffentlichte Foto. Für noch einen anderen die Chance, das Weihnachtssolo zu spielen. Es ist ein spirituelles Gesetz, dass keine Kunst aufblüht, ohne dass nicht auch ein Künstler aufblüht. Wir werden vielleicht wie eine Heckenrose an einem Wegrand in Nebraska entdeckt oder uns mit einer anmutigen Ranke auf der verblichenen Tapete eines Landhauses dahinschlängeln. Alle Kunst ruft Kunst hervor.

Mystiker hören Stimmen. Jemand, der Stimmern hört, gilt landläufig als verrückt. Und doch hören wir, als Künstler, Stimmen, und das überaus nachdrücklich und eindringlich, wenn wir um Führung in unserer Kunst bitten. Wir werden geleitet. Uns wird souffliert. Wir werden zum Handeln gedrängt. Wir werden *gerufen.*

Geleitet von meinem Erbe, der Schönheitsliebe und dem Respekt vor innerer Kraft – auf der Suche nach meiner Mutter Garten, fand ich meinen eigenen.

ALICE WALKER

Wir machen die Erfahrung von Synchronizität – dem glückhaften Ineinandergreifen von innerem Bedürfnis und unerwartetem, gnadenvollem äußerem Umstand. Wir sind durch eine Kraft gezwungen – die uns auch bestätigt und stärkt –, unseren Weg zu erkennen, und je mehr wir willens und bereit sind, die Frage nach unserer wahren kreativen Identität zu stellen, desto klarer und unmissverständlicher wird unsere Führung.

Als junge, unerfahrene Schriftstellerin widmete ich mich gerade meinem Babysitterjob, da klingelte mein Telefon, und eine Mitschülerin fragte, ob ich einen Job bei der *Washington Post* haben und mich dort als Briefeöffnerin betätigen wolle. Ich ging zum Vorstellungsgespräch. »Ich hoffe, Sie halten sich nicht für eine Schriftstellerin«, warnte mich trübselig der Mann, der für die Einstellung zuständig war. Ich entgegnete: »Oh, ich bin eine Schriftstellerin. Ich hoffe, Sie halten mich nicht für eine Journalistin.« Er stellte mich ein, und zum Schluss hatten wir beide Recht – ich wurde eine erfolgreiche Journalistin, die für ihn schrieb und für *The Post* im Kunstbereich tätig war.

Das soll nicht heißen, dass wir unserer Führung immer glauben oder vertrauen werden. Ich will damit nur sagen, dass es sie gibt. Wir sind Geschöpfe des Großen Schöpfers und sollen von der Absicht her selbst schöpferisch tätig sein. Und wenn wir bestrebt sind, dieser Absicht zu entsprechen und zu kooperieren, wird die leise innere Stimme, von der alle spirituellen Traditionen sprechen, zur immer gegenwärtiger werdenden Wirklichkeit. Sobald wir uns »nach innen wenden«, wenn wir »Einkehr« halten, ist dort jemand oder etwas, der, die oder das uns entgegenkommt und *nicht* stumm ist, wenn es um unsere Identität geht.

»Ich weiß nicht, woher ich die Charakterstärke hatte, an mich selbst zu glauben«, sagte eine Künstlerin. »Es war einfach blinder Glaube.« Und doch ist der Glaube nicht blind. Er sieht weit voraus, und auch wenn wir behaupten, in der Dunkelheit des Glaubens herumzustolpern, werden wir Zoll um Zoll, Ahnung um Ahnung, Eingebung um Eingebung in das hineingeführt, was wir werden – und unsere Kunst ebenso.

Als Künstler sprechen wir oft von unseren Schöpfungen als von unseren »geistigen Kindern«, vergessen aber dabei, dass wir von unseren Ideen und Träumen geschwängert werden. Wir werden von einem größeren und umfassenderen Leben bewohnt, als wir wissen. Und auch wenn wir an unserer Identität zweifeln, führt und leitet sie uns dennoch an, stupst sie uns hin zu unserem richtigen Weg.

Wir mögen an der Lebensfähigkeit unserer Kreativität zweifeln, aber unsere Träume und Wünsche drängen uns wie Kinder, die zur Welt *kommen werden,* voran. Etwas Größeres und Großartigeres, als wir es kennen, ruft uns dazu auf, größer und großartiger zu sein, als wir zu sein wagen. Also handeln wir aus dem Glauben heraus, steigen in den Zweifel ab und beobachten mit Verwunderung, wie unsere Träume uns mit ihrem eigenen Wissen vorantragen. Manchmal wirkt es so, als würden unsere Träume *trotz* unserer Haltung geboren.

Wagen wir es, aus unseren geistigen Kindern Wirklichkeit werden zu lassen, dann werden unsere Träume Fleisch und Muskeln. Nicht alle Träume werden »wahr«, aber in all unserem Träumen wird die Wahrheit gegenwärtig sein. Der Große Schöpfer hat uns geschaffen. Wir sind selbst »Kunstwerke«, und arbeiten wir daran, die Kunst in unserem Innern hervorzubringen, bringen wir unsere innere Göttlichkeit zum Ausdruck. Vielleicht ist das der Grund, warum sich in so vielen Geschichten von Künstlern eine solche Fülle an wundersamen Koinzidenzen und »inspirierten« Eingebungen findet. Kunst ist vielleicht die schönste Art von Gebet. Kunst zu schaffen ist ganz buchstäblich ein Weg »zu unserem Schöpfer«. Im Akt der Schöpfung enthüllt sich uns der Schöpfer selbst, und auch wir werden uns selbst als der göttliche Funke enthüllen, aus dem wir geschaffen sind. In dieser Urgegebenheit der Verbindung und Verbundenheit, von Künstler zu Künstler, von Großem Schöpfer zu uns als Schöpfer, wird unsere Identität in ihrem wahrsten

Reine Logik ist
der Ruin des Geistes.
ANTOINE DE SAINT-EXUPÉRY

Sinn geboren. Wir schaffen Kunst, nicht nur, um in der Welt unseren Weg zu machen, sondern auch, um etwas aus uns selbst zu machen. Und oft ist dieses Etwas, das wir aus uns machen, eine Person mit einem unverletzlichen Sinn für innere Würde. Wir haben mit Ja geantwortet, als unser wahrer Name aufgerufen wurde.

AUFGABE *Machen Sie Ihre Identität ausfindig*

Greifen Sie zum Stift und beantworten Sie die folgenden Fragen, so rasch Sie können:

1. Als kleines Kind träumte ich davon, einmal ______________________ zu werden.
2. In meiner Kindheit wurde ich in meinem Interesse an welcher Kunst ermutigt? ______________________.
3. In meiner Kindheit wurde ich in meinem Interesse an welcher Kunst entmutigt? ______________________.
4. Wenn ich mehr ermutigt worden wäre, hätte ich wahrscheinlich versucht, ______________________.
5. Der Lehrer/die Lehrerin, der/die mir half, meine Begabungen zu erkennen, war ______________________.
6. Die Kindheitsfreundin/der Kindheitsfreund, die/der mir half, meine Begabungen zu erkennen, war ______________________.
7. In einem anderen Leben würde ich schon früh damit beginnen, folgende Kunstform zu erkunden: ______________________.
8. Der Grund, warum es in diesem Leben zu spät dafür ist, lautet: ______________________.
9. Eine Sache, die ich in Richtung meines Kindheitstraums unternehmen kann, ist: ______________________.
10. Ich verpflichte mich nun diesem Traum, indem ich ______________________.

Fragen wie diese lassen bei den meisten Menschen Traurigkeit aufkommen. Nehmen Sie sich eine Stunde ungeteilte Zeit und führen Sie Ihr erwachsenes Selbst zu einem kleinen Abenteuerspaziergang aus. Seien Sie nicht überrascht, wenn bei diesem künstlerischen Stelldichein zahlreiche Gefühle und intuitive Einsichten und Erkenntnisse hochsprudeln. Bei vielen wartet der innere Künstler schon seit Jahren darauf, mit uns sprechen zu können.

Größer werden

Eines der zentralen Probleme des kreativen Wachstums ist die Frage der präzisen Selbsteinschätzung. Wie sollen wir wissen, wie groß wir sein können, wenn wir nicht wissen, wie groß wir sind? Wir haben Angst, eingebildet und egoistisch zu sein, und fragen daher selten: »Bin ich zu eingeschränkt, zu klein für den, der ich wirklich bin?« Sich ausdehnen, erweitern kann Angst machen. Wachstum kann sich fremd, ja sogar »falsch« oder als »unrecht« anfühlen.

Genie ist im Wesentlichen eine Frage der Energie.

MATTHEW ARNOLD

Bekannt ist das Gleichnis von den drei blinden Männern, die einen Elefanten beschreiben sollen. Einer betastet den Rüssel und sagt: »Aha, er ist lang und dünn und windet sich wie eine Schlange.« Der nächste betastet ein Bein und sagt: »Aha, er ist rund und stämmig und gleicht einem Baum.« Der dritte Blinde betastet die Seite des Elefanten und sagt: »Aha, ein Elefant ist wie eine Wand ...«

Als Künstler befinden wir uns oft in der Lage des Elefanten – ein großes und kompliziertes Geschöpf, sich selbst und anderen nur kärglich bekannt, einzelne Eigenschaften werden gesehen, aber im Ganzen sind wir komplexer als irgendeiner dieser Teile. Wir erleben wie Alice, nachdem sie den Pilz gegessen hat, Größenveränderungen als halluzinogene Begebenheiten. Den einen Tag fühlen wir uns überaus groß und kompetent. Am nächsten Tag haben wir das Gefühl, dass die gestrige Größe nichts weiter als Aufgeblasenheit war und wir in Wirklichkeit viel kleiner und wackliger sind, als wir dachten. Wir verändern uns in unserer Größe und durchleiden Wachstumsschmerzen, und viele dieser Schmerzen sind die Qualen einer Identitätskrise. Vielleicht sprechen wir dann Bittgebete, nur um feststellen zu müssen, dass Beten nichts hilft: Gott selbst scheint unsere neue Identität zu schmieden. Je mehr wir beten und darum bitten, dass sie verschwinden möge, desto stärker wird sie.

Es ist besser, jemandem ein paar Fragen zu stellen, als alle Antworten zu wissen.

JAMES THURBER

Mit 45 und nach 25 Jahren des Schreibens von Worten begann ich plötzlich, Melodien zu hören. Musik durchströmte mein System gleichsam wie eine kleine Kapelle, die vom Klang einer überdimensionalen Orgel durchflutet wird. Ich empfand das als unheimlich. Schließlich »wusste« ich, dass ich Schriftstellerin war, aber Musikerin? Das war einfach zu viel, um es auch nur zu träumen.

Wenn wir in kreativer Hinsicht unsere »Kragenweite« verändern, beginnen wir uns zu fragen: »Du meine Güte. Was für ein Tierchen bin ich denn nun eigentlich?« Und gewöhnlich sprechen wir mit anderen darüber, um das herauszufinden. An diesem Punkt geraten wir dann oft in Schwierigkeiten. Oftmals werden unsere Freunde nämlich nur den Teil von uns kennen, der – um in der Parabel des Elefanten und der drei blinden Männer zu bleiben – unser »Rüssel« oder vielleicht auch nur unser »Bein« ist. Mit anderen Worten: Der Teil, der uns zurückgespiegelt wird, ist vielleicht nur der Aspekt unseres Künstlertums, mit dem sich ein Freund wohl fühlt oder den er leicht zu erkennen vermag. Auf diese Weise werden wir oft reduziert, fragmentiert. Wir fühlen uns dann womöglich »am Boden zerstört«, weil wir, wenn wir einen Wandel durchmachen, eigentlich Freunde brauchen, die uns helfen können, ein umfassenderes und klareres Bild von dem kreativen Geschöpf zu bewahren, das wir insgesamt sind. Und ja, dieses Geschöpf könnte ein »Elefant« sein. Ach, du meine Güte!

Verständlicherweise können Freunde dazu neigen, die Person in uns zu unterstützen und zu bestätigen, die sie in uns sehen. Es ist möglich, dass sie an dem Menschen festhalten wollen, der sie nicht bedroht und ihnen das tröstliche Gefühl vermittelt, selber Größe zu besitzen und von Bedeutung zu sein. Es ist nicht so, dass sie mit uns konkurrieren wollen – sie sind es einfach nur gewohnt, eine bestimmte Vorstellung von uns zu haben, in bestimmter Weise an uns zu denken – an eine Drehbuchautorin, nicht an eine Regisseurin – und sich selbst in einer ganz bestimmten Beziehung zu uns zu sehen. Wenn Sie anfangen, größer zu werden, kann das Ihren Freunden genauso Angst machen wie Ihnen. Diese haben Sorge, verlassen zu werden. Sie selbst haben Sorge, größenwahnsinnig zu sein. Es ist ziemlich schwierig, zu sich und anderen zu sagen: »Ich meine tatsächlich, ich könnte ein ›Elefant‹ sein. Ich glaube, ich bin vielleicht sehr viel größer und großartiger, als ich dachte. Aber macht euch keine Sorgen, Elefanten sind loyal.« Sehr viel häufiger verhalten wir uns gegenüber unseren neu auftauchenden Fähigkeiten illoyal. Es kann so passieren, dass wir uns unsere möglichen kreativen Höhenflüge ausreden lassen. Es kommt vor, dass wir uns wie Dumbo unserer eben entdeckten großartigen Ohren schämen.

Die Anfänge aller Dinge sind schwach und zart. Deshalb müssen wir hier klarsichtig sein.

MICHEL DE MONTAIGNE

Manche unserer Freunde neigen vielleicht dazu, uns wieder auf das herunterschrauben zu wollen, was wir waren. Sie denken, was wir vielleicht erst nachträglich als Zweites, Drittes oder Viertes dazu denken. Und zuweilen rufen wir ganz bewusst die Freunde an, von denen wir wissen, dass sie uns auf unseren vorherigen Entwicklungsstand herunterbringen werden. »Du bist eine absolut gute Dramenschreiberin. Warum willst du denn versuchen, ein *Film*drehbuch zu schreiben?« Wir wollen durch ihre Einwände wieder in den vertrauten Rahmen unserer vormaligen bequemen »Kragenweite« und »Passform« kommen. Das Problem ist nur, dass uns die alte Größe nicht mehr passt.

Das Knifflige daran, wenn wir in kreativer Hinsicht unsere Größe ändern, ist, dass wir unsere Freunde, aber nicht unsere alte Identität bewahren möchten. Wir können weiter mit den Freunden umgehen, die bereit sind, mehr vom »Elefanten« wahrzunehmen. Aber manchen unserer alten Bekannten, jenen, die nur »einen Teil des Elefanten« zu sehen vermögen, muss vielleicht – zumindest zeitweise – der »Zutritt verboten« werden. Ihre Zweifel an unserer neuen Größe sind Gift für unseren Elefanten im Werden. Eine Alternative ist die, neue Freunde zu finden, die das, was wir zu werden im Begriff sind, sehen, erkennen und unterstützen können.

Als ich plötzlich anfing, Musik zu schreiben, dachte ich, ich sei vielleicht verrückt. Und die meisten meiner Freunde dachten ebenso. Ich war nicht mehr die Julia, die wir – sie und ich – kannten. Meiner Muse zu folgen war die eine Sache, der Musik zu folgen eine ganz andere.

»Du schreibst *Bücher*«, jammerte einer meiner Freunde geradezu. Doch ein neuer Freund, selbst ein Komponist, sagte: »Du hast so eine Begabung für das Melodische« – und Gott sei Dank hat er mir das gesagt. Es kann sehr schwer sein, am Glauben an die auftauchenden Facetten unserer schöpferischen Identität festzuhalten. Wir haben vielleicht noch mehr als unsere Freunde Angst, etwas Verrücktes zu tun. Eine neue Gabe mag zu gut scheinen, um wahr sein zu können, und wir erleiden möglicherweise einen Anfall von Bescheidenheit, der uns schwächt, und fragen uns: »Für wen halte ich mich denn eigentlich?« Unser Verhalten mag uns verrückt erscheinen, vor allem dann, wenn wir viele Jahre lang keine Ahnung von diesem neuen Talent hatten.

Es gehört zu unserer kulturellen Tradition, zu glauben und so zu handeln, als seien Künstler verrückt. Ist es da ein Wunder, wenn wir manchmal selbst das Gefühl haben, verrückt zu sein? Doch wenn wir am verrücktesten zu sein scheinen, sind wir zuweilen geistig am gesündesten und klarsten. Michelangelo sah da oben auf dem Gerüst, so dicht unter der Decke auf dem Rücken liegend, sicher ziemlich merkwürdig aus. Und wenn Schweiß, Gips und Farbe in seinen Augen brannten, konnte vielleicht noch nicht einmal er sich stets in der tröstlichen Gewissheit wiegen, ein Meisterwerk zu malen. Auch er mag sich, an einer Holzplanke festgeschnallt, der Arm vom Malen aus einem völlig verdrehten Winkel müde geworden, gefragt haben: Was mache ich da eigentlich?

Wenn eine Pflanze nicht ihrer Natur gemäß leben kann, stirbt sie; und ebenso der Mensch.

HENRY DAVID THOREAU

Was, zum Teufel, *machen* wir denn da eigentlich? Wer, verdammt noch mal, sind wir denn wirklich!? Das versuchen wir herauszufinden; und andere, kompetente Menschen zu befragen ist eine Möglichkeit, hier weiterzukommen. In vielen Fällen können uns ältere oder erfahrenere Künstler bestätigen, dass wir wirklich ein Schauspieler oder eine Schriftstellerin sind. Sie können unsere Identität quasi »riechen«, weil sie in Resonanz mit ihrer eigenen schwingt. Sie haben schon früher »Babyelefanten im Puppenstadium« gesehen. Wir wissen vielleicht noch nicht, wer wir sind, sie aber schon.

Unter meinen Freunden finden sich mittlerweile viele Musiker, die mich einfach nur als ihresgleichen kennen. Einer von ihnen, der mit mir an zwei Musicals gearbeitet hat, kannte mich schon zwei Jahre, bevor er merkte, dass ich »auch« Bücher schrieb. Denken Sie also daran, wenn Sie plötzlich eine neue Begabung entdecken: Elefanten haben nicht nur ein »langes« Gedächtnis, sondern auch ein langes Leben. Und Sie können in einem einzigen Leben in vielen verschiedenen Künsten zu Hause sein.

Nelson Mandela sagte einmal, dass wir niemandem irgendeinen Gefallen erweisen, wenn wir unser Licht unter den Scheffel stellen und so tun, als seien »wir kleiner, als wir wirklich sind«. Und dennoch versuchen wir oft, uns klein zu machen und auch so zu bleiben. Das nennen wir dann »Bescheidenheit«. Wenn die schöpferische Kraft uns durchströmt und zur Entwicklung auffordert, würden wir uns stattdessen lieber zusammenziehen. Wir glauben, das sei bequemer – was es im Grunde aber nicht sein kann. Denn wir sind spirituelle Wesen, und wenn unser Geist wächst und größer wird, müssen wir mitziehen. Da gibt es kein bequemes Ausruhen in der Selbstdefinition von gestern. Weil der Große Schöpfer ständig durch seine Schöpfungen forscht, Erfahrungen macht und expandiert, ist es ein spirituelles Gesetz, dass wir kooperieren müssen, wenn wir nicht die Qual geistigen Unwohlseins erleben wollen. Wir können versuchen, uns klein zu machen, aber wenn das Universum große Pläne mit uns hat, tun wir besser daran, mit ihm zusammenzuarbeiten, als Widerstand zu leisten. Kreativität ist Gottes wahre Natur und auch unsere eigene. Wenn wir uns darin ergeben, so groß zu werden, wie wir an sich werden sollen, können sich gewaltige Ereignisse für uns und viele andere Menschen ergeben. In gewisser Hinsicht ist die Größe, die der Große Schöpfer für uns vorgesehen hat, nicht unsere Entscheidung. Wir arbeiten an der Kunst, und wir sind das Kunstwerk des Großen Schöpfers. Vielleicht sollten wir ihm da nicht reinpfuschen.

Alle leuchten in der Arbeit auf.

VERGIL

AUFGABE *Die Größe wechseln*

Obwohl wir Beachtliches erreicht haben, uns in unseren Jobs vielleicht viel abverlangt wird und wir beruflich auf so einiges zurückblicken können, was sich sehen lassen kann, überfällt uns plötzlich eine Bescheidenheit, die uns schwächt, wenn der Zeitpunkt kommt, uns unsere Träume anzuschauen. Unsere Träume erscheinen uns zu gewaltig und zu gut zu sein, um wahr zu werden. Wir zweifeln an unserer Fähigkeit, sie verwirklichen zu können. Führen Sie die folgende Übung aus, um Ihre Zweifel statt sich selbst zum Zwerg zu machen.

Greifen Sie zum Stift und vervollständigen Sie die folgenden Sätze, so rasch Sie können:

1. Wenn ich mir erlaubte, es mir einzugestehen, hätte ich meiner Meinung nach eine heimliche Begabung für ______________________________.
2. Wenn ich keine Angst davor hätte, würde ich mir sagen, ich sollte ______________________________ probieren.
3. Als meine eigene beste Freundin/mein eigener bester Freund würde ich es wirklich mit Freude begrüßen, wenn ich mich ______________________________ versuchen sähe.
4. Das Kompliment, das man mir machte und das zu gut zu sein schien, um wahr zu sein, war ______________________________.
5. Wenn ich auf das Kompliment reagierte und etwas unternähme, würde ich ______________________________.
6. Die Person, die mich am besten in meiner heimlichen Identität anspornen könnte, ist ______________________________.
7. Die Person, der ich meine Träume ganz bestimmt *nicht* erzählen sollte, ist ______________________________.
8. Der allerkleinste Schritt, den ich in meine erträumte Richtung tun könnte, ist ______________________________.
9. Der riesigste Schritt, den ich in meine erträumte Richtung tun könnte, ist ______________________________.
10. Der Schritt, den ich tun kann und der für mein Gefühl gerade richtig ist, lautet ______________________________.

Viel Kleines ergibt ein Großes.

GEOFFREY CHAUCER

Manchmal sind wir von den Ereignissen unseres Lebens so überwältigt, von den Bedürfnissen und Erwartungen anderer und von unseren eigenen Gefühlen der (übermäßigen) Verantwortlichkeit so überschwemmt, dass wir uns völlig verloren fühlen, im dunklen Wald unseres Lebens umherwandern, scheinbar dem Unglück und der Gefahr so ausgesetzt wie Hänsel und Gretel. Wir fragen uns gequält und oft auch zornig, wo wir stehen und wer wir eigentlich sind. Das Aufstellen einer Wunschliste hilft uns in solchen Fällen, uns daran zu erinnern, wer wir sind – und kleine, konkrete, kreative Aktionen zu unternehmen, um uns in dieser Identität zu bestärken.

Beziffern Sie ein leeres Blatt Papier von 1 bis 20. Beenden Sie dann zwanzigmal den Satz »Ich wünschte ...«, wobei Sie sehr rasch schreiben. Ihre Wünsche werden sich in großen und kleinen Dimensionen bewegen, angefangen bei einfachen Tröstungen, die Sie sich selbst zukommen lassen, bis hin zu großen Lebenswünschen, die Sie hier erst einmal skizzieren können, um dann später etwas zu ihrer Verwirklichung zu unternehmen. Diese Liste ist ein Instrument, das *immer* den Hinweis auf einige kleine, machbare Schritte liefert, und noch wichtiger: Sie gibt uns die Möglichkeit, unsere Position mit dem Kompass unserer eigenen tiefen und wahren Wünsche zu bestimmen. Die Liste könnte zum Beispiel so aussehen:

1. Ich wünschte, meine Gesundheit wäre stabiler.
2. Ich wünschte, ich hätte ein Parfüm, das ich wirklich mag.
3. Ich wünschte, ich könnte meine Tochter sehen.
4. Ich wünschte, die Handwerker kämen pünktlich oder würden wenigstens anrufen, wenn sie sich verspäten.
5. Ich wünschte, ich hätte eine schönere Hose, die ich während meiner Spaziergänge tragen könnte.

Sehr oft legt jeder Wunsch sofort eine kleine Maßnahme nahe, die nur auf den ersten Blick banal erscheint. Zum Beispiel:

1. Stabilere Gesundheit: Geh öfter spazieren und vereinbare einen Termin beim Arzt. Überprüfe die Ergebnisse der Knochendichtemessung.
2. Parfüm: Geh in ein gutes Kaufhaus und probier ein paar aus.
3. Meine Tochter sehen: Vereinbare ganz förmlich einen Besuch. Ruf sie an und lad sie »wirklich« ein. »Vermisse« sie nicht nur einfach.
4. Handwerker: Ruf an und frag, wo sie sind und wann sie kommen.
5. Hosen: Geh und schau dich um, auch wenn dir das Einkaufengehen zuwider ist. Schau, ob du in der Nähe eine Schneiderin finden kannst, wenn die Läden und Kataloge nichts für dich Geeignetes zu bieten haben.

Die Übung mit einer solchen Wunschliste enthüllt uns also oft, dass wir etwas Konkretes unternehmen müssen, damit der Optimismus wieder in unser Leben Einzug hält. Wenn wir um unserer selbst willen aktiv sind, fühlen wir uns meist weniger von den Bedürfnissen und Wünschen anderer überwältigt.

Die Augen zum Himmel hinauf gewandt, das ist ein Akt der Schöpfung.

VICTOR HUGO

Manchmal müssen wir uns, um uns die Erkenntnis »einzuverleiben«, buchstäblich in unseren neuen Körper hineinbegeben. Nehmen Sie die Informationen, die Sie durch diese Aufgabe erhalten haben, und gehen Sie sie noch einmal durch. Erlauben Sie sich in Ihrer Phantasie, in eine neue und größere Identität einzutreten. Sehr wahrscheinlich lernen wir dort zum ersten Mal, ein größeres Selbst behaglich zu bewohnen.

Transformation

Kunst ist nichts Lineares. Und ein Künstlerleben ebenso wenig. Aber das vergessen wir nur allzu häufig. Wir versuchen, unser Leben und unsere Karriere zu »planen« – als ob wir das könnten. Wir versuchen auch, unser Wachstum und unsere Weiterentwicklung exakt vorherzubestimmen. Wir werden jedoch von der Transformation überrascht. Die Vorstellung, dass wir unseren Weg kontrollieren könnten, wird uns von der Werbung, von allerlei Büchern und Experten aufgedrängt, die uns versprechen, dass wir lernen können, das Unkontrollierbare in unsere Gewalt zu bringen. »Ermächtige dich selbst«, posaunen die Schlagzeilen. Seminare und ganze Ausstellungen versprechen das gleiche illusionäre Ziel. Und doch lehrt uns die Erfahrung, dass es im Leben, vor allem wenn es den Künsten gewidmet ist, ebenso sehr um das Mysterium wie um die Meisterschaft geht. Um erfolgreich zu sein, müssen wir lernen, nicht einem »Führer«, sondern unserer inneren Führung zu folgen, der »Inspiration«, die die Künstler zu allen Zeiten anerkannt haben. »Etwas« sagt uns, dass wir Kunst schaffen sollen. Und wir müssen diesem Etwas vertrauen.

Das Leben ist Kunst.

SPRICHWORT

Weil wir nicht sehen können, wohin wir eigentlich gehen, weil wir nicht glauben, dass das Universum irgendeinen Plan für uns hat, einen Plan, der es wert ist und der uns gefällt, beginnt unsere Imagination wie ein eingesperrtes Vögelchen panisch im Käfig unserer Umstände herumzuflattern. Wir wollen Freiheit – und wir werden sie bekommen –, aber wir müssen es sanft angehen und mit Erdung.

Wir sind vielleicht erfolgreich, haben möglicherweise Jahre und beträchtliche Energie darauf verwandt, in unserem Beruf an die Spitze vorzudringen, nur um dann von einem Anfall innerer Ruhelosigkeit und der unerschütterlichen, unannehmbaren und unwillkommenen Überzeugung überwältigt zu werden, dass unser Leben nicht länger passt und wir versuchen müssen, etwas Neues zu finden. Versucht, alles »hinzuschmeißen«, träumen wir möglicherweise davon, nach Südfrankreich oder Nordafrika zu entfliehen. Wir sagen uns vielleicht: »Es wäre wunderbar, das und das nie wieder machen zu müssen«, und nennen hier etwas, für das wir gut bezahlt und sehr geachtet werden. Unsere berufliche Nische mag so perfekt, so sorgsam ausgestaltet und so sehr »das Richtige« sein, dass wir nicht zu erkennen vermögen, wie wir irgendeine Veränderung vornehmen können, ohne dass das ganze, von uns so sorgsam aufgebaute Leben zusammenbricht.

Es ist ein spirituelles Gesetz, dass die Transformation auf uns zukommen wird, wenn wir bereit sind, uns zu transformieren. Wir sind alle Leiter oder Kanäle für eine große kreative Energie, die nach Ausdruck in und durch uns strebt. Wenn wir danach verlangen, anders zu sein, handelt es sich nicht nur einfach um unser rastloses Ego. Es handelt sich um unsere genau stimmige Reaktion auf die schöpferische Energie in uns, die sich einen neuen Ort des Ausdrucks sucht. Wir sind alle schöpferisch und auch wiederum Schöpfungen. So wie wir ruhelos werden und etwas Neues machen wollen, wird vielleicht auch unser Schöpfer ruhelos und möchte etwas Neues aus uns machen. Wir haben keinen Anfall von Überheblichkeit, sondern in Wirklichkeit ist es ein Akt in Demut. Wenn wir die Forderungen unseres Egos, stets die Kontrolle über alles haben zu müssen, fahren lassen, schlüpfen wir sacht und still in eine Reihe von Veränderungen, die wir zwar mit eigener Hand in Gang setzen mögen, aber als die Hand des Großen Schöpfers erleben, die hier durch uns wirksam wird. Und wenn wir uns nach den inneren Anweisungen richten, zeigt sich allmählich eine Richtung.

Nie hat die Natur das Herz betrogen, das sie liebt.

WILLIAM WORDSWORTH

Sie denken daran, Yogaunterricht zu nehmen, und finden in der Post Reklame für einen Yogakurs. Sie interessieren sich zunehmend für Frankreich und entdecken die Anzeige für »Ferien mit dem Rad«, gerade als Sie sagten: »Aber in Frankreich würde ich zunehmen.« Sie erkennen irgendeinen Wunsch oder Traum oder ein Ziel für sich und haben plötzlich das unheimliche Gefühl, dass Sie diese nun magnetisiert haben und Ihnen die entsprechenden Informationen, Menschen und Möglichkeiten zuzufliegen scheinen. Das spirituelle Kürzel für dieses Phänomen ist der Satz »Geh einen Schritt auf Gott zu und entdecke, dass Gott tausend Schritte auf dich zugegangen ist«.

Nennen Sie es »geistige Aufgeschlossenheit« oder »die Bereitschaft, immer ein Anfänger zu sein«, aber Empfänglichkeit und Offenheit charakterisieren das Naturell aller großen Künstler, und wenn wir diese Eigenschaften ganz bewusst in uns fördern, erhalten wir die Chance, zu wachsen und uns zu transformieren – vielleicht nicht sofort und in großen Zügen, aber auf jeden Fall in kleinen Schritten. Und jede winzige Veränderung kann von einem inneren Beben begleitet werden. Wir fragen uns, was wir tun und wer wir sind, während sich etwas an der uns bekannten Identität verändert.

Wenn uns allmählich dämmert, dass wir unser Leben tatsächlich verändern können, geraten wir oft in Panik. Das ist ganz natürlich – auch vielen Gefangenen geht es so, wenn ihnen klar wird, dass die Gefängnistür offen ist und sie »frei« davongehen können. Nach einer Haft ist »frei« zu sein Schrecken erregend.
Oft sind wir schon überrascht, wenn wir entdecken, dass unsere Identität überhaupt neue Aspekte aufzuweisen hat. Wenn wir uns lediglich mit einer Sorte »Spiegel« umgeben haben, mit typischen Akademikern oder Managern zum Beispiel, sehen sie vielleicht nur die Aspekte von uns, die sie verstehen können, und reflektieren auch nur diese. Sie zeigen uns möglicherweise nichts, was unserer vollen Natur gleichkommt. Es ist so ähnlich wie beim Beobachten von Vögeln. Viele Arten sehen sich ziemlich gleich, und erst wenn der Vogel losfliegt, siehst du etwas Scharlachrotes aufblitzen und sagst: »Ach, das war ja gar kein … Das war ein …«

Als Michael sich zum ersten Mal auf das kreative Arbeiten einließ, war er ein einsamer und entfremdeter Mensch. Das war nur natürlich. Als Mann von rascher, vielseitiger Intelligenz und schlagfertigem Witz passte er schlecht in die eng geschnürten akademischen Kreise, in denen er verkehrte. Seinem Humor begegnete man mit Misstrauen. Seine Ungezwungenheit war nicht willkommen. Selbstgefälligkeit war angesagt, und selbstgefällige Leute gaben Michael gern das Gefühl, ein Nichts zu sein. Doch als Michael erst einmal erkannt hatte, dass er doch etwas war, nur nicht das, was sie ihm abkauften, begann er, nach anderen Kollegen zu suchen, die seine persönlichen Eigenschaften zu schätzen wussten, und nach Freizeitbeschäftigungen, die seinem Naturell entsprachen. Schließlich bugsierte er sich aus seiner akademischen Laufbahn heraus und begab sich auf den kreativen Weg. Inzwischen hat er drei Bücher veröffentlicht, und sein lebendiger und humorvoller Vortragsstil ist sehr gefragt.

Nur durch das Risiko, von einer Stunde auf die andere zu leben, leben wir überhaupt.

WILLIAM JAMES

Wenn wir die Kragenweite bzw. Größe wechseln, fühlen wir uns an einem Tag groß, innerlich klar und kraftvoll und am nächsten winzig und schutzlos. Wir sind einmal euphorisch und dann wieder wütend und aufgebracht. Das ist gut so. Das ist gesund. Auch wenn es nicht so aussieht. Das Selbst, das wir da ausgemacht haben, erscheint uns falsch. Es ist jedoch nicht »falsch«, es ist nur unvollständig. Wir haben das gegenteilige Symptom von Phantomschmerzen, bei denen ein amputierter Arm oder ein amputiertes Bein noch immer da juckt oder schmerzt, wo nichts mehr ist. Unser Jucken und unsere Schmerzen sagen vielleicht das plötzliche Auftauchen eines neuen kreativen Gliedmaßes voraus – der »Arm« oder das »Bein« einer kreativen Karriere, auf die wir gar nicht gefasst waren. Da ist es kein Wunder, dass wir in Panik geraten! Was sind das für merkwürdige Empfindungen und Anwandlungen? Warum sind wir plötzlich an Dichterlesungen, an Puccini, an Ölgemälden interessiert?

Wir probieren vielleicht verschiedene »Kreativitätshüte« und »-schuhe« aus und suchen nach denen, die uns passen. Dieses Experimentieren ist ganz normal, natürlich und sollte ermuntert werden. Es kann auch bedrohlich wirken für diejenigen, die sich den Verlauf ihrer künstlerischen Karriere in ordentlich linear aufsteigenden Graden wünschen, so wie es typischerweise bei akademischen oder ähnlichen Laufbahnen der Fall ist. Ja wenn es nur so wäre! Weitaus häufiger machen wir, wenn wir nach einer neuen Identitätsrolle tasten, unangenehme Wachstumsschmerzen durch.

Bestehen Sie nicht darauf, linear zu sein

Zur Vermeidung von Panikanfällen hilft es, wenn wir uns die Veränderungen als Experimente vorstellen und uns selbst als so etwas wie ein kleines wissenschaftliches Projekt betrachten. Sie werden die neue Identität in kleinen Dosierungen ausprobieren müssen und schauen, was geschieht. Sie brauchen sich nicht auf einen Schlag ganz und gar »umzukrempeln«. Sie müssen nur den neu entdeckten und verschiedenen Teilen Ihres Selbst sanft etwas Spielraum lassen. Und das Schlüsselwort ist hier »sanft«. Die Panik bedeutet nicht, dass Sie verrückt sind, sondern nur, dass Sie Unsicherheit empfinden.

Geraten Sie nicht wegen Ihrer Panik in Panik

Wenn Sie in Panik sind, dann sagen Sie sich einfach: »Das ist ein gutes Zeichen. Ich sitze nicht mehr fest, ich gerate in Bewegung.«

Es ist ein spirituelles Gesetz, dass wir dabei sind zu werden, was wir bereits sind – perfekte Schöpfungen eines perfekten Schöpfers. Das bedeutet, dass wir uns selbst in unseren schwierigsten und unangenehmsten Momenten des Unwohlseins immer noch innerhalb der göttlichen Ordnung bewegen und Gottes Absicht immer näher kommen. Das Glauben an diesen Prozess, die feste Überzeugung, dass wir uns ändern und dennoch die immer währende Unterstützung des Universums erfahren können, ist entscheidend für jegliches Gefühl von Trost während unseres Wachstums.

Die Lilien auf dem Feld begannen als Knospen. Wir sind aufgefordert, darauf zu vertrauen, dass auch wir so wie sie eine herrliche und ungefährdete Entfaltung erleben werden. Wir beobachten in der Welt der Natur, wie Schmetterlinge aus plumpen, doch schützenden Kokons hervorkommen. Wir müssen uns manchmal dazu ermahnen, darauf zu vertrauen, dass auch wir in unserem Wachstum beschützt werden. Unsere Sprunghaftigkeit, unsere Unbeholfenheit, unsere Panik – auch sie gehören völlig natürlich zur Durchgangsphase der Veränderung. Der Große Schöpfer erlebt seine ganze Kreation in den Qualen sich wandelnder Identität. Die sich entfaltende Saga des

Es braucht lange Zeit,
Vorzügliches zur Reife zu bringen.
PUBLILIUS SYRUS

Lebens auf allen Ebenen ist eine der ständigen Transformationen, des ständigen Formwandels. Wenn wir mit unserem Wunsch und Bedürfnis nach Wachstum kooperieren, befinden wir uns im Einklang mit dem spirituellen Gesetz. Noch bevor wir »fragen« oder »bitten«, sind unsere kommenden Bedürfnisse und Notwendigkeiten schon klar. Unser Wachstumsprozess ist kein so einsamer Lauf, wie er scheint. Wir erleben Wachstumsschmerzen, wie sie allgemein erlebt werden, und unsere Einsamkeit, Entfremdung, Verzweiflung und unsere Zweifel wurden schon von vielen vor uns empfunden, von zahlreichen Menschen vor uns überlebt – und viele Male vor uns vom Großen Schöpfer beantwortet, der uns alle erschaffen hat und erschafft.

Kunst und kunstvolles Leben bedeuten eine ständige Zusammenarbeit zwischen dem, woraus wir geschaffen sind, und dem, was wir aus uns selbst machen möchten. Und wenn wir uns bewusst der Inspiration und Instruktion als unserer wahrhaftigsten gegenwärtigen Form öffnen, werden wir nicht nur zur Kreativität, sondern auch zum Trost und zum Wohl geführt.

Die Tapfersten
sind die Zärtlichsten –
Die Liebenden
sind die Wagemutigen.

BAYARD TAYLOR

AUFGABE *Form wandeln*

Wenn wir als Künstler unsere Größe und unsere Form ändern, haben wir oft Angst, dabei albern auszusehen. Wir wollen schon »vollendet« sein. Wir wollen »darin gut« sein. Wir wollen eine Rezension lesen, in der mit Ausrufezeichen steht: »Des schöpferischen Risikos wohl wert!« Leider laden Veränderungen – und die damit verbundenen Risiken – zu Gefühlen der Verletzlichkeit ein.

Manchmal bedeutet es eine gewaltige Erleichterung, einfach mit unserem heimlichen Traum herauszuplatzen, und deshalb versuchen wir das nun hier auf dem Papier. Vervollständigen Sie die folgenden Sätze wieder, so schnell Sie können:

1. Wenn es nicht zu albern wäre, würde ich gern versuchen, ____________________.

2. Wenn es nicht so teuer wäre, würde ich gern ______________________ besitzen.
3. Wenn ich noch einmal 21 wäre, würde ich ______________________ studieren.
4. Wenn ich mir die nächsten fünf Jahre freinehmen könnte und alle Ausgaben bezahlt bekäme, würde ich ______________________ studieren.
5. Wenn es nicht so verrückt wäre, würde ich gern versuchen, ______________________.
6. Wenn ich meinem geheimen Traum nachgäbe, würde ich mich ______________________ lassen.
7. Wenn ich ideale Eltern und die perfekte Kindheit gehabt hätte, wäre ich ein(e) ______________________.
8. Der Traum, den ich nie jemandem erzählt habe, ist ______________________.
9. Der Künstler, den ich bewundere und dem ich meiner Meinung nach sehr ähnlich bin, ist ______________________.
10. Der Künstler, auf den ich im Geheimen herabsehe, weil ich mehr Talent habe, ist ______________________.

Statt sich wegen der Dinge, die Sie gerade eingestanden haben, albern zu fühlen, greifen Sie nun lieber zum Stift und schreiben Sie einen Brief von Ihrem erwachsenen Selbst an Ihren inneren Künstler. Schreiben Sie ihm mindestens 15 Minuten lang über die Träume, die da enthüllt wurden. Finden Sie eine konkrete Form, in der Sie etwas zugunsten Ihres inneren Künstlers unternehmen können.

Check

1. *An wie vielen Tagen dieser Woche haben Sie Morgenseiten geschrieben?* Wenn Sie einen Tag ausgelassen haben, was war der Grund? Welche Erfahrung haben Sie mit dem Schreiben gemacht? Erfahren Sie mehr Klarheit? Ein breiteres Spektrum an Gefühlen und Emotionen? Ein stärkeres Gefühl von Objektivität, Ziel-

gerichtetheit und Ruhe? Hat Sie irgendetwas überrascht? Gibt es ein Thema, mit dem Sie sich wiederholt befassen müssen?

2. *Haben Sie in dieser Woche Ihr künstlerisches Stelldichein gehabt?* Haben Sie ein gesteigertes Wohlbefinden festgestellt? Was haben Sie unternommen, und wie fühlten Sie sich dabei? Das künstlerische Stelldichein kann eine schwierige Sache sein, und möglicherweise müssen Sie sich gut zureden, um sich dazu aufzuschwingen.
3. *Haben Sie Ihren wöchentlichen Spaziergang unternommen?* Wie fühlten Sie sich dabei? Welche Gefühle und Erkenntnisse tauchten in Ihrem Inneren auf? Konnten Sie mehr als einen Spaziergang machen? Was hat der Spaziergang für Ihren Optimismus und Ihr Gefühl für Perspektive bewirkt?
4. *Gab es in dieser Woche irgendwelche anderen Themen, die Ihrem Gefühl nach für Ihre Selbstentdeckung wichtig waren?* Beschreiben Sie sie.

Es bedarf einer direkten Genehmigung des Himmels, um ein Spaziergänger zu werden.

HENRY DAVID THOREAU

DRITTE WOCHE

Ein Gefühl für Perspektive entdecken

Kein Mensch ist eine Insel für sich allein, und unsere kreative Entfaltung findet innerhalb einer bestimmten Kulturlandschaft statt. Die kulturspezifische Mythologie durchdringt unser Denken über die Kunst und die Künstler. Die Texte und Aufgaben dieser Woche zielen darauf ab, Ihr Denken über die Künste und Ihren Platz als Künstler in unserer Gesellschaft zu entgiften. Die Kunst ist für uns alle Tonikum und Medizin. Als Künstler sind Sie ein Heiler auf kultureller Ebene.

Medizin

Alle Menschen sind Künstler – manche sind erklärte, beschlagene, öffentlich anerkannte und geschätzte Künstler. Andere sind Künstler privater Natur, schaffen kunstvolle Heime und kunstvolle Leben und scheuen vor einer öffentlichen Ausübung oder Beschäftigung mit der Kunst zurück. Manche von uns sind – obwohl offiziell »keine Künstler« und »ohne einen kreativen Funken in sich« – dennoch Künstler, weil wir die Kreativität im Blut haben. In unserer DNS.

Es gibt nur ein einziges Etikett, das mir beim Reden über uns selbst immer nützlich erscheint, und das ist der Begriff »kreativ«. Ich habe 25 Jahre lang unterrichtet (und noch länger Kunst gemacht); ich versichere Ihnen, dass ich dabei noch nie, wirklich noch *nie*, eine Person getroffen habe, die nicht in irgendeiner Weise kreativ war. In den meisten Fällen sind die Leute auf vielerlei Art kreativ. Das Übermaß an schöpferischer Energie, nicht der Mangel daran, ist es, was den Menschen das Gefühl gibt, »verrückt« zu sein – und weswegen sie manchmal als »Verrückte« abstempelt werden.

Sarah, die jetzt Bücher schreibt, war jahrelang in ihrer Familie und bei ihren Freunden als »überreizt«, »nervös«, »überkandidelt«, ja sogar als »verrückt« bezeichnet worden. Sie hatte zu viel Energie, und das schlug sich darin nieder, dass sie aus dem Alltagsleben Dramen machte. Sie befand sich immer mit irgendetwas in offener Feldschlacht – alles, was ihr widerfuhr, schien sie in gesteigerter und antagonistischer Form zu erleben. Sie war nicht im eigentlichen Sinn deprimiert, neigte aber dazu, das Leben als etwas Feindliches zu betrachten. Sie wanderte von Therapeut zu Therapeut, wechselte von Antidepressivum zu Antidepressivum und von einer enthusiastisch aufgenommenen »Schnell-Heilkur« zur nächsten. Sie versuchte es mit Meditation, Energiearbeit und mit Selbsthilfegruppen. Alles half scheinbar irgendwie. Nichts schien sie sich jedoch in ihrer Haut oder in der Welt, in der wir leben, wirklich wohler fühlen zu lassen. Dann fing sie endlich an, mit Kreativitätswerkzeugen zu arbeiten. Sie schrieb Morgenseiten, unternahm künstlerische Stelldicheins und machte eine große Vielfalt von Übungen aus dem *Weg des Künstlers.* Ihre Stimmung hob sich. Ihre Energie stabilisierte sich und wurde ausgeglichener, und ihr Optimismus kehrte nicht zurück, sondern betrat überhaupt zum ersten Mal die Bühne ihres Erwachsenendaseins.

Kreative Projekte aller Art begannen, in Sarahs Haushalt Blüten zu treiben. Sie bastelte mit ihren Kindern Masken für Halloween, buk Kekse und schnitt Papierschneeflocken für Weihnachten aus. An Neujahr hatte sie einen Entschluss gefasst: Sie würde versuchen, das Buch zu schreiben, von dem sie immer geträumt hatte. Sie nahm sich jedes Mal, wenn ihre Kinder nach der Schule spielten, ein bisschen Zeit für sich und begann, zu schreiben. Ihre Kinder wimmelten Telefonanrufe ab: »Mama schreibt.« Und Mama schrieb – nicht nur ihr Buch, sondern auch über all die dramatischen Irrungen und Wirrungen in der Zeit ihres Lebens, als sie noch ihre ganze kreative Energie in zwischenmenschliches Theater statt ins Schreiben steckte. Nachdem sie die Geschichten und Dialoge mit vollem Einsatz zu Papier gebracht hatte, beruhigte sich Sarahs Tendenz zum privaten Drama. Durch den Selbstausdruck wurden allmählich Themen und Probleme ihrer Charakternatur geheilt, an die Jahre der Therapie nicht zu rühren vermocht hatten. Zum gegenwärtigen Zeitpunkt hat sie fünf Bücher geschrieben und vier davon veröffentlicht. Sie ist nicht mehr »verrückt«, aber verrückt nach ihrer Arbeit. Und als sie einen Weg gefunden hatte, ihren vielfarbigen Aspekten des Selbst zum Ausdruck zu verhelfen, erhielt ihr Leben eine sanftere und doch dynamischere Form, und ihre Träume nahmen Klarheit in Technicolor-Qualität an.

Liebe ist genauso stark wie das Leben.

JOSEPH CAMPBELL

»Als ich klein war, wollte ich immer Schriftstellerin werden«, sagt sie heute. »Ich dachte nur jahrelang, dass ich es nicht wirklich sein könnte, und gab deshalb meinen Traum und mich selbst auf.« Als Sarah den Mut fand, wieder zu träumen, entdeckte sie auch, dass die Aspekte ihrer selbst, die sie verdrängt hatte, gesund und munter waren – als sie endlich willkommen geheißen wurden.

Ich habe Menschen erlebt, die eine unglaubliche Kreativität bei ihren Versuchen entfalteten, ihrer eigenen Kreativität aus dem Weg zu gehen. Ein Therapeut bezeichnet diese Verrenkungen vielleicht als »Neurose«; ich bezeichne sie als »kreative Knoten«. Damit meine ich zum Beispiel eine Haltung, bei der wir es vermeiden, kreativ zu sein, und somit in Kauf nehmen, dass wir elend dran sind – und dies tun wir dann in mannigfaltiger, überaus kreativer Weise …!

Fangen wir damit an, dass wir uns von den hässlichen Etiketten trennen – »verrückt«, »überheblich«, »exzentrisch«, »neurotisch«. Unserer wahren Natur nach sind wir *kreativ*.

Ja, wenn wir unsere Kreativität nutzen, hat das therapeutischen Charakter, aber es ist nicht so, dass wir unbedingt »in Ordnung gebracht« werden müssten. Was wir müssen, ist, expressiv zu sein. Was sich da in unserem Innern findet, ist nicht nur hässlich, entsetzlich und schrecklich, es sind nicht nur Scham, Geheimnisse und Neurosen. Unsere innere Welt ist ein komplexes, erlesenes und machtvolles Wechselspiel von Farben, Lichtern und Schatten, eine Kathedrale des Bewusstseins, so herrlich wie die Natur selbst. Dieser innere Reichtum ist es, den der Künstler zum Ausdruck bringt.

Der Große Schöpfer lebt in allen Menschen. Wir alle tragen einen göttlichen, expressiven Funken in unserem Inneren, eine Kerze der Kreativität, die unseren Weg und den unserer Mitmenschen erhellen soll. Wir sind unserer Natur nach leuchtend, nicht matt und stumpf; groß, nicht klein; schön, nicht kaputt – obwohl wir vielleicht von unserer Anmut, Kraft, Macht und Würde keine Ahnung haben.

Das menschliche Geschöpf ist seiner Definition nach ein kreatives Geschöpf. Wir sollen Dinge schaffen und »etwas aus uns machen«, wie man so sagt. Wenn wir das Interesse an uns selbst und unserem Leben verlieren, wenn wir uns sagen, dass unsere Träume nichts zählen oder dass sie sich unmöglich verwirklichen lassen, verleugnen wir unser spirituelles Erbe. Und dann werden wir deprimiert und ausgelaugt, sogar körperlich krank. Wir werden gereizt, überempfindlich, nervös. Wir bezeichnen uns dann selbst als neurotisch – doch das sind wir nicht. Wir sind nicht neurotisch, wir sind unglücklich und miesepetrig – wir sind elend dran, weil wir unser kreatives Selbst unterdrückt haben. Dieses Selbst lebt – es ist wohlauf, aber zu groß für den Käfig, in den wir es gesperrt haben, in den Käfig dessen, was wir »normales Leben« nennen.

Zum Guten wie zum Bösen, der Mensch ist ein freier kreativer Geist.

JOYCE CARY

Wir werden in unserer Gesellschaft dazu erzogen, uns zu verstecken, und bestraft, wenn wir uns zeigen. Also verstecken wir uns vor den anderen und vor uns selbst. Und dieses Sichverstecken vor unserer wahren Natur führt dazu, dass wir uns verrückt fühlen oder verrückt aufführen.

Wir sind dazu erzogen, auf uns selbst herumzuhacken, uns zu korrigieren, uns ein Etikett aufzukleben. Die meisten unserer religiösen Konfessionen betonen die Vorstellung von der Erbsünde. Viele – nicht alle – Therapien konzentrieren sich auf unsere Wunden, nicht auf unsere Begabungen und Talente. Bei manchen, nicht bei jedem, der Zwölf-Schritte-Genesungsprogramme (wie sie zum Beispiel Suchtkranke durchführen) kann es sein, dass unsere Charakterfehler und nicht unsere Vorzüge in den Mittelpunkt gerückt werden.

Die meisten von uns schleppen »Wortwunden«, wie ich sie nenne, mit sich herum – die Beschreibungen bestimmter Eigenschaften, die uns als negativ übermittelt wurden. Ich wurde zum Beispiel als »extrem« und auch als »hyperfokussiert« bezeichnet. Wir haben die Kreativität in unserer Gesellschaft dämonisiert. Sie versetzt uns in Angst und Schrecken. Wir erzählen unheimliche Geschichten über Künstler und wie pleite, überkandidelt, verrückt und egoistisch sie sind. Wir haben Angst vor unserer Kreativität. Wir halten sie für irgendein Nitroglyzeringemisch, das uns alle in die Luft jagen könnte. Doch das ist Nonsens.

> *Aus der Verletzbarkeit erwächst Stärke.*
>
> SIGMUND FREUD

Das Praktizieren unserer Kreativität ist heilsam. Nicht, weil wir krank sind, sondern weil es uns im Grunde gut geht. Wenn wir unserer Natur Ausdruck verleihen, die schön und besonders, speziell und originell ist, erfahren wir eine heilsame Transformation, nicht so sehr innerhalb unserer selbst als vielmehr in unserer Beziehung zur Welt. Wir sind nicht im Unrecht. Wir sind nicht machtlos. Wir sind sehr groß, und wenn wir dieser Wahrheit Ausdruck verleihen, ereignet sich Heilung. Und was hier geheilt wird, ist die Kluft zwischen unserem spirituellen Format und unserer falschen Selbstwahrnehmung, der zufolge wir mit Mängeln behaftet sind.

Kreativität ist Medizin. Weder ist sie gefährlich, noch ist sie etwas Egoistisches. Je mehr wir sie nutzen, umso stetiger, bereitwilliger und leichter nutzen wir sie. Je mehr wir sie erden und je regelmäßiger wir von ihr Gebrauch machen, desto besser sind wir dran. Desto »gesünder« sind wir. Humor und Akzeptanz betreten die Bildfläche. Der Selbstausdruck könnte, weitaus mehr als die Selbstprüfung oder Selbstkorrektur, der Schlüssel zu einem weitaus besseren und effektiveren Selbstgefühl sein.

Ja, wir sind manchmal unglücklich. Aber nicht, weil wir neurotisch sind und an die vorhandene Norm »angepasst« werden müssten. Wir sind es vielmehr deshalb, weil wir uns selbst zum Ausdruck bringen müssen – was dann beides, uns *und* die vorhandene Norm, verändern wird. Die kreative Veränderung beginnt im Herzen. Wenn wir in unserem Innern ansetzen und nach außen gehen und dem, was wir lieben und wertschätzen, Ausdruck geben, wendet sich unser Leben zum Besseren, fühlen wir uns besser und wird auch die Welt gesünder.

Viele Therapeuten vermitteln die Werkzeuge und Prozesse, die in meinem Buch *Der Weg des Künstlers* beschrieben sind. Und oft leiten sie auch Gruppen darin an und berichten von »Wunderheilungen«. Aus meiner Sicht sind die Heilungen kein Wunder. Die Gesundheit war schon immer vorhanden und wartete nur darauf, als Kreativität entdeckt und zum Ausdruck gebracht zu werden.

Die meisten von uns sind auf Veränderungen ihrer Person in etwa so erpicht wie aufs Geborenwerden, und sie durchlaufen derartige Veränderungen auch in einem vergleichbaren Schockzustand.

JAMES BALDWIN

Ich bin nicht daran interessiert, mit Leuten über die Realität von Geisteskrankheiten zu diskutieren. Ich möchte mich auf die Realität unserer beträchtlichen geistigen Gesundheit konzentrieren. Unsere Gesellschaft, ja unsere Welt, mag »krank« sein, aber wir tragen in uns genau die Medizin, die es braucht, um sie und uns selbst zu heilen.

Diese Medizin ist die Kreativität.

AUFGABE *Segnen Sie Ihre Segnungen*

Zu den medizinisch wirkungsvollsten Aufgaben, die wir in Angriff nehmen können, gehört der ganz einfache Spaziergang. Man kann nur schwer in Negativität und Depression versackt bleiben, wenn man sich ein wenig »ausschüttelt«.

Wenn wir beim Gehen ein Auge auf das Positive gerichtet halten, kann das zu einer Form von sanfter Wachsamkeit führen. Wir können unsere Gedanken auf die uralte Methode des Praktizierens von Dankbarkeit richten – Schritt um Schritt, als Arznei für uns selbst. Gehen Sie an die frische Luft und nehmen Sie sich einen einfachen zwanzigminütigen Spaziergang vor. Tauchen Sie Ihre innere Welt in eine hellere Perspektive, indem Sie ganz bewusst und konkret die Segnungen Ihres Lebens aufzählen, wobei Sie auf die äußere Welt

Ich habe nie aufgehört zu lernen.

MICHELANGELO

zielen. Menschen, Ereignisse, Situationen – sie alle könnten einen Grund zur Dankbarkeit liefern. Und während Sie sich nun für Ihre Aufgabe, sich auf das Gute in Ihrem Leben zu konzentrieren, erwärmen, werden sowohl Ihr Herz wie auch Ihr Schritte leichter werden.

Kunst ist therapeutisch, keine Therapie

Wenn wir in einer Kreativitätsblockade stecken, fühlen wir uns häufig elend und fragen uns womöglich, wie neurotisch wir eigentlich sind. Obwohl wir nicht glauben, dass eine Therapie die Antwort darauf liefern und das Problem beheben oder zumindest unser Elend mildern könnte, wenden wir uns ihr vielleicht dennoch zu, nur um dann festzustellen, dass unsere Not unvermindert anhält. Natürlich tut sie das. Wir fühlen uns nicht elend und unglücklich, weil wir neurotisch sind, sondern weil wir kreativ sind und in unserem Kreativsein nicht funktionieren. Die Therapie kann uns unter Umständen helfen, unsere Blockaden zu »verstehen«. Besser ist es, wenn wir sie einfach überwinden. Kunst ist von therapeutischem Wesen. Doch sie ist *nicht* Therapie. Eine Therapie zielt auf Transformation durch Verstehen ab. Wenn wir zu einem Thema, das wir nicht verstehen, ein Kunstwerk schaffen, kommen wir dahin, das Thema oder zumindest unsere Beziehung dazu über unsere eigene Erfahrung zu verstehen – was ein ganzkörperlicher und nicht nur intellektueller Vorgang ist. In diesem Sinn »wirkt« Kunst therapeutisch, ob wir sie nun verstehen oder nicht.

Die Therapie zielt auf ein Entwaffnen der Emotionen ab, rückt verwundete Gefühle »in die richtige Perspektive«. Kunst hingegen bedient sich der verwundeten Gefühle – oder irgendeines anderen greifbaren »Treibstoffs« –, nicht, um unsere Wahrnehmung von einer existierenden äußeren Realität, sondern um jene Realität durch eine andere Wirklichkeit zu verändern, die wir zum Ausdruck bringen. Händels komplexe, ekstatische, triumphierende und widersprüchliche Gefühle und Wahrnehmungen von Gott führten zur Schöpfung seines *Messias. Der Messias* hilft wiederum anderen, Gott auf andere Weise zu verstehen.

Harper Lee schrieb 1960 *Wer die Nachtigall stört …*, ihr einziges Buch. Sie lebt jetzt in Manhattan und hat nach wie vor nicht die Absicht, noch eines zu schreiben. Und warum sollte sie auch? Mit einem einzigen kleinen und »simplen« Buch erreichte sie sehr viel Heilung. Wer ihr Buch liest, findet sich danach intakter, mitfühlender und in engerem Kontakt mit dem Innenleben des eigenen verletzlichen, kindhaften Selbst.

Bücher, Gedichte, Theaterstücke, Symphonien – sie zielen auf die Heilung der Seele ab. Sie verarbeiten menschliche Gefühle, Emotionen und Belange und bringen uns durch die Alchemie der Kunst dazu, uns hinsichtlich all dessen und auch unserer selbst besser zu fühlen.

Bernice, eine Jungianische Therapeutin, lässt ihre Klienten in vielen Fällen bewusst Musik hören, statt eine Innenschau abzuhalten. »Musik berührt etwas Höheres in uns«, erklärt sie. Die Musik berührt auf direktere Art etwas Höheres in uns, aber alle Künste berühren etwas in uns, das jenseits der üblichen Gegebenheiten des Lebens existiert. Es ist dieser Überblick, dieses »etwas Höheres und Mehr«, das auch die hausbackenste Kunst irgendwie therapeutisch wirksam werden lässt. Backt man im wörtlichen Sinne einen guten Kuchen, fühlt man sich besser, weil man ihn gebacken hat. Das Gleiche gilt für das Verfassen eines einfachen Lieds oder sogar auch eines raschen Gedichts, um dein Kind wissen zu lassen, dass es geliebt wird. Wenn es dann anruft, um »Ich habe deinen Brief bekommen« zu sagen, meint es damit auch: »Und er gab mir das Gefühl, geliebt und geschätzt zu werden.« Wenn wir uns geliebt und geschätzt fühlen, empfinden wir uns als geheilt, und man kann vielleicht den Akt des Kunstschaffens ebenso gut auch als einen Akt des Wertschätzens unserer Erfahrungen, Gefühle und Wahrnehmungen beschreiben. Dies ist die Art, wie Gott seine ganze Schöpfung betrachtet, so sagt man uns. Vielleicht kontaktieren wir, wenn wir beim Kreieren diese achtsame Aufmerksamkeit walten lassen, den göttlichen Funken. Der Kontakt mit diesem göttlichen Funken ist immer therapeutischer Natur.

> *Musik erzeugt eine Art von Freude, ohne die die menschliche Natur nicht auskommen kann.*
>
> KONFUZIUS

Der Heilungsprozess ist ein gewissermaßen automatisches Nebenprodukt des Selbstausdrucks und kein Ziel an sich. Diese Tatsache kann manche Leute in Verwirrung stürzen – vor allem Therapeuten, die die Mechanismen eines sowohl rätselhaften wie auch spirituellen Prozesses »verstehen« möchten. Vielen Ärzten und Therapeuten ist auf intellektueller Ebene bewusst, dass irgendetwas jenseits ihrer persönlichen Fähigkeiten das Heilen bewirkt, und verständlicherweise möchten sie gern wissen, was dieses Etwas ist. Und sie möchten gern über diesen Bestandteil des Heilungsvorgangs die Kontrolle haben, den sie dann wie eine gute Arznei verabreichen können. Therapie und Genesung durch Kreativität schließen sich nicht gegenseitig aus, funktionieren aber auf unterschiedliche Art und Weise und ergeben sich aus zwei sehr verschiedenen Reihen von Grundannahmen.

Mag sein, dass wir uns, nachdem wir etwas geschaffen haben, anders fühlen. Mag sein, dass wir danach irgendetwas in einem anderen Licht sehen, aber dieser veränderte innere Fokus kommt durch das Ausdrücken dessen, was wir fühlen und sehen, zustande und nicht dadurch, dass wir uns darum bemühen, die Dinge anders zu empfinden und zu sehen, mit mehr Balance und weniger spitzer Schärfe. Es mag einem Künstler – dem Künstler in uns allen – weniger dienlich sein, über etwas zu reden, als über dieses Thema zu malen, zu schreiben oder zu komponieren. Rein intellektuelles Verstehen heilt nicht. Und – dies steht im Gegensatz zum Ansatz vieler therapeutischer Modelle – der simple verbale oder auch körperliche Ausdruck von Emotion und Gefühl ebenso wenig. Menschen sind komplexe kreative Wesen; und wenn wir etwas erschaffen, das unserer eigenen Komplexität Ausdruck verleiht, gelangen wir durch unseren eigenen *kreativen* inneren Prozess zu einer innerlichen Essenz von Klarheit. Viele Therapeuten und auch viele Kunstlehrer mischen sich mit ihrem verfrühten Fragen, Kontrollieren und Richtungsweisen zu sehr ein. Sie ermutigen kreative Klienten dazu, zu überlegen und die Dinge zu durchdenken. Das ist oft das Letzte, was wir gebrauchen können. Therapie zielt darauf ab, uns der Norm anzupassen. Kunst zielt darauf ab, unserer Originalität Ausdruck zu geben. Die Norm hat damit nichts zu tun.

> *Die erste und einfachste Gemütsregung, die wir im menschlichen Geist entdecken, ist die Neugier.*
>
> EDMUND BURKE

Intelligente Therapien bringen uns dazu »zu akzeptieren, wie wir fühlen«. Die Kunst lehrt uns, auszudrücken, wie wir fühlen, und Gefühle auf diese Weise zu verwandeln. Die Kunst erkennt an, dass Gefühle wandelbar sind und wir die Kraft besitzen, den Schrott unserer Wunden in das Gold der Kunst umzuwandeln. So gesehen schenkt uns Kunst die Fähigkeit, uns *immer* aus der Opferposition herauszubegeben. Die Therapie passt uns an die Welt an. Die Kunst passt die Welt selbst an.

»Kunst« ist eine Form des »Seins«. Das Leben ist in seinem Kern kunstreich und kreativ, und jedem Augenblick wohnt eine Wahl inne – nicht anders als jedem Pinselstrich eines Gemäldes, jeder Silbe eines Gedichts, jeder Note einer Melodie. Deshalb, wegen ihres Ermöglichens einer Wahl, Wahl, Wahl …, demoliert die Kunst die Opferposition. Wenn uns das drangsalierende Leben eine Ungerechtigkeit abverlangt und wir vor der Entscheidung stehen: »Du möchtest etwas daraus machen?«, dann lautet die kunstreiche Antwort: »Ja.«

Wenn wir etwas aus diesem »Daraus« machen, was immer dieses »Daraus« auch sei, verändern wir es. Die Kunst erlaubt uns, frei zu leben, auch in unserer Rastlosigkeit, so wie Dylan Thomas' grünes Meer, das in seinen Ketten singt. Holocaustopfer ritzten Schmetterlinge in die Wände der Zellen im Konzentrationslager. Ein selbst behauptender kreativer Akt, der eine deutliche Sprache spricht: »Meinen Geist und meine Seele könnt ihr nicht töten.« In ihrem Kern ist Kunst triumphal. Therapie führt bestenfalls zur Fügsamkeit: Ich akzeptiere die auf mich einwirkenden Einflüsse und passe mich ihren Ergebnissen an. Die Therapie baut ein Selbst auf; die Kunst geht schon von einem Selbst aus und bestätigt und bekräftigt es. In ihrem Grunde ist Kunst rebellisch: Du kannst mich nicht benennen. Ich bin mehr als die Summe meiner Teile.

In der Therapie trachten wir danach, den Einfluss von Personen und Ereignissen in unserem Leben und unsere daraus resultierenden Wunden und Anpassungen zu untersuchen. Wir betrachten uns in unserer Beziehung zu Person X oder Begebenheit Y. Unsere inneren Mechanismen werden in theoretischen Begriffen verstanden und verständlich. Wir schlussfolgern, warum wir sind, was wir sind. Und oft ziehen wir unsere Schlussfolgerungen aus einer völlig unzulänglichen Riege von Standardcharakteren – der Kleinfamilie. Das Leben, sollte es auch noch so armselig sein, ist in seinen mysteriösen Variablen und Kräften weitaus reicher als diese Definitionen.

Ich hasse dieses ästhetische Spiel von Auge und Geist, das diese Connaisseure aufführen, diese Mandarine, die die Schönheit »schätzen«. Was ist denn überhaupt Schönheit? So etwas gibt es nicht. Ich »schätze« nie etwas, ebenso wenig wie ich etwas »mag«. Ich liebe oder ich hasse.

PABLO PICASSO

Die Kunst arbeitet in Primärfarben. Wir tauchen unsere Feder, unseren Pinsel direkt in das Selbst ein: »Ich sehe das so«, sagen wir. Wir sind der Quell unserer Kunst. Er sprudelt hervor wie die Quelle eines Flusses und bittet niemanden um Erlaubnis. Die Kunst sagt: »Ich bin.« Die Therapie sagt: »Sie waren, deshalb bin ich.« Die Therapie mag turbulent verlaufen, aber im Vergleich zur Kunst ist sie zahm. Die Therapie mag lohnenswert sein, aber sie macht etwas aus dem, was wir waren, wohingegen die Kunst etwas aus dem macht, was wir *sind*. Freud klagte: »Wo ich auch hinkomme, immer war schon ein Dichter vor mir da.« Natürlich. Ein Künstler fliegt direkt.

Kunst ist Alchemie. Sie verwandelt das Blei des Lebens in Gold. Die Fähigkeit, aus der erhitzten Vorstellungskraft Kunst statt ein Drama zu machen, wird am besten früh erlernt und reichlich praktiziert. Wenn wir lebendige Kunst – *und* eine Kunst aus dem Leben – machen wollen, müssen wir bereit sein, knietief in den Stromschnellen menschlicher Bedingtheit zu waten und zu akzeptieren, dass das Leben seiner Natur nach turbulent, machtvoll und mysteriös ist. Der Künstler wettet darauf, dass es besser ist, sich dem Leben zu stellen und es zum Ausdruck zu bringen, als es herabzumindern und abzutun, indem man versucht, es auf therapeutischem Wege »in Ordnung zu bringen«. Der Künstler ist davon überzeugt, dass ein intellektuelles Verständnis von etwas oft sehr viel weniger heilsam wirkt, als wenn wir aus unserem zertrümmerten Selbst etwas Künstlerisch-Transformatives schaffen.

»Beschränke das Drama auf die Seite, die Bühne, die Leinwand, den Film«, lernt der Künstler. Dort können die Ungeheuer und die Schönen, die Schätze und Schrottplatzsouvenirs der Imagination sortiert, geformt, gestaltet und zu Kunst transformiert werden. Die Geschicklichkeit im Leben mit dem dramatischen Schattenspiel des kreativen Geistes stellt sich mit der Zeit ein. Ein junger Künstler mag intensive Gefühle vielleicht für einen Hinweis darauf halten, dass er in seinem äußeren Leben agieren soll, nicht in seinem inneren. Wenn turbulente Gefühle und Emotionen auf die blanken Nerven der kreativen Psyche drücken, gibt es immer die Alternative »Reagiere darauf oder nimm es als Material zur Gestaltung«.

Gib dich der Welt so zu erkennen, wie du bist, nicht so, wie du deiner Ansicht nach sein solltest, denn wenn du posierst, wirst du früher oder später die Pose vergessen – und wie stehst du dann da?

FANNY BRICE

Wenn die Kunst unsere Alchemie ist, wird der Schmerz über den verlorenen Liebsten zum Weh eines Liebeslieds. Das Elend eines fehlgeleiteten Richtungssinns zu den hektischen, brodelnden Akkorden einer dissonanten Jazzhymne. »In der Kunst ist nichts falsch, nichts vergeudet, nichts neurotisch, nichts zu verleugnen, alles ist in ihr möglich«, das muss des Künstlers Kredo werden.

AUFGABE *Sie möchten etwas »daraus« machen?*

Mag sein, dass die Therapie an sich höhere Ziele verfolgt, doch zumeist wird sie angewandt, um zu einem anderen Umgang mit den Umständen und Personen zu gelangen, denen gegenüber wir einen Groll hegen. »Sie« haben »das und das« getan, und deshalb geht es uns schlecht. Die meisten Therapien haben zum Ziel, dass wir uns weniger schlecht fühlen. Wir »verstehen« schließlich, warum »sie« das getan haben mögen, und schließen damit unseren Frieden. Kunst ist anarchistischer.

Kunst ist aggressiver und bestimmter als die Therapie. Sie ist eine Aktion, keine Reaktion. Wir tauchen direkt in uns selbst als Quelle und schaffen so etwas Neues, das ohne uns als Urheber nicht existieren würde. Aus diesem Grund ist Kunst auf eine Art bekräftigend und bestätigend, wie es die Therapie nicht sein kann.

Legen Sie sich einen Stapel bebildeter Zeitschriften auf die Seite. Kaufen Sie sich ein Stück Karton in Postergröße und etwas Klebstoff. Kramen Sie eine Schere hervor und Tesafilm, wenn Sie mögen, und räumen Sie sich eine ganze Stunde Zeit ein. Forsten Sie Ihr Bewusstsein nach einer Situation durch, die Sie gern umfassender verstehen würden.

Stecken Sie in einer faszinierenden persönlichen Beziehung, die ganz offensichtlich zerstörerisch ist, die Sie aber nicht beenden können? Haben Sie einen despotischen Chef, an den Sie sklavisch gekettet sind? Stehen Sie mit jemandem in einer so engen Verbindung, dass Sie das Gefühl beschleicht, mit dieser Person an der Hüfte verwachsen zu sein? Empfinden Sie Heimweh nach offenen Weiten und freier Natur, leben aber in den engen Schluchten einer Großstadt? Alle diese Dilemmata bieten Ihnen exzellenten Treibstoff für die Aufgabe, eine Collage herzustellen.

Behalten Sie Ihr Thema zwanglos im Kopf und verwenden Sie nun 20 Minuten darauf, Bilder, die Sie anziehen und Ihrem Gefühl nach mit Ihrem Thema in Verbindung stehen *könnten*, aus den Zeitschriften herauszuschneiden oder -zureißen. Nehmen Sie sich weitere 20 Minuten Zeit, Ihre Bilder zu arrangieren und aufzukleben. Planen Sie dann noch einmal 20 Minuten ein, um aufzuschreiben, was Sie herausgefunden haben.

Die Entdeckungen, die Sie durch diesen Prozess machen, könnten Sie überraschen und faszinieren. Eine Beziehung, die Ihnen einseitig und wie eine Strafe erschien, könnte sich als Quelle eines kreativen Feuers entpuppen. Die Sehnsucht nach einem »frischeren« Leben und einer Umgebung im Grünen könnte von einer wirklichen Liebe für städtische Bilder und Energie übertroffen werden. Es könnte auch sein, dass das, was Sie durch das Herstellen der Collage herausgefunden haben, sich nicht einmal auf das spezielle Thema bezieht, an dem Sie »arbeiteten«. Stattdessen steigt in Ihnen vielleicht ein weitaus umfassenderes und ganzheitlicheres Gefühl von Heilung auf.

Wut und Zorn

Wenn wir wütend sind, weil man uns übersieht, ist das kein Zeichen von Arroganz oder Aufgeblasenheit. Es ist ein Hinweis darauf, dass wir unsere Größe verändert haben und uns nun auch entsprechend verhalten müssen.

Wenn wir uns klein und ungehört vorkommen, geschieht das sehr häufig nicht deshalb, weil wir klein *sind* und nicht gehört werden, sondern weil wir klein und ungehört *agieren*. Es ist an sich nicht vorgesehen, dass wir klein sind. Oft werden wir gar nicht dazu getrieben, ohnmächtig, schwach und winzig zu sein – so wie es unserem Gefühl entspricht –, sondern dazu, groß zu sein.

> *Ein gelassenes Urteil ist tausend hastig erteilte Ratschläge wert. Man muss für Licht sorgen, nicht für Hitze.*
>
> WOODROW WILSON

Das Problem ist hier unsere Perspektive. Wenn wir »über alle Maßen« wütend sind, ist das ein sehr zutreffender Ausdruck. Wir haben das Gefühl für unsere wahre Größe, Kraft und Macht verloren, und die Intensität unserer Emotionen gibt uns das Gefühl, »stinksauer« und »auf hundertachtzig« zu sein – auch so ein bezeichnender Ausdruck, weil die geistige Vorstellung von uns geradezu karikaturhafte Züge annimmt oder annehmen kann. Wir erleben uns selbst als schwach, winzig und nichtig. Das Ausmaß unserer Wut zeigt unsere Perspektive aufs Zwergenhafte unserer Persönlichkeit. Uns ist nicht klar, dass die von uns wahrgenommene Kraft und Macht eine uns innewohnende Kraft zur Veränderung ist. Wenn wir »unsagbar« wütend sind, sind wir in Wirklichkeit groß und »ungesagt«: Wir sprechen nicht in einer Weise, die unserer Kraft angemessen Stimme und Richtung gibt. Wenn wir uns vor Wut und Zorn ohnmächtig fühlen, sind wir in Wirklichkeit mächtig vor Zorn – wir haben einfach nur noch nicht erkannt, wie wir ihn als den Kraftstoff, der er ist, effektiv nutzen können.

Können wir wegen irgendeiner Ungerechtigkeit oder Beleidigung nicht schlafen, weil sie an uns »nagt« und uns »auffrisst«, ist dieses kräftezehrende Monster unsere Wut über unsere eigene vertriebene Macht. Wir sind sehr machtvoll. Diese persönliche Macht und Kraft empfinden wir als »maßlosen Zorn«, und diese künstlich nach außen projizierte hoch aufragende Woge des Zorns und der Wut kann uns das Gefühl geben, klein und schwach zu sein, bis wir begreifen, dass es sich hier um eine Kraft in unserem eigenen Innern handelt, und nicht um eine Wand schierer Hindernisse, die sich da vor uns auftürmt. Unsere Chancen bleiben so lange für uns gering, solange wir selbst nicht »für uns« sind.

Rat ist das, was wir erbitten, wenn wir die Antwort bereits kennen, aber uns wünschen, wir kennten sie nicht.
ERICA JONG

Wut und Zorn fordern uns auf, für uns selbst und für andere einzutreten. Sie deuten auf einen Weg, den wir zu meiden versuchen. Oft bemühen wir uns, »bescheiden« zu sein, und das ist zum Teil die Weigerung, so groß, klar und beredt zu werden, wie wir eigentlich sind. Wut und Zorn signalisieren uns, dass wir aufgefordert sind, vorzutreten und Tacheles zu reden. Wir hassen das und geben uns deshalb der Phantasie hin, stattdessen den Rückzug antreten zu sollen.

Der Zorn über eine Person, die uns drangsaliert, oder Sachlage, die uns zu schaffen macht, ist ein wundervolles Zeichen. Haben wir ihn erst einmal akzeptiert, wird er zu unserem Zorn darüber, dass wir es zulassen, dass wir und andere drangsaliert werden. Und ist er unser Eigen, können wir ihn uns auch zunutze machen. Ja, er wird als mörderisch empfunden, doch er ist tatsächlich ein notwendiges Korrektiv. Wenn unser Zorn so immens groß ist, sind wir es auch.

Unsere Zurückhaltung kann uns in Rage bringen. Wir »wissen«, wir sollten den Mund aufmachen und für uns eintreten, aber manchmal »können wir es einfach nicht«.

Wir brauchen nicht zu schreien, aber wir müssen handeln und unserer Wahrheit eine Stimme geben. Ein Wort zu dieser Reihenfolge: Handeln spricht lauter als Worte, und deshalb müssen wir Aktionen unternehmen, die unseren kreativen Werten beredt Ausdruck verleihen.

Ein Schriftsteller, der durch eine Reihe von Ablehnungen in Rage versetzt wird, kann seine Arbeiten selbst herausbringen – so wie auch ich es getan habe und in solchen Fällen immer tun werde. Ein Musiker, der frustriert und wütend darüber ist, wie die Plattenindustrie »mit Kunst umgeht«, kann mit sehr viel weniger Geld und Energieaufwand selbst kostengünstig eine Diskette, eine Cassette oder eine kleine CD produzieren, als er aufbringen müsste, wenn er sich Jahre in Therapie begäbe, um seine Frustration »akzeptieren« zu können. Ein initiativer, kreativer Akt kommt sehr viel billiger zu stehen als die Gesundheitsprobleme und die Lebensverkürzung, die eintreten, wenn man ständig in Groll und Bitterkeit schmort – oder die noch kostspieligere Vergeudung des totalen Rückzugs aus der Arena.

Ein Glück für uns alle, dass Künstler eigensinnig sind. Die Bestsellerautorin, der ihr Psychiater riet, eine Karriere als Sekretärin anzustreben, blieb beim Schreiben (die Rede ist von mir). Der berühmte Regisseur, den man bei einem Dokumentarfilmprojekt feuerte, machte weiterhin Filme (Martin Scorsese). Die talentierte Schauspielerin, die aus dem Theaterprogramm der Bostoner Universität gestrichen wurde, blieb bei der Schauspielerei (die Oscar-Preisträgerin Geena Davis). Der Rechtsanwalt, der seine Zeit »auf seine Fälle« hätte verwenden sollen, behielt Recht mit seinem Einwand, dass er auch schreiben sollte (John Grisham). Etwas in diesen Künstlern sprach laut und deutlich genug, dass sie hinhörten, und ein paar »Jemands« in der Außenwelt flüsterten oder schrien ebenfalls laut, dass auch sie wussten, wer wir waren. Diese wahrnehmenden und erkennenden Stimmen aus der Außenwelt bestätigen unsere Identität und ändern den Lauf unseres Schicksals.

Ich bin kein Lehrer; nur ein Mitreisender, den du nach dem Weg gefragt hast. Ich deutete dir – und auch mir selbst – voraus.

GEORGE BERNARD SHAW

Wenn wir wütend genug darüber werden, dass man uns behandelt, als wären wir klein und nichtswürdig, werden wir manchmal tapfer genug, denen zu vertrauen, die denken – und sagen –, dass wir groß sein könnten. Eine Kränkung zu viel, und wir sprechen endlich unseren wahren Namen aus, »schlucken« aber zuerst eine Menge Wut und Zorn.

Die Mitte der Bühne gehört denen, die bereit und willens sind, sich dorthin zu begeben, und manche von ihnen sind talentiert und manche nicht. Statt wütend das Benehmen und mangelnde Talent jener anzuprangern, die sich »arrogant ins Rampenlicht drängen«, müssen wir unseren Zorn dazu benutzen, unsere eigene Voltzahl trotz unserer Ängste ein bisschen zu erhöhen. Wir müssen als Künstler unsere Namen nennen. Wenn wir das tun, empfinden wir Selbstachtung. Selbstachtung kommt vom Selbst her. Der Markt wird sagen, was er will, aber wir müssen als Künstler selbst unseren Namen nennen.

Wut und Zorn sind ein Aufruf zum Handeln. Es stellt für uns eine Herausforderung dar, und es ist wichtig, dass wir unser Licht leuchten lassen. Es ist wichtig, uns selbst einen Namen zu geben, statt darauf zu warten, dass ein anderer es tut, oder so zu tun, als könnten wir die Namenlosigkeit weiterhin ertragen, obwohl wir es nicht können. Wenn wir uns darüber beklagen, dass andere uns und unsere Werte nicht ernst nehmen, sagen wir im Grunde, dass *wir* es nicht tun. Wenn uns unsere Ästhetik so wichtig ist, müssen wir in konkreter und spezifischer Form etwas für sie tun.

Aus diesem Grunde bedeutet eine missglückte Musikkomödie, dass du einen weiteren Song schreiben sollst. Deshalb bedeutet ein Verriss deines Romans, dass du eine Kurzgeschichte, ein Gedicht, irgendetwas schreiben sollst, was deiner Innenwelt signalisiert, dass du noch immer an dich glaubst. Wenn wir es verabsäumen, uns selbst als Künstler Wertschätzung und Unterstützung zukommen zu lassen, können auch andere uns unterminieren. Doch wenn wir uns selber als Künstler – konkret in irgendeiner kleinen Form – wertschätzen und unterstützen, mögen uns andere zwar missverstehen oder grob behandeln, aber sie können uns nicht kastrieren oder die Selbstachtung nehmen.

> *Kein Mensch kann wissen, wohin er geht, wenn er nicht genau weiß, wo er gewesen ist und wie er präzise dahin gekommen ist, wo er sich gegenwärtig befindet.*
>
> MAYA ANGELOU

Zorn und Wut sind ein enorm kraftvoller Treibstoff, den wir nutzen können, um Kunst und ein kunstvolleres Leben zu schaffen. Wenn wir unsere Wut verleugnen oder uns in Gejammer und Beschwerden ergehen, verschwenden wir kostbaren

Kraftstoff und kostbare Klarheit. Zorn ist ein Suchscheinwerfer. Er zeigt uns unser moralisches Terrain und den Schaden auf, der ihm unserem Gefühl nach von anderen zugefügt wird. Er zeigt uns vor allem unsere Wahlmöglichkeiten. Wenn uns etwas zornig macht, können wir versuchen, uns damit abzufinden und unseren Zorn herunterzuschlucken, oder wir können im wortwörtlichen Sinn eines Kunstwerks etwas daraus machen.

Zorn ist der Urheber von Gedichten, Theaterstücken, Romanen, Filmen, Symphonien und Gemälden. Wenn wir unseren Zorn für etwas halten, was entfernt oder verleugnet statt in einem alchemistischen Prozess umgewandelt werden sollte, riskieren wir, uns als Künstler zu sterilisieren.

Der Zorn ruft uns zum Anzapfen von Kraftreservoiren auf, von denen wir oft gar nicht wissen, dass wir sie haben. Wir werden zu heroischen Taten veranlasst, die unserem Gefühl nach gar nicht Bestandteil unseres emotionalen Repertoires sind. Wir agieren in einem größeren Maße, als wir uns fühlen, und sind am Ende größer, als wir waren.

Ein überaus anerkannter klassischer Musiker ärgert sich über die geringe Wertschätzung hochkarätiger, digitalisierter Aufnahmen und bringt sich durch die Ermutigung und Unterstützung eines jungen und talentierten Musikers in eine prekäre Lage. »Der Klub ist zu klein, zu elitär, zu saturiert«, denkt der Meistermusiker wütend und stößt ein bisschen die Tür auf, indem er einem riskanteren Projekt seinen prestigeträchtigen Namen leiht. Der Zorn hat sein Herz und geistiges Bewusstsein geöffnet.

Wut und Zorn sind nicht angenehm. Sie fokussiert einzusetzen, um Kunst zu schaffen, erfordert eine emotionale Reife, die wir oft nur unter Anstrengung aufbringen können – aber wir können es. Und wenn wir das tun, verändert sich unsere Welt ein klein wenig. Zorn und Wut signalisieren zuweilen nicht unsere Unreife, sondern unsere Reife, unsere ausgereifte Urteilskraft und unsere Fähigkeit, um einer gesunden Veränderung willen unsere Erregung zu zügeln und unserer Wut eine Form zu geben.

AUFGABE *Nutzen Sie Zorn und Wut als Kraftstoff*

Wir haben vielleicht das Gefühl, wütend oder zornig zu »werden«, aber nur selten den Eindruck, wütend oder zornig zu »sein«. Das Werkzeug, dessen wir uns nun bedienen, ist in dieser Hinsicht verblüffend: Sie sind wahrscheinlich zorniger, als Sie denken, und dieser blockierte oder ungenutzte Zorn ist eine mächtige Quelle kreativen Kraftstoffs, wenn Sie erst einmal bereit sind, sie anzuerkennen und direkter anzuzapfen.

Am Anfang war das Wort. Der Mensch stellt es dar. Er ist das Schauspiel, nicht der Schauspieler.

HENRY MILLER

Greifen Sie zum Stift. Schreiben Sie nun der Reihe nach fünfzig Kümmernisse auf, die Sie erzürnen – aus dem Bereich des Historischen bis hin zum Hysterischen. Seien Sie dabei so kleinkariert wie möglich. Sie werden erstaunt sein, was für »winzige« Dinge Sie noch immer in Rage versetzen können. Zum Beispiel:

1. Ich bin wütend darüber, dass die katholische Kirche vom Latein Abstand genommen hat.
2. Ich bin wütend darüber, dass sich unsere Kirche schlechter Volkslieder bedient.
3. Ich bin wütend darüber, dass der Süßwarenladen zugemacht hat.
4. Ich bin wütend darüber, dass meine Schwester gegen meinen Bruder angeht.

usw.

Wenn Sie dann eine Weile geschrieben haben, werden Sie merken, dass in Ihrem Inneren die Frage aufkommt: »Was kann ich dagegen tun?« Die Frage hüpft wie eine Toastscheibe aus dem Toaster.

Wir haben es nicht gern, Opfer von so viel Wut und Zorn zu sein, und suchen deshalb intuitiv nach einer positiven Lösung. Notieren Sie die Lösungen, so wie sie Ihnen zufliegen. Am Ende der Übung werden Sie fünfzig Ärgernisse benannt haben und mit einer Liste von fünfzig machbaren positiven Konsequenzen ausgestattet sein. Setzen Sie ein paar von diesen Lösungen in die Praxis um und nutzen Sie dabei ihren vormals blockierten Zorn als Kraft- bzw. Treibstoff.

Kartographie

Künstler sind Kartographen; sie fertigen eine Karte von der Welt an. Von der Welt in ihrem Innern und von der Welt, wie sie sie sehen. Manchmal ist diese Welt sehr seltsam. Zuweilen werden unsere Karten abgelehnt – für unrealistisch, verzerrt oder unwahrscheinlich gehalten. Magellan segelte mit Karten, die weitgehend auf Mutmaßungen beruhten – als Künstler sind wir hinsichtlich der Form und Gestalt dessen, was wir sehen und »wissen«, auch immer dabei, zu mutmaßen und etwas hervorzuzaubern.

Ein großes Kunstwerk richtet die Vorstellungskraft eines riesigen Publikums gesammelt auf ein Problem, dessen Aufmerksamkeitswert vormals im Anfangsstadium steckte. Der Film »Die Früchte des Zorns« machte uns mit der Bedeutung der Depression bekannt. Der Streifen »Einer flog übers Kuckucksnest« erregte unseren Schrecken angesichts von Amok laufenden Institutionen im Rahmen eines demokratischen Staats. Das englische Wort für »Romane« ist *novels,* wohl weil diese im Idealfall bestrebt sind, uns etwas Neues zu erzählen. Alle Kunst, ob bekannt oder unbekannt, berühmt oder anonym, ist ein Versuch, das Terrain des Herzens zu kartographieren.

Lassen Sie es mich noch einmal wiederholen: Als Künstler sind wir Kartographen. Wir schöpfen aus unserer eigenen Erfahrung und bringen sie zur Darstellung, fertigen Skizzen an vom Terrain, auf das wir gestoßen sind und auf das andere stoßen werden. Die Wahrnehmung eines Romans oder einer Musikkomposition mag der Konsenslandkarte des Bewusstseins ihrer eigenen Zeit vorauseilen. Aus diesem Grund müssen Künstler Mut, ja sogar Heroismus aufbringen, um Aussagen darüber zu machen, was sie sehen und hören.

Was immer Kreativität auch ist, zum Teil ist sie die Lösung eines Problems.
BRIAN ALDISS

Im Frühstadium seiner Laufbahn erfreute sich Beethoven sowohl in persönlicher wie auch beruflicher Hinsicht der Gunst. Seine Werke wurden weithin gehört und hoch geschätzt. Er wurde als großes schöpferisches Talent bejubelt. Er befand sich auf der Sonnenseite des Lebens, und seine künstlerischen Aussichten waren ganz hervorragend. Im Laufe seiner Entwicklung änderte sich dann sein Geschick. Man fand sein Werk weniger zugänglich, zu abstrakt und anspruchsvoll.

Als sein persönlicher Kampf mit zunehmender Taubheit seine Isoliertheit verstärkte, verfiel er in eine entsetzliche Depression, die ihn beinah in den Selbstmord trieb. Er steckte in einer Zwickmühle: Er war berufen, Musik zu komponieren; und wegen der Musik, die er komponierte, stellte man sein Talent als Musiker infrage. Zu seinen früheren Musikformen zurückkehren konnte er nicht, wenn er sich treu bleiben wollte. Mit Ausnahme von ihm selbst und Gott schien es für sein musikalisches Werk kein Publikum zu geben. Er dachte an Selbstmord, entschied sich dann aber für das Leben und gelobte in einem berühmten Brief an Gott, weiterhin Musik zu komponieren, ganz gleich, wie schlecht sie aufgenommen wurde. Er würde »nur für den Ruhm Gottes« komponieren. Die nachfolgenden musikalischen Werke, für seine Zeitgenossen zu modern und fortgeschritten, wurden Jahrhunderte später als Meisterwerke anerkannt. Als Visionär und Vorreiter musikalischen Denkens und musikalischer Form schrieb Beethoven offenbar für unsere Zeit, nicht für seine eigene.

Der späte Beethoven sagt uns mehr über unser Jahrhundert als über das seinige. Als Künstler zeichnen wir nicht nur die gängige Konsensrealität, sondern auch die charakteristischen Umrisse einer herannahenden Realität. Deshalb sprach Ezra Pound von Künstlern als »den Antennen der Menschheit«. Deshalb werden unsere Wahrnehmungen so oft als »außerhalb der Realität« abgetan. Tatsächlich sind sie aber Bestandteil einer Realität, in der wir uns noch nicht befinden.

George Orwell sagte uns mehr über die Zukunft als *1984*. George Gershwin sagte uns mehr über die urbane – und letztlich kulturelle – Revolution als irgendwelche Demographen.

Als Künstler erkunden wir das Terrain des menschlichen Herzens, wagen uns mutig in die dunklen Wälder, um unserem Menschenstamm zu berichten, dass sich ein Pfad finden lässt und wir überleben werden. Als Künstlerinnen und Künstler sind wir Pfadfinder des Bewusstseins, Wegbereiter für die Gemeinschaft und Kultur.

Du erschufst die Nacht,
aber ich fertigte die Lampe.
Du erschufst den Lehm,
aber ich fertigte das Gefäß.
Du erschufst die Wüsten, Berge
und Wälder.
Ich schuf die Obstgärten,
Blumengärten und Haine.
Ich war's, der das Glas aus dem
Stein fertigte.
Und ich bin's, der Gift in ein
Gegengift verwandelt.

SIR MUHAMMAD IQBAL

Künstler erzählen aus Notwendigkeit von Gefahren, die wir vielleicht nicht zur

Kenntnis nehmen möchten. Wie der Pfadfinder, der zurückkehrt, um von einer unpassierbaren Schlucht zu berichten, die einen unvorhergesehenen Umweg nötig macht, gibt der Künstler vielleicht Kunde von Wahrnehmungen, die andere als unerträglich empfinden. Von Sam Shepard bis hin zu Samuel Beckett, der Künstler mag der Einsamkeit übersehener Verbindungen begegnen und sie einfangen. Das Herz der Dunkelheit *ist*, nur allzu oft, das menschliche Herz. Als Künstler müssen wir Selbstachtung und Mitgefühl für die Schwierigkeiten unserer eigenen Berufung aufbringen. Das große Abenteuer des schöpferischen Lebens findet sich nicht nur im Terrain, das wir erblicken, sondern auch in der Tatsache, dass viel von dem, was wir sehen, vordem nicht gesehen wurde. Menschliche Geschichten sind so alt wie die Erde, aber das menschliche Bewusstsein befindet sich immer am Rande der bekannten Welt, wie empfindliche Teleskope, die ins tiefe All gerichtet sind. Als Künstler gehen wir regelmäßig über diesen Rand hinaus, strengen unsere Augen und Visionskraft an, um die Formen und Gestalten auszumachen und von ihnen zu künden, die aus der Dunkelheit zum Geborenwerden drängen.

Wir funktionieren auf der Grundlage von Mumm, Wagemut, Durchhaltevermögen, Visionskraft und Beharrlichkeit. Berge treten in Erscheinung, wo aller Kenntnis nach keine Berge sind. Seen schimmern im Licht, wo sich keine Seen befinden. Der Künstler sieht nicht so, wie andere sehen. Seine Imaginationskraft spannt ganz verschiedene Bilder zusammen, manche phantastisch, manche erschreckend, manche erhellend. Seine innere Welt mag einer Märchenwelt gleichen – da gibt es Menschenfresser, Trolle, Monster, Hexen. Alles ist übersteigert, intensiviert, dramatisiert. Dieser Kessel der Intensität schmiedet aus den Rohmaterialien der Imagination Kunst. Und in dem Maße, wie er reifer wird, nimmt auch sein Geschick im Umfassen solch hochgespannter Emotionen zu.

Bedeutet dies, dass wir unser Leben ausschlachten? Ganz entschieden nein. Es bedeutet, dass wir es uns zu Eigen machen, dass wir das Feld unserer persönlichen Erfahrung zu einem philosophischen Lebensraum gestalten und immer wieder umgestalten, sodass er unsere Weltanschauung präzise zum Ausdruck bringt.

»Betrachtet es mal so«, sagt der Künstler und zeigt der Welt, was ihm sein innerer Kosmos offenbart hat. Franz Kafka war Kafka, bevor wir auf den Begriff »kafkaesk« kamen. George Orwell ging dem »Orwell'schen« voraus. Wir alle tragen eine innere Linse mit uns herum, durch die wir die Welt betrachten. Die Bereitschaft zu enthüllen, was diese Linse sieht, ist das, was den Künstler zum Künstler macht. Er muss diese Linse immer geöffnet halten, um neue und umfassendere Realitäten in sich aufnehmen zu können.

Mach sichtbar, was ohne dich vielleicht nie wahrgenommen worden wäre.

ROBERT BRESSON

Eine Frau Mitte fünfzig steht jeden Tag früh auf, um einen Song zu schreiben. Sie hatte von Kindheit an eine Neigung zur Musik, musste aber erst über vierzig werden, bis sie den emotionalen Mut aufbrachte, ihre Songs nicht nur im Hörbereich ihres inneren Ohrs zum Ausdruck zu bringen.

»Ich glaube, ich bin dafür zu alt«, erzählt sie mir, doch in ihrem Jahresbudget sind die Kosten für eine CD-Produktion ihrer Arbeiten berücksichtigt. Sie könnte sich teure Kleider leisten, öfter zum Essen gehen oder Geschenke für ihre Kinder kaufen, doch sie hat die Erfahrung gemacht, dass ihr am meisten daran liegt, ihrem Herzen durch die Kunst Ausdruck geben zu können.

»Wenn ich nicht die Geschichte meiner Eltern erzähle, wer dann?«, fragt mich ein Schriftsteller, um zu erklären, warum er ein Jahrzehnt so fleißig an einer langen Familiensaga gearbeitet hat.

»Mein Computerunterricht ist sehr spannend«, erzählt mir eine Künstlerin. »Ich bin jetzt in meiner Art zu sehen sehr viel weniger eingeschränkt. Ich hatte mich als echte Künstlerin viel zu eng definiert.«

Für alle diese Künstlerinnen und Künstler ist der Akt des Schaffens von Kunst ein Akt der Offenbarung. Erst für sie selbst und dann für die Welt: »Hört! Schaut! So sieht es aus!«, sagen sie.

Alles um mich herum verschwindet, und Werke werden wie aus der Leere geboren. Reife, pralle Früchte fallen herab. Meine Hand ist zum gehorsamen Instrument eines fernen Willens geworden.

PAUL KLEE

Wie bei dem Ornithologen und Maler John James Audubon, der im 19. Jahrhundert seine Vögel zeichnete und dem wir das klassische Werk *The Birds of America* verdanken, wird große Kunst oft durch den simplen Akt der Beobachtung geschaffen, die der Welt zugänglich gemacht wird: »Ich sah dieses schöne Ding.« Natürlich ist nicht alles schön, was wir als Künstler wahrnehmen, doch so, wie uns auch eine grobe, von Hand gezeichnete Landkarte eine Richtungsvorstellung vermittelt, richtet das Kartographieren der Kunst die menschliche Kompassnadel direkter auf das Zuhause aus.

AUFGABE *Kartographieren Sie Ihre Interessen*

Landkarten beginnen mit dem groben Skizzieren der Umrisse ganzer Kontinente. Ähnlich können auch wir unsere Bereiche des kreativen Interesses skizzieren und dabei im Ungefähren arbeiten. Greifen Sie zum Stift. Beantworten Sie das Folgende:

Fünf Themen, die mich interessieren:

1.
2.
3.
4.
5.

Fünf Menschen, die mich interessieren:

1.
2.
3.
4.
5.

Fünf Kunstformen, die mich interessieren:

1.
2.
3.
4.
5.

Fünf Projekte, die ich ausprobieren könnte:

1.
2.
3.
4.
5.

Wenn wir unsere »Ich könnte« statt »Ich sollte« kartographieren, wechseln wir vom Bereich der Wahrscheinlichkeit in den interessanteren Bereich der Möglichkeit über. Wenn wir ein Interesse benennen und für uns in Anspruch nehmen, scheinen wir diesen Bereich zu magnetisieren und Menschen, Orte und Gegenstände zu uns heranzuziehen, die zu unseren auftauchenden Interessen sprechen.

Komm hervor ins Licht der Dinge,
lass die Natur dein Lehrer sein.
WILLIAM WORDSWORTH

Check

1. *Wie viele Tage in dieser Woche haben Sie Ihre Morgenseiten geschrieben?* Wenn Sie einen Tag ausgelassen haben, was war der Grund? Welche Erfahrung haben Sie mit dem Schreiben der Morgenseiten gemacht? Erfahren Sie mehr Klarheit? Ein breiteres Spektrum an Gefühlen und Emotionen? Ein stärkeres Gefühl von Objektivität, Zielgerichtetheit und Ruhe? Hat Sie irgendetwas überrascht? Gibt es irgendein Thema oder Problem, mit dem Sie sich wiederholt befassen müssen?
2. *Haben Sie in dieser Woche Ihr künstlerisches Stelldichein gehabt?* Haben Sie ein gesteigertes Wohlbefinden festgestellt? Was haben Sie unternommen, und wie fühlten Sie sich dabei? Das künstlerische Stelldichein kann eine schwierige Sache sein, und möglicherweise müssen Sie sich gut zureden, um sich dazu aufzuschwingen.
3. *Haben Sie Ihren wöchentlichen Spaziergang unternommen?* Wie fühlten Sie sich dabei? Welche Gefühle oder Erkenntnisse tauchten in Ihrem Inneren auf? Konnten Sie mehr als einen Spaziergang machen? Was hat Ihr Spaziergang für Ihren Optimismus und Ihr Gefühl für Perspektive bewirkt?
4. *Gab es in dieser Woche irgendwelche anderen Themen, die Ihrem Gefühl nach für Ihre Selbstentdeckung wichtig waren?* Beschreiben Sie sie.

VIERTE WOCHE

Einen Sinn fürs Abenteuer entdecken

In dieser Woche sind Sie aufgefordert, sich von einigem persönlichem Gepäck zu trennen. Die Texte und Aufgaben sollen Ihnen helfen, ein größeres Freiheitsgefühl für sich zu beanspruchen. Sie werden gebeten werden, ganz bewusst mit geistiger Aufgeschlossenheit und Unvoreingenommenheit zu experimentieren. Sie werden viele unbewusste Mechanismen demontieren, die Sie in Ihrem künstlerischen Ausdruck behindert und beeinträchtigt haben mögen. Sie werden sich auf Selbstakzeptanz als Weg zum Selbstausdruck konzentrieren.

Abenteuer

Nur allzu oft meinen wir zu wissen, was wir lieben. Es wäre zutreffender, wenn wir einräumten, dass wir nur einiges kennen von dem, was wir lieben, und dass sich die »Summe« dessen, was wir lieben, vergrößern kann. Das erfordert geistige Aufgeschlossenheit.

Eine Stunde Abenteuer in einer Ausstellung mit Fotografien aus dem 19. Jahrhundert kann unter Umständen mehr dazu tun, das Interesse des visuell begabten Künstlers in uns zu wecken, als sechs Monate Teilnahme an einem professionellen Computergrafiklehrgang. Ein Besuch im Zoo könnte dem kreativen Geschöpf in uns mehr bedeuten als der übliche Besuch in einem Laden für Künstlerbedarf.

Menschen sind von Natur aus abenteuerlustig. Schauen Sie einem Kleinkind zu, das Wackelschritt um Wackelschritt sein Terrain ausdehnt. Beobachten Sie einen Teenager beim Austesten der für ihn festgesetzten Sperrstunde. Sehen Sie die achtzigjährige Großmutter eine Kunstreise durch Russland buchen. Das Abenteuer lässt die Seele aufblühen und gedeihen. Sind wir des Abenteuers beraubt, lässt uns unser Optimismus im Stich. Abenteuer sind ein Nährstoff, keine Belanglosigkeit. Wenn wir unser Bedürfnis nach Abenteuern ignorieren, verleugnen wir unsere Wesensnatur. Und genau das machen wir häufig und nennen es dann »Erwachsensein« oder »Disziplin«. Wenn wir zu erwachsen und zu diszipliniert sind, sehnt sich unser frecher, kindhafter Erneuerer nach Rebellion. Und diese nimmt dann nur allzu leicht die Form von eigensinniger, selbstbezogener Verschrobenheit und Übellaunigkeit an statt die eines temperamentvollen und ausgedehnten Risikos. Risiken, so sagen wir uns, sind zu riskant. Wenn wir das Risiko meiden, machen wir aber der Depression den Hof.

Das Sterben wird ein gewaltig großes Abenteuer sein.

JAMES M. BARRIE

Depression ist emotionaler Treibsand. Wenn wir erst einmal drinstecken, ist es schwer, wieder herauszukommen. Unsere Kämpfe erschöpfen uns, und das macht uns noch deprimierter. Es ist leichter, die Depression zu vermeiden, als sie zu überwinden, und ja, wir vermeiden sie, indem wir Risiken eingehen. Wenn wir dessen eingedenk sind, dass wir unserem kreativen Selbst den Hof machen, dass wir es umwerben und umschwärmen müssen, beginnen wir allmählich, eine Vorstellung davon zu entwickeln, welche Art von Risiko uns am dienlichsten ist.

Adele lebt in Manhattan. An ihren guten Tagen liebt sie die Energie und Vitalität der Stadt. Sie findet die tiefen Rottöne der Gebäude an ihrer Straße in der Upper West Side sexy und belebend. Sie liebt den Blick in all die Fensterquadrate und die dahinter sichtbaren, in allen möglichen Farben gestrichenen Zimmer. An ihren schlechten Tagen hat sie das Gefühl, in dieser Stadt wie in einer Falle zu sitzen. Ihr Herz gehört eigentlich dem Westen, und sie sehnt sich nach großen, offenen Weiten und fernen Horizonten. Sie hat das Gefühl, in der Stadt Platzangst zu bekommen. »Zahm« geworden zu sein. Und so ruft sie an ihren allerschlimmsten Tagen die Claremont Riding Academy an, reserviert sich ein Pferd und geht reiten.

Caroline braucht das Gefühl von Luxus, wenn sie sich in ihrer Welt zu sehr wie in einer Tretmühle fühlt. Sie hat sich selbst beigebracht, dass nur wenige Dinge ihre Stimmung so rasch aufhellen können wie ein Besuch in einem wirklich guten Blumenladen, wo sich die Schönheit in all ihrer ineinander verschlungenen Zartheit und Verwegenheit zwischen Weidenkörben und antik gestylten Vasen findet. Obwohl sie selten viel ausgibt – auch Gerberas von wahrhaft schockierender Farbe können ihrer winzigen Küche eine beeindruckende Farbtransfusion verpassen –, hat Caroline immer das Gefühl, Geld und Zeit gut angelegt zu haben, wenn sie sich nicht nur einen Strauß, sondern damit gleichzeitig auch das optimistische Gefühl kauft, dass diese Erde ein Garten irdischer Freuden ist oder sein kann.

Adam, ein Schriftsteller von sanftem Wesen, verschafft sich das Gefühl, ein würdiges Risiko einzugehen, indem er sich in Reisebüros begibt. Er kann nicht immer auf und davon und seine Arbeit liegen lassen, aber er kann wagemutige mentale Ferien machen. Manchmal kauft er sich zum Beispiel einen Reiseführer samt der »gebräuchlichsten ägyptischen Redewendungen« und lernt ein paar Schlüsselworte, um damit zu einer Pyramide und auch wieder von ihr wegkommen zu können. Ein andermal plant er eine Reise, die er tatsächlich unternehmen kann, und besorgt sich den *Taschenführer für Tagesausflüge in die Umgebung von Boston.* Für ihn ist nicht so sehr ent-

> *Es ist wie bei einer nächtlichen Autofahrt. Du siehst nie weiter, als dein Scheinwerferlicht reicht, aber du kannst die ganze Reise auf diese Art bewältigen.*
>
> E. L. Doctorow

scheidend, dass er seinem ihm vertrauten Leben mal entkommen kann, als vielmehr zu wissen, dass er es könnte.

»Die meiste Zeit ist mein Leben ganz in Ordnung, aber ich muss wissen, dass ich psychisch gesehen die Erlaubnis habe, von alldem wegzukommen«, erklärt er. Ein Stopp in einem Sportladen, um sich ein neues Trainingsschuhmodell anzusehen, eine Broschüre aus dem Fahrradladen für einen Fahrradurlaub in Frankreich, diese imaginierten Risiken fügen Adams Image des netten Kerls eine notwendige Risikobereitschaft hinzu. »Und ich liebe ›Indiana-Jones‹-Filme«, sagt er noch.

Das kreative Imaginationsvermögen ist ein flüchtiges Phantom. Es wird am besten durch Verführung umworben, nicht durch aggressives Angehen, es reagiert am besten, wenn es umschmeichelt und beschwatzt wird. Geht man, genau wie bei einer Romanze, zu ernsthaft und rasch vor, verpuffen Reiz und Spaß. Wir müssen mit einem Interesse flirten, uns ihm mit Blicken aus dem Augenwinkel nähern. Kinderbücher taugen für die erste Begegnung vielleicht besser als die Einschreibung in ein Programm der Meisterklasse. Wenn Sie einen Roman über einen Automobilerfinder schreiben möchten und in Erfahrung bringen müssen, wie ein Wagenmotor funktioniert, kann Sie ein gutes Kinder- oder Jugendbuch zum Thema möglicherweise über genau das informieren, was Sie wissen müssen, wohingegen ein wissenschaftlicher Wälzer über die Gesetze physikalischer Dynamik Ihnen gerade so viel sagt, wie Sie zum völligen Ersticken Ihres aufkeimenden Interesses benötigen. Geht es um etwas, auf das man sich freuen kann, ist ein Mehr sehr hübsch, doch weniger hübsch ist es, wenn es mehr, als Sie handhaben oder aufnehmen können, wurde. Abenteuer sollten zu bewältigen, nicht überwältigend sein.

Es ist nicht so, dass die kreative Imagination seicht wäre; sie ist vielmehr selektiv. Wenn Sie eine Riesenmenge an Fakten in sich hineinschmeißen, kann das Ihre Gänge blockieren, statt dass es den Motor zum Brummen bringt. Ein Biograph filtert die Wahrheit aus einer Fundgrube von Fakten heraus. Eine Dichterin oder Romanschriftstellerin erfasst intuitiv anhand eines einzigen Fakts eine ganze Fundgrube von Wahrheit. Zu rasch zu viele Fakten, und der künstlerische Dachboden wird stickig und voll »gerümpelt«. Die Imaginationskraft fühlt sich erstickt, nicht stimuliert. Kreative Höhen erreichen wir am besten, wenn wir nicht durch eine allzu intellektuelle Faktenlast übermäßig belastet sind.

Es gehört zu den Paradoxa eines anhaltend kreativen Lebens, dass wir, je leichter wir uns selbst nehmen, wahrscheinlich eine umso ernsthaftere Arbeit tun können. Je stärker der Druck, den wir auf uns ausüben, desto beengter fühlen wir uns, und desto anfälliger werden wir für Verletzungen im kreativen Bereich.

Vollendete Künstler sind sehr oft vollendete Enthusiasten. Der Regisseur Mike Nichols züchtet Araberpferde. Coppola baut hervorragende Weintrauben an. Der Romanschriftsteller John Nichols ist ein eifriger Vogelbeobachter. Der Bildhauer Kevin Cannon spielt phantastisch Jazzgitarre. Sie haben es sich vom Großen Schöpfer abgeschaut und einen spielerischen Appetit auf das Leben selbst entwickelt.

Um schöpferisch zu sein, musst du dich von jedem künstlerischen Gedanken frei machen.

GILBERT (VON GILBERT UND GEORGE)

Wenn Sie einmal in der Woche Handball spielen, lässt sich mit dem aus dem Hinterhalt kommenden Ball einer gemeinen Kritik lockerer umgehen. Wenn Sie sich erlauben, einen Apfelkuchen oder gar zwei zu backen, fällt es ein bisschen schwerer zu glauben, dass das Künstlerleben oder das Leben im Allgemeinen grauenhaft ist. Wenn Sie einmal in der Woche oder auch nur einmal im Monat Salsa tanzen gehen, fällt es ein bisschen weniger leicht zu glauben, dass der Sinn Ihrer Kunst darin läge, Sie reich und berühmt zu machen, und dass Ihre Kunst, wenn Sie es nicht geworden sind, nichts tauge und Sie auch nicht.

Im Licht all dessen betrachtet, bin ich mir nicht ganz sicher, wie wir auf die Idee gekommen sind, dass wir, um »wirkliche« Künstler zu sein, alles perfekt machen müssen. Sobald wir dieses Wort »perfekt« sehen (und ich glaube, Kritiker sind diejenigen, die es über die Schwelle hereinschleppen), verflüchtigt sich die Spontaneität. Wir sind uns so sicher, dass wir keine großartige Komponistin sein können, dass wir uns nie ein albernes Schlaflied für unsere Kinder schreiben oder einfach nur auf dem Klavier improvisieren und herumklimpern lassen. Wir haben solchen Respekt vor der »großen« Kunst, dass wir unser Licht immer, chronisch, unter den Scheffel stellen. Wir machen uns so viele besorgte Gedanken darum, ob wir in der »Oberliga« mitspielen können, dass wir uns gleich gar nicht spielen lassen.

Hier ist, was mir an Gott gefällt: Bäume sind krumm, Berge sind bucklig, eine ganze Menge Geschöpfe sehen ausgesprochen komisch aus, und dennoch hat er es alles erschaffen. Er ließ sich vom Erdferkel nicht einreden, dass die Gestaltung von

Geschöpfen nicht seine Sache wäre. Er ließ sich von seiner Schöpfung eines Kugelfischs nicht entmutigen. Nein, der Schöpfer erschuf Dinge – und tut es immer noch.

Europäische, besonders südländische Filmregisseure erfreuen sich oft schöpferischer Karrieren, in deren Verlauf ihre Filme von Manifesten zorniger junger Männer zur reuigen Weisheit großer Werke kreativer Meister heranreifen. Ist die nachmittägliche Siesta das Geheimnis? Ist ihre *vita* einfach ein bisschen mehr *dolce*? Unser nördliches Gemüt hat am Espresso Gefallen gefunden, aber mit der »Pause« in unseren Kaffeepausen haben wir uns nicht so recht angefreundet. Wir haben Sorge, uns beim Spiel zum Narren zu machen, und vergessen darüber, wie man einfach nur spielt. Wir versuchen, aus unserer Kreativität etwas Lineares und Zielorientiertes zu machen. Wir möchten, dass unsere »Arbeit« zu irgendetwas führt. Wir vergessen dabei allerdings, dass Ablenkungen noch mehr bewirken, als uns nur abzulenken.

Wie sind all diese Strenge und Ernsthaftigkeit da hineingekommen? Wir haben sie hineingelassen. Wir haben sie hineingezerrt. Wir haben sie sogar darum gebeten, doch bitte hereinzukommen. Und warum? Unser natürliches bizarres Wesen und unsere animalische Ausgelassenheit und Hochgestimmtheit jagen uns wahnsinnige Angst ein. Wenige Dinge machen mehr Spaß als das Ausüben unserer Talente, und da die meisten von uns sie an einer sehr kurzen Leine führen, befürchten wir, dass wir, wenn wir sie von der Leine lassen, einen Löwenbändiger brauchen.

> *Ein Original ist eine durch Sehnsucht motivierte Schöpfung.*
>
> MAN RAY

Als Kinder klimpern wir vielleicht enthusiastisch auf dem Klavier herum. Wir improvisieren stundenlang, gießen unser Herz aus und spielen uns unsere Ängste von der Seele. Wir spielen so oft und so viel, dass die Leute vielleicht sagen, dass wir gut sind, Talent haben, sogar Karriere damit machen könnten – »wenn wir es ernst genug damit meinen«. Und was passiert dann? Wir werden ernst. Wir beginnen zu »üben«, nicht mehr zu spielen. Wir fangen an, nach Perfektion zu streben wie nach dem Heiligen Gral. Wir beginnen, mit anderen in Wettstreit zu treten. Wir gehen zum Musikunterricht, in die Musikhochschule und in Meisterklassen und in Sonderkurse und … warten vielleicht schließlich mit einer ganz schön heißen Karriere auf. Inzwischen kühlt sich unsere Begeisterung ein wenig ab. Musik wird zu etwas, was wir »meistern«. Wir werden zu musikalischen Akrobaten, deren Finger mit erstaunlicher Leichtigkeit über die Tasten zu fliegen, erstaunliche Stunts zu vollführen vermögen – aber wir haben vergessen, welch puren Nervenkitzel und welches Entzücken das Fliegen bedeutet.

Alles, was es wert ist, dass wir es tun, ist es auch wert, dass wir es schlecht machen.

Wie wir diesen Gedanken hassen. Als Anfänger wissen wir darum, vergessen es aber, wenn wir Fortschritte machen. Die Methode des Ausprobierens durch die Methode »Versuch und Irrtum bzw. Fehler« ist nun unter unserer Würde. Natürlich, denn sie zieht uns den Teppich unter unserer Ernsthaftigkeit weg. Wir haben keinen schönen großen Wandschirm, hinter den wir uns stellen könnten, solange wir »am Ausprobieren und Herausfinden« sind. Doch wenn Gott demütig genug war, um einfach zu kritzeln, zu klimpern, herumzuspielen – warum sind wir dann so furchtbar ernst?

Wenn es beim Schaffen von Kunst ums Karrieremachen geht, hat das dieselbe abstumpfende Wirkung, wie wenn es beim Liebemachen nur ums Zeugen geht. Statt uns am gesamten Prozess zu erfreuen, konzentrieren wir uns ganz und gar aufs Ergebnis, alles andere ist nur Vorspiel. Wir beeilen uns, damit fertig zu werden und zum »wesentlichen« Teil der Dinge überzugehen.

Der ist ein schlechter Koch, der seine Finger nicht ablecken kann.

WILLIAM SHAKESPEARE

Auf unsere Karriereziele – Wohlstand, Sicherheit, Ruhm – fokussiert, ziehen wir uns vom sinnlichen Aspekt des Prozesses zurück. Aus dem Entzücken an einem erstmalig veröffentlichten Gedicht wird »die Erstveröffentlichung«, nicht die Wahrnehmung »Gutes Papier; mir gefällt das Layout«. Aus dem aufregenden Ereignis wird »Ich frage mich, wie es ankommt« statt »Was denke *ich* darüber?«.

Alles dreht sich um die Perfektion und die Wahrnehmung durch andere Leute, nicht um die Freude am Erschaffen, am Spiel der Gedanken und Ideen.

Wenn sich unsere Kunst auf einen kalkulierten Karriereschritt reduziert, haben wir die Tendenz, hartgesotten und kalkulierend zu werden. Das sind keine schlechten Eigenschaften für den heldenhaften Detektiv eines Kriminalromans; möglicherweise brauchen wir selbst solch einen Schnüffler, damit er noch irgendwelchen Spaß in unserem Leben aufspürt.

Die schöpferische Imagination hüpft von Klippe zu Klippe und tuckert nicht wie ein automatischer Sessellift den Berg hoch. Wenn wir das kreative Selbst wie ein junges und neugieriges Tierchen behandeln, sind wir eher auf dem richtigen Weg. Ein junges Tier steckt seine neugierige Nase hierhin und dorthin. Unserem kreativen Tierchen muss die gleiche Freiheit eingeräumt werden. Es kann sein, dass Ihnen beim Recherchieren nichts – oder etwas – von all dem, was Sie über die normannische Eroberung lesen, etwas bringt und dass dabei das »Etwas«, auf das Sie vielleicht stoßen, nichts ist im Vergleich zu dem, was Ihnen als Erstes vor Augen stand. Es könnte sein, dass Ihr Ausgangspunkt ein Interesse an Robin Hood war und Sie schließlich feststellen müssen, dass Sie das Tagebuch von Maid Marian schreiben. Je größer Ihr Appetit auf Abenteuer, desto abenteuerlicher sind die Ihnen zur Verfügung stehenden kreativen Elemente, wenn Sie sich dann daranmachen, an etwas zu arbeiten. Es braucht nicht viel, um den Funken der Imagination zu entzünden, aber was genau ihn nun entfacht, ist immer die Frage, und die Antworten darauf können in der Tat sehr merkwürdig ausfallen. Georgia O'Keefe schrieb nach Hause: »Dieser zerbrochene Teller war der Urheber eines halben Dutzends Bilder.« Für jemand anderen wäre er vielleicht nur der Grund einer kleinen Säuberungsaktion gewesen. Seien Sie also nicht allzu voreilig beim Benennen der Dinge, die Ihre Seele entzücken.

Stöckchen und Steine, Murmeln und Pfauenfedern, ein glatter grauer Flussstein – was unserer Herz und Gemüt anspricht, spricht auf einzigartige Weise zu uns. Als Künstler sind wir wie Strandgutsammler. Wir wandern am Rande des Wassers entlang und stecken angeschwemmte Überbleibsel ein – irgendein kleines verlorenes Ding wird uns eine Geschichte erzählen, damit wir sie der Welt weitergeben. Dass wir die Kunst eine »Berufung« nennen, hat seinen Grund – aber wir müssen auf diese Berufung, auf diesen Ruf, reagieren. Die Intuition spricht in Form eines Impulses, eines Antriebs zu uns. Wir müssen lernen, unsere Intuitionsgabe zu erforschen, sie nicht zu unterdrücken. Die Intuition ist der Schlüssel zur kreativen Entfaltung.

Es gibt nicht einen Grashalm, dessen Sprießen nicht mein Interesse weckt.

THOMAS JEFFERSON

»Ich wollte mehr über die Stadt in Erfahrung bringen«, erinnert sich Kenton. »Schließlich lebte ich dort, wusste aber nicht viel über sie. Ich wusste eigentlich nicht, wie alt die Dinge waren. Ich wusste nicht, welche Teile zuerst erbaut worden waren. Ich kannte keine bedeutsamen historischen Wendepunkte in ihrer Existenz. Da hatte ich den großartigen neuen Job in dieser großartigen neuen Stadt und fühlte mich irgendwie einsam – aber ich sehnte mich auch nach einem Gefühl von Wurzeln.«

Einem Impuls folgend, begann Kenton, die Architekturabteilung des Barnes-and-Noble-Buchladens in seinem neuen Viertel zu durchforsten. Er fand ein Buch über viktorianische Architektur, und ihm wurde klar, dass sein Viertel voll von alten Häusern war, die sich nur einen Anstrich von Modernität gaben. Hier ein neues Gesims und dort einen Säulengang entdeckend, bekam er bald das Gefühl, dass hinter seiner Nachbarschaft sehr viel mehr steckte, als auf den ersten Blick erkennbar war. Als Nächstes suchte er ein Antiquariat auf und fand dort ein Regalbrett mit Büchern von »ortsansässigen Autoren«. Darunter fand sich auch eine Anleitung zum selbstständigen Renovieren, die er für fünfzig Cent erwarb. An einem freien Samstagnachmittag fand man ihn einem Vortrag über »Unser historischer Distrikt und was wir über ihn nicht wissen« lauschen, der in der Stadtbibliothek seines Viertels gehalten wurde. Dort entdeckte er auch ein Infoblatt über eine Gartentour durchs Viertel. Und auf dieser Gartentour begegnete Kenton, der gerade dachte: »Was mache ich hier eigentlich?«, seinem Schicksal auf zweifache Weise. Ihm kam die Idee zu einem fotojournalistischen Essay, den er in der örtlichen Alternativzeitung veröffentlichen wollte, und er lernte eine sehr interessante junge Frau kennen – die nun seine Verlobte ist.

Wenn wir uns für unsere Intuition öffnen, ist das so, wie wenn wir uns für eine neue Liebesaffäre öffnen. Unser erstes Abenteuer mag vielleicht eine Verabredung zu einer Tasse Kaffee sein, die ein bisschen steif anmutet, aber doch ein paar denkwürdige Möglichkeiten in sich birgt. Unser zweiter Ausflug fällt vielleicht schon ein bisschen kühner aus – sagen wir: ein Abschiedskuss auf die Wange. Unser drittes Wagnis markiert möglicherweise bereits den Anfang einer aufkeimenden Leidenschaft, ein Interesse, das wir nicht ganz abschütteln können und uns über die Tage hinweg begleitet. Ein Geführtwerden durch die Intuition ist eine Führung, der wir folgen müssen. Das »Schicksal« kommt als bescheidene Melodie daher, nicht mit Fanfarengeschmetter.

Alle werden von jedem Einzelnen gebraucht: Nichts ist für sich allein gut oder schön.

RALPH WALDO EMERSON

AUFGABE *Zeichnen Sie sich und Ihr Leben*

Ein Abenteuer muss keine große oder intensive Angelegenheit sein, um für unseren inneren Künstler abenteuerlich zu sein und Nährstoff zu bieten. Die meisten führen wohl ein Leben, das nicht allzu viele Abenteuer in sich birgt. Die Abendnachrichten und täglichen Schlagzeilen sind randvoll mit extremen Vorkommnissen aller Art. Deshalb ist dieses Werkzeug, das »Abenteuer-Werkzeug«, sanfter Natur. Wir führen alle abenteuerliche Leben, aber wir müssen es sehen, um es zu erkennen.

Gehen Sie in eine Schreibwarenabteilung oder in einen Laden für Künstlerbedarf. Kaufen Sie sich ein kleines unliniertes Heft oder einen Block, die sich zum Zeichnen eignen. Tragen Sie nun diesen Block oder das Heft zusammen mit einem Zeichenstift oder Stift anderer Art immer bei sich, sodass Sie damit beginnen können, die vielen kleinen Abenteuer des Lebens so einzufangen, wie Sie sie tatsächlich erleben.

Wenn Sie sich in das Abenteuer eines jeden Augenblicks begeben, indem Sie etwa den Warteraum zeichnen, in dem Sie beim Arzt warten, die Bushaltestelle, an welcher der Bus »ewig« nicht kommt, die Kaffeetasse, während Ihre Freundin sich die Nase pudern gegangen ist, dann fangen Sie an, sich als eine Person zu empfinden und zu erfahren, deren Leben in dem Augenblick gesteckt voll ist mit interessanten Charakteren und Begebenheiten, indem Sie sich die Zeit nehmen, Ihre Aufmerksamkeit darauf zu richten. Sie müssen nicht gut zeichnen können, um daran Freude zu haben.

In dem Sommer, in dem ich 21 war, trug ich ein solches Skizzenbuch in ganz New York mit mir herum. Ich habe immer noch die unbeholfene Zeichnung, die ich anfertigte, als ich wartend im Büro der Person saß, die mein erster Literaturagent werden sollte. Ich habe eine Zeichnung von der Pflanze und dem harten Stuhl. Ein Blick darauf, und ich bin »dort«. In mir lebt wieder das große Abenteuer dieses Anstoßes zu meiner künftigen schriftstellerischen Karriere auf. Ein paar Seiten weiter in diesem Skizzenbuch findet sich eine Zeichnung von meinem Freund Nick Cariello. »Du lässt mich alt aussehen«, beklagte er sich, als ich ihn zeichnete – und seither ist er

> *Für mich ist jede Stunde des Lichts und des Dunkels ein Wunder.*
>
> *WALT WHITMAN*

älter geworden und durch den Nick in den Nick hineingewachsen, den ich sah, als ich ihn zeichnete.

So viele der Abenteuer des Lebens, das wir führen, rauschen undeutlich an uns vorbei. Die Geschwindigkeit trägt daran Schuld. Geschwindigkeit und Druck. Ein Skizzenbuch gefriert die Zeit ein. Das Zeichnen ist eine unmittelbare Form von Meditation, die uns in unserer Achtsamkeit auf den Wert eines jeden vorbeistreichenden Moments gerichtet hält. So oft findet sich das große Abenteuer des Lebens zwischen den Zeilen, liegt darin, was wir zu einer bestimmten Zeit und an einem bestimmten Ort fühlten und empfanden. Dieses Werkzeug wird Ihnen helfen, sich zu erinnern und die vorbeiziehende Parade auszukosten.

Das Wort »sein«

Wir stellen uns die Kunst nur allzu leicht als etwas vor, was wir anstreben, als ein Ideal, an dem wir unsere Bemühungen messen, um dann festzustellen, dass wir geradezu kläglich hinter ihm zurückbleiben. Nun, das ist eine Art, die Kunst zu sehen, und Gott weiß, dass wir uns diesen Knüppel gründlich übergezogen haben. Unsere Vorstellungen von »großer Kunst« und »großen Künstlern« sind oft weniger etwas, was wir anstreben, als vielmehr etwas, mittels dessen wir unsere Bemühungen herabwürdigen. Vielleicht wollen wir es mal mit einer etwas anderen Vorstellung von Kunst versuchen.

Catherine war eine gefeierte junge Opernsängerin. Sie hatte eine überaus reine und »umfangreiche« Stimme, und sie reagierte wie ein Maserati auf Anweisungen, was sie zum Liebling aller Regisseure machte. Sie hatte die besten Konservatorien des Landes besucht, bei den strengsten und geachtetsten Lehrern studiert, Wettbewerbe gewonnen und gute Kritiken geerntet. Alles schien auf eine Karriere in der Opernwelt hinzudeuten, bis auf eine Sache: Was ihr Herz wirklich zum Singen brachte, das war der Broadway. Wie die unter den Qualen unerwiderter Liebe leidende Madame Butterfly sang Catherine Opern, träumte aber vom Broadway – bis sie einen gesundheitlichen Zusammenbruch erlitt.

»Ich hatte einfach nicht mehr das Herz, noch eine weitere tragische Arie zu singen. Mag sein, dass ich die Gabe dazu habe, aber ich wollte sie ungeöffnet zurückgeben. Die Oper war für mich eine schwer zu hebende Last, nicht von der Stimme her, aber emotional gesehen. Ich wurde für eine Karriere getrimmt, die ich gar nicht wollte, machte aber mit. Die Folge war, dass mir das Herz brach und meine Gesundheit einen Zusammenbruch erlitt.«

Glücklicherweise begegnete Catherine einer weisen älteren Frau, die sie fragte, was sie in ihrem Leben wollte, bewundert werden oder glücklich sein? Catherine erkannte, dass ihre Motive, eine Opernkarriere zu verfolgen, in einem Snobismus gründeten, den sie selbst gar nicht vertrat. Sie nahm ihren ganzen Mut zusammen und gestand ihren Herzenswunsch ein. »Ich nahm Abstand davon, eine Diva zu sein, und wurde stattdessen ein glückliches Revuegirl.« Sie verwandte nun ihren Ehrgeiz und ihre Talente auf den Broadway und hat seither stetig daran gearbeitet. »Wenn der Schuh passt«, sagt sie lachend, »sollst du ihn auch tragen – und wenn es für den Stepptanz ist.«

Auf der Flur erscheinen die Blumen;
die Zeit zum Singen ist da.

HOHES LIED

Bei der »Kunst« geht es weniger darum, was wir sein könnten, als vielmehr darum, was wir sind, was unserem Sein entspricht, aber normalerweise nicht anerkennen. Wenn wir darauf fixiert sind, besser zu werden, entgeht uns das, was wir schon sind – und das ist gefährlich, weil das, was wir eben sind, den Quell unserer Kunst ausmacht. »Wir« sind das, was unsere Kunst originär macht. Wenn wir immer danach streben, noch etwas mehr und etwas anderes zu sein, schwächen wir die Kraft dessen, was wir tatsächlich sind. Und schwächen oder verwässern damit unsere Kunst.

Ein Musiker mit einer großen Begabung für das Melodische fällt die Entscheidung, dass Dissonanz und Minimalismus seinem fließenden musikalischen Stil vorzuziehen sind. Ein Bildhauer, der an sich Arbeiten im kleinen Format vorzieht, hat das Gefühl, dass sein Talent ohne ein hoch aufragendes und aggressives Meisterwerk nur als äußerst gering einzuschätzen ist. Ein für das Cinema verité geborener Filmemacher bewundert die Salonkomödie, die er selbst nie perfekt hinkriegen wird. Ein Künstler, dessen Strichzeichnungen in ihrer verblüffenden Einfachheit die Menschen zu Tränen rühren, beschließt, dass Ölgemälde die hohe Kunst sind.

Arthur Kretchmer, ein großartiger Lektor, äußerte einmal: »Was ist bloß mit den Schriftstellern los? Wenn ihnen etwas leicht fällt, respektieren sie es nicht. Da finden sie nun ihr Metier, und dann knallen sie ihm eins vor den Latz.«

Als Künstler üben wir uns manchmal in einer selbst ablehnenden Ästhetik, die dem gleicht, was Pubertierende in Bezug auf ihre Körperlichkeit tun. Ein Selbsthass, der einsetzt und besagt, dass das, was auch immer wir sind, nicht so gut oder schön ist wie das, was der andere hat, was auch immer das sein mag. Wenn wir klein, dunkel und exotisch aussehen, wollen wir groß und hell und blond sein. Wenn wir eine nordische Göttin sind, wünschen wir uns, unsere Augen wären braun und nicht kobaltblau und unsere Haut sähe aus wie diejenige der von Gauguin gemalten Schönheiten. Mit anderen Worten, was immer wir auch sind, ist nicht das, was wir sein wollen. Komödianten sehnen sich nach dem Drama; dramatische Schauspieler verlangt es nach der Komödie. Geborene Kurzgeschichtenschreiber gelüstet es nach dem National Book Award für ihre Romane; geborene Romanschreiber rufen nach der Bühne. Nicht, dass wir nicht mehr als eine Richtung verfolgen könnten, aber eines der Dinge, die wir uns machen lassen sollten, ist dasjenige, das uns natürlich und leicht zukommt. Also, warum machen wir es nicht?

Seid euch selbst ein Licht.
Verlasst euch auf euch selbst.
Haltet euch an die Wahrheit in eurem Innern
Als der einzige Leuchter.

BUDDHA

Kunst ist nichts Programmatisches. Wir können uns nicht durch kreative »Situps« so weit »verbessern«, dass wir schließlich große Künstler sind. Große Künstler sind tatsächlich die größten Amateure – abgeleitet aus dem lateinischen Verb *amare*, das »lieben« heißt. Sie haben gelernt, sich aus der Ernsthaftigkeit rigider Kategorisierung herauszuwinden, und sich erlaubt, dem Rattenfänger des Entzückens zu folgen. Picasso ist ein gutes Beispiel dafür. Er entdeckte Schönheit in einer Konservendose, in einer verrosteten Sprungfeder, auf einem Schrottplatz. Von seinen Funden am Wegesrand entzückt, entzückte er seinerseits die Welt, indem er aus seiner einfachen Liebe zu gefundenen Objekten heraus große Kunst schuf. Was für ein Verlust es gewesen wäre, hätte er sich stattdessen gesagt: »Pablo, komm zu dir! Du bist der Maestro! Konservendosen sind nichts für dich. Denk im Format von Guernica! Denk ernsthaft!«

So überrascht es nicht, dass Picasso selbst sagte: »Wir kommen alle als Kind auf die Welt. Das Kunststück ist, es zu bleiben.« Mozart blieb es, sagt man uns. Warum werden wir so verdammt erwachsen?

Wenn wir aufhören mit dem Versuch, besser zu werden, und anfangen mit dem

Versuch, uns zu entzücken, kommen wir als Künstler weiter. Wenn wir uns in das hineinknien, was wir lieben, statt soldatisch auf das zuzumarschieren, was wir »sollten«, wird unser Tempo rascher, steigert sich unsere Energie und setzt der Optimismus ein. Was wir lieben, ist Nährstoff für uns. Wenn Sie total auf Schubert stehen, spielen Sie ein bisschen Schubert. Ihr Liszt wird dann weniger lustlos sein. Wenn Sie im Moment aus unerfindlichem Grund ganz wild auf Gelb sind, streichen Sie einen Raum gelb und nennen ihn das Sonnenzimmer. Versuchen Sie lieber, statt sich selbst zu widerstehen, sich unwiderstehlich zu finden. Versuchen Sie es mit dem Gedanken, dass Sie vielleicht einer Sache auf der Spur sein könnten, wenn Sie im Schaufenster eines Blumenladens eine Amaryllis sehen und denken: »Oh, die würde ich liebend gerne haben.«

Kinder lernen erstaunlich schnell. Wenn Sie ein Kind beim Lernen beobachten, werden Sie feststellen, dass es sich von Interesse zu Interesse bewegt, hungrig auf vielen Weideplätzen grast, die ihm Appetit machen: die Bauklötze, die Malkreiden, die Legos, dies und das, experimentierend. Wenn wir für unseren Künstler einen Lehrplan aufstellen, vergessen wir, dass unser innerer Künstler kindlich und streitsüchtig ist. Verführung funktioniert besser als Einsperrung. Neugier bringt uns weiter als ein rigider Lehrplan. Ernsthafte Kunst erfordert ernsthaftes Spielen – und Spielen ist schon von seiner Definition her anarchisch, kess.

Die sich zur Schönheit gesellende Seltsamkeit macht das romantische Wesen der Kunst aus.

WALTER PATER

Um Künstler zu sein, müssen Sie lernen, Sie sich selber sein zu lassen. Hören Sie auf, besser werden zu wollen. Fangen Sie an, das wertzuschätzen, was Sie sind. Tun Sie irgendetwas, was Sie aus unerfindlichem Grund entzückt. Geben Sie einer kleinen Versuchung nach, stecken Sie Ihre Nase in eine fremde Tür, kaufen Sie ein seltsames Seidentuch in einer Farbe, die Sie nie tragen. Machen Sie ein Altartuch daraus, stellen Sie Ihre Geranie darauf – versuchen Sie, das zu sein, was man mit dem hässlichen und abwertenden Ausdruck »gewollt künstlerisch« bezeichnet. Treten Sie ins Fettnäpfchen. Viele große Künstler arbeiten in ihren Pyjamas. Ernest Hemingway und Oscar Hammerstein arbeiteten beide im Stehen, weil es ihnen so gefiel.

Manchmal kommen wir in unserer Kunst und in unserem Leben sehr viel weiter, wenn wir uns ein bisschen das tun lassen, was uns leicht und ganz natürlich zufällt.

Wenn Sie gern Pferde zeichnen, hören Sie damit auf, Stühle zu malen. Wenn Sie gern Ballettunterricht nähmen, machen Sie das und überlassen Sie den modernen Jazztanz einer anderen Person. Wenn Sie eine tiefe Liebe für den Broadway hegen, sagen Sie Chopin, dass Sie wiederkommen.

Ihre Küche zu streichen ist etwas Kreatives. Glöckchen an den Schuhen anzubringen, mit denen Ihre Kinder in die Schule gehen, ist etwas Kreatives. Ihr Büro umzugestalten ist etwas Kreatives. Das alte und kaputte Zeug aus dem Schrank auszumisten ist etwas Kreatives. Nichts von diesen Dingen wird die westliche Zivilisation zum Einsturz bringen. Doch werden sie uns und unsere persönliche Welt aufmuntern und mit dieser winzigen Spur überfließender Lebensfreude der westlichen Zivilisation ein ganz klein wenig helfen. Der Selbstausdruck, nicht die Selbstprüfung und »Korrektur«, bringt Heilung und Glück. Glöckchen an den Schnürsenkeln, Sonette in der Schule. Beides liegt nicht so weit auseinander. Einen neuen Roman zu schreiben und etwas Neues an einem Samstagnachmittag zu unternehmen – *beides* sind kreative Sprünge, der eine groß, der andere klein, ein jeder begründet im Recht, einer kreativen Wahl Ausdruck zu verleihen.

Eine ein klein wenig freundliche und leichte Kunst kann uns sehr oft mit ein bisschen mehr Humor und Optimismus versehen zu jenen anderen schlüpfrigeren Hängen zurückschicken.

Heute ist nicht irgend so ein anderer Tag, weißt du.

LEWIS CARROLL

Künstler aller Couleur haben die Neigung, Schwierigkeit mit Tugend und Leichtigkeit mit Saloppheit gleichzusetzen. Wir lassen uns nicht in unsere Lockerheit fallen und den Ritt auf der Welle unserer Begabung genießen. Stattdessen fassen wir den festen Entschluss, an den Bereichen zu ackern, mit denen wir Schwierigkeiten haben. Das nennen wir »an uns arbeiten, um besser zu werden« – und okay, manchmal verbessern wir uns auf einem wackligen Gebiet. Doch wenn wir uns nicht in der Freude üben, unsere Talente da zu nutzen, wo sie uns leicht zufallen, berauben wir uns des Selbstausdrucks. Es gibt ein paar Dinge, die das Selbst »selbstsüchtig« genießt – und es ist gefährlich, wenn wir als Künstler diese natürlichen Faibles und Vorlieben ignorieren.

Das soll nicht heißen, dass Sie die hohe Kunst »aufgeben« sollen. Vielmehr will ich damit vorschlagen, es doch einmal mit einem »Hallo, Kunst!« zu versuchen, so wie Sie jemandem freundlich aus dem Fenster Ihres Kleintransporters zuwinken.

AUFGABE *Lassen Sie sich sein*

Ernsthaftigkeit ist der Feind der Spontaneität. Was wir lieben »sollten« und was wir tatsächlich lieben, sind oft zwei völlig verschiedene Dinge. Gestatten Sie sich selbst, sich ein paar von Ihren anarchistischeren verbotenen Vergnügungen einzugestehen. (Viele außereheliche romantische Verbindungen haben länger Bestand als die Ehe. Warum? Weil sie offiziell ein »verbotenes Vergnügen« sind.)

Greifen Sie zum Stift und beenden Sie zehnmal folgenden Satz: Im Geheimen würde ich liebend gern ______________________________.

Sie haben eben das Netz der Träume ausgeworfen und aus dem Unterbewusstsein so manche geheimen und verborgenen Wünsche hochgeholt. Greifen Sie nun wieder zum Stift und geben Sie sich 15 Minuten lang ganz und gar einem Ihrer geheimen Wünsche hin. Wie fühlen Sie sich, wenn Sie das tun? Wo befinden Sie sich dabei? Wer ermutigt Sie darin? Was überrascht Sie? Malen Sie sich Ihren mentalen Film so lebendig wie möglich aus. Verleihen Sie Ihrem Szenerio und der Sie unterstützenden Besetzung detailliert Gestalt und Farbe. Eine Initiative nimmt oft in der Imagination ihren Anfang. Wie Stella Merrill Mann es zusammenfassend ausdrückte: »Wünsche, bitte, glaube, empfange.« Machen Sie sich selbst das initiierende Geschenk, sich das Ausleben eines heimlichen Wunsches voll und ganz vorzustellen.

Erfindungsgeist vs. Konvention

Wir Künstler und Künstlerinnen sind Erneuerer. Wir experimentieren und erforschen. Wir machen Dinge neu – oder machen sie zumindest aufs Neue. Jedes Bild bringt uns in unserer Geschicklichkeit und Erfahrung ein kleines bisschen weiter, und sei es auch nur, dass wir an einem Workshop teilnehmen, in dem wir alte Meister zu kopieren lernen. Jedes Mal, wenn ein Pianist Franck oder Beethoven bewältigt, Debussy interpretiert, gibt es hierbei immer noch eine ganz persönliche Nuance, die der Künstler ins Werk einbringt. Die Neuinszenierung eines alten Balletts, die millionste High-School-Aufführung von *Romeo und Julia* – jeder Ausdruck von Kunst haucht dem Werk und der Welt neuen Atem ein. Auch wenn wir etwas machen, was »schon gemacht worden ist«, kommt frische kreative Energie durch uns zum Tragen. Und wenn wir unser kreatives Terrain ganz bewusst erforschen und ausdehnen, sind wir sogar in noch größerem Umfang erneuernd tätig.

Manche Menschen sind von ihrem Naturell und Beruf her Erneuerer. Andere sind Bewahrer. Als Künstler sind wir zumeist Erneuerer. Die Personen, die mit unserer Arbeit umgehen – Agenten, Manager, Verleger, Galeriebesitzer, Kuratoren, Produzenten –, sind zumeist Bewahrer. Als Erneuerer müssen wir nicht *derart* innovativ sein, dass wir alle Brücken hinter uns abbrechen, aber wir dürfen unseren Bewahrern auch nicht gestatten, dermaßen konservativ zu sein, dass wir unsere ganze Karriere mit der Abstützung der Brücken zubringen, die wir bereits errichtet haben. Bewahrer konzentrieren sich nicht auf die Vorwärtsbewegung, sondern auf das bekannte Gelände von »Wie man es macht«, »Wie es im Geschäft so ist« und »Was sich verkauft«. Sie erzählen uns nicht, wie man der kreativen Katze auf neue Art das Fell über die Ohren zieht, sondern wie man ihr schon immer das Fell über die Ohren gezogen hat. Sie reden über »Was funktioniert« und nicht über »Was funktionieren *könnte*«. Sie sagen Dinge wie: »So läuft das in dem Geschäft nicht.«

Intelligenz besteht zum Ersten darin, dass wir unseren unsicheren Stand im Leben erkennen, und Mut besteht zum Ersten darin, sich durch diese Tatsache nicht im Geringsten aus der Fassung bringen zu lassen.

ROBERT LOUIS STEVENSON

Bewahrer wollen Künstler glauben machen, dass das »Wie man es macht« das »Wie es gemacht wurde« ist. Sie reden oft über all die Dinge, die der Verwirklichung eines künstlerischen Traums entgegenstehen. Sie warten häufig mit Zahlen auf, die unsere Chancenlosigkeit »beweisen« sollen. Sie vergessen oft, was wir als Künstler wissen – nämlich dass die Dinge nie völlig chancenlos sind. Sie sind es nie und werden es auch nie sein. Sie mögen als unmöglich erscheinen. Sie mögen sich als unmöglich anhören, aber das sind weitgehend Einschüchterungstaktiken. Die Redewendung »vor Angst um den Verstand bringen« beschreibt dies sehr präzise. Wenn wir als Künstler den Bewahrern gestatten, uns zu terrorisieren, *bringt* uns das vor Angst um unseren Verstand – wobei hier mit Verstand das innovative und erfinderische Köpfchen gemeint ist, das uns immer herauszufinden erlaubt, wie man der Katze auf mehr als eine Art das Fell über die Ohren zieht.

Als Künstler und Erneuerer müssen wir uns immer die Frage stellen: »Wie *kön-*

nen wir es schaffen?« Wir müssen immer nach einem *anderen* Weg suchen und ihn auch finden, der Katze das Fell über die Ohren zu ziehen, das Buch zu veröffentlichen, den Film zu drehen, das Stück zu inszenieren. Als Künstler üben wir uns nicht darin, wie es bereits gemacht wird, sondern wie es gemacht werden *könnte.* Wir sind damit befasst, nicht die Probleme, sondern die Lösungen zu finden. Es interessiert uns, Dinge zu machen, wohingegen die Bewahrer oft daran interessiert sind, mit der Welt zurechtzukommen, so wie sie sie vorfinden.

Man weiß erst, was genug ist, wenn man weiß, was mehr als genug ist.
WILLIAM BLAKE

Als Jean Gordon traf und ihn heiratete, war sie eine aktive Künstlerin und blickte schon auf eine sehr lebhafte und facettenreiche Karriere zurück. Malen, Bildhauern und Fotografieren waren ihre Lieblingsbeschäftigungen. Sie bewegte sich behände zwischen allen drei Bereichen hin und her und baute sich zügig eine interessante künstlerische Laufbahn auf. »Du musst dich auf etwas spezialisieren – du musst dich vermarkten«, beschwor Gordon sie. »Du kannst nicht einfach immer nur dem nachjagen, was dir gerade gefällt. Das ist unprofessionell.«

Von der »Fachkundigkeit« ihres Mannes beeindruckt und eingeschüchtert, formte Jean nun ihre Karriere nach seinen statt nach ihren eigenen Wünschen. Für die Dauer des Jahrzehnts, das ihre Ehe hielt, tat sie weitgehend das, was man ihr sagte, und konzentrierte sich auf nur eine Sache, wie ihr Mann ihr dringend angeraten hatte. Statt zu blühen und zu gedeihen, wurde ihre Karriere »erfolgreich« – aber sie stagnierte auch und wurde schal, wie sie fühlte. Bevor es zur Scheidung kam, setzte bei ihr eine Depression ein. Und als ihr Mann sie dann abrupt mit der Behauptung verließ, *er* fühle sich erstickt, fand Jean sich plötzlich befreit. Sie machte ein paar Monate schwindliger Desorientiertheit durch und begann dann, wieder einer Vielfalt kreativer Interessen nachzugehen.

»Ich hatte mich so eng definiert, nur als Malerin. Ich habe alle möglichen kreativen Fähigkeiten, und ich liebe es, sie zu nutzen«, sagte Jean. Sie, schon lange heimlich eine Anhängerin der neuen Technologien, machte sich nun daran, neue Möglichkeiten am Computer zu erkunden, und lernte, wie man Layouts und Newsletter erstellt. Zu ihrer großen Freude bezahlten sie die Leute liebend gerne dafür, genau das zu tun. Ein reges Designunternehmen war geboren.

Als Künstler ähneln wir mehr Erfindern als den Menschen, die die Erfindungen in Massen produzieren. Natürlich tun wir möglicherweise beides, das kommt häufig vor, aber vom Herzen her sind wir diejenigen, die etwas erschaffen, aus dem andere dann vielleicht mehr machen. Wir malen ein Bild, aus dem später vielleicht eine Glückwunschkarte wird, ein Poster oder ein Kalenderblatt, aber der Kern der Erfindung verbleibt bei uns. Wir versuchen festzustellen, ob eine Idee »fliegt«. Wie die Gebrüder Wright stellen wir ein Ding her, das dann zum Grundstock und Produkt einer Industrie wird. Als Künstlerinnen interessiert uns, was, und nicht so sehr, wie es gemacht werden kann.

Manche Agenten, manche Manager, manche Produzenten und Händler und Kuratoren sind selber Erneuerer und kreativ Schaffende. Sie bringen in unsere Arbeit ihren eigenen erfinderischen Wagemut ein – die meisten aber tun es nicht. Als Bewahrer richten sie ihr Augenmerk mehr auf das, was sich schon verkauft hat, als auf das, was sich verkaufen könnte. Sie blicken mehr auf die Schattenseite als auf die Sonnenseite. Und dazu schauen sie möglicherweise am meisten auf die Verkaufszahlen und erwiesenen Einnahmen und darauf, wo sie in kurzer Zeit am meisten Profit herausschlagen können, statt an den langfristigen Lohn hervorragender schöpferischer Arbeit zu denken und darauf zu vertrauen, dass der Markt darauf reagiert.

Jede tiefgründige Sicht von der Welt ist Mystizismus.

ALBERT SCHWEITZER

Als Künstler wissen wir sehr wohl, dass etwas so lange »nicht gemacht werden« kann, bis es jemand macht. Irgendwo beschließt irgendein Künstler, den Zaun ein bisschen zurückzuschieben und seine und unser aller Reichweite auszudehnen. Mit »Showboat« wurden ernsthafte Belange ins Musical eingeführt. Mit »Oklahoma!« und »Carousel« kamen »wahre« Geschichten, Charaktere und Stücke herein, die auch unabhängig davon als dramatisches Material Bestand hatten. Das Musical war nicht länger bloß ein Genre des Themas »Junge trifft Mädchen«. Seit Rodgers und Hammerstein hier den Anfang gemacht haben, befasst es sich auch mit realen Problemen und wirklichen Ideen. Sie hatten den Zaun versetzt und für jedermann mehr kreatives Ackerland erschlossen.

Beispiele wie diese machen deutlich, dass wir als Künstler überaus achtsam auf unsere innere Führung hören müssen und erst in zweiter Linie auf unsere Berater in der Außenwelt. Das ist nicht nur ein spirituelles Gesetz – dieses Vertrauen darauf, dass die leise innere Stimme uns führt –, sondern auch gute Geschäftspraxis.

Das Interagieren von Kommerz und Kreativität ist ein kniffliger Tanz, und wir Künstler müssen die Führung übernehmen. Zeig einem Händler, den man um mehr von der Art der Serie vom letzten Jahr gebeten hat, eine neue Richtung in deiner Malerei, und du wirst ein besorgtes und entmutigendes »Mmmmm« zu hören bekommen. Lassen Sie sich nicht beirren. Er kann nicht sehen, was Sie als Künstler spüren und wahrnehmen mögen, nämlich dass Ihre Richtung die neue Richtung ist, der der Markt bald folgen wird. Für Künstlerinnen und Künstler, die willens sind, sich auf eine Lernkurve einzulassen, führen alle Richtungen an einen Ort, der der Mühe wert ist.

Kleinigkeiten schaffen Perfektion – und Perfektion ist keine Kleinigkeit.

MICHELANGELO

»Nichts ist so erfolgreich wie Erfolg« lautet eine Binsenwahrheit, die ganz besonders für ein Leben in der Kunst gilt. Das Problem liegt darin zu analysieren, was einen Erfolg ausmacht – und für einen Künstler mag dies darin bestehen, dass er etwas Neues und Herausforderndes schafft, statt etwas bekanntermaßen Erfolgreiches zu wiederholen. Erfolg kann auch darin bestehen, dass wir auf ein Gesamtschaffen blicken können, das wir persönlich respektabel finden, und dass wir nicht nur dem Markt, sondern unseren eigenen wechselnden Interessen folgen können. Man hat mir gesagt: »Kurzgeschichten verkaufen sich nicht«, und ich stellte fest, dass sie es doch tun. Man hat mir gesagt: »Memory Plays funktionieren nicht«, und ich gewann Preise für genau ein solches Stück. Man hat mir gesagt: »Bei einem Roman soll man nie die Ich-Person verwenden«, und ich veröffentlichte genau einen solchen Roman mit dem Ergebnis, dass er gute Kritiken erhielt, von den Lesern aufgenommen wurde und ich meine persönliche Genugtuung hatte.

Das Kunstgeschäft ist eine Maschinerie, aber der Künstler und die Künstlerin sind der lebendige, beseelende Funke, der sie am Laufen hält. Dieser Funke kann durch allzu viel »Realismus« und Sprüche wie »Ich weiß, du willst das nicht hören, aber …« zum Erlöschen gebracht werden. Wohlmeinende Ratgeber können uns geradewegs in eine schöpferische Krise, in eine Zeit der Unproduktivität hineinraten, gegen eine Mauer des inneren Widerstands prallen lassen. Sie vergessen dabei, dass sie nicht verkaufen können, was wir nicht erschaffen. Sie drängen uns so häufig, etwas zu machen, was sie, wie sie wissen, verkaufen können, und vergessen dabei, dass, wenn sie uns in unserer Begeisterung und Inspiriertheit zu oft und zu stark dämpfen, auch die Arbeit stockt und es nichts zu verkaufen geben wird.

Als Künstler verfügen wir über eine Art innere Kraft, die Berater nie ganz auslöschen oder dauerhaft blockieren können. Und sie ist immer der Schlüssel.

Die Frage der »Chancen« ist es, die die Bewahrer im Umgang mit Künstlern stets vor ein Rätsel stellt. Sie glauben gern, sie wüssten, welche Chancen bestehen. Sie glauben gern, sie wüssten, was sich verkauft – und wissen es auch, bis ein anderer Künstler ein anderes beeindruckendes und unvorhergesehenes Etwas erfindet und einen Markt für dieses Ding schafft. Als Künstlerinnen und Künstler sind wir zunächst und vor allem anderen der Quell und die Urheber unserer Arbeit. Und da jeder von uns einzig in seiner Art ist, ist der vermeintlich so vorhersehbare Markt im Grunde anfällig dafür, sich jederzeit in irgendeine oder irgendeinen von uns zu verlieben.

Das sage ich, weil ich glaube bzw. weiß, dass Kreativität eine spirituelle Angelegenheit ist. »Der Glaube versetzt Berge«, heißt es im Neuen Testament – und das ist vielleicht auch ganz buchstäblich gemeint.

Wir sprechen vom Großen Schöpfer, wir sprechen von Christus, stellen aber nur selten die Verbindung zu der Tatsache her, dass die von ihm gelehrten spirituellen Gesetze die sich auf die Kreativität, auf das Schöpfertum beziehenden spirituellen Gesetze sind. »Klopft an, und euch wird aufgetan«, »Bittet, und ihr werdet es erhalten« – das sind nicht bloße spirituelle Plattitüden, das sind sich auf das Manifestieren beziehende spirituelle Gesetze:

Ich stelle fest, dass ich mein Leben gemalt habe – Dinge, die sich in meinem Leben ereigneten –, ohne es zu wissen.

GEORGIA O'KEEFFE

- Bitte.
- Glaube.
- Empfange.

Wir Künstler bitten regelmäßig um Inspiration. Am Beispiel Christi müssen wir lernen, dass wir auch darum bitten können, uns möge die Chance zur materiellen Manifestierung unserer Visionen in Form von Geld, Unterstützung und günstigen Gelegenheiten zukommen. Unser vertrauensvoller Glaube, der eine Bitte, gepaart mit der Erwartung, ist, dass sie sich erfolgreich erfüllt, unterscheidet sich nicht vom vertrauensvollen Glauben eines Entdeckers, der sich aufmacht zu beweisen, dass die Erde rund ist. Schöpferische Träume kommen uns in Form der Vision zu, dass wir mit ihrer Erfüllung betraut sind. Wenn wir dem Großen Schöpfer gestatten, uns dies durch uns zukommen zu lassen, verbünden wir uns mit der spirituellen Kraft, die es braucht, die »schlechten Chancen«, die »widrigen Umstände« zunichte zu machen.

AUFGABE *Entwerfen Sie einen Dialog*

Neben den äußeren Bewahrern, denen wir im Verlauf einer schöpferischen Karriere begegnen, beherbergen wir auch einen inneren Bewahrer, der als Torhüter hinsichtlich unserer überschwänglicheren Impulse fungiert. Die besten schöpferischen Karrieren bauen auf einem fruchtbaren inneren Dialog zwischen unserem inneren Erneuerer und unserem inneren Bewahrer auf. Das ist eine praktische Fähigkeit, die geübt werden kann.

Was ein Mensch von sich selbst denkt … bestimmt, oder verweist vielmehr, auf sein Schicksal.

HENRY DAVID THOREAU

Greifen Sie zum Stift und erlauben Sie, dass diese beiden Aspekte in Ihrem Inneren einen Dialog führen. Der könnte so aussehen:

Erneuerer: »Ich würde gern wieder ganztägig Unterricht nehmen. Ich bin ein Jahrzehnt in meinem Malatelier eingesperrt gewesen und fühle mich einsam und gelangweilt.«

Bewahrer: »Du verdienst deinen Lebensunterhalt mit deiner Arbeit in diesem Atelier. Du kannst nicht einfach damit aufhören.«

Erneuerer: »Aber ich würde gern. So viel steht schon mal fest.«

Bewahrer: »Warum nimmst du nicht einmal in der Woche Unterricht? Dafür hättest du Zeit, und wenn du dir das Richtige aussuchst, kann dir das eine Menge Anregungen liefern.«

Wir haben alle Engel, die uns führen und geleiten … Was lässt uns ihre Hilfe zukommen? Bitten. Danken.

SOPHY BURNHAM

Erneuerer: »Das ist eine wirklich gute Idee und bedeutet keinen so radikalen freien Fall. Danke.«

Alle erfolgreichen schöpferischen Karrieren bauen sich im Prinzip auf derartigen Dialogen auf. Wenn wir uns voranbewegen und zugleich unser bereits beschrittenes Terrain sichern, nimmt die Karriere eine »solide« Form an. Karrieren sind wie Gärten, die der geduldigen Pflege bedürfen und in denen keine Pflanze wild wuchern darf.

Check

1. *Wie viele Tage in dieser Woche haben Sie Ihre Morgenseiten geschrieben?* Wenn Sie einen Tag ausgelassen haben, was war der Grund? Welche Erfahrungen haben Sie mit dem Schreiben der Morgenseiten gemacht? Erfahren Sie mehr Klarheit? Ein breiteres Spektrum an Gefühlen und Emotionen? Ein stärkeres Gefühl von Objektivität, Zielgerichtetheit und Ruhe? Hat Sie irgendetwas überrascht? Gibt es ein Thema oder Problem, mit dem Sie sich wiederholt befassen müssen?
2. *Haben Sie in dieser Woche Ihr künstlerisches Stelldichein gehabt?* Haben Sie ein gesteigertes Wohlbefinden festgestellt? Was haben Sie unternommen, und wie fühlten Sie sich dabei? Das künstlerische Stelldichein kann eine schwierige Sache sein, und möglicherweise müssen Sie sich gut zureden, um sich dazu aufzuschwingen.
3. *Haben Sie Ihren wöchentlichen Spaziergang unternommen?* Wie fühlten Sie sich dabei? Welche Gefühle oder Erkenntnisse tauchten in Ihrem Inneren auf? Konnten Sie mehr als einen Spaziergang machen? Was hat Ihr Spaziergang für Ihren Optimismus und Ihr Gefühl von Perspektive bewirkt?
4. *Gab es in dieser Woche irgendwelche anderen Themen, die Ihrem Gefühl nach für Ihre Selbstentdeckung wichtig waren?* Beschreiben Sie sie.

FÜNFTE WOCHE

Ein Gespür für das eigene Terrain entdecken

Zu unserem kreativen Selbst Ja zu sagen kann auch heißen, dass wir zu unseren Lieben, die uns viel bedeuten, Nein sagen müssen. In dieser Woche liegt der Schwerpunkt auf der Grenzziehung. Die Texte und Aufgaben zielen darauf ab, uns dabei zu helfen, wenn wir unsere kreative Identität im Gegensatz zu unseren vielen anderen Rollen definieren. Seien Sie auf Ihre verstärkten Emotionen gefasst, wenn der Energieball wieder in Ihren eigenen Schoß zurückhüpft.

Sexualität vs. Fürsorge

Bei uns Künstlern sind Sexualität und kreative Energie äußerst eng miteinander verwoben. Deshalb gibt es die Liebeslieder. Die Liebessonette. Deshalb gibt es den Ausdruck »entflammen«, denn auch wenn unsere Liebe nicht erwidert wird, glüht in uns doch ein so heller Funke, dass man vom »Entflammtsein« sprechen kann.

Wenn ein Mensch, der unsere kreative Imagination entzündet, unseren Weg kreuzt, ist er der »Funke im Pulverfass«. Unser schöpferischer Motor kommt auf Höchsttouren. Plötzlich haben wir Dinge zu sagen und sehnen uns danach, sie auf neue Art zum Ausdruck zu bringen. Wir äußern sie mit den Mitteln der Farbe, des Tanzes, der Dichtung, der Bildhauerei. Wir werden uns plötzlich vieler Möglichkeiten bewusst. Wir sind wie elektrisiert. Und manche Leute fragen uns tatsächlich: »Bist du verliebt?«

In gewissem Sinn sind wir verliebt – und wir sind auch in unseren eigenen Künstler verliebt, der uns plötzlich als aufregend und abenteuerlustig, kraftvoll, vielleicht sogar gefährlich zurückgespiegelt wird. Wir erfahren mehr Energie. Wir brennen die Kerze an beiden Enden ab, arbeiten noch bis spätnachts an unserem Projekt. Stehen früh auf, um uns noch eine Stunde an der Staffelei zu erschleichen, so wie ein gestohlenes Schäferstündchen auf dem Weg zur Arbeit.

Die kreative und die sexuelle Energie sind beide unsere ganz persönliche Energie. Der Gebrauch, den wir davon machen, ist privater Natur, und etwas anderes vorzugeben bedeutet eine Schwächung und einen Missbrauch unserer selbst. Tatsache ist: Die beiden Energien sind so eng miteinander verwoben, dass sie unter Umständen als fast identisch erlebt werden. Wir gehen schwanger mit Kindern, und wir gehen schwanger mit kreativen Projekten. In beiden Fällen handelt es sich um geheiligte Energien. Sie entspringen derselben Quelle, unserem inneren Kern. Unsere kreative Energie darf ebenso wenig vergeudet werden wie unsere sexuelle Energie. Und doch werden wir oft aufgefordert, genau das zu tun.

Nur mit dem Herzen sieht man gut; das Wesentliche ist für das Auge unsichtbar.
ANTOINE DE SAINT-EXUPÉRY

Als Künstler müssen wir ein wachsames Auge darauf haben, was die Leute von uns verlangen und wofür sie uns belohnen. Unsere Partner und Freunde konditionieren unser Verhalten ganz unbewusst. Wir müssen aufpassen und sehen, wofür sie uns mit ihrem Dank und Entgegenkommen belohnen. Und inwiefern sie uns durch fehlende Zustimmung und mangelnde Großzügigkeit zurückhalten und manipulieren wollen. Solche Verhaltensweisen konditionieren uns und bilden auch die Umstände, unter denen unsere Kunst geschaffen oder nicht geschaffen wird.

Fröhlichkeit und gute Laune führen zu Kreativität. Rigidität erzeugt Verzweiflung. Wenn unsere Hochgestimmtheit im Namen der Tugend oder Disziplin in eine Zwangsjacke gesteckt wird, beginnt unsere Flamme der Vitalität und Jugendlichkeit, die das Abenteuer liebt und bereit für Erfindungen ist, im Luftzug zu flackern.

Kreativität spricht auf Nahrung und Wärme an. Wenn uns verboten wird, das Kind in uns zum Vorschein kommen zu lassen – wenn uns vielleicht gesagt wird, was wir gerade tun, sei »kindisch« oder »egoistisch« –, wenn wir dazu gedrängt werden, allzu vernünftig zu sein, reagieren wir wie begabte Schüler auf einen autoritären Lehrer: Wir weigern uns, zu lernen und uns weiterzuentwickeln. Unsere beträchtliche Energie fließt in den Widerstand und erhärtet sich mit der Zeit zu einem kaum zu durchdringenden Panzer geheuchelter Gleichgültigkeit.

Das Universum ist voller lebendiger Energie. Es ist fruchtbar, reich, sogar unbändig – und wir sind es auch. Wir sind, wenn wir auch nur im Geringsten ermuntert werden, normalerweise gut gelaunt, humorvoll, sogar zu Scherzen aufgelegt. Und genau dieses Minimum an Ermutigung fehlt den meisten von uns. Wir schenken der Vorstellung Glauben, dass das Leben trist und schwierig und eine Sache ist, durch die man sich durchkämpfen muss.

Die Wahrheit ist, dass viele von uns als Kinder weitaus mehr erwartet haben. Wir hatten Träume, Wünsche und Vorahnungen von Freuden, Wonnen und ausgewachsenen Leidenschaften. Wir übten Balletttanz im Wohnzimmer, sangen aus vollem Herzen, liebten den Papp der Fingerfarben. Wir liebten. Punktum. Und Liebe ist eine leidenschaftliche und energetisierende Kraft. Damit unsere Kreativität blühen und gedeihen kann, müssen wir sowohl unser Recht zu lieben wie auch das, geliebt zu werden, wieder einfordern. Wir müssen ein bisschen verrückt nach uns selbst werden, nach unseren Vorstellungen, Spleens, Zielen. Statt uns in die »erwachsene« Ernsthaftigkeit hineinzuschelten oder zu erlauben, dass wir in sie hineingerügt werden, müssen wir uns wieder unser Recht holen, albern, direkt, ja sogar töricht zu sein. Wenn wir Liebe machen, sprechen wir vom »Vorspiel«, und nicht anders müssen wir uns erlauben, mit den Dingen, die wir lieben, zu spielen. Das heißt, sollte unser Partner restriktiv sein, müssen wir ein bisschen Intelligenz walten lassen und, wenn wir für uns sind, wagen, wir selbst zu sein. Statt unsere Stiefel zu schnüren und von uns zu verlangen, besser zu werden, sollten wir die Stiefel ausziehen und wohlig mit den Zehen im grünen Gras der Erde wackeln.

Sei es das Leben oder der Tod, wir verlangen nur nach Wirklichkeit.

HENRY DAVID THOREAU

Kreativität ist etwas Sinnliches und Sinnenhaftes, und wir sind es auch. Wenn wir unsere Leidenschaft feiern, statt sie zu unterdrücken, werden wir mit mehr Leidenschaft belohnt, und das ist der Brennstoff für die Kunst.

Wenn unser Liebster oder unsere Liebste darauf besteht, uns immer einzig dazu zu benutzen, etwas durchzuarbeiten, uns nie mitzunehmen zu etwas, das ganz einfach nur Spaß macht, werden wir allmählich gereizt und sauer. Dasselbe gilt für unsere kreativen Partnerschaften. Wir mögen einfühlsam sein, wir mögen scharfsinnig sein, wir mögen ein unschätzbarer Resonanzboden sein, aber das ist nicht romantische Liebe und auch nicht kreative Zusammenarbeit. Nähren und Fördern sind Bestandteil einer Partnerschaft – übermäßige Fürsorglichkeit hingegen bedeutet, dass Ihre kreative Energie für die Belange eines anderen vereinnahmt wird.

Wenn wir um ein Übermaß an Fürsorge angegangen werden, wenn von uns gefordert wird, unsere Freunde, Liebsten oder Kollegen zu »bemuttern« oder zu »bevatern«, reagiert der Künstler in uns mit Depression und auch mit Wut. Solche Forderungen können uns sowohl als Künstler wie als Mensch seltsam entsexualisiert fühlen lassen, so als würden wir in der Tat sterilisiert, kastriert und benutzt.

Eine mit einem unstillbar bedürftigen Partner verheiratete Schriftstellerin entdeckte nach ihrer Scheidung mit Erstaunen, dass ihre kreative und auch sexuelle Energie wieder in ihr lebendig wurden, so wie bei einer Löwin, die, in einen viel zu kleinen Zookäfig gesperrt, nach Jahren der Sedierung und Depression wieder zum Leben erwacht. Wie ihr überdeutlich zu Bewusstsein kam, sind die kreativen und sexuellen Energien miteinander verknüpft. Dämpfen wir unsere kreative Begeisterung, wird auch unser sexuelles Ich gedämpft. Dämpfen wir unser sexuelles Ich dadurch, dass wir von uns verlangen, uns im Übermaß zu betütern und zu bemuttern, leidet unsere Kreativität.

Es ist kein bloßer Zufall, dass die Annalen künstlerischer Existenzen voll sind mit Geschichten von entzündlicher, romantisch verliebter Faszination, die ein Feuerwerk an schöpferischer Arbeit in Gang setzte. Unsere Musen lassen die Sicherungen durchbrennen, und das Feuerwerk, das sie entfachen, mag leidenschaftlicher oder kreativer Natur sein oder beides. Heißt das, dass wir in alle unsere Beziehungen oder Verbindungen der kreativen Zusammenarbeit eine sexuelle Ebene hineinbringen müssen? Ganz entschieden *nein*. Aber es bedeutet, dass wir darauf achten müssen, jene Bindungen und Verwicklungen zu meiden, die unseren Überschwang und damit unsere Sexualität und Kreativität abtöten. Wenn sich einer weigert, unseren Humor zu teilen, stehen wir gegenüber seinen infantilen Forderungen wie grimmige Eltern da. Künstler können heiraten, aber sie müssen gut heiraten. Und ich würde sagen, es muss *Heiterkeit und Fröhlichkeit* in ihrer Ehe geben, soll ihre Arbeit weiterhin gedeihen. Ist mit der Arbeit Schluss, wird es das mit der Beziehung auch bald sein. Wenn wir in unserem Energiemodus immer nur rundum fürsorglich oder streng sein sollen, bleibt unsere kreative Tastatur beim mittleren C hängen.

Verstehen kann ich nicht; ich liebe.

LORD ALFRED TENNYSON

Sind in einer Beziehung beide Künstler, müssen *beide* genährt, unterstützt und beachtet werden. Keine der zwei Personen darf durch exzessives Fürsorgen kastriert oder neutralisiert werden. Anforderungen können keine Abenteuer ersetzen.

Wenn ein Mann bemuttert werden will, wird er auf Ihr neues sexy Kleid – *oder* auf Ihren neuen Song – kaum mit Enthusiasmus reagieren. Ähnlich mag eine Künstlerin von ihrem Mann verlangen, dass er ihr sich um alles kümmernder Daddy ist, und behaupten, dass das »künstlerische Kind in ihr« verwöhnt werden muss.

Kein Geschlecht ist gegenüber einer Kastration der Kreativität durch Beziehungen immun, die das schöpferische Reservoir absaugen und nicht die Zärtlichkeit aufbringen, es wieder aufzufüllen.

Die Sexualität kann, muss aber nicht im Namen der Kunst sublimiert werden. Zerstörerische sexuelle Verstrickungen *schaden* unserer Kreativität, doch belebende sexuelle Begegnungen nähren und entfachen sie.

Der mit einer narzisstischen und gierigen Schauspielerin verheiratete Daniel fühlte sich zunehmend erschöpft und ausgelaugt, und sein Arbeitsleben verkümmerte. Als er später eine Beziehung mit einer Künstlerin einging, die sowohl ihn wie auch seine Arbeit attraktiv fand, blühte sein schöpferisches Leben wieder gewaltig auf – Theaterstücke, Romane, Filme: allesamt die geistigen Kinder einer glücklichen kreativen Verbindung.

Unsere Mythologie um Künstler und Sexualität befasst sich gern mit den negativen Aspekten, mit der Promiskuität von Künstlern, mit ihren selbstzerstörerischen sexuellen Exzessen. Doch sehr viel verderblicher und gefährlicher ist das subtile Absaugen der kreativen und sexuellen Energie durch übermäßiges Fürsorgen, und sehr viel seltener wird erwähnt, wie glücklich Künstler aufblühen können, wenn sie in einer Beziehung leben, die ihren kreativen und sexuellen Energien voll Rechnung trägt.

Das Ziel, ob es nun erreicht wird oder nicht, verleiht dem Leben Größe; versuch, Shakespeare zu sein, überlass dem Schicksal den Rest.

ROBERT BROWNING

Wenn es in Bezug auf das Liebesleben eine Kunst gibt, dann kann man unbedingt auch sagen, dass es in der Kunst ein »Liebesleben« geben muss.

AUFGABE *Packen Sie wieder einen Tiger in Ihren Tank*

Wenn wir verliebt sind, finden wir unseren Partner oder unsere Partnerin, und uns mit ihm oder ihr, faszinierend. Wenn wir in einer kreativen Genesungsphase sind, finden wir *uns selbst* faszinierend. Wir verlieben uns in unsere Ideen, Einsichten, Inspirationen und Impulse. Wir sind interessiert an dem, was wir zu sagen haben und was wir denken. Wir fühlen uns lebendig, wach und dynamisch – und wenn wir uns nicht so fühlen, wissen wir es und sind sauer. Wir gestehen uns ein, wer uns kalt lässt, und erwärmen uns für unsere eigenen Interessen.

Greifen Sie zum Stift und vervollständigen Sie die folgenden Sätze so rasch wie nur möglich:

1. In meinem Freundeskreis ist ____________________ eine Person, die »meine Sicherungen durchbrennen« lässt und mir das Gefühl gibt, kreativ und potent zu sein.
2. In meinem Freundeskreis ist ____________________ eine Person, die mir Energien abzieht und mich niederdrückt.

3. Eine ehemalige Beziehung, die mir ein Übermaß an Fürsorge abverlangte und mich völlig ausgelaugt zurückließ, war die mit

   ____.

4. Realistisch betrachtet, ist eine gegenwärtige Beziehung, die mir das Gefühl gibt, kastriert zu werden, die mit ____________________.
5. Meine am stärksten auf Gegenseitigkeit beruhende und beide am stärksten nährende und unterstützende kreative Freundschaft ist die mit

   ____.

Wenn Sie Ihre Bekannten und vertrauteren Freundinnen und Freunde durchgegangen sind und festgestellt haben, wer von ihnen Ihr Feuer auflodern lässt, dann stellen Sie die gleiche Frage an sich: »Lasse ich mich denn Leidenschaft empfinden und leben?« Greifen Sie zum Stift und schreiben Sie sich selbst einen Liebesbrief. Seien Sie so spezifisch, zärtlich und liebevoll, wie es Ihnen nur vorstellbar ist.

Hören Sie auf, »nett« zu sein, seien Sie ehrlich

Der Spruch »Nächstenliebe beginnt zu Hause« ist keine Plattitüde. Es ist eine richtungweisende Aussage. Wie die Aufforderung »Liebe deinen Nächsten wie dich selbst« bedeutet es, dass wir damit anfangen sollen, freundlich zu unserer eigenen Person zu sein, zum authentischen Selbst, und dann müssen wir versuchen, zu allen anderen nett zu sein. Ordnen wir uns in der Hackordnung zu weit unten ein, haben wir das Gefühl, untergebuttert zu werden. Wir zeigen uns dann reizbar und nörglerisch. Wir vernachlässigen unsere Arbeit oder machen sie unkonzentriert. Und möglicherweise bekommt auch unser Werk bald eine nörglerische, saure und pessimistische Note, strahlt dasselbe aus wie wir. Wenn wir uns unterbewerten, begraben wir uns buchstäblich in einem Dasein, das gar nicht das unsere ist. Indem wir die Erwartungen anderer erfüllen, tragen wir dann vielleicht unseren eigenen Werten nicht angemessen Rechnung.

> *Wenn du dich damit begnügst, nur du selbst zu sein, und dich nicht mit anderen vergleichst oder misst, wird jedermann dich respektieren.*
>
> LAOTSE

Wertesysteme sind so individuell wie Fingerabdrücke. Jeder von uns hat eine

Reihe von Prioritäten, die andere verblüffen mögen, die für uns aber eine absolute Notwendigkeit sind. Wenn wir gegen unser wahres Selbst verstoßen oder es vergewaltigen, fühlen wir uns bald wertlos und unwürdig. Und das wiederum verhindert, dass wir in unserem eigenen Interesse handeln, und dann leiden wir weiter und noch stärker.

Als ich eine junge allein erziehende Mutter war, hatte ich Schuldgefühle, weil ich mich danach sehnte, mal von meiner Tochter getrennt zu sein und Zeit nur für mich zu haben. Ich wollte Stille. Ich musste meine eigenen Gedanken hören können. Ich musste auch mal ab und zu meine eigene Seele an die Hand nehmen können, ohne mich darum sorgen zu müssen, dass ich die winzige Hand meiner Tochter fest im Griff behielt. Was immer an Träumen ich gehegt hatte, musste nun zurückgestellt werden, mahnte ich mich – obwohl ich mit dem Schreiben nie aufhörte. Und so versuchte ich, meine Träume auf der hinteren Kochplatte abzustellen, wo sie weiter vor sich hin köchelten – und meine Übellaunigkeit auch. Domenica war ein entzückendes Kind. Ich fing jedoch an, sie nicht ganz so entzückend zu finden. Ich war gereizt, überempfindlich und voller Schuldgefühle. Ich sehnte mich nach mehr Zeit zum Schreiben, einem Luxus meiner Jahre vor der Mutterschaft, und fühlte mich in die Ecke gedrängt und in der Falle. War mein Kind denn nicht wichtiger als meine geistigen Kinder? Diese Frage hielt ich mir vor Augen. Ich konnte keinen Ausweg finden.

»Nimm dir einen Abend frei«, riet mir eine ältere Freundin, eine Schauspielerin. »Kümmere dich um die Künstlerin in dir. Dann wirst du eine sehr viel bessere Mutter sein. Du musst etwas Realitätsbewusstsein in diese Angelegenheit bringen. Die Gesellschaft sagt dir, dass die Mutterschaft an erster Stelle zu stehen hat, doch bei dir ist das nicht so. Wenn du in diesem Punkt dir selbst gegenüber ehrlich bist und die Künstlerin an die erste Stelle setzt, könntest du eine ziemlich gute Mutter sein. Wenn du dich in diesem Punkt selbst belügst ... und wusstest du überhaupt, dass der häufigste Grund für die Misshandlung von Kindern zu viel Beisammensein ist?«

Wir verstehen unser Leben falsch, weil wir unsere Fragen falsch verstehen. Und wir verstehen unsere Fragen falsch, weil wir in einer Kultur groß geworden sind, die die Formen von Freiheit bestraft, die Künstler zu ihrem Gedeihen nun mal brauchen. Diese besagten Freiheiten sind jene, die uns gestatten, ein bisschen weniger nett und dafür ein bisschen authentischer und ehrlicher zu sein. Richard Rodgers brauchte Zeit am Klavier und nahm sie sich jeden Morgen, dann – und erst dann – war er ein hingebungsvoller Vater.

Alles verstehen macht sehr nachgiebig.
MADAME DE STAËL

Ich hatte nicht gewusst, dass zu viel »Nettigkeit« zur Kindesmisshandlung führen kann, konnte es aber glauben. Ich nahm mir den radikalen Ratschlag meiner Freundin zu Herzen, stand nun eine Stunde früher auf, um meine Morgenseiten zu schreiben, während meine Tochter noch schlief. Ich begann auch mit der Praxis des künstlerischen Stelldicheins und gönnte mir und meinem kreativen Bewusstsein ein paar dieser festlichen Abenteuer, die ich für meine Tochter geplant – und abgelehnt – hatte. Für diese Selbstfürsorge wurde ich mit einer Idee für einen Film belohnt – ich schrieb ein Drehbuch und verkaufte es an Paramount.

Und noch wichtiger, ich entdeckte, dass meine Mutter sehr recht daran getan hatte, ein kleines Gedicht über ihrer Küchenspüle anzubringen, das ich immer als Knittelvers abgetan hatte:

»Wenn du deine Nase am Schleifstein reibst
Und das dann immer weiter treibst,
Hältst du bald nichts mehr von solchen Dingen,
wie plätschernden Bächlein und Vögeln, die singen.
Nur dreierlei wird deine Welt umfassen:
Dich, den Schleifstein und die verdammte Nasen.«

Ich habe 25 Jahre lang unterrichtet und hatte sehr viele Studentinnen und Studenten, die sich Sorgen machten, sie könnten zu selbstsüchtig sein. Wenn ich es mir recht überlege, finde ich, dass die meisten kreativen Leute im Grunde zu selbstlos sind. Statt zu fragen: »Julia, bin ich zu selbstsüchtig?«, sollten sie fragen: »Julia, bin ich selbstsüchtig genug?« Selbstsüchtig genug zu sein liefert uns das Selbst für den Selbstausdruck.

Waren wir als Künstler zu lange zu nett, hören wir mit dem Nettsein ganz auf. »Ich muss mich jetzt einfach an das verdammte Klavier setzen«, sagen wir ganz richtig – oder ebenfalls richtig: »Ich habe jetzt schon seit Tagen nicht geschrieben, und das macht mich ganz verrückt.« Oder: »Wenn ich jetzt nicht an die Staffelei komme, werden diese Kinder gekielholt.« Unser langsam geschürtes Feuer des Grolls – verursacht von zu vielen Jas, wo ein rechtzeitiges Nein ehrlicher gewesen wäre und uns Zeit und Raum zum Arbeiten gegeben hätte – beginnt, unsere gereizte Stimmung erst zum Köcheln und schließlich zum Kochen zu bringen. Wenn wir dann immer noch darauf beharren, nett zu sein, handeln wir uns ein Magengeschwür oder Bluthochdruck ein. Für Künstler ist es absolut keine Tugend, allzu tugendhaft zu sein. Es ist destruktiv und kontraproduktiv. Habe ich schon erwähnt, dass es auch keinen Spaß macht?

> *Spring!*
>
> JOSEPH CAMPBELL

Eine dauerhafte künstlerischere Karriere setzt sich aus zwei Variablen zusammen – Talent und Charakter. Mit »Charakter« meine ich nicht die gute oder schlechte Variante, sondern einfach den Charakter oder das Naturell einer Persönlichkeit, ihre präzise Natur. Ein großes Talent in Verbindung mit einem launenhaften Charakter führt zu einer launenhaften Karriere – viel versprechende Durchbrüche werden so im Vorhinein zunichte gemacht, Eingebungen von fabelhafter Klarheit und Brillanz gehen verloren oder werden durcheinander gebracht durch den »Sprung« im Fels der Entschlossenheit. Eine anhaltend schöpferische Karriere erfordert Disziplin – den Mut, rauszuschmeißen, was der angestrebten Spitzenleistung nicht dienlich ist. Das bedeutet, Charakter zu haben.

»Was nicht dienlich ist«, ist von Person zu Person verschieden. Für die eine mag es ein übermäßig dem Drama zuneigender Freund sein. Für den anderen allzu viele Glitzerwelt-Dinnerpartys voll angeberischen und eitlen Gewäschs. Was immer einen Künstler untergräbt, untergräbt auch seine Arbeit. Was einen Künstler demontiert, muss beschnitten, gemieden oder mit großer Vorsicht genossen werden. Wir lernen das aus bitterer Erfahrung. Ein virtuoser Konzertgeiger macht die Erfahrung, dass schon ein einziges Glas Whisky am Abend vor der Aufführung bestimmter Werke ihn die manuelle Geschicklichkeit kostet, die er braucht, um sicher zu seinem musikalischen Flug anzusetzen. Genusssucht hat ihren Preis. Piloten wissen das so gut wie die Luftfahrtbehörde. Piloten werden auf den Missbrauch von Alkohol und anderen Substanzen hin überprüft. Wenn sie sich diesen Dingen allzu sehr hingeben, geraten Leben in Gefahr. Bei Künstlern ist das Leben ihrer Arbeit in Gefahr. Selbstnachgiebigkeit bedeutet Selbstgefährdung. Unser umfassenderes Selbst fällt unseren kleinlichen Lastern zum Opfer. Es zeugt von einem aufgeklärten Eigeninteresse, wenn wir selbstsüchtig genug sind, uns selbst zu schützen. Unser Selbstschutz mag nicht immer »nett« wirken. Er kann auch bedeuten, dass wir Einladungen ausschlagen, die uns nicht dienlich sind.

> *Den lieb ich, der Unmögliches begehrt.*
> JOHANN WOLFGANG VON GOETHE

Für Künstler ist es nicht annähernd so wichtig, nett zu sein, wie es wichtig ist, authentisch zu sein. Wenn wir sind, was wir wirklich sind, und sagen, was wir wirklich meinen, hören wir auf, uns die Verantwortung für die Defizite aller anderen auf die Schultern zu laden, und werden uns selbst gegenüber verantwortlich. Und wenn wir das tun, treten erstaunliche Wandlungen ein. Wir stehen mit unserer wahren höheren Macht in Einklang, und der schöpferische Gnadenstrom fließt ungehindert.

Wenn wir aufhören, Gott zu spielen, kann Gott »durch uns spielen«. Als ich aufhörte, meinen blockierten Schriftstellerfreund retten zu wollen, ging ich vom Artikel- und Kurzgeschichtenschreiben zum Verfassen von Romanen über. Das zeigt, wie viel Energie er verschlungen hatte. Als ein Komponist seine anspruchsvolle Freundin fallen ließ, brachte er schließlich ein Album zu Ende, das ein Jahrzehnt vor sich hin geköchelt hatte. Eine offiziell »ausgebrannte« Malerin hörte auf, ihre Zeit einer allumfassend beanspruchenden Umweltgruppe in ihrem Viertel zu opfern, und entdeckte, dass sie plötzlich Zeit hatte, sowohl zu malen wie auch zu unterrichten, was nicht nur ihre Produktivität steigerte, sondern auch ihr Einkommen auf eine solide Basis stellte. Sie hatte ihre freiwillige Unterstützung schon lange als Unfreiwilligkeit empfunden. Und bereit, weniger heilig zu erscheinen, fühlte sie sich nun sehr viel freier.

Klären wir unsere Mitmenschen über unsere Prioritäten auf – und rufen wir sie uns auch selbst in Erinnerung –, führt das zu harmonischen Beziehungen. Eine klare Darstellung unserer Person gegenüber anderen führt zu ehrlichen, auf wechselseitigem Respekt gründenden Verbindungen. Ehrlichkeit fängt bei uns selbst an. Es ist entscheidend wichtig, das wir diejenigen ausmachen, die regelmäßig unsere Zeit und Energie missbrauchen, doch ist das nur der erste Schritt. Sie zu meiden ist der zweite, und da geraten viele von uns ins Stolpern. Es ist, als zweifelten wir daran, ein Recht auf Ruhe, Respekt und gute Laune zu haben. Sollten wir im Grunde nicht leiden? Sollten wir es nicht spiritueller finden, den Status quo unangetastet zu lassen? Ein künstliches Akzeptieren von Leuten und Umständen, die wir ablehnen, macht uns übellaunig. Ein bisschen ehrliche Selbstliebe wirkt Wunder für unsere Persönlichkeit und unsere Kunst.

»Aber Julia«, habe ich Leute jammern hören, »willst du damit sagen, dass wir selbstsüchtig sein sollen?«

Persönlich ziehe ich diese Selbstsüchtigkeit dem inneren Brodeln, der Übellaunigkeit, Feindseligkeit und Duldsamkeit vor. Und ist es denn wirklich selbstsüchtig, sich Zeit für die eigene Person zu nehmen? Man braucht ein Selbst für den Selbstausdruck – und man braucht es auch noch für eine ganze Menge anderer Dinge. Wenn das unhinterfragte Leben es nicht wert ist, gelebt zu werden, ist das ungelebte Leben es nicht wert, hinterfragt oder gemalt oder in Stein gehauen oder schauspielerisch dargestellt zu werden.

Allzu oft weicht die reichhaltige Welt, die die auf das Karrieremachen abzielende Arbeit unterstützt, einer Treibhauswelt und späteren Arbeiten, die den Geruch der Wiederverwertung ausdünsten. Doch für Künstler auf jedweder Ebene bleibt die Notwendigkeit eines nährenden Zustroms bestehen. Ironischerweise kann dieser Zustrom durch den Erfolg behindert und beeinträchtigt werden, wenn dann vielfache Forderungen an unsere eigentlich der Kreativität vorbehaltene Zeit gestellt werden.

Ein Künstler, der sich an der Spitze seines Genres befand, war so ausgebucht und damit ausgelastet, andere zu beraten und seinen angesehenen Namen für gute Zwecke zur Verfügung zu stellen, dass ihm sein Leben gar nicht mehr gehörte. Die angesehenen Institutionen, hinter die er sich gestellt hatte, schienen einen unersättlichen Appetit zu haben. Jedes Ansinnen schien »vernünftig«, jede Sache war »gut«. Doch er war erschöpft, ausgebrannt und durcheinander. »Jetzt bin ich an der Spitze«, so sagte er mir, »wo ich immer hinsollte, aber es gefällt mir nicht sehr.« Natürlich nicht. Er hatte keine Zeit mehr für seine eigene Kunst, das geliebte Vehikel, das ihn an die Spitze gebracht hatte.

Zu wissen, was du nicht *tun kannst, ist wichtiger, als zu wissen, was du tun kannst. In der Tat zeugt es von gutem Geschmack.*

LUCILLE BALL

Wir können unmöglich Ja zu uns selbst und unserer Kunst sagen, solange wir nicht lernen, zu anderen Nein zu sagen. Die Leute meinen es nicht böse, aber sie schaden uns, wenn sie uns um mehr bitten, als wir geben können. Und wenn wir weitermachen und es ihnen geben, schaden auch wir uns selbst.

»Ich weiß, ich hätte ablehnen müssen«, jammern wir – so lange, bis wir tatsächlich damit anfangen. Nein, wir können nicht noch diesen einen zusätzlichen Schüler annehmen. Nein, wir können uns nicht noch diesem oder einem weiteren Komitee anschließen. Nein, wir können uns nicht erlauben, benutzt zu werden – oder wir hören auf, nützlich zu sein.

Tugendhaftigkeit – und die falsche Tugend, allzu tugendhaft zu sein – ist sehr verführerisch. Das Problem mit den guten Sachen und guten Zwecken ist, dass sie gut sind.

»Du kannst nicht gesund und populär zugleich sein«, warnte mich einmal eine versierte ältere Schauspielerin. »Die Leute wollen, was sie wollen, und wenn du es ihnen nicht gibst, werden sie wütend.«

Stimmt, aber unser innerer Künstler will auch, was er will, und wenn wir es ihm nicht geben, werden wir in unserem innersten Kern wütend. Wenn wir uns den schöpferisch tätigen Teil unseres Selbst als dynamischen und begabten Jugendlichen in unserem Innern vorstellen, bekommen wir allmählich eine Ahnung davon, wie entmutigend eine Reihe von »Nicht-jetzt-sei-nett-sei-kein-Spielverderber-und-warte-bis-später«-Ablehnungen auf ihn wirken müssen.

Wenn wir anfangen zu sagen: »Ich kann nicht, weil ich arbeite«, fängt unser Leben wieder zu funktionieren an. Wir bekommen das Gefühl, dass unser Künstler uns wieder vertraut und mehr Ideen einbringt. Noch einmal: Stellen Sie sich Ihre Künstlerin oder Ihren Künstler sehr jung vor. Was macht ein Kind, wenn es allzu starren Regeln unterworfen wird? Es schmollt. Es verfällt in Schweigen. Es macht seinem Ärger Luft. Man kann sich darauf verlassen, dass unser Künstler so ziemlich das gleiche Verhalten in einigen oder allen Punkten an den Tag legt, wenn wir darauf bestehen, dass er »nett« statt ehrlich sein soll.

Die unabhängige Arbeit besiegt alles.
VERGIL

Es ist nie zu spät, noch einmal von vorn anzufangen. Für unseren Künstler gibt es nie den Punkt, an dem eine Umkehr und Genesung nicht mehr möglich ist. Wir können unseren Künstler jahre-, jahrzehnte-, ein ganzes Leben lang mit Beleidigungen überhäufen, und er ist so zäh und unverwüstlich, so machtvoll und so eigensinnig, dass er zum Leben erwachen wird, sobald wir ihm auch nur die geringste Gelegenheit dazu geben. Statt uns im Namen der Hilfe für andere zu noch einer weiteren Überbelastung unserer Energien beschwatzen zu lassen, können wir uns selbst helfen, können wir unseren Künstler mit dem Versprechen hervorlocken, dass er ein bisschen geschützte Zeit bekommt, in der wir ihm zuhören, mit ihm reden und interagieren. Wenn wir unseren Künstler auf aktive Weise lieben, wird er uns wiederlieben. Liebende erzählen sich gegenseitig Geheimnisse und Träume. Liebende treffen sich, schleichen sich heimlich weg für ein Rendezvous, ganz egal, wie widrig die Umstände sind. Wenn wir unseren Künstler mit konzentrierter Aufmerksamkeit und persönlich gewidmeter Zeit umwerben, wird er uns mit Kunst belohnen.

AUFGABE *Seien Sie nett zu sich selbst (Es gibt ein Selbst im Selbstausdruck)*

Kanntest du dies Geheimnis?
Das Schreckliche ist, dass Schönheit rätselhaft ist.

FJODOR DOSTOJEWSKI

Viele von uns arbeiten zu hart daran, selbstlos zu sein. Wir vergessen, dass wir für den Selbstausdruck auch ein Selbst brauchen. Greifen Sie zum Stift und widmen Sie sich ein bisschen der Archäologie – graben Sie sich durch Ihre »Ich sollte«, bis Sie bei ein paar »Ich könnte« anlangen. Vollenden Sie die folgenden Sätze mit jeweils fünf Wünschen. Schreiben Sie möglichst rasch, um dem inneren Zensor zu entgehen.

Wäre es nicht so selbstsüchtig, würde ich gerne versuchen …

1.
2.
3.
4.
5.

Wäre es nicht so teuer, würde ich gern versuchen …

1.
2.
3.
4.
5.

Wäre es nicht so belanglos, würde ich gern besitzen …

1.
2.
3.
4.
5.

Wäre es nicht so angsterregend, würde ich gern sagen …

1.
2.
3.
4.
5.

Hätte ich noch fünf andere Leben, wäre ich gern …

1.
2.
3.
4.
5.

Hier werden machtvolle Träume aufgeführt. Sie könnten sich rasch und unerwartet in Ihrem Leben manifestieren. Vielleicht möchten Sie deshalb diese Aufzählung in Ihrem Gottesgefäß aufbewahren. Seien Sie nicht überrascht, wenn »Teile« Ihrer »anderen« Leben in dem Leben, das Sie tatsächlich führen, auftauchen und sich bemerkbar zu machen beginnen.

Energieschulden

Alle Handlungen und Aktionen erfordern schöpferische Energie. Das erkennen wir nur selten an. Als Künstler müssen wir lernen, an unsere Energie so zu denken, wie man an Geld denkt – verwende ich meine Energie klug, wenn ich sie in diese Person, diese Situation, diesen Gebrauch von meiner Zeit investiere? Künstler sind in der Regel von ihrem Naturell her großzügig, ja sogar verschwenderisch. Das ist eine natürliche Tendenz, die bewusst überwacht und kontrolliert werden muss. Wir müssen genug an die innere Quelle zurückgeben, um uns wohl fühlen zu können.

> *Was immer wert ist, überhaupt getan zu werden, ist es wert, gut getan zu werden.*
>
> LORD CHESTERFIELD

Der Anruf einer uns anödenden Künstlerkollegin erschöpft uns. Hier wird unser schöpferisches Bankkonto geplündert. Ein Anruf oder ein Gespräch, bei dem wir um unser Feedback gebeten werden und dieses dann ausgenutzt und nicht anerkannt wird, ist so, wie wenn wir jemanden bei Anlagen auf dem Aktienmarkt beraten und dann kein Dankeschön für seinen großen Gewinn erhalten. Ein Anruf hingegen, bei dem sich Geben und Nehmen die Waage halten, bedeutet einen Gewinn für beide Parteien. Wir sind nicht einfach nur eine Website, von der sich jemand Informationen herunterlädt. Wir sind Partner in einem echten, beide bereichernden Dialog. Ich habe einen Musikerfreund, mit dem sich zu unterhalten stets so sehr lohnt, dass ich mich im Anschluss immer gleich hinsetze, um zu schreiben. An unserem Geben und Nehmen ist etwas, das beiden einfach nur *gibt.*

Wir sehnen uns als Menschen und Künstler danach, als das gesehen zu werden, was wir wirklich sind. Wenn wir in Beziehungen stecken, in denen die Dividenden, die wir brauchen, nie an uns ausgezahlt werden, ist das eine schlechte Investition. Zu viele von ihnen, und wir gehen mit unserer Kreativität Bankrott. Wir müssen uns nicht nur fragen: »Liebe ich diese Person?«, sondern auch: »Zeugt diese Beziehung von Selbstliebe?« Jede Beziehung, die unsere Identität als Künstler aufs Spiel setzt, tut dies nicht.

Eine kreative Person soll sowohl von göttlichen wie auch menschlichen Quellen genährt und unterstützt werden, aber keines dieser Nährmittel kann bei uns ankommen, wenn wir uns in eine Nahrungsquelle für andere verwandelt haben und ihnen erlauben, sich ungehindert über unsere Zeit, Talente und Reserven herzumachen. Wenn wir einem Menschen, der skrupellos und bedürftig ist, vollen Zugang zu unserer Zeit und Aufmerksamkeit gewähren, ist das nicht anders, als würden wir ihm unser Scheckbuch der Kreativität aushändigen. Er wird sich dessen aufs Geratewohl bedienen, und wenn wir dann auf unsere eigenen Reserven zurückgreifen wollen, werden wir feststellen, dass sie nicht mehr vorhanden sind.

Kreativität dehnt sich aus in einer Atmosphäre, in der sie dazu ermutigt wird, und zieht sich aus Selbstschutz in einem zynischen oder feindseligen Klima zusammen. Aus diesem Grunde kann es für Künstler schwer sein, innerhalb eines akademischen Umfeldes zu ihren besten Werken zu kommen. Daher müssen unsere engen Freunde vertrauenswürdig und intelligent sein, sie dürfen aber nicht solche Schlauberger und Besserwisser sein, dass unser kreatives Kind Angst hat, sich zu Wort zu melden. Wenn wir unsere kreative Stimme oder kreative Energie verlieren, ist das keine rätselhafte Krankheit. Gewöhnlich kann das direkt auf eine Begegnung zurückgeführt werden, bei der unsere Energie missbraucht wurde.

> *Die Kunst, klug zu sein, ist die Kunst zu wissen, was man übersehen soll.*
>
> WILLIAM JAMES

Wenn jemand unsere Zeit stiehlt, indem er sich zum Beispiel weigert, Termine für Proben oder Schreibsessions festzulegen, oder Ablieferungstermine platzen lässt, werden wir zum Stillstand gezwungen. Wir können unsere Energie nicht in andere Richtungen investieren, weil uns immer bewusst ist, dass wir plötzlich zur Investition aufgerufen sein könnten, falls diese andere Person gerade mal greifbar ist. Wenn wir unser Leben und unsere Planungen zum Stillstand bringen, um einem anderen entgegenzukommen, haben wir nur allzu oft das Gefühl, baden zu gehen, weil wir im Grunde nichts an Zeit und Energie sicher und gewiss als unser Eigen in Anspruch nehmen können. Wir leben »auf Abruf«. Das ist, als hätten wir die Tür zu unserem kreativen Haus aufgemacht und wüssten nicht, wann jemand eintreten wird.

Sehen Sie Ihre Energie wie Geld an. Nimmt die betreffende Person zu viel von Ihrer Zeit und Energie in Anspruch, als dass Sie diese anderweitig investieren könnten? Ist sie das menschliche Äquivalent für eine Investition, die Sie nicht flüssig machen können, wenn Sie es brauchen? Wenn das der Fall sein sollte, ist diese Person nicht nur für sich genommen kostspielig, sie kostet Sie auch die Möglichkeit, andere emotional und kreativ einträglichere Beziehungen zu finden, zu knüpfen und zu pflegen.

Unsere kreative Energie ist unser göttliches Erbe. Wenn andere darauf bestehen, es zu vergeuden, und wir dabei mitmachen, werden wir in kreativer Hinsicht Bankrott gehen, schließlich keinen guten Willen und keine guten Gefühle mehr aufbringen können, reizbar und cholerisch werden. Verschwenden wir unsere Energie auf deren armseliges Urteil, dann beraubt uns jede weitere Investition in sie unserer Kraft, effektiv anderswo oder in uns selbst zu investieren.

Als Künstler müssen wir unsere Energie so achtsam und gezielt einsetzen wie unser Geld. Wir müssen sie so verwenden, dass es sich für uns auf persönlicher und kreativer Ebene lohnt. Wir müssen sie klug in Leute und Projekte investieren, die uns unsere Investitionen mit erkennbarer Zufriedenheit, mit Weiterentwicklung und Leistung entgelten.

Jeder Ausgang ist anderswo ein Eingang.

TOM STOPPARD

So wie wir eine faire Gegenleistung für unsere Investitionen erwarten und verlangen, haben wir – sowohl auf persönlicher wie auf beruflicher Ebene – auch das Recht, eine faire Gegenleistung für unsere investierte Energie zu erwarten und zu erhalten. Heißt das, dass wir uns in unserem Freundes- und Familienkreis und bei der Arbeit nie als großzügig erweisen oder erweisen sollten? Nein, aber es heißt, dass wir ein wachsames Auge darauf haben müssen, wann und wo unsere energetische Investition gewürdigt und honoriert wird.

Wir müssen uns auch darüber im Klaren sein, dass »gewürdigt und honoriert« eine Gegenleistung zum Inhalt haben kann – und muss –, die irgendwie vergleichbar ist mit dem, was wir anderen haben zukommen lassen. Hat jemand als Zeichen der Liebe einen großartigen Apfelkuchen bekommen, zeugt ein »Könnte ich das Rezept haben?« nicht von angemessener Anerkennung. Es bedeutet ein Ignorieren der entscheidenden Zutat – der Liebe.

Ganz ähnlich muss, wenn ein Freund, Ehepartner oder Arbeitskollege mit intellektuellem Scharfsinn beraten worden ist, auch hier die wahre Zutat Anerkennung finden.

Als Künstlerin mit 35 Jahren Erfahrung bin ich mit einer Seniorpartnerin in einer Anwaltskanzlei zu vergleichen. Hier meldet sich nicht mein Ego zu Wort, dies ist ganz einfach der Stand der Praxis. Und während ich mit Freuden mal zu einer Diskussion und strategischen Analyse der künstlerischen Karriere einer engen Freundin bereit sein mag, kann ich es mir nicht zur Regel machen, beim Lunch Beratungen in Sachen Kreativität abzuhalten. Ich würde zu dick und zu schmal zugleich nach Hause kommen, überfressen und unterernährt.

Als Künstler müssen wir alle klug in uns selbst und in andere investieren. Uns gebührt Anerkennung und Respekt und Dank für den tatsächlichen Wert unserer Investitionen an Zeit, Talent und scharfer Beobachtungsgabe.

Für unsere persönlichen Beziehungen brauchen wir Leute unseresgleichen, die die von uns eingebrachten Fähigkeiten wahrnehmen und anerkennen. Es ist absolut in Ordnung, mit Freunden über unsere Karrieresituation und unser finanzielles Dilemma zu sprechen, aber wenn diese Freunde uns aus der scharfsinnigen Sicht ihrer eigenen beachtlichen beruflichen Leistungen und Kenntnisse beraten, sollten sie dafür von uns ein kleines dankbar anerkennendes Nicken erhalten, so wie wir im umgekehrten Fall hoffentlich auch. Dieser wechselseitige Respekt mag gemeinhin etwas sein, über das man nicht spricht, aber vorhanden sein muss er, weil wir uns sonst eventuell abgewertet oder ausgenutzt fühlen.

Nichts auf der Welt steht mir näher als die Arbeit. Das ist die wahre Ehe.

LOUISE NEVELSON

Künstler nehmen in der Regel jüngere Künstler als Schüler an oder »adoptieren« sie sogar, aber bei genauerer Betrachtung solcher Arrangements erkennen wir einen wechselseitigen Energiefluss – vom Älteren zum Jüngeren und vom Jüngeren zum Älteren. Der Schüler hilft, er tut nicht nur etwas für sich. Solche Beziehungen mögen mit Auseinandersetzungen gespickt sein, dienen aber beiden als Katalysator. Georgia O'Keeffe war für ihren jungen Schützling Juan Hamilton Wohltäterin, profitierte aber auch von ihm. Das Mentorentum im musikalischen Bereich ist allgemein verbreitet. Aaron Copland half Bernstein, der Copland half. »Professionalismus ist meiner Ansicht nach ein Bestandteil dessen, was wir jüngere Künstler lehren«, erklärte ein Meistermusiker.

Für die älteren Künstler und Künstlerinnen, die Unterricht erteilen und Mentoren sind, könnten die damit verbundenen Anforderungen unrealistisch sein. In ihrem Wunsch zu geben, verausgaben sie sich möglicherweise stärker, als sie wieder in sich reinvestieren können. Ein Schüler, der gedankenlos Unterrichtsstunden versäumt und erwartet und verlangt, dass diese nachgeholt werden, kann das Pendel im ausgelasteten Zeitplan eines Lehrers vom Möglichen zum Unmöglichen ausschlagen lassen.

Wenn wir das Gefühl haben, dass uns unser Unterrichten und unsere Mentorenschaft nicht gedankt werden, haben wir uns entweder zu sehr verausgabt oder erhalten wirklich keinen Dank – oder beides. Als ältere, etablierte Künstler können wir uns durchaus mit Gehilfen umgeben, aber manchmal verhelfen diese sich auch selber zu unserer Aufmerksamkeit. Wenn wir in solchen Beziehungen unglücklich sind, weil wir »die Dinge über die Maßen aufbauschen«, dann, weil die Maße in dem jeweiligen Verhältnis, und vielleicht auch in unserem Leben insgesamt, etwas verschoben sind. Wir fühlen uns ausgelaugt, weil wir ausgelaugt *sind.* Wenn die Person, die den Tank geleert hat, nicht helfen kann, ihn wieder aufzufüllen, dann müssen wir ihn irgendwo anders füllen – und im Geiste neben den Namen der betreffenden Menschen ein kleines rotes Warnzeichen setzen. Werden wir von einem Freund zu sehr in Anspruch genommen, müssen wir uns fragen, ob es sich hier um eine verständliche Ausnahmesituation handelt – ein Todesfall in der Familie, ein Arbeitsplatzverlust –, die uns besondere Hilfeleistungen abverlangt, oder ob diese Person gewohnheitsmäßig anspruchsvoll, gewohnheitsmäßig den Dramen und Unfällen zuneigend, chronisch ein Unterversorger oder irgendetwas dazwischen ist.

Als Künstler haben wir sensible Antennen für die Gefühle und Gedanken der Menschen in unserem Umfeld. Gleichgültigkeit kann uns in Schrecken versetzen, ein Mangel an Rücksichtnahme kann uns verletzen, und die Gesellschaft jener kann uns auslaugen und minderwertig fühlen lassen, die hochnäsig mit uns reden oder uns subtil herablassend wie einen schon bekannten Patienten behandeln: »Ach, du und deine verrückten Ideen.« Als Künstler *brauchen* wir unsere verrückten Ideen, und wir brauchen die Menschen, die sie nicht für allzu verrückt halten. Symphonien und Filmdrehbücher beginnen als verrückte Ideen. Ebenso Romane und Nocturnes, Bronzestatuen und Ballette.

In jedermann existieren so viele Ichs, und für einen kreativen Menschen ist es falsch, absolut falsch, nur eines davon zu erforschen und auszuwerten.

JAMES DICKEY

Wir können unsere kreative Energie nutzen, um andere zu unterstützen und ihnen zu helfen, aber wenn unser innerer Künstler bei dieser Transaktion verloren geht, wenn unsere Hilfe und Unterstützung als obligatorisches »Cheerleading« betrachtet wird, wenn wir im Gegenzug nicht auf eine Weise anerkannt und genährt werden, die unseren persönlichen Bedürfnissen entspricht, werden wir ungewollt beschädigt.

Alan hatte ein Buchmanuskript an einen Verlag verkauft und war gebeten worden, es noch einmal in größerem Umfang umzuschreiben, um es in die perfekte Form zu bringen. Statt dem Druck, unter dem Alan stand, dankbar Rechnung zu tragen, beschloss seine Frau, dass »diese ruhige Zeit, du schreibst ja nur um«, der richtige Augenblick war, ihre große Familie zu einem ausgedehnten und lautstarken Besuch einzuladen. Alan, der kein Spielverderber sein, sich nicht wie eine Primadonna aufführen wollte, kämpfte mit seinem wachsenden Zorn, als laute Stimmen und ständige Unterbrechungen ihn Zeit und Konzentrationskraft kosteten. Schließlich mietete er sich erschöpft und gekränkt ein Zimmer in einem nahe gelegenen Motel und zog sich mit seinem Computer und unfertigen Manuskript dorthin zurück. Es war nicht so, dass er seine Frau und ihre Familie nicht liebte, es war nur so, dass diese nicht zu erkennen vermochten, dass er sich in der Schaff-es-oder-scheitere-Phase eines Projekts befand – dieser herzzerreißend harten Zeit, in der ein Künstler weiß, dass er unter Umständen nicht hinreichend gut ist, die Spitzenleistung zu produzieren, die von ihm verlangt wird.

Zu den schwierigsten Dingen im Dasein von Künstlern zählt das Leid, das ihnen widerfährt, wenn sie in der Öffentlichkeit falsch wahrgenommen werden. Deshalb ist es doppelt wichtig, dass wir in unserem privaten Umfeld anerkannt und respektiert werden. Damit will ich nicht sagen, dass wir mit einem »Ich-bin-ein-großer-Künstler«-Gehabe im Haus herumstolzieren sollten. Was ich sagen will, ist: Wenn Sie eine Schriftstellerin sind und jemand die Zeit, in der Sie schreiben, nicht respektiert, dann respektiert dieser Jemand Sie nicht. Wenn Sie ein Pianist sind und jemand die Notwendigkeit zu üben nicht respektiert, respektiert dieser Jemand Ihre persönlichen und beruflichen Prioritäten nicht.

Die Welt setzt sich aus Geschichten zusammen, nicht aus Atomen.

MURIEL RUKEYSER

Manche Menschen hämmern oft und aus eigennützigen Motiven heraus auf uns ein. Andere, hervorragende Menschen, können uns verletzen, während sie sich selbst durch eine Reihe Furcht erregender Stromschnellen durchkämpfen müssen. Die Kunst herauszufinden, was hier der Anlass ist, bedarf der Übung. Als Künstler müssen wir nicht nur Großzügigkeit gegenüber anderen, sondern auch uns selbst gegenüber praktizieren und uns entsprechend verhalten.

Heiligkeit ist in der Frühphase einer schöpferischen Karriere nicht allzu weit verbreitet. Aber wenn wir dann für unsere Arbeit verehrt und geachtet werden, kann es passieren, dass wir eine Schwäche für das Verehrt- und Geachtetwerden entwickeln. Unsere Achillesferse kann das Kompliment sein, welches uns das Gefühl gibt, dass nur wir allein ein junges Talent richtig beraten und anleiten können. Diese scheinbar harmlose Form von Überheblichkeit unterminiert unsere Nützlichkeit für das junge künstlerische Talent, das wir fördern. Ja, ja, es ist wundervoll, eine tolle Lehrerin, ein großzügiger Freund zu sein, aber gesünder ist es, wenn wir wir selbst sind, aktive Künstlerinnen und Künstler, die um ihrer selbst willen agieren. »Du kannst nichts weitergeben, was du nicht hast«, warnen die Zwölf-Schritte-Programme, und solange wir uns nicht Raum für die Kunst schaffen, haben wir etwas dagegen, Raum für alles andere zu schaffen. Und immer bitten uns manche Leute – der begabte, aber bedürftige Schüler oder Kollege –, ihnen zu viel Raum zu geben. Und wir gehen darauf ein!

Statt dem anderem unsere Meinung zu sagen, drehen wir die tadelnde Stimme in unserem Innern auf, die sagt: »Nun komm schon. Sei nett. Sei vernünftig. Sei das, was für alle anderen praktisch und bequem ist.«

Wir leben in einer Kultur, die uns sagt, dass »größer in jedem Fall besser« und dass auch »mehr« besser ist. Im Fall von Künstlern ist Größe jedoch nicht immer besser, und mehr ist zuweilen weniger. Wenn wir uns als Künstler übermäßig verzetteln, werden wir auch zerstreut. Der Name, für den wir so hart gearbeitet haben, um ihn uns zu machen, bedeutet weniger, wenn er – zusammen mit unseren Energien – überdehnt wird, weil wir »keine Spielverderber«, »gute Kumpels«, »gute Menschen« sein wollen. Als Künstler wissen wir nur allzu genau, wie sehr uns eine helfende Hand zur rechten Zeit am richtigen Ort die Karriereleiter hinaufbugsieren kann. Ist es da verwunderlich, dass wir uns oft, wenn wir zum ersten Mal spüren, dass wir es geschafft, dass wir Erfolg haben, beeilen, allzu vielen anderen zu helfen? Regisseure mögen sich als leitender Produzent auf zu viele Projekte einlassen, um jungen Regisseuren zu helfen. Sie werden zum Kreativitätsschutzschirm für weniger ausgebildete Talente und nehmen oft nicht wahr, dass dieser Schirm in seiner Größe ihre eigene Arbeit in den Schatten stellt. Darauf aus, andere zu unterstützen, setzen wir uns vielleicht zu wenig für uns selbst ein. Statt unsere Energie klug in die Pflege dessen zu investieren, was wir bereits gewonnen haben, und in bescheidenem Maße zu expandieren, setzen wir alles auf eine Karte und enden schließlich damit, dass wir übermüdet, ausgelaugt und mit unseren eigenen schöpferischen Energien am Ende sind. Wenn wir anderen »Energiedarlehen« geben, verschulden wir uns bei uns selbst am meisten.

Die Kreativität ist in Wirklichkeit das strukturelle Gefüge der Magie.
ANNE KENT RUSH

Ohne ausreichende Zügelung, die dafür sorgt, dass unsere Künstlerseele gedeihen kann, ohne einen physischen und psychischen Schutzwall, der uns vor den Forderungen und Dramen anderer abschirmt, geraten wir unter zu großen Stress. Unsere Nerven gehen dann mit uns durch, und unsere Ideen schlagen wild hin und her – wir sind voller Energie, die aber nicht geerdet und zu gebrauchen ist. Unsere Kunst leidet, und wir leiden auch. Wenn wir anfangen, Grenzen zu ziehen – keine Anrufe nach elf, keine Anrufe vor acht, kein Arbeiten an Samstagen und kein angeforderter Nachholunterricht für versäumte Unterrichtsstunden –, bekommen wir langsam ein Gefühl von Vertrauen. Warum? Weil wir uns sicher fühlen. Es ist schwer, Vertrauen in die Zukunft zu setzen, wenn wir in der Gegenwart für uns selbst keine Nächstenliebe aufbringen können. Wenn wir uns selbst wie eine Nahrungsquelle für andere fühlen, haben wir es schwer, geistige Nahrung für uns zu finden.

Wir können nicht ständig und immer wieder die Defizite unserer Kollegen ausgleichen, ohne uns selbst und unsere Ressourcen zu erschöpfen. Wir können nicht ständig und immer wieder anderen erlauben, unsere Zeit und Energie auf sinnlose Weise zu verschwenden, ohne schließlich feststellen zu müssen, dass wir unseres schöpferischen Lebens beraubt worden sind – und selbst den Dieben die Schlüssel ausgehändigt haben. Wir können uns nicht »schwieriger« Leute und Situationen annehmen, um unseren Heroismus unter Beweis zu stellen, und dann erwarten, dass wir auf Dauer gesehen heroisch oder siegreich aus dieser Situation hervorgehen werden. Allzu oft nur den Tag zu retten bedeutet, dass wir am Ende des Tages nichts für uns selbst, für unser Leben, unsere Lieben, unsere Leidenschaften übrig haben. Was wir dann haben, ist ein vergeudetes und falsch verbrachtes Leben, das wir nicht richtig geschätzt, in das wir nicht sinnvoll investiert haben.

Mangelnde Aufmerksamkeit bedeutet eine Verleugnung des Lebens, gleich ob es ums Fensterputzen geht oder um den Versuch, ein Meisterwerk zu schreiben.

NADIA BOULANGER

Wenn wir darauf bestehen, Gott zu spielen, indem wir versuchen, allmächtig und allverstehend und allgebend und für alle Menschen alles zu sein, kann Gott in unserem Leben keine Wunder vollbringen, weil wir nie die Zeit oder den Raum dafür lassen, dass eine göttliche Hand in unsere Angelegenheiten eingreifen kann. Es stimmt zwar, dass die göttliche Quelle ein unerschöpflich fließender Strom ist, aber wir Menschen sind endliche Wesen. Wir ermüden, und am schnellsten ermüden wir durch ermüdende Menschen.

AUFGABE *Investieren Sie energetisch in sich selbst*

Manchmal bedarf es einer gewissen Detektivarbeit, um unsere selbstzerstörerischen Muster tatsächlich wahrnehmen zu können. Unsere Gesellschaft konditioniert uns so sehr dazu, »nicht selbstsüchtig zu sein«, dass es uns schwer fallen mag, die unangemessenen Forderungen und Erwartungen anderer zu ignorieren. Der Künstler in uns mag so sehr damit befasst sein, anderen Künstlern zu helfen und sich um diese zu kümmern, dass wir schließlich feststellen müssen, dass unser Vorrat an Optimismus erschöpft ist. Wenn wir auf unsere inneren Ressourcen zugreifen wollen, entdecken wir dann, dass die Quelle ausgetrocknet ist, dass sie ganz schlicht allzu oft angezapft wurde, um anderen zu helfen.

Reservieren Sie sich eine gute halbe Stunde zum Schreiben. Sie werden als bester Freund Ihres Künstlers einen Brief schreiben – und von ihm erhalten –, in dem ein paar einfache Vorschläge gemacht werden. Der Verfasser Ihres Briefs, der Sie und Ihre Lebensführung schon lange beobachtet, hat ausschließlich Ihr Wohl im Sinn. Da wird es ein paar ganz simple Vorschläge geben wie »Schlaf mehr« und ein paar schwieriger zu bewerkstelligende wie »Treff dich seltener mit Annie«. Manche Vorschläge werden erstaunlich machbar sein: »Nimm Unterricht im Aktzeichnen.« Andere werden einiges Nachdenken erfordern: »Du brauchst neue

Freunde.« Lassen Sie Ihren Briefautor alles sagen, was nötig ist, um Ihnen konkret bewusst zu machen, wo Sie sich chronisch unter Wert verkaufen. Lesen Sie am Ende der halben Stunde Ihren Brief sorgfältig durch und legen Sie ihn in Ihr Gottesgefäß. Vielleicht möchten Sie ihn auch einem Freund oder einer Freundin zeigen, den bzw. die Sie zu Ihrem »Spiegel des guten Glaubens« erkoren haben.

> *Ich bin das, was mich umgibt.*
>
> *WALLACE STEVENS*

Check

1. *Wie viele Tage in dieser Woche haben Sie Ihre Morgenseiten geschrieben?* Wenn Sie einen Tag ausgelassen haben, was war der Grund? Welche Erfahrungen haben Sie mit dem Schreiben der Morgenseiten gemacht? Erfahren Sie mehr Klarheit? Ein breiteres Spektrum an Gefühlen und Emotionen? Ein stärkeres Gefühl von Objektivität, Zielgerichtetheit und Ruhe? Hat Sie irgendetwas überrascht? Gibt es ein Thema oder Problem, mit dem Sie sich wiederholt befassen müssen?
2. *Haben Sie in dieser Woche Ihr künstlerisches Stelldichein gehabt?* Haben Sie ein gesteigertes Wohlbefinden festgestellt? Was haben Sie unternommen, und wie fühlten Sie sich dabei? Das künstlerische Stelldichein kann eine schwierige Sache sein, und möglicherweise müssen Sie sich gut zureden, um sich dazu aufzuschwingen.
3. *Haben Sie Ihren wöchentlichen Spaziergang unternommen?* Wie fühlten Sie sich dabei? Welche Gefühle oder Erkenntnisse tauchten in Ihrem Inneren auf? Konnten Sie mehr als einen Spaziergang machen? Was hat Ihr Spaziergang für Ihren Optimismus und Ihr Gefühl von Perspektive bewirkt?
4. *Gab es in dieser Woche irgendwelche anderen Themen, die Ihrem Gefühl nach für Ihre Selbstentdeckung wichtig waren?* Beschreiben Sie sie.

SECHSTE WOCHE

Ein Gespür für Grenzen entdecken

Kreativität erfordert wache Selbstfürsorge. Der zerstörerischen Wirkung von toxischen Einflüssen muss entgegengewirkt und sie muss neutralisiert werden. Die Texte und Aufgaben dieser Woche konzentrieren sich darauf, uns zu helfen, so mit der Welt zu interagieren, dass die Negativität auf ein Mindestmaß beschränkt und die produktive Stimulierung auf ein Höchstmaß gesteigert werden.

Zurückhaltung

Meine Lieblings-Tarotkarte ist »Der Magier«. Für mich ist sie die Karte der Künstler. Er steht allein, ein Arm erhoben, die Himmelsmacht herbeibeschwörend. Er hat kein Publikum. Seine Kraft und Macht – wie auch die unsere – liegt in seiner persönlichen und intimen Verbindung mit dem Göttlichen begründet. Als Künstler bringen wir uns vielleicht in der Öffentlichkeit zur Darstellung, publizieren Bücher oder treten in der einen oder anderen Form vor Publikum auf, aber zunächst müssen wir in einer Sphäre der Sicherheit, Geborgenheit und Zurückgezogenheit die Kraft an- und aufrufen, müssen proben und praktizieren und bebrüten und ausführen – denn sonst ...

Denn sonst was?

Ein Kunstwerk zu schaffen erfordert zwei sehr verschiedene Arten von Intelligenz – große Visionskraft, um ein Projekt erfassen und entwerfen zu können, und die der Präzision und Detailliertheit, um dieses Projekt voll und ganz in konkrete Form bringen zu können. Häufig offenbart sich ein Projekt sehr rasant in großen Schüben – gleichsam wie eine Reihe von Blitzeinschlägen. Ein Künstler sieht rasch und klar das große Ding vor sich, das er erschaffen wird. Dann können Jahre vergehen, in denen er sich abmüht, das Gesehene auf der realen Ebene einzubringen. Während dieser Jahre kann der Fokus durch ablenkende und zerstörerische Einflüsse verloren gehen oder an Schärfe verlieren.

Wenn Sie gerade dabei sind, etwas Großes zu entwerfen, und zum Beispiel in groben Zügen ein Buch oder Theaterstück entwickeln, kann eine pingelige und unangemessene Frage diesen Vorgang zum Entgleisen bringen, und das manchmal auf katastrophale Art. Wenn Sie sagen: »Ich habe angefangen, einen neuen Roman zu schreiben«, und Ihr Gegenüber fragt: »Wie endet er?«, kann das eine ausgesprochen destruktive Frage sein. Sie wissen es vielleicht noch nicht – und sollten es auch noch nicht wissen. Das Material braucht Zeit, sich zu entwickeln und zu entfalten und seinen eigenen Weg zu finden. Wenn Sie mit einem Roman oder einem Stück im Werden leben, es schreiben und es »finden«, wird es Ihnen die Antworten auf diese Fragen geben. Wenn Sie aber ein Werk gleich von Anfang

Wesentlicher Bestandteil jeder künstlerischen Arbeit ist nicht so sehr die Schöpfung als vielmehr die Anrufung.

LEWIS HYDE

an überfrachten und versuchen, ihm seine Form aufzuzwingen, können Sie auf das gleiche Problem stoßen wie Eltern, die schon bei der Geburt ihres Kindes beschließen, dass es einmal Mathematiker, Arzt, Rechtsanwalt oder Opernsängerin werden soll. Wenn Sie Ihrem Projekt eine ausreichend lange kreative Kindheit – und genügend Privatsphäre – zugestehen, wird es sich Ihnen schließlich als seinem Elternteil enthüllen. Aber wir müssen lernen, eine beschützende Mutter, ein beschützender Vater zu sein.

Wir müssen uns und unser Werk sehr achtsam vor verfrühten Fragen und Annahmen schützen. Es ist nicht angebracht, unser Objekt mit ein paar kurzen Sätzen zu beschreiben, um dann zu erleben, wie sich beim Zuhörer der Ausdruck des Interesses in einen des »Ich passe« verwandelt. Das Reden zapft an der schöpferischen Kraft. Es verwässert und schwächt – nicht immer, aber zumeist – unsere Gefühle und Leidenschaften. Nur das Gespräch mit der richtigen Person zur richtigen Zeit ist konstruktiv.

Wir müssen lernen, hinsichtlich unseres Mitteilungsbedürfnisses Zurückhaltung zu üben. Unsere Ideen sind wertvoll. Sie mit einem anderen Menschen zu teilen, der kein entsprechendes Urteilsvermögen hat, ist so, wie wenn man uns den Wert eines kostbaren Steins ausredete – wir wussten, dass es ein Diamant war, bis ihn jemand mit seinen Worten verächtlich beiseite warf. Die meisten von uns verfügen nicht über das Selbstwertgefühl, dann zu rufen: »He, das war der Hope-Diamant, über den du da gerade gelästert hast!« Das ist bedauerlich, denn vielleicht war er es tatsächlich.

Sowohl Menschen wie Projekte brauchen, um wachsen und sich entwickeln zu können, eine sichere Behausung. Beide benötigen sie ein Dach über dem Kopf. Beide brauchen sie ihre vier Wände für die Privatsphäre. So wie es uns Unbehagen bereitet, wenn andere Leute unser sich gerade in chaotischer Unordnung befindliches Heim betreten (»O mein Gott! Was macht mein roter Spitzen-BH auf dem Klavier?!«), führt es auch zu Unbehagen und Verlegenheit, wenn wir ein Projekt zu früh zu vielen Menschen vorführen. Noch schlimmer, es ist auch riskant. Projekte sind unsere geistigen Kinder. Sie verdienen unseren Schutz.

Da die Welt des Kommerzes die Welt der Kunst überrollt hat, werden Künstler auf allen Gebieten regelmäßig aufgefordert, ihre Arbeit »im Entwurf vorzustellen« oder »eben mal rasch ein Exposé zu schreiben«. Jeder erfahrene Lektor wird

Ihnen sagen, dass das Exposé nur selten noch viel Ähnlichkeit mit dem fertigen Buch aufweist. Und ein ehrlicher Lektor oder Studiomanager wird Ihnen auch sagen, dass ein großartiger Entwurf nicht gerade häufig ein großartiges Buch oder einen großartigen Film garantiert. Die Energie, die eigentlich auf das Buch oder den Film hätte verwandt werden sollen, wurde durch den »Verkauf« einer Idee, die noch keine konkrete Form angenommen hatte, verschleudert und zerstreut.

Kunst ist kein Zeitvertreib, sondern Priesterschaft.

JEAN COCTEAU

So wie wir das Baby nicht aufwecken würden, damit die Partygäste sich davor aufbauen und es begurren und beglucksen können, wollen wir auch unsere Projekte nicht wie Robben im Zirkus vorführen. Wir alle kennen die Horrorgeschichten über Menschen, die schon als ganz kleine Kinder zur Schau gestellt wurden und singen mussten. Nun, Projekte, die vorzeitig zur Begutachtung freigegeben werden, neigen auch zu einer gewissen Verdrossenheit gegenüber dem Erwachsenwerden. Wir nennen unsere Projekte unsere »geistigen Kinder«, und das ist eine sehr aufschlussreiche Bezeichnung. Wenn talentierte Kleinkinder vorgeführt werden und vor den Gästen beim Abendessen etwas zum Besten geben müssen, ist das traumatisch und kann dann später psychotherapeutische Sitzungen und extremes Lampenfieber zur Folge haben. Ebenso können unsere Projekte rätselhafte Zuckungen und Phobien entwickeln, wenn sie verfrüht vorgestellt und kritisiert werden.

Auf Schriftstellerkonferenzen wimmelt es von düsteren Geschichten über Bücher, die einen »Schwangerschaftsabbruch« erlitten, weil sie zu früh und von den falschen Augen gelesen wurden. »Ich habe einen frühen Entwurf einem Freund gezeigt, einem Schriftsteller mit einer Schreibblockade. Die Kommentare waren so negativ, dass ich das Buch nie wieder auf die Reihe bekommen habe.«

Auch ich beging als junge Schriftstellerin den Fehler, einen Roman im Frühstadium einer Freundin zu zeigen, die selbst schreiben wollte, es aber nicht tat. »In diesem Roman passiert rein gar nichts«, klagte sie und meinte, kein Mord, kein Chaos, kein Drama, das einem das Blut in den Adern gefrieren lässt, nichts von all dem, was sie selbst so gerne geschrieben hätte. Das Drama in meinem Buch war psychologischer Natur – ganz bestimmt genau so wie die Schreibblockade, die den Roman dann schnurstracks in die unterste Schreibtischschublade verbannte, wo er trotz der ermunternden Nachricht von einer anderen Leserin, der ich ihn geschickt hatte – einer New Yorker Lektorin, die ihn mochte –, den Rest seiner Tage vor sich hin dämmerte.

In früheren Zeiten, bevor wir so modern geworden sind, wurden viele Ehen dadurch eingefädelt, dass wir zunächst einmal mit dem Freund eines Freundes Bekanntschaft machten. Die Leute verbürgten sich für die Person, die dich ihrem Gefühl nach interessieren könnte. Und die nämlichen Leute verbürgten sich ebenso für dich. Wir müssen uns bewusst sein, dass wir auch in den Künsten ein solches Kontrollsystem brauchen. Wenn jemand zu Ihnen, so wie zu mir, sagt: »Soundso könnte dir bei deinem Musical helfen«, sollten Sie besser erst einmal herausfinden, ob diese Person jemals jemandem erfolgreich bei ihrem oder seinem Musical geholfen hat oder ob sie als »Experte« nichts weiter zu bieten hat als ihre weitgehend unbrauchbaren Theorien.

... immer der Wunsch, Sie möchten Geduld genug in sich finden, zu ertragen, und Einfalt genug, zu glauben; Sie möchten mehr und mehr Vertrauen gewinnen zu dem, was schwer ist, und zu Ihrer Einsamkeit unter den anderen.

RAINER MARIA RILKE

Als Künstler sind wir aufgeschlossen, müssen aber nicht unbedingt leichtgläubig sein. Viele Menschen, die vorgeben, dass sie uns dabei helfen können, unserer Kunst Schliff zu geben, haben äußerst wenig Erfahrung damit, selber etwas richtig zuwege zu bringen. Wir halten Ausschau nach Personen, die das schon gemacht haben, was wir machen wollen – nicht nach jemandem, der anderen beim Machen zugeschaut hat. Es ist ein anderes Gefühl, selber in Cape Canaveral im Cockpit zu sitzen, als vom Boden aus zuzusehen. Ein großer Schriftsteller wie Tom Wolfe mag imstande sein, diese Erfahrung genau rüberzubringen, aber viele »Experten« in Ihrem Kunstbereich wissen möglicherweise nicht genug über das schöpferische Abheben, um Ihnen sicher beibringen zu können, wie Sie dessen Härten standhalten.

Erfahrung lehrt uns, was ein Beben bedeutet und was nicht. Als Künstler müssen wir Menschen finden, die ihre ganz konkrete Erfahrung mit uns teilen können, keine zensierte, dramatisierte, verherrlichte oder durch die Presse gesickerte Version davon. Wenn »Hilfe« angeboten wird, müssen wir sicher sein, dass sie zur rechten Zeit kommt und tatsächlich hilfreich ist. Wir müssen uns immer fragen: »Öffne ich mich oder meine Kunst für einen verfrühten und unangebrachten Input, einen Input, der unbegründet und unangemessen ist?« Man könnte es auch so ausdrücken: »Wissen sie wirklich mehr als ich über das, was ich da tue?«

Die geheiligte Privatsphäre lässt sich mit dem Gummiring beim Einmachglas vergleichen. Dieser sorgt dafür, dass der Inhalt frisch bleibt und dass keine Erreger eindringen. Es ist zwar ein Akt der Unfreundlichkeit zu sagen, dass Freunde Erreger sein können – aber so verhält es sich in dieser Hinsicht nun mal. Sie können mit ein paar schlecht durchdachten oder sogar bösartigen Bemerkungen einen Stapel Bilder oder ein absolut gutes Theaterstück regelrecht »verderben«.

Alles in allem wird der schöpferische Akt nicht vom Künstler allein vollbracht; der Betrachter bringt das Werk in Kontakt mit der Außenwelt.

MARCEL DUCHAMP

»Zu viele Köche verderben den Brei«, dieses Sprichwort besagt auf schlichte Weise: »Üben Sie sich in Zurückhaltung.« Behalten Sie Ihre kreativen Zutaten für sich.

Sie wollen nicht, dass die Leute verfrüht von Ihrem Projekt kosten und ein besorgtes Gemurmel von sich geben. Sie wollen nicht, dass sie ihren Senf dazugeben, bevor Sie mit Ihren von Ihnen ausgewählten Zutaten angestellt haben, was Sie wollten.

Vielleicht haben Sie Ihre Gewürze noch gar nicht hineingetan, wenn sie äußern: »Schrecklich fad.« Und statt darauf zu kommen und sich zu denken: »Hoppla, dieses Apfelkompott braucht noch Zimt«, denken Sie vielleicht: »Ach du Schreck, ein schlechtes Apfelkompott«, und schütten alles weg.

Eines der nützlichsten Gesetze im Bereich der Kreativität, die ich kenne, lautet: »Die erste Regel der Magie ist Zurückhaltung.«

AUFGABE *Zurückhaltung üben*

Die meisten blockierten Kreativen sind nicht wegen eines Mangels an Talent geblockt, sondern wegen eines Mangels an Zurückhaltung. Statt Urteilsvermögen und Umsicht gegenüber denen walten zu lassen, denen wir unser Projekt zeigen wollen, machen wir die Türen weit auf und laden zu Kommentaren aus allen Ecken ein. Wenn wir uns genau anschauen, warum wir bestimmte Projekte und Träume aufgegeben haben, können wir oft den Straftäter finden – den gnadenlosen Kommentator, der uns den Mut hat verlieren lassen.

AUFGABE *Rettung und Rückruf*

Ganze Romane, Filme und Musicals sind durch dieses einfache Reklamierungswerkzeug gerettet, wiederbelebt und wiederhergestellt worden. Auch ein Bestseller im Sachbuchbereich verdankt ihm seine Veröffentlichung. Sie möchten es vielleicht gern ausprobieren.
Greifen Sie zum Stift und beantworten Sie diese Fragen, so rasch Sie können. Das wird Ihnen bei minimalen Schmerzen Informationen vermitteln; Informationen, die Ihnen Ihre Macht zurückgeben.

1. Haben Sie je ein kreatives Projekt durch verfrühten und unbedachten Input verdorben?
2. Was für ein Projekt war es?
3. Was für ein Input war es?
4. Was an diesem Input hat Sie speziell durcheinander gebracht oder umgehauen?
5. Wie lange haben Sie gebraucht, um zu merken, was Ihnen und Ihrem Projekt widerfahren ist?
6. Haben Sie sich das Projekt wieder einmal angesehen?
7. Können Sie sich darauf einlassen, sich das Projekt wieder anzusehen?
8. Wählen Sie eine Freundin oder einen Freund, der oder dem gegenüber Sie sich verpflichten können, dieses Projekt noch einmal zu überprüfen.
9. Überprüfen Sie Ihr Projekt. (Gehen Sie dabei so sacht wie möglich vor.)
10. Rufen Sie Ihre Freundin oder Ihren Freund an und besprechen Sie mit ihr oder ihm Ihren Befund.

Wenn Sie nicht schon ein eigenes Gottesgefäß haben, dann suchen Sie sich jetzt eines aus oder bestimmen Sie eines dazu. Ein Gottesgefäß ist ein Behältnis für Ihre geheiligten Hoffnungen und Träume. Es kann ein altes Ingwerglas, eine Keksschachtel oder auch eine chinesische Porzellanvase sein. Mein Gottesgefäß ist aus chinesischem Porzellan und zeigt zwei ineinander verschlungene Drachen, im chinesischen Kulturbereich ein Symbol für Kreativität. In Ihr Gottesgefäß sollte alles mit Namen und Beschreibung hineinkommen, was Sie ausbrüten, heranreifen lassen oder beschützen möchten. Das Stück, das ich ausbrüte, landet im Gottesgefäß – nicht in der Gruppendiskussion. Die Schwierigkeiten, die ich mit dem Umschreiben habe – auch sie kommen ins Gottesgefäß, zusammen mit meinen Hoffnungen auf eine erfolgreiche Lösung der Probleme.

Ein Wunder ist ein Ereignis, das Glauben erzeugt. Das ist der Sinn und das Wesen von Wundern.

GEORGE BERNARD SHAW

Abgesehen von diesem Gottesgefäß ist es hilfreich, wenn Sie sich einen Menschen zu Ihrem persönlichen »Spiegel des guten Glaubens« erwählen. Ein Spiegel des guten Glaubens ist eine sorgsam ausgesuchte Person, die der Weiterentwicklung eines Projekts dadurch behilflich ist, dass sie fest daran glaubt, auch wenn es sich noch im Embryonalstadium befindet. Mit einem Spiegel des guten Glaubens praktizieren wir im Idealfall eine Form gemeinsam geübter Zurückhaltung. Das Samenkorn einer Idee wird durch die Wärme des gemeinsamen Glaubens geschützt und zum Reifen gebracht. Wir können uns einen solchen Spiegel des guten Glaubens auch als »geheimen Vertrauten« vorstellen. Es ist eine Form von Zurückhaltung, wenn wir uns eine vertrauenswürdige Gefährtin oder einen vertrauenswürdigen Gefährten wählen, der oder dem allein wir unsere Träume und die Gestalt, die sie annehmen, anvertrauen. Die meisten von uns brauchen einen Menschen, mit dem wir zuweilen über unsere schöpferischen Bestrebungen reden können. Die richtige Person, mit der wir darüber reden können, ist ein Spiegel des guten Glaubens.

Zufluss

Wir leben in einer stimulierenden Welt – und oft haben wir es mit einer Reizüberflutung zu tun. Wir haben Handys, Autotelefone, Radios, Fernseher und das ständige Sperrfeuer der Medien in allen Formen. Dann gibt es natürlich noch unsere Familie, unsere Freunde, unseren Job und unsere anderen Beschäftigungen – alles potenzielle Quellen von Stress und Sinnesüberlastung. Während unsere Telefone schrillen, werden auch wir schrill und schmoren bei uns die Drähte durch.

»Ich kann ja nicht mal mehr meine eigenen Gedanken hören«, sind wir dann geneigt zu sagen, und das trifft ins Schwarze. Wenn »stille Wasser tief sind«, dann machen es uns die lärmenden Stromschnellen unseres Lebens sehr schwer, etwas anderes als seicht zu sein. Unser tieferes Selbst wird übertönt, überfordert und überdehnt. Unser Einfühlungs- und Empfindungsvermögen wird seiner Feineinstellung beraubt. Wir werden für unsere eigenen Antworten und Reaktionen taub. Für viele von uns ist das Leben dann »zu viel«.

Der Akt des Kunstschaffens erfordert Sensibilität, und wenn wir genügend Sensibilität für unsere Kunst entwickeln, stellen wir oft fest, dass der Tumult des Lebens unserer Psyche einen sehr hohen Preis abverlangt. Wir werden überreizt und übermüdet. Unsere Energien werden nicht durch den Ausstoß an kreativer Energie ausgelaugt, sondern dadurch, dass sie mit dem endlosen Zufluss an Ablenkungen und Beunruhigungen fertig werden müssen, der unsere Zeit, Aufmerksamkeit und emotionale Beteiligung in Anspruch nimmt. Als Künstler sind wir großartige Zuhörer, aber wenn die Lautstärke zu hoch aufgedreht ist, leiden unser inneres Ohr und unsere innere Arbeit darunter.

> *Es läuft immer auf dieselbe Notwendigkeit heraus: Gehe tief genug, und du triffst auf das Grundgestein der Wahrheit, egal wie hart es ist.*
>
> MAY SARTON

Wenn kreative Künstler müde und erschöpft sind, dann oft wegen zu viel Zuflusses, *nicht* wegen zu viel Ausflusses. Wenn wir etwas schaffen, hören wir auf eine innere Stimme, die uns viel Wesentliches zu sagen hat – sofern wir zuhören. Und wenn wir dem Geschwätz und Geschnatter unserer Umwelt schutzlos ausgeliefert sind, ist es schwer, der inneren Stimme zuzuhören. Inmitten von Chaos lässt sich schwer lauschen.

Im Gegensatz zu dem, was über uns kolportiert wird, sind wir Künstler großzügig, oft zu großzügig. Wir hören anderen sehr tief gehend zu, manchmal tiefer, als es für unser eigenes Wohl gut ist. Wir sind für ihre verletzten Gefühle und ihr Schmollen, wenn wir uns zurückziehen, offen und empfänglich und hören ihnen deshalb auch manchmal dann zu, wenn unsere kreative Energie aus unserem Leben aus- und in das ihre einströmt. Das hat Erschöpfung zur Folge, ebenso Verärgerung und am Ende Wut.

Es ist nicht so, dass wir nicht bereit wären, unsere Zeit und Aufmerksamkeit mit anderen zu teilen. Doch sollten die Menschen schon so höflich sein, genau hinzuhören und darauf zu achten, wann wir von unseren Notwendigkeiten her dazu in der Lage sind. Mag sein, dass wir über einen gewaltigen Energievorrat verfügen, aber es ist *unser* Energievorrat, und wir haben das Recht, darüber zu entscheiden, wie und wann wir unsere Energien fließen lassen wollen. Aus diesem Grund müssen wir möglicherweise mehr Grenzen ziehen als andere Menschen, und wer uns liebt, muss sich darüber im Klaren sein, dass er, wenn er das nicht respektieren kann, eigentlich kein richtiger Freund ist.

> *Und wann ist Zeit, sich zu erinnern, zu filtern, abzuwägen, einzuschätzen, Bilanz zu ziehen?*
>
> TILLIE OLSEN

Für uns Künstler muss unsere Zuflussebene handhabbar sein, und wir müssen unseren Freunden, Familienangehörigen und Arbeitskollegen regelrecht »beibringen«, wann und wie wir unseren Raum auf physischer wie auf psychischer Ebene brauchen. Das kann »morgens keine Anrufe vor elf« bedeuten. Oder dass telefonische Rückrufe jeden Tag erst nach drei Uhr erfolgen. Es kann bedeuten: »Geduld. Kein Kontakt auf Anforderung.«

Sich auszudrücken bedeutet für viele Künstlerinnen und Künstler, dass sie sich geistig fast leer machen, damit die Inspiration sie durchströmen kann. Wir wollen, wenn wir mitten im Erschaffen sind, nicht in der Haut unserer menschlichen Persönlichkeit mit all ihren Anliegen und Sorgen stecken. Deshalb haben zum Beispiel viel beschäftigte Manager Sekretärinnen – ihre Aufgabe ist es, den Zufluss zu überwachen, zu lenken und dafür zu sorgen, dass er nicht zu sehr anschwillt und die kreativen Prozesse der Manager beeinträchtigt. Als Künstler brauchen wir vielleicht auch solch einen Schutzschild und müssen ihn uns selbst aufbauen.

Von Virginia Woolf stammt die Aussage, dass alle Künstlerinnen und Künstler ein Zimmer für sich allein brauchen. Ich meine, dieses Zimmer kann auch im Café nebenan sein oder im Souterrain oder auf dem Fußboden im Badezimmer. Es kann ebenso aus den Worten »Nicht jetzt!« bestehen.

Künstlerinnen und Künstler brauchen das Alleinsein und Ruhe – was etwas anderes ist als Pathos und Isolation. Wir brauchen Respekt vor unseren Gedanken und den inneren Prozessen, aber dieser Respekt muss bei uns selbst anfangen. Wir müssen gut behandelt werden, aber oft selbst damit den Anfang machen; und eine Möglichkeit dazu ist die, dass wir achtsam regulieren, wie viel Zufluss wir uns gestatten wollen. Das kann zur schwierigen Angelegenheit werden, wenn wir in ein Familienleben eingebettet oder von einer Schülerschar umgeben sind. Wir wollen

»vernünftig« sein. Wir wollen nicht, dass »unsere Sicherungen durchbrennen«. Aber der Versuch, mit dem richtig umzugehen, was sich da aufbaut und nach Ausdruck verlangt (innerer Druck), und das Drängen, sich so zu verhalten, wie sich eine »normale« Person benehmen würde (äußerer Druck), können zu viel werden. Kreativität ist ein Geburtsvorgang. Wenn man Wehenschmerzen hat, ist das nicht die Zeit für gutes Benehmen.

Die Wehen sind intensiv, und es ist ein sehr intimer Prozess. Die ganze Psyche ist aufs Innere gerichtet, um mit dem zusammenzuarbeiten, was da geboren werden will. Wenn ich ein Buch schreibe, lausche ich auf das, was ich schreiben muss. Wenn ich Musik komponiere, folge ich einer Melodie, die ich in meinem Kopf hören muss. Das verlangt Aufmerksamkeit. Aufmerksamkeit erfordert Konzentration. Wenn wir Freunde und Kollegen haben, die nicht verstehen, dass wir beschäftigt sind, wenn wir auf ihre Anrufe nicht eingehen, ist das eine Form der Missachtung. Beim Schaffen sind wir psychisch überaus offen. Wir können von Energien überflutet werden. Schöpferische Energie – und psychische oder mediale Energie – kann in viele Richtungen fließen. Wenn unsere Freunde in unsere schöpferische Zeit einbrechen und uns darum bitten, ein Problem für sie zu lösen, schöpfen sie oft unbeabsichtigt unsere kreativen Energien ab. Sie lenken sie in Kanäle, die ihre Arbeit und ihr Leben erhellen und nicht das unsere. Wenn Leute einfach anrufen und in allen Einzelheiten ihre Probleme bei uns abladen, erschöpft sich unsere kreative Energie darin, dass wir ihre Probleme zu lösen versuchen.

Im Prozess leben heißt sich der Einsicht und der Begegnung öffnen. Kreativität heißt, sich intensivst in diesen Prozess zu vertiefen und ihm Form zu geben.

SUSAN SMITH

Schöpferische Arbeit ist für andere Menschen oft unsichtbar. Wenn sie sehen, dass Sie am Computer sitzen, wissen sie wohl, dass Sie schreiben. Wenn sie hören, dass auf dem Klavier eine Melodie ertastet wird, ist ihnen vielleicht bewusst, dass Musik entsteht, aber selbst dann könnten sie eine Unterbrechung für zumutbar halten.

»Es dauert nur eine Minute«, sagen sie vielleicht, ohne zu merken, dass Sie den Faden Ihrer Konzentration unterbrechen und dass es sehr, sehr schwer sein kann, ihn wieder zu finden und aufzunehmen.

Ein Kunstwerk zu schaffen ist schon schwierig genug ohne die zusätzliche

Bürde, verfügbar sein zu müssen, während man daran arbeitet. Vielen kreativen Menschen fällt es nicht leicht, das Selbstwertgefühl aufzubringen und zu sagen: »Ich melde mich später bei dir.« Oder: »Ich kann jetzt nicht reden.« So einfach sich eine solche Grenzsetzung auch ausnehmen mag, Sie brauchen nur mal ein paar Minuten zuzuhören, wie ein kreativ tätiger Elternteil der »Selbstsüchtigkeit« bezichtigt wird, um zu erkennen, dass wir in einer Gesellschaft leben, in der die sofortige Aufmerksamkeit und Zuwendung, sobald sie angefordert wird, mit Liebe gleichgesetzt wird und eine auf später verschobene Zufriedenstellung mit Kälte.

Nur eine zarte Empfindung meines inneren Prozesses, die etwas von meiner Verbindung mit dem Göttlichen enthält.

PERCY BYSSHE SHELLEY

»Mein Vater hat als Erstes am Morgen geschrieben«, erinnert sich die Tochter eines berühmten Kunstschaffenden mit kaum verhüllter Wut. »Erst danach war er als Vater verfügbar ...«

Vielleicht stößt hier die Notwendigkeit der Grenzsetzung deshalb auf mehr Ablehnung, weil ein Großteil der kreativen Arbeit zu Hause geleistet wird, im Gegensatz zu einem Vater, der zum Beispiel Banker ist und seine Arbeitsstunden außer Haus verbringt. Vielleicht existiert da auch eine gewisse Geschwisterrivalität und Eifersucht auf die »Kinder des Geistes«, die augenscheinlich um die Aufmerksamkeit des Elterteils oder Ehepartners konkurrieren.

Eine hart arbeitende Porträtmalerin, die für ihre Aufträge lange Stunden im Atelier verbringen und große Disziplin aufbringen musste, um die Termine ihrer Kunden wie zum Beispiel Geburtstage oder Weihnachten einhalten zu können, erinnerte sich, dass »ihre Zeit im Atelier praktisch als Freizeit betrachtet wurde. Meine Freunde riefen mich von ihren Büros aus an, ohne sich bewusst zu sein, dass sie mich quasi in meinem Büro anriefen und bei der Arbeit unterbrachen – nur dass ich keine Sekretärin hatte, die sie abwimmeln konnte.«

Die Möglichkeit, das Telefon abzustellen, ist eine Alternative, die viele von uns noch nie in Betracht gezogen haben. Auch Fernseher und Radio sind automatisch eingeschaltet – fast so, als sei es eine bürgerliche Pflicht. Wir »müssen« informiert sein. Stille kann sehr bedrohlich sein, aber das ist eine Bedrohung, die es wert ist, sie in halbstündigen Häppchen auszuprobieren. Üben Sie sich darin, alles abzustellen – für eine halbe Stunde – und sich auf Ihr Inneres einzustellen. Eine halbe

Stunde Zeit reicht aus für ein Bad, einen Brief, ein bisschen Lesen, eine Maniküre, etwas Meditation. Sie ist gerade lang genug, um sich selbst beim Denken zuzuhören oder ein kleines Nickerchen zu machen. Was Sie mit dieser halben Stunde anfangen, ist weniger wichtig als die Tatsache, dass es *Ihre* halbe Stunde ist. Schon dass Sie so kleine Grenzen ziehen, ist ein gewaltiger Schritt in Richtung Selbstfürsorge – der wiederum zum Selbst im Selbstausdruck führt.

AUFGABE *Ein Zimmer für sich allein*

Die meisten von uns müssen, wenn sie ein bisschen Raum und Zeit für sich haben wollen, dafür planen. Wir lieben unsere Freunde, unsere Familie und unsere Kunst. Um allein für uns sein zu können – »nur wir beide«, wir und unsere Kunst –, müssen wir uns vielleicht davonstehlen wie zwei heimlich Liebende oder ein Wochenende fern von zu Hause planen wie ein Ehepaar, das versucht, sich das Gefühl von Romantik in seiner Beziehung zu bewahren.

Liebe den Augenblick, und die Energie dieses Augenblicks wird sich über alle Grenzen hinweg ausbreiten.

CORITA KENT

Greifen Sie zum Stift und zählen Sie zehn Möglichkeiten und Orte auf, wie und wo Sie mit Ihrer Kunst für sich sein können. Zum Beispiel:

1. Ich könnte eine Stunde früher aufstehen.
2. Ich könnte eine Stunde länger aufbleiben.
3. Ich könnte meinen inneren Künstler ins Café zu einem Schreibdate ausführen.
4. Ich könnte mir von einer Freundin die Schlüssel für ihr Apartment geben lassen und dort meiner Kunst nachgehen.
5. Ich könnte ein Skizzenbuch oder Schreibheft nehmen und mich hinten in einer Kirche niederlassen.
6. Ich könnte eine Zugfahrt unternehmen.
7. Ich könnte einen ruhigen Leseraum in einer Bibliothek aufsuchen.
8. Ich könnte es mit Freunden arrangieren, dass ich mich bei ihnen verstecke und ihr Haus hüte, wenn sie verreist sind.

9. Ich könnte nach Hause zu meinen Eltern gehen, das könnte mich dazu bringen, mich an den Schreibtisch zu setzen, mich an die Staffelei zu begeben, zu meinen Skizzenblock zu greifen.
10. Ich könnte einen Kurzurlaub planen und tatsächlich machen. Schon eineinhalb Tage Alleinsein könnten mir helfen, meine Gedanken und Prioritäten neu zu ordnen.

Broterwerb

Wenn wir unseren Zufluss nicht beschränken, werden wir von den Lebensanforderungen anderer überflutet. Wenn wir zu häufig allein sind, gehen wir das Risiko ein, von Stagnation und einem missmutigen Narzissmus überschwemmt zu werden. Wir streben somit eine Balance an: genügend Zurückhaltung und Autonomie, um unsere Kunst zu schaffen, genügend Involviertheit und Eintauchen in die Gemeinschaft, um jemanden und etwas zu haben, wofür wir unsere Kunst schaffen.

Auch über alle Selbstzweifel hinweg kann kein Schriftsteller Erbarmungslosigkeit um seines Werkes willen rechtfertigen, denn im vollstmöglichen Maße menschlich zu sein ist das, was sein Werk von ihm verlangt.

MAY SARTON

Raymond Chandler verkaufte Versicherungen. T. S. Eliot arbeitete in einer Bank. Virginia Woolf betrieb mit ihrem Mann Leonard eine Druckerei. Was bringt uns auf den Gedanken, dass Menschen, die einem Beruf zum Broterwerb nachgehen, keine wirklichen Künstler sein können? Sehr oft geben diese Berufe unserem Bewusstsein Nahrung. Sie bringen uns Menschen und Ideen, Geschichten und Themen, so viele Möglichkeiten wie Hindernisse ein. Eine Arbeit für den Broterwerb ist nicht etwas, dem wir unbedingt »entwachsen« müssen. Sie ist etwas, das wir uns anschauen und über das wir nachdenken müssen, vor allem wenn sich unsere Kunst fade und schal anfühlt. Vielleicht haben wir unsere kreativen Lagerbestände geplündert und ausgeschlachtet und müssen sie aus neuen Quellen wieder auffüllen. Als Künstlerinnen und Künstler brauchen wir Leben, sonst ist unsere Kunst leblos.

Leben lässt die Kunst blühen und gedeihen. Leben nährt sie, bereichert sie, erweitert sie. Wenn wir uns vom Leben ausschließen, wenn wir uns im Namen dessen, dass wir Künstler sind, in einen Elfenbeinturm sperren, riskieren wir, eine trockene, kunstlose und, ja, auch herzlose Kunst zu produzieren.

Für die meisten Künstler ist es etwas riskant, wenn sie über zu viel unstrukturierte Zeit, über zu viel Freiheit verfügen, um nichts anderes zu machen als Kunst. Wir sprechen vom Selbstausdruck, müssen aber ein Selbst entwickeln, um es zum Ausdruck bringen zu können. Ein Selbst wird nicht nur allein für sich, sondern auch in Gemeinschaft entwickelt. Die Gemeinschaft funktioniert wie das Gewicht der Hanteln beim Muskeltraining – der Kontakt mit anderen macht uns stärker und lässt unsere Konturen bestimmter hervortreten. Die Arbeit für den Broterwerb hilft nicht nur, die Miete bezahlen zu können, sondern auch, Ausdauer, Durchhaltevermögen und Struktur zu entwickeln. Künstler brauchen Ausdauer und Struktur. Oft liefert uns die Arbeit für den Broterwerb beides. Ein Roman kann eine weite Savanne sein, in der ich ganz allein herumwandere – ein Musical kann ein sechs Jahre langes Segeln über unkartographierte Gewässer bedeuten. Navigatoren brauchten die Sterne, um ihre Reisen zu strukturieren. Auch wir Künstler brauchen andere Bezugspunkte, um auf Kurs zu bleiben.

Tschechow riet den jungen Schauspielern: »Wenn ihr an eurer Kunst arbeiten wollt, arbeitet an euch selbst.« Er meinte nicht: »Betreibt Nabelschau.« Er meinte, wir sollten die Dinge tun, die zur Entwicklung unserer kreativen Kräfte beitragen. Eine Arbeit für den Broterwerb kann das bewirken. Ebenso ein gewisses Maß an Dienst für die Gemeinschaft. Und auch sich die Zeit zu nehmen und in der Kunst zu üben, etwas anderem als nur den eigenen Belangen zuzuhören. Eine Arbeit für den Broterwerb erfordert solche Fähigkeiten.

Obwohl wir uns vielleicht gern für etwas exklusiver halten, sind Künstler Menschen, und Menschen brauchen Menschen. Und Dinge. Und Hobbys. Und ja, Spaß. Wenn Sie Ihr Leben darauf reduzieren, mit Ihrer Kunst Ernst zu machen, werden Sie merken, dass Ihnen sonst nicht viel bleibt. Wenn Sie nur noch an Ihre Kunst, und das in Großbuchstaben, denken, ist sie immer da wie ein außerirdisches Wesen, das da inmitten Ihres kargen, ruhigen, künstlerischen Lofts zuckend und keuchend Todesqualen erleidet. Sie fragen sich allmählich, wie Sie das Ding je hoch oder eventuell sogar für einen Spaziergang aus

Ein in die Sonne gestellter Tontopf wird immer ein Tontopf bleiben. Er muss die Weißglut des Brennofens durchstehen, um Porzellan zu werden.

MILDRED WITTE STOUVEN

dem Haus kriegen sollen. Ihre ernsthafte Karriere wird allmählich zu Ihrem ernsthaften Problem, über das Sie mit anderen »ernsthaften« Künstlern und vielleicht noch mit einem endlos mitfühlenden Therapeuten, der versteht, wie sensibel Sie sind, ernsthaft reden können. Nichts davon wird zu viel Kunst führen.

Die Vorstellung »Ich bin ein ernsthafter Vollzeitkünstler« kann ein bisschen eintönig und trübselig werden – so wie diese überdimensional großen New Yorker Künstlerlofts im kalten Winterlicht. Womit füllen Sie einen solchen Raum, eine solche Vorstellung? Lofts sollen, um schick zu sein, leer sein. Und wenn Sie anfangen, Ihr Leben von normalen menschlichen Beschäftigungen zu entleeren, damit es so aussieht, wie ein »ernsthaftes« Künstlerleben aussehen »sollte«, werden Sie bald dasselbe Problem haben wie diese zugigen endlosen Quadratmeter an schickem industriellem Raum: Klasse, aber wollen Sie wirklich drin wohnen? Erweckt all diese leere Coolness in Ihnen nicht den Wunsch, Tante Marias heimeliger voll gestopfter Dreizimmerwohnung einen Besuch abzustatten, wo viel Krimskrams und tröstliches Gerümpel rumsteht und sich im Eisschrank Essbares findet?

Wir haben einen Mythos, der besagt, dass wir Vollzeitkünstler sein müssen, um echte Künstler zu sein. Wir interpretieren das so, dass wir keiner Arbeit nebenbei für den Broterwerb nachgehen sollten. Die Wahrheit indes ist, dass wir immer Vollzeitkünstler sind. Denn Kunst ist eine Sache des Bewusstseins.

Einer meiner Freunde wird übellaunig, wenn er zu lange von seinem Klavier fern gehalten wird. Er wird aber auch schlecht gelaunt, wenn er zu lange mit seinem Klavier eingeschlossen ist. In unserer Liebesbeziehung mit unserer Kunst verhält es sich nicht anders als bei unseren wirklichen Liebesbeziehungen auch – sie braucht Distanz, und sie braucht Nähe.

Es ist die Pflicht der Seele, ihren Wünschen gegenüber treu zu sein. Sie muss sich ihrer sie bestimmenden Leidenschaft überlassen.

REBECCA WEST

Kunst sollte etwas sein, was wir *in* unserem Leben tun. Unser Leben muss größer sein als unsere Kunst. Es muss das Behältnis sein, das sie umfasst und beherbergt. Das Leben ist nichts Lineares. Unser Weg des Künstlers ist ein langer und kurvenreicher Weg, den wir am besten in Begleitung von anderen bereisen, nicht vertieft in den inneren Film des Egos, sondern in die nach außen gerichtete Aufmerksamkeit, die die Quelle mit Bildern auffüllt und die Imagination mit Geschichten versorgt. Statt uns danach zu sehnen, »Vollzeitkünstler« zu sein, könnten wir danach streben, Vollzeitmenschen zu sein. Wenn wir das tun, ist Kunst das Überströmen eines mit Leben erfüllten Herzens.

Der Job für den Broterwerb ist also vielleicht gar kein Mühlstein. Er könnte sich als Lebenserhaltungssystem erweisen.

AUFGABE *Pflegen Sie Gemeinschaft mit Ihrer Gemeinschaft*

Es rankt sich eine große »Einzelgänger-Mythologie« um den Künstler. Sie ist ebenso falsch wie jene in Bezug auf den amerikanischen Westen. Nicht die Cowboys besiedelten den Westen. Das waren die Familien. Die Gemeinschaften und Gemeinden. Ganz ähnlich wird Kunst von Künstlern und Künstlerinnen geschaffen, die andere Künstler und andere Leute kennen und lieben. Wenn wir darüber nachdenken, wen und was wir lieben, kommen uns Ideen, wen und was wir liebend gerne erschaffen würden. Wenn wir darüber nachdenken, was zu sehen Tante Hilde erfreuen würde, fangen wir an, auf neue Art zu sehen, fokussierter und detaillierter. Das moderne Leben ist rastlos. Oft ziehen wir von Stadt zu Stadt und verlieren dabei den Kontakt mit Teilen unserer selbst und mit ganzen Gemeinschaften. Wir beherbergen eine ganze Reihe »selbst gewählter Verluste« in uns, und um uns selbst wieder zu finden, müssen wir auch lernen, »selbst gewählte Gewinne« in uns zu beherbergen. Rituale und Regelmäßigkeit sind Bestandteil unserer Pflege von Gemeinschaft.

Greifen Sie zum Stift und vervollständigen Sie die folgenden Sätze:

1. Ein tägliches Ritual, das ich in Gemeinschaft durchführen könnte, ist
   ______________________________.
2. Eine Gemeindezeitung, die ich lesen könnte, ist ______________.
3. Einen Laden in der Gemeinde, den ich unterstützen könnte, ist
   ______________________________.
4. Ein Anliegen der Gemeinde, das ich unterstützen könnte, ist
   ______________________________.
5. Eine Aufgabe in der Gemeinde, für die ich mich freiwillig zur Verfügung stellen könnte, ist ______________________.

Manchmal bedeutet unser »Engagement« etwas so Kleines, wie immer im selben Bäckerladen an der Ecke einen Kaffee zu trinken. Die Zeitung, die wir lesen, könnte auch das lokale Alternativblatt oder eine Fachzeitschrift in unserem Bereich sein. Wir könnten unsere Buchgeschenke für Weihnachten und Geburtstage im örtlichen Kinderbuchladen oder Frauenbuchladen besorgen. Wir könnten uns dann und wann den Aktionen zur »Säuberung der Parks« anschließen oder eine Stunde in der Woche darauf verwenden, alten Menschen etwas vorzulesen. Keines dieser Engagements für die Gemeinschaft erfordert Training oder eine spezielle Ausbildung, und alle diese Tätigkeiten bieten uns – wenn der Zeitaufwand dafür in einem gesunden Verhältnis zu unserer schöpferischen Tätigkeit steht – einen Anker in den ständig wechselnden Gezeiten des Lebens. Wir brauchen alle eine tägliche Dosis an Süße des Lebens – den guten Willen, den wir ins Leben hineinstecken, und die gute Laune, die wir aus dem Anblick von geliebten und vertrauten Gesichtern beziehen. Es kann durchaus sein, dass Künstler mehr Gemeinschaft und Gesellschaft brauchen als andere und nicht weniger. Unsere Projekte benötigen unter Umständen lange Zeit, bis sie ausgebrütet, entwickelt und zur Reife gebracht worden sind. In der Zwischenzeit brauchen wir das Leben, und das Leben braucht uns.

Genieße, solange du auf Erden weilst, die guten Dinge, die es hier gibt.
JOHN SELDEN

Check

1. *Wie viele Tage in dieser Woche haben Sie Ihre Morgenseiten geschrieben?* Wenn Sie einen Tag ausgelassen haben, was war der Grund dafür? Welche Erfahrung haben Sie mit dem Schreiben der Morgenseiten gemacht? Erfahren Sie mehr Klarheit? Ein breiteres Spektrum an Gefühlen und Emotionen? Ein stärkeres Gefühl von Objektivität, Zielgerichtetheit und Ruhe? Hat Sie irgendetwas überrascht? Gibt es ein Thema oder Problem, mit dem Sie sich wiederholt befassen müssen?
2. *Haben Sie in dieser Woche Ihr künstlerisches Stelldichein gehabt?* Haben Sie ein gesteigertes Wohlbefinden festgestellt? Was haben Sie unternommen, und wie fühlten Sie sich dabei? Das künstlerische Stelldichein kann eine schwierige Sache

sein, und möglicherweise müssen Sie sich gut zureden, um sich dazu aufzuschwingen.

3. *Haben Sie Ihren wöchentlichen Spaziergang unternommen?* Wie fühlten Sie sich dabei? Welche Gefühle oder Erkenntnisse tauchten in Ihrem Inneren auf? Konnten Sie mehr als einen Spaziergang machen? Was hat Ihr Spaziergang für Ihren Optimismus und Ihr Gefühl von Perspektive bewirkt?

Wenn wir erklären müssten, was Schreiben ist, würden wir es im Wesentlichen als einen Akt des Mutes bezeichnen.

CYNTHIA OZICK

4. *Gab es in dieser Woche irgendwelche anderen Themen, die Ihrem Gefühl nach für Ihre Selbstentdeckung wichtig waren?* Beschreiben Sie sie.

SIEBTE WOCHE

Ein Gefühl für den Schwung entdecken

Kleine machbare Aktionen lassen die Kreativität gedeihen. Diese Woche demontiert die Taktik des Hinauszögerns als eine der gewichtigeren Kreativitätsblockaden. Die Texte und Aufgaben zielen auf die Entwicklung eines Gefühls von Verantwortlichkeit und Leistung ab. Der Schlüssel zum kreativen Leben liegt im anhaltenden, konsequenten, positiven Handeln.

Gehn Sie es sachte an, aber gehn Sie es an

Die meisten Künstler geratęn in eine Blockade, nicht weil sie zu wenige, sondern weil sie zu viele Ideen haben. Unsere miteinander wetteifernden Einfälle schaffen eine Art Stau – und deshalb haben wir das Gefühl festzusitzen. Wenn wir über ein Projekt nachdenken, denken wir: »Ich könnte dies und dies und dies probieren, und vielleicht könnte ich auch das und das und das probieren, und oh, jenes könnte ich auch probieren – und dann und was wenn und … ach du meine Güte!«

Und wenn wir beim »Ach du meine Güte!« anlangen, blockieren die mentalen Gänge, oder sie frieren ein, sodass nichts mehr zu gehen scheint, oder sie drehen durch wie Radpedale, nachdem die Kette herausgesprungen ist. Ist es da verwunderlich, wenn wir konfus werden, erschrecken und Angst bekommen? Manchmal versetzen uns unsere Freunde, sogar auch unsere engsten Freunde, ungewollt in Panik. Ich erinnere mich an einen schwierigen Lunch in gereizter Atmosphäre mit meinem geliebten Freund, dem Regisseur John Newland. Ich hatte mit der Arbeit an einem neuen Musical begonnen – ich fühlte mich, als würden die Songs und Konzeptionen einen Kamin hinunter- und direkt in meinen Kopf hineingleiten, als hätte der Weihnachtsmann oben auf dem Dach durchgedreht und kippte die Geschenke einfach wahllos runter. John fragte ganz unschuldig: »Wie soll der erste Akt enden?« Ich wusste es nicht. Ich hatte so viele Ideen, dass ich nicht mal die Speisekarte lesen, geschweige denn den Aufbau der Show richtig entwerfen konnte.

»Frag mich nicht so was!«, sagte ich jammernd und fauchte dann: »Ich weiß es nicht.«

»*Ich* bin's bloß, dein alter *Freund*«, wies mich John zurecht. »Warum bist du so wütend?«

Ich war wütend, weil ich mich überwältigt fühlte, und ich fühlte mich überwältigt, weil ich so viele Ideen hatte, was ich tun *könnte*, dass ich in Panik geriet.

> *Die Jahreszeit ist wechselhaft, launisch und macht verrückt, so wie ich selbst es in diesen Tagen bin, die mit allzu vielen Forderungen und Verpflichtungen bedeckt sind.*
>
> MAY SARTON

Wann immer Sie das Gefühl haben, nicht voranzukommen oder festzusitzen oder in Panik geraten zu sein, dann kann dies daher kommen, dass Sie zu viele gute Ideen haben – auch wenn Sie subjektiv glauben, überhaupt keine guten Ideen zu haben.

Der Trick ist, dass man einen sanften Fluss entstehen und ihn dann kontinuierlich weiterplätschern lassen sollte. Das verhindert, dass die angestauten Ideen durchbrechen und Sie überschwemmen. Es verhindert, dass der Druck so stark wird und Ihr mentales System so verstopft wird, dass der Fluss nicht mehr fließt und Sie noch angespannter werden wie ein zu stark aufgeblasener Ballon.

Kreativität ist nichts Unzuverlässiges, nichts Endliches oder Beschränktes. Es sind immer Ideen da. Gute Ideen. Machbare Ideen, mutige und revolutionäre Ideen. Ruhige und dienliche Ideen. Der Trick ist wie gesagt, sie sachte angehen und es fließen zu lassen. Ein behutsames Vorgehen bringt es, ein hektisches, panisches und gewaltsames Vorgehen bringt es nicht.

Sie müssen einen kleinen Schritt unternehmen, sonst bleiben die Ideen im Stau stecken, und der Kreativitätsdruck hinter dem Stau wird immer stärker. Wenn das passiert, manifestiert er sich häufig als Selbstzweifel- und Selbsthassattacke. »Ich bin so dumm!«, jammern Sie dann vielleicht, während das wahre Problem »Ich bin zu intelligent!« heißt.

In diesem Fall versuchen Sie, etwas Energie aus sich abzulassen. Das lässt den Stau langsam in Bewegung geraten. Deshalb bringt es auch nichts, wenn Sie Radio hören oder fernsehen – oder den hilfreichen Vorschlägen Ihrer Freunde lauschen, was das angeht. Dadurch kommen Sie nicht zur ersehnten geistigen Ruhe. Das tun Sie, indem Sie ganz sacht den Überschuss absaugen und ihm nicht noch etwas hinzufügen.

Wir werden dazu erzogen, mit der Angst so umzugehen, dass wir immer noch etwas auf sie draufhäufen. Einen Drink, eine Einkaufstour, einen Besuch in der Eisdiele – wir neigen dazu, unsere Ängste zu betäuben, statt ihnen zuzuhören. Der Trick ist jedoch, mehr ausfließen zu lassen, nicht noch mehr hineineinzutun.

Das ist der Punkt, an dem Sie anderen und sich selbst einen Dienst erweisen können. Schreiben Sie, statt über all dem abzudriften, Ihrem alten Onkel einen Brief. Das Wort, auf das es hier ankommt, ist »schreiben«. Rufen Sie nicht an, um mit ihm zu reden. Sie wollen das Ungleichgewicht nicht dadurch steigern, dass Sie noch mehr auf die volle Waagschale häufen. Sie müssen Gedanken freisetzen. Stellen Sie sich einen zu stark aufgeblasenen Ballon vor. Wenn Sie etwas Luft ablassen, macht er einen Satz vorwärts. Falls Sie

Aus dem Wissen um die wahren Bedingungen unseres Lebens müssen wir unsere Stärke und unsere Gründe zu leben beziehen.

SIMONE DE BEAUVOIR

noch mehr Luft reinpumpen, platzt er. Wenn Sie sich angespannt und blockiert fühlen, gleicht Ihr Leben diesem überfüllten, zum Platzen gespannten Ballon. Sie sind zu stramm gespannt. Deshalb können Sie die wohlmeinenden Worte Ihrer Freunde nicht mehr in sich aufnehmen. Deshalb nervt Sie plötzlich das Geschnatter einer Nachbarin bis zum Anschlag. Deshalb sind Sie reizbar. Sie sind voller kreativer Energie und müssen sachte etwas davon absaugen. Machen Sie einen Spaziergang und rufen Sie sich Folgendes ins Gedächtnis:

1. Ich habe gute Ideen.
2. Ich habe viele gute Ideen.
3. Ich werde sie langsam und sachte, immer eine nach der anderen, ausführen.

Menschen werden süchtig nach einer Gesprächstherapie, weil sie vorübergehend überschüssige Energie absaugt. Menschen werden tablettensüchtig, weil ihnen das momentane Erleichterung von ihrem Zustand des Überfülltseins verschafft. Dasselbe gilt für übermäßiges Körpertraining. Was hier Not tut, ist jedoch, dass man eine kreative Vorwärtsbewegung macht. Je realistischer der Traum, desto stärker ist sein kreativer Druck, und desto wichtiger ist es, mit kleinen Aktionen anzufangen, damit die Dinge nicht in Stagnation geraten. Reden Sie nicht nur. *Tun* Sie's. Sie müssen sich auf minimale konkrete Art zum Ausdruck bringen.

Schwirrt Ihnen der Kopf und können Sie nicht mehr »geradeaus denken«, dann fangen Sie damit an, dass Sie etwas in die Gerade bringen. Legen Sie die Wäsche zusammen. Bringen Sie Ordnung in Ihre Schubladen. Gehen Sie Ihren Schrank durch und hängen Sie die Dinge ordentlicher auf. Machen Sie Ihr Bett. Stauben Sie Ihre Regale und den Frisiertisch ab, polieren Sie ihn – wenn wir uns mit solch bescheidenen, schlichten Aufgaben im Haus beschäftigen, entwickeln wir das Gefühl, »zu Hause« zu sein. Es ist möglich, dass uns, wenn wir uns die Zeit nehmen, uns mit den kleinen Details unseres Lebens zu befassen, ein Gefühl von Gnade überkommt. Und dass wir, während wir im Innern ein Gefühl von Ordnung herstellen, auf eine Richtung stoßen, in der wir uns auf wertvolle Weise zum Ausdruck bringen können.

Ein Brief, eine Nachricht, ein Stapel Grußkarten. Das bringt uns in die Gänge. Ich praktiziere das tägliche Schreiben. Wirklich jeden Tag. Drei Seiten am Morgen.

Und fast immer schreibe ich später am Tag noch mehr. Als ich Musik zu komponieren begann, habe ich mich dem anfangs im Übermaß hingegeben und mich aufgerieben. Dann hatte ich Angst, wieder damit anzufangen, und Druck baute sich auf. Als ich die Erfahrung machte, dass auch hier die Technik von »Jeden Tag ein bisschen hält es am Fließen« funktionierte, ging ich es langsamer an, und meine Produktivität nahm einen gewaltigen Aufschwung.

Auch wenn Sie sich »dumm« oder überwältigt vorkommen angesichts der Komplexität bzw. Blockaden, das Problem ist nicht – *niemals* –, dass Sie dumm sind. Es ist ganz einfach so, dass Ihr hervorragender Geist Überstunden macht und Sie ihn beruhigen müssen. Nutzen Sie Ihre Ängste als kreatives Brennmaterial, statt sie abzutun oder zu etikettieren.

Man muss die Geschehnisse seines Lebens für sich in Anspruch nehmen, um sich selbst sein Eigen zu machen. Wenn man wirklich alles, was man gewesen ist und getan hat, in Besitz genommen hat, was einige Zeit in Anspruch nehmen kann, ist man mit Realität gefüllt.

FLONDA SCOTT MAXWELL

AUFGABE *Gehn Sie es sachte an*

Ein enger Freund warf mir vor, eine Blümchenkreativität à la Martha Stewart zu praktizieren. Als Mann mit einer Frau an seiner Seite und von Bediensteten umgeben, hat er ganz das Wohlgefühl vergessen, das uns überkommt, wenn wir irgendetwas Kleines tun, um unsere Welt in Ordnung zu bringen und unseren Platz darin zu bestimmen. Bei den meisten von uns finden sich viele Bereiche, die von ein bisschen hausfraulicher Betätigung profitieren könnten. Greifen Sie zum Stift und zählen Sie fünf Bereiche auf, die Sie ein wenig in Ordnung bringen könnten. Wählen Sie einen Bereich aus und verwenden Sie ein bisschen Ordentlichkeit-kommt-gleich-nach-Göttlichkeit-Energie darauf. Bringt dieses Experiment Sie mit einem stärkeren Gefühl von Wohlwollen, Güte und Milde in Kontakt?

Hier ein paar Beispiele für mögliche Aktivitäten:

1. meine Schuhe putzen,
2. meinen Schreibtisch abwischen und aufräumen,

3. die Bücher in meinen Regalen gerade rücken,
4. meine Kochrezepte in eine sinnvolle Ordnung bringen,
5. alte Zeitschriften wegwerfen.

Bei dieser Aufgabe sind wir auf die Erfahrung aus, festsitzende Energie auf produktive Weise, und sei sie auch noch so gering, zu nutzen. Wenn wir erst einmal merken, dass unser Gefühl, von der äußeren Welt behindert zu werden und deshalb nicht voranzukommen, durch ganz kleine und simple Aktionen verändert werden kann, fangen wir auch an, mehr Vertrauen in das Wohlwollen und die Güte des Universums selbst zu setzen. Mit anderen Worten, wenn Gott sich in den Details findet, sollten wir uns besser auch dort befinden!

Durchbrüche

Eine der Schwierigkeiten des schöpferischen Lebens ist, dass sich unsere kreativen Durchbrüche wie Zusammenbrüche ausnehmen und auch als solche erlebt werden können. Unsere normale, übliche Art, uns selbst und die Welt zu sehen, kippt, und eine neue Sicht- und Betrachtungsweise kommt auf uns zu. Manchmal kann diese »neue Sicht« in ihrem überzeugenden Perspektivenwechsel geradezu halluzinogen erscheinen. Was gewiss zu sein schien, mutet nun ungewiss an. Was völlig außer Frage zu stehen schien, scheint nun möglich, sogar wahrscheinlich zu sein. Es ist, als hätten wir ein Lichtblitzstroboskop auf unsere Erfahrungen gerichtet und eine bestimmt früher unhinterfragte Grundannahme zum Basrelief erstarren lassen.

Das Leben sollte ein Streben und Verlangen nach Abenteuern sein, die in ihrer Größe und Würde die Seele befruchten.

REBECCA WEST

Kreativität wurzelt nicht in träumerischer Unbestimmtheit, sondern in durchdringender Klarheit. Wir »sehen« ein Werk und machen uns dann daran, es zu formen und ihm Gestalt zu geben. Wir haben die »Vorstellung« von einer neuen Richtung und bewegen uns dann auf sie zu. Die schöpferische Reise zeichnet sich nicht durch einen verschwommenen und diffusen Rückzug von der Realität aus, sondern durch ein ständiges Sortieren und Umordnen und Strukturieren der Realität zu neuen Formen, Beziehungen und Zusammenhängen. Als Künstler »sehen wir die Dinge anders«, was teilweise darauf zurückzuführen ist, dass wir genau hinschauen.

Wenn wir bereit sind hinzuschauen – und bereit sind zu sehen, was wir sehen –, öffnen wir uns für die Möglichkeit, dass wir tröstlicher und bequemer Grundannahmen über die Natur der »Dinge« verlustig gehen. Die neue Sichtweise mag sich im Bereich unserer Kreativität Geltung verschaffen – wir zeichnen zum Beispiel einen Stuhl aus einem verzerrten Winkel, weil uns das plötzlich das »Wesen« des Stuhls präziser auszudrücken scheint –, es kann aber auch in den Beziehungen zu unseren Mitmenschen wirksam werden. Wir nehmen sie plötzlich und unerwartet in neuem und verblüffendem Licht wahr. Manchmal jagen uns solche Durchbrüche Angst und Schrecken ein. In diesem Fall könnten wir von »stroboskopischer Klarheit« sprechen.

Mut – Angst, die ihre Gebete gesprochen hat.

DOROTHY BERNARD

Ebenso könnten wir plötzlich erkennen: »Diese Beziehung führt zu nichts.« Oder: »Mein Gott, ich werde diesen Mann heiraten.« Plötzlich nimmt unsere Zukunft eine andere Form an, als wir uns vorgestellt hatten. Wir erhielten einen deutlichen Einblick, sehen uns in ihr solo lebend oder in einer unerwarteten Partnerschaft. Ein solcher Einblick, ein solches »Vorhersehen der Zukunft«, kann sehr verwirrend sein. Wir »sehen« die künftige Gestalt der Dinge, aber das bedeutet nicht, dass sie schon »da« sind. Die miese Beziehung muss erst noch zu ihrem Ende gelangen und auseinander brechen. Die neue Beziehung muss erst noch zustande kommen. Wir »wissen«, was passieren wird, aber wir können die Zeit nicht dazu zwingen, sich unseren Wahrnehmungen anzupassen – und auch wir brauchen Zeit, um uns zu erden und in die Lage zu versetzen, mit den vorhergesehenen Veränderungen fertig zu werden.

Wenn das Licht stroboskopischer Klarheit auf einen unserer Lebens- oder Arbeitsbereiche fällt, erkennen wir plötzlich die Umrisse dieser Arena in überraschender und intensivierter Dramatik. »Na, ich könnte das doch so malen!« Oder: »Mein Gott, sie hat nicht die Absicht, jemals auf eigenen Beinen zu stehen. Ich helfe ihr nicht, ich ermögliche ihr diese Unselbständigkeit!« Wenn die Sicht der stroboskopischen Klarheit einsetzt, ist sie hart, aber verzerrt. Wir nehmen einen raschen und beängstigenden Einblick in eine unbekannte Wahrheit, was dieselbe desorientierende Wirkung auf uns hat wie ein Lichtblitzstroboskop in einer Disco – alles nimmt immer wieder ruckartig, ohne sichtbare Übergänge, neue Positionen ein. Es kann – im Licht stroboskopischer Klarheit – verführerisch sein, unsere bisherige Arbeit oder unser bisheriges Verständnis als falsch abzutun. Sie waren jedoch nicht falsch. Sie sind nur überholt.

Unser bisheriger Gebrauch von Farbe war für unsere bisherigen Arbeiten gut und richtig. Und vielleicht ist es so, dass wir unserer Freundin bisher wirklich geholfen haben und sie nur jetzt versucht, eine ungute Abhängigkeit herzustellen. Die stroboskopische Klarheit tritt so plötzlich ein und ist von solcher Schärfe, dass sie unzusammenhängend erscheint. Sie ist etwas, was wir aus den Augenwinkeln wahrnehmen: »Nanu, was war das?!«

Wenn wir derartig dramatische Durchbrüche in unserer kreativen und persönlichen Realität erleben, müssen wir sehr darauf achten, dass wir ihre Bedeutung integriert und verdaut haben, bevor wir darauf reagieren. Es ist nicht so, dass alle unsere früheren Erkenntnisse und Einsichten unauthentisch sind. Vielmehr waren sie eher unvollständig. Unsere neuen Einsichten bieten sich uns als Korrektiv für unser vormaliges Verständnis an, aber wir müssen erst ein bisschen mit ihm leben, bevor wir auf dieses Korrektiv reagieren.

Das Großartige am Älterwerden ist, dass man all die anderen Alter, die man durchlebt hat, nicht verliert.

MADELEINE L'ENGLE

Im Bereich der Kreativität ist die stroboskopische Klarheit das Äquivalent der Feststellung »Diese Beziehung ist vorbei«. Deshalb müssen wir jedoch nicht unbedingt gleich mit Sack und Pack ausziehen und unsere ganze Habe auf die Straße stellen. Wir können uns einen Moment Zeit und unsere künftigen Optionen durch den Kopf gehen lassen. Kommen wir zu einem Schluss wie »Mich langweilt diese Kunstform, so wie ich sie bisher praktiziert habe«, dann müssen wir uns die Frage stellen: »Was nun?« Das Universum ist dann schon dabei, sie zu beantworten. Kreativität ist immer ein interaktiver Tanz zwischen unserer inneren und äußeren Welt. Die Gelegenheit meldet sich nicht nur stets dann, wenn wir bereit sind, ihr Anklopfen zu hören. Sie hat wohl schon eine ganze Weile angeklopft, doch wir waren blind und taub für das, was unser anerkanntes Bewusstsein ausgeblendet hatte und nun für den Empfang bereitsteht.

Plötzliche Durchbrüche können sich wie Zusammenbrüche anfühlen. Es hilft, wenn wir sie uns nicht als ein »Zusammenbrechen« vorstellen, sondern als ein »Aufbrechen«. Stellen Sie sich Ihr Bewusstsein wie einen gefrorenen Fluss vor, dessen geschlossene Eisdecke im Frühjahr in viele Eisschollen aufbricht. Genau das widerfährt Ihrem kreativen Bewusstsein – was fest war, wird flüssig, neue Formen und Strukturen werden möglich. Neues Wachstum steht bevor.

Statt »den Wald vor lauter Bäumen nicht sehen« zu können, erblicken wir plötzlich beides, den Wald und die Bäume. »Mein Gott, ich könnte Fotoschnipsel in meine Ölbilder einfügen«, denken wir. Wir haben unser mentales Mobiliar umgestellt, dem alten Schreibtisch einen wundervollen Anstrich in Wanderdrosseleierschalenblau verpasst und uns selbst eine völlig neue Perspektive und einen ganz neuen Schauplatz eröffnet.

»Der Protagonist soll ein Mann sein und in der Ichform erzählen«, »wissen« wir plötzlich. Und wir »wissen« auch, es spielt keine Rolle, wenn wir, die wir diese Person schildern, weiblichen Geschlechts sind. *Die Geisha* von Arthur Golden ist ein brillanter Roman in Ichform über eine asiatische Frau – ganz und gar geschrieben von einem westlichen Mann.

Wenn wir eine Einsicht von stroboskopischer Klarheit haben, brechen Mauern weg. Wir sehen plötzlich, dass wir tun »können«, was wir noch vor einem Augenblick »nicht konnten«. Wir erleben einen Moment des Einfallsreichtums und merken plötzlich, so als erhaschten wir unvermittelt einen flüchtigen Blick vom farbenprächtigen Federunterkleid eines Vogels, dass unser kreatives Leben gar nicht so farb- und glanzlos ist, wie wir dachten.

»Mir war gar nicht klar, was ich da tat«, sagen wir uns vielleicht völlig überrascht, wenn wir erkennen, dass der Große Schöpfer hinter unserem Rücken und durch unsere eigene Hand etwas Neues und Originelles ins Werk setzte, von dem wir überhaupt nicht ahnten, dass wir es machten. »Na, wenn ich all diese Herzeleid-Gedichte aneinander reihe, habe ich das Gerüst für eine großartige Performance. Was für eine glänzende Idee!«

> *Das Leben ist dazu da, gelebt zu werden, und die Neugier muss lebendig erhalten werden. Man darf dem Leben, aus welchen Gründen auch immer, niemals den Rücken kehren.*
>
> ELEANOR ROOSEVELT

Stroboskopische Klarheit ist wie das flüchtige Erblicken unserer selbst in einem neuen und ausnahmsweise mal schmeichelnden Spiegel. Sie ist wie der Anblick einer attraktiven Fremden, der uns dann plötzlich zu Bewusstsein bringt: »Mein Gott, diese schicke Frau bin ja ich.« Wir sehen so anders aus, für uns selbst so unmöglich, dass wir völlig überrumpelt werden. Unser Alter fällt von uns ab, wir sind unversehens jung im Herzen, und ein Gefühl hat uns unvermutet an der Kehle gepackt, das uns sagt: »Das hier ist real ...« Wir erhaschen plötzlich einen Schimmer von der Richtung, auf die wir zusteuern, erahnen, dass neues Wachstum möglich ist, auch angesichts unseres fortgeschrittenen Alters – was immer es sein mag.

Die stroboskopische Klarheit sagt uns, dass uns dieses neue Wachstum in Angst und Schrecken versetzen wird. Ein solcher Moment plötzlicher Einsicht und Erkenntnis hat etwas vom Drama eines »Monsterfilms« an sich: »O du lieber Gott! Was war denn das?!« Wenn man sie so rasch und scharf sieht, können die meisten Dinge beängstigend wirken. Und so ist es auch mit unserem neuen Wachstum. Der Gedanke »Ich muss zurück und wieder die Schulbank drücken« kann genauso Schrecken erregend sein wie ein Mörder, der in einer dunklen Ecke mit der Axt auf uns lauert. Wenn das Licht der Realität um diesen plötzlichen Gedanken heller wird, beginnt der Mörder mit der Axt mehr wie ein Lehrer auszusehen und weniger wie einer, der darauf aus ist, die uns bekannte Realität abzumurksen und zu zerstückeln. Wenn Sie sich im Banne einer plötzlichen und überraschenden Einsicht von solcher Klarheit finden, dann gehen Sie langsam vor und sanft mit sich um, sodass Sie nicht in Schrecken und Entsetzen davonstürzen und über das Mobiliar Ihres Bewusstseins stolpern.

Wir sind nicht menschliche Wesen, die versuchen, spirituell zu sein. Wir sind spirituelle Wesen, die versuchen, menschlich zu sein.

JACQUELYN SMALL

Durchbrüche sind keine Zusammenbrüche. Sie fühlen sich nur so an. Denken Sie daran, auch Sie sind zerbrechlich. Gehen Sie sanft mit sich um, während Sie sich an Ihr neues mentales und emotionales Terrain gewöhnen.

AUFGABE *Geographie*

Mein Lieblingsfach in der Schule war Geographie. Ich liebte die Bilder von fremden Kulturen, die meine Augen überraschten – auf Köpfen balancierte Körbe und

Gummikugeln; das knapp über den hinabstürzenden Wasserfallmassen dahinfliegende Flugzeug; im Dschungelhochland versteckt; die langen schmalen Stäbe der ägyptischen Heilerpriester, die sie zum Aufspüren der Energiemeridiane des Körpers benutzten; die Kunst und Artefakte anderer Zeitalter mit ihrem Ruf über Zeit und Ferne hinweg.

Fangen Sie damit an, dass Sie sich die folgenden Fragen durch den Kopf gehen lassen:

1. Welche andere Kultur außer der Ihren spricht Sie an?
2. Welche andere Zeit außer der unseren löst in Ihnen ein Echo und Empfindungen aus?
3. Welche ausländische Küche fühlt sich für Ihren Gaumen heimatlich an?
4. Welche exotischen Gerüche geben Ihnen das Gefühl von Expansion und Wohlbefinden?
5. Welche spirituelle Tradition, abgesehen von Ihrer eigenen, fasziniert Sie?
6. Welche Musik einer anderen Kultur bringt die Saiten Ihres Herzens in Schwingung?
7. In welchem Alter sehen Sie sich, wenn Sie sich in einem anderen Zeitalter vorstellen?
8. Welchen Geschlechts sind Sie in einer anderen Kultur und Zeit?
9. Mögen Sie historische Filme? Oder mögen Sie überhaupt Filme?
10. Wenn Sie ein Drehbuch für einen Film schreiben müssten, welches Alter, welche Zeit, welchen Ort und welche Situation würden Sie sich aussuchen, um sie zu erkunden?

Suchen Sie sich nun einen großen Stapel an farbenprächtigen Zeitschriften und, wenn möglich, Katalogen zusammen. Suchen Sie ein gutes Foto von sich und befestigen Sie es in der Mitte eines Papierbogens von Postergröße. Wählen Sie jetzt – möglichst rasch – Bilder aus den Zeitschriften und Katalogen aus und verwenden Sie diese, um Ihren Hauptdarsteller – Sie selbst – in eine imaginäre Welt voller geliebter Gegenstände und geschätzter Interessen zu versetzen.

Etwas beenden

Als Künstler beklagen wir uns oft über unsere Unfähigkeit, mit etwas anzufangen. »Wenn ich nur den Mumm hätte, X zu beginnen« – einen Roman, eine Kurzgeschichte, die Umschreibung unseres Theaterstücks, die Fotoserie, die wir »im Sinn haben«. Ich möchte Ihnen vorschlagen, andernorts zu beginnen – den Anfang damit zu machen, dass Sie etwas beenden.

Es muss ein obskures physikalisches Gesetz geben, das in Kraft tritt, sobald Künstler etwas beenden. Und bei diesem Etwas kann es sich ums Aufräumen des Arzneischränkchens, das Ausmisten des Handschuhfachs oder das Kleben unserer geschätzten, aber zerfledderten Straßenkarten zu wieder brauchbaren Begleitern handeln. In dem Augenblick, in dem wir etwas beenden, kriegen wir so eine Art himmlischen freundschaftlichen Klaps, manchmal sogar auch einen Schubs – oder gar eine kleine Energieträgerrakete, die wir anderswo einsetzen können.

Am liebsten habe ich es, dahin zu gehen, wo ich noch nie gewesen bin.
DIANE ARBUS

Wie kannst du mit deiner Doktorarbeit anfangen, wenn du deine Näharbeiten nicht zu Ende kriegst? Wie kannst du deine Antragsformulare für das weiterführende Studium ausfüllen, wenn der Duschvorhang verdreckt und zerrissen ist und schon halb herunterhängt und der neue bereits erwartungsfroh und zusammengefaltet auf dem Spülkasten der Toilette liegt?

Die meisten von uns haben eine Unmenge halb fertiger Projekte in ihren Haushalten, Ateliers und Studios herumliegen: Das Projekt »Fotos ordnen« – halb befinden sie sich schon in den Alben, halb stapeln sie sich noch in den Schuhkartons; die Neueintragung aller Adressen in alphabetischer Reihenfolge – ein weiteres halb fertiges Projekt; das Einordnen der Entwürfe für dein letztes Theaterstück in zeitlicher Reihenfolge, auch so ein »Wenn-ich-wieder-dazu-komme«-Tagesordnungspunkt – die Liste ließe sich endlos fortsetzen. Kein Wunder, dass wir beim Gedanken, noch etwas anzufangen, ins Schlurfen kommen. Wir haben schon zu viele Fehlstarts hinter uns, es sind schon zu viele halb fertige, halbherzig verfolgte Projekte.

Christian, ein junger Komponist, hatte großen Enthusiasmus, und er hielt eine Menge Projekte am Laufen. Er hatte immer ein neues musikalisches Thema in der Mache, arbeitete stets im Galopp und unter Volldampf an irgendetwas, bis etwas anderes sein Augenmerk erhaschte und zum Brennpunkt eines neuen Energieausbruchs wurde. Er war die Art von jungem Künstler, die man oft als »viel versprechend« bezeichnet, splitterte sich aber zu sehr auf, um diese Erwartungen einlösen zu können.

»Räum dein Arbeitszimmer auf«, riet ihm ein älterer Komponist. »Leg Systeme an. Bring alles in Ordnung und gib jedem Arbeitsfitzelchen seinen Platz.«

Obwohl Christian das Gefühl hatte, Zeit und Energie zu vergeuden, die er auf das Komponieren hätte verwenden können, folgte er widerstrebend diesem Vorschlag. Er legte sich Ordner zu, sortierte seine Arbeiten an jedem Projekt sorgfältig darin ein, und dabei passierte etwas Merkwürdiges: Die Selbstachtung begann ihr nobles Haupt zu recken.

»Ich habe wirklich eine Menge Arbeit geleistet«, dachte Christian bei sich. Er stellte fest, dass einige Projekte fast beendet waren und er sich die Befriedigung einer gut getanen Arbeit verweigert hatte. Was das Aufräumen des Zimmers selbst betraf, so machte er sich, wie nicht anders zu erwarten, mit dem gleichen Widerwillen daran. Als zwei Drittel getan waren, hörte er auf.

»Wie geht's mit deinem Arbeitszimmer voran?«, fragte der erfahrene ältere Komponist. Christian gestand, dass er nach zwei Drittel der Aufräumarbeiten aufgehört hatte.

Es ist gut, ein Reiseziel zu haben; aber es ist die Reise, die zählt, nicht das Ziel.

URSULA K. LE GUIN

»Es ist schon sehr viel besser«, sagte er, sich verteidigend. »Ich weiß, wo fast alles ist, und du würdest nicht glauben, wie viel Arbeit ich schon geleistet habe. Wirklich, ich hatte keine Ahnung, dass ich mit so vielen Projekten schon so weit vorangekommen war.«

»Bring das Aufräumen dieses Zimmers zu Ende. Bring jedes letzte bisschen in Ordnung. Du bist schon nah am Lohn dafür, aber noch nicht ganz da. Bring's zu Ende und schau, was passiert.«

Widerstrebend, nur mit halber Kraft arbeitend und über seine Dödeligkeit fast lachend, brachte Christian schließlich die Aufräumarbeiten in seinem kleinen Zimmer zu Ende. Alles hatte seinen Platz. Jedes Projekt stand richtig an seinem Ort, sortiert und einfach zu erkennen. Christian verspürte einen Schub an neuer Energie. Er empfand sie wie Optimismus, sie war aber ein bisschen fokussierter. Er brauchte eine Weile, bis er diese neue gefühlsmäßige Komponente benennen konnte, aber dann merkte er, dass sie etwas anderes als Inspiration, etwas Solideres und Gefestigteres als Hoffnung war.

»Ich fühlte Entschlossenheit«, erinnert er sich. Viele Dinge, die ihm vage und illusorisch vorgekommen waren, schienen nun direkt in seiner Reichweite zu liegen. Er begann ein Projekt nach dem anderen, Ordner um Ordner, fertig zu stellen. Einen Monat nachdem er sein Arbeitszimmer in Ordnung gebracht hatte, waren zahlreiche Projekte in die endgültige Form gebracht, sodass sie nun für den nächsten Schritt bereit waren und für Stipendien und bei Wettbewerben eingereicht werden konnten.

»Ich hatte nun plötzlich mehr vorzuweisen, als nur ›viel versprechend‹ zu sein«, erzählt er. »Ich hatte konkrete fertige Projekte. Ich war nicht mehr nur ›talentiert‹. Ich war etwas viel Besseres – ich war produktiv.«

Es scheint ein ungeschriebenes Gesetz zu geben, wonach wir, wenn wir das, was für uns gut ist, vermehren und steigern wollen, uns darauf konzentrieren müssen, das Gute, das wir bereits erfahren haben, dankbar zu schätzen und zu pflegen. Das können wir machen, indem wir Dankbarkeitslisten anfertigen und die vielen fruchtbaren und lohnenden Dinge in unserem Leben aufzählen. Auf konkreter Ebene können wir das so umsetzen, dass wir mit dem, was wir haben, sorgsam umgehen. Das bedeutet, dass Knöpfe angenäht, Säume geheftet, Flecken von Türpfosten geschrubbt werden. Wir machen aus genau dem, was wir haben, das Allerbeste und stellen fest, dass der Große Schöpfer quasi hinter unserem Rücken den Einsatz unserer Bemühungen verdoppelt und verstärkt und etwas noch besser werden lässt. Hier kann der alte Spruch »Hilf dir selbst, dann hilft dir Gott« überprüft und verifiziert werden.

Ein in Bewegung befindlicher Körper bleibt in Bewegung, und nirgendwo bewahrheitet sich dieses Gesetz mehr als bei kreativen Unternehmungen. Wenn wir die schöpferischen Räder schmieren wollen, tun wir gut daran, auch andernorts ein bisschen Muskelschmalz einzusetzen. Flicken Sie Hosen. Hängen Sie Vorhänge auf. Ich weiß nicht, warum das Umsäumen der zu langen Hosen Ihnen die Energie gibt, sich an Ihre Staffelei zu stellen, aber so ist es. Ich kann Ihnen auch nicht sagen, warum Sie das Säubern der Klobrille besser erkennen lässt, wie Sie eine Kurzgeschichte enden – oder anfangen – lassen sollen, aber so ist es.

Fast alles, was Sie zu Ende bringen – das Ordnen Ihrer CD-Sammlung, das Aufpumpen Ihrer Fahrradreifen, das Sortieren und Zuordnen Ihrer Socken –, schafft Ordnung im Außen und im Innen: Das Beenden von etwas sagt uns: »Jetzt fang etwas Neues an.«

AUFGABE *Lernen Sie, die Lernkurve zu steuern*

Um große Unternehmungen durchzuführen, muss man so leben, als müsse man nie sterben.
MARQUIS DE VAUVENARGUES

Dies ist eine Übung in Ermutigung. Wenn wir davor stehen, etwas Neues anzugehen, vergessen wir oft, dass wir schon viele Dinge erfolgreich angegangen sind.

Greifen Sie zum Stift und zählen Sie zehn Fähigkeiten auf, die Sie erlernt haben, obwohl Sie daran gezweifelt hatten, sie je meistern zu können. Zum Beispiel:

1. Soufflé – ich kann es tatsächlich machen, und es ist gut.
2. Spanisch – ich kann es immerhin so gut sprechen, dass ich etwas mehr als nur »Guten Tag. Wie geht es Ihnen?« sagen kann.
3. Der Rückschlag – ich bin nicht untergegangen, und jetzt gefällt es mir.
4. Ölwechsel vornehmen.
5. An meinem neuen Computer arbeiten.
6. Differenzialrechnung – ein weiteres kalkuliertes Risiko, das ich erfolgreich bewältigt habe.
7. Hörtraining – ja, ich kann einfache Melodien immer genauer notieren.
8. Lesungen mit Mikrofon – ich kann ins Mikrofon sprechen und dabei natürlich bleiben, jedenfalls meistens.
9. Ich habe gelernt, mit Fotoshop an meinem Computer zu arbeiten.
10. Ich kann meinem Hund Pillen gegen Würmer verabreichen, ohne dabei um meine Hand fürchten zu müssen.

Fähigkeiten können erlernt werden, und wir können die Erfahrung machen, dass die Lernkurve immer mit Spannung, Entmutigung, Bestürzung, Elend und schließlich Meisterung verbunden ist.

Check

1. *Wie viele Tage in dieser Woche haben Sie Ihre Morgenseiten geschrieben?* Wenn Sie einen Tag ausgelassen haben, was war der Grund dafür? Welche Erfahrungen haben Sie mit dem Schreiben der Morgenseiten gemacht? Erfahren Sie mehr Klarheit? Ein breiteres Spektrum an Gefühlen und Emotionen? Ein stärkeres Gefühl von Objektivität, Zielgerichtetheit und Ruhe? Hat Sie irgendetwas überrascht? Gibt es ein Thema oder Problem, mit dem Sie sich wiederholt befassen müssen?

> *Niemand braucht zu wissen, dass du, wenn du die Straße entlangschlenderst, die Welt außen vor gelassen hast und meditierst. Jeden Tag zwanzig Minuten bis zu einer halbe Stunde sind ein gutes Maß an Zeit, um wieder ein Gefühl heiterer Gelassenheit herzustellen.*
>
> SARAH BAN BREATHNACH

2. *Haben Sie in dieser Woche Ihr künstlerisches Stelldichein gehabt?* Haben Sie ein gesteigertes Wohlbefinden festgestellt? Was haben Sie unternommen, und wie fühlten Sie sich dabei? Das künstlerische Stelldichein kann eine schwierige Sache sein, und möglicherweise müssen Sie sich gut zureden, um sich dazu aufzuschwingen.
3. *Haben Sie Ihren wöchentlichen Spaziergang unternommen?* Wie fühlten Sie sich dabei? Welche Gefühle und Erkenntnisse tauchten in Ihrem Inneren auf? Konnten Sie mehr als nur einen Spaziergang machen? Was hat Ihr Spaziergang für Ihren Optimismus und Ihr Gefühl von Perspektive bewirkt?
4. *Gab es in dieser Woche irgendwelche anderen Themen, die Ihrem Gefühl nach für Ihre Selbstentdeckung wichtig waren?* Beschreiben Sie sie.

ACHTE WOCHE

Ein Gespür für feine Wahrnehmung entdecken

Diese Woche stellt Sie vor eine Herausforderung: Sind wir tatsächlich imstande, den ganzen Weg zu gehen? Wollen wir das bejahen können, müssen wir lernen, bestimmte Dämonen in Schach zu halten, vor allem den namens Erfolg, »den unsichtbaren Feind«. Die Texte und Aufgaben dieser Woche zielen darauf ab, die in größeren Höhen der Kreativität auf uns lauernden Monster zu benennen und ihnen die Zähne zu ziehen. Wut ist ein häufiger Begleiter bei den Erkundungen dieser Woche. Wenn wir unseren Bösewichtern die Maske herunterreißen, haben wir oft ein Gefühl von Verrat und Trauer. Es wird dann durch ein Gefühl von Sicherheit ersetzt, wenn wir unsere wahren Unterstützer genauer benennen.

Kunst schaffen, nicht darauf aus sein, »es zu schaffen«

Man hat im Rahmen der Erforschung von Essstörungen und Esssucht herausgefunden, dass bestimmte Speisen »Auslöserspeisen« sind – der erste Bissen führt dazu, dass man nach immer mehr und mehr und mehr verlangt. Für viele Künstler ist Ruhm eine Auslöserspeise – oder er kann es sein. Wenn der Ruhm um seiner selbst willen gesucht wird, wollen wir immer mehr und mehr und mehr. Wenn er sich als Nebenprodukt unserer Arbeit einstellt – was häufig der Fall ist –, wird er leichter verdaut. Aber wir müssen auf das *Was* unseres Tuns konzentriert bleiben, nicht auf das *Wie*.

Wenn wir uns mitten im konkreten schöpferischen Akt befinden, gerade dabei sind, etwas zu machen, etwas zu erschaffen, wissen wir, wer und was wir sind, weil wir für eine Minute vergessen, daran zu denken, wie wir in der Öffentlichkeit aufgenommen werden. Wir werden selbst zur Kunst, statt der Künstler zu sein, der sie schafft. Im konkreten Augenblick des Kunstschaffens sind wir auf segensreiche Art anonym. Der Akt des Kunstschaffens ist auch dann ein privater Akt, wenn er in aller Öffentlichkeit geschieht. Zwischen uns und unserer kreativen Energie, uns und der schöpferischen Kraft, die durch uns wirkt, herrscht immer Kreativität. Und wenn wir imstande sind, uns klar und sauber darauf zu konzentrieren, können wir unsere Sache sehr gut machen.

Kunst können wir immer schaffen. Doch ist es nicht jedes Mal möglich, sie an den von uns gewählten Schauplätzen zu schaffen oder in dem Bereich, den wir als unser rechtmäßiges Spielfeld betrachten. Schauspieler, die keine Rolle haben, vergessen gern, dass sie nach wie vor einen Monolog erlernen, sich am Entwerfen einer One-Man-Show versuchen, das Klavierspielen, Aquarellieren oder Arbeiten mit Ton lernen können. Wenn wir darauf beharren, unserer Kreativität nur auf einem Feld oder sogar nur in einer Ecke des Feldes Ausdruck zu geben, verlieren wir zwei Dinge aus den Augen: unsere Vielseitigkeit und unsere Möglichkeiten. Wir neigen dazu, uns zu isolieren und zu brüten, verbittert und verärgert zu sein, weil man uns nicht wertschätzt, weil man uns nicht auswählt, obwohl wir doch selbst die Wahl haben und eigene Entscheidungen treffen können, die unsere

> *Kreative Geister überstehen bekanntlich jede Form von schlechter Schulung.*
>
> ANNA FREUD

kreative Kraft, wenn nicht gar unsere »Karriere«, wieder unmittelbar in unsere Hände legen.

Es ist schwierig, deprimiert und zugleich in Aktion zu sein. Schauspieler vergessen, dass es in erster Linie ums »Schauspielen« geht. Sie warten darauf, von einem Agenten auserwählt zu werden, warten darauf, in einer Rolle besetzt zu werden, warten darauf, eine gute Kritik zu bekommen, und vergessen dabei, dass sie spielend eine Schau machen könnten, indem sie eine Lesung veranstalten, Monologe zu Hause auf Video aufnehmen, eine Benefizveranstaltung für ihre Kirchengruppe auf die Beine stellen, in Altenheime gehen und dort etwas vorspielen. Mit einem Wort, sie können sich *schauspielerisch betätigen.*

Musiker können sich mit einem neuen Musikstil vertraut machen, gleich, ob sie sich in ihrem speziellen Metier verwenden lässt oder nicht. Sie können sich darauf besinnen, dass sie »Musiker« sind und nicht »An-der-Karriere-Arbeiter«. Es macht Spaß, Broadwaymelodien auf der Geige zu spielen. Die Beatles können eine willkommene Abwechslung von Bach sein. Wenn wir unsere Kunst wirklich ernst nehmen, müssen wir es mit ihrer Ausübung ernst meinen – und nicht damit, als »ernsthafter Künstler« wahrgenommen zu werden.

Die Selbstachtung liegt im Schreiben und Spielen begründet, nicht in den Kritiken. Noch nicht einmal in der geistigen Überprüfung des Getanen. Oder darin, wie es im Auge der Öffentlichkeit wahrgenommen wurde.
Der Ausdruck »Auge der Öffentlichkeit« verrät uns schon die Gefahr einer Konzentration auf die Frage »Wie mache ich mich?« statt auf die Frage »Was mache ich?«. Was genau ist das Auge der Öffentlichkeit? Und warum scheint es bei unseren Solos immer geschlossen zu sein oder zu blinzeln?

Wir überfluten unseren Geist mit Worten! Sie hypnotisieren und manipulieren uns, verschleiern die Wahrheit sogar auch dann, wenn sie sich direkt vor unserer Nase befindet. Ich habe gelernt, nur auf das Handeln zu hören, um die zugrunde liegende Realität zu entdecken.

JUDITH M. KNOWLTON

Wenn es beim Kunstschaffen hauptsächlich darum geht, Karriere oder Profit zu machen – nicht, dass wir sie als Vorteile nicht genießen –, liegt dieses Kunstschaffen nicht mehr in unserer Verantwortung, sondern in der eines anderen. Wir brauchen einen »Glückstreffer«, sagen wir. Wir verfallen ins Reden über die Situation »in der Branche« und unsere schlechten Chancen, und als Nächstes fühlen wir uns machtlos und deprimiert und sind total wütend – wütend, weil wir es nicht schnell genug »schaffen«.

Clarence war ein talentierter Musiker, so talentiert, dass ihm immer »große Dinge« vorhergesagt wurden. Er spielte für »große Namen« und »große Alben« und stand immer kurz vor seinem »großen Durchbruch«. Eine chronische Unzufriedenheit, weil »es« – der wirklich große Durchbruch – noch nicht stattgefunden hatte, hielt Clarence jedoch permanent davon ab, all die vielen anderen wunderbaren und aufregenden Dinge, die sich ereigneten, zur Kenntnis zu nehmen und zu genießen. Er hatte mit Bob Dylan und anderen seiner Idole gespielt. Er war in David Lettermans Show aufgetreten und war mit einer heißen Band durch Europa getourt. Von außen gesehen wirkte sein Leben glanzvoll, doch im Innern fühlte es sich glanzlos an. Er spielte die Musik nicht, weil er Freude daran hatte. Er spielte, um einen Produzenten zu beeindrucken oder um eine weitere Grammy-Nominierung einzuheimsen.

»Am Kunstschaffen muss mehr dran sein als das hier«, dachte er schließlich, und an diesem Punkt fiel ihm ein Flugblatt ins Auge, das Eltern zur Mithilfe bei einem Musikwettbewerb in der Schule aufrief. Keiner hatte sich direkt an ihn gewandt. Dazu war er schon ein zu großer Fisch. »Das könnte Spaß machen«, dachte er, als er das Flugblatt las. »Und die Kinder würden sich freuen, wenn ich mich da engagierte.«

Und Clarence engagierte sich. Sehr sogar. Er hatte zu Hause ein eigenes großes und teures Tonstudio, in dem er Aufnahmen machen konnte. Der »kleine Musikwettbewerb« bekam allmählich hochglanzmäßige und sehr professionelle Hilfe. Als Nächstes zog Clarence seine Frau heran, die sowohl eine talentierte Kostümdesignerin wie eine gute Back-up-Sängerin war. Bald war das ganze Haus von der lebendigen Musik der Kinder und mit farbenprächtigen Kostümen erfüllt.

»Da sieht's aus wie in der Werkstätte des Weihnachtsmanns«, erzählte Clarence lachend seinen Freunden. Das Lachen ward ein regelmäßiger Gast in seinem Haus, und Clarence wurde von seiner »ernsthaften Konzentration« auf seine »ernsthafte Karriere« befreit. Noch nie zuvor hatte die kleine Schule eine so anspruchsvolle und fröhliche Produktion erlebt. Es gab sogar Videoaufnahmen von den Starauftritten der Kinder zu Clarences professionellen Musiknummern.

»Ich glaube, sie haben eine Menge davon profitiert«, sagte er befriedigt, »und ich weiß, dass ich davon profitiert habe.«

Indem er seine Kunst kunstreich zur Unterstützung seiner Familie, Gemeinde und Freunde einsetzte, verband er sich wieder mit der Freude, die ihn ursprünglich hatte Künstler werden lassen. Er kam wieder mit seinem Aspekt der Großzügigkeit in Kontakt, der sich in der Musik und im Selbstausdruck Geltung verschaffte. Bei seiner Kunst ging es wieder darum, etwas zu schaffen, statt »es« zu schaffen. Nun räumt er sich jedes Jahr Zeit für den Musikwettbewerb der Kinder ein, der ihm die Gabe des Gebens zurückgab, indem er wieder »Herz« in seine Kunst brachte.

Wer das Träumen verliert,
ist verloren.

SPRICHWORT DER AUSTRALISCHEN UREINWOHNER

Wenn wir uns auf den Erfolg als Geschäftsziel konzentrieren, verlieren wir oft den Erfolg im Sinne eines persönlichen spirituellen Wohlbefindens aus dem Auge. Wir richten unsere Konzentration auf die Vorgänge »da draußen« statt auf unsere eigene innere Erfahrung. Und dabei können wir uns verlieren.

»Ich wusste immer, dass man davon ausging, ich würde es zu etwas bringen«, sagte Joy. »Alle setzten auf mich.«

Joy steht schon seit ihrer Kindheit, als ihre Eltern sie zum ersten Mal ins Rampenlicht schubsten, auf der Bühne. Als talentierte Schauspielerin mit guten komödiantischen Fähigkeiten bekam sie in ihrer kleinen Stadt im Mittelwesten schnell regelmäßig Rollen, und als sie den »großen Sprung« nach Hollywood unternahm, fand sie auch dort regelmäßig Beschäftigung. Sie hatte mehr Arbeit als alle ihre Freundinnen und konnte sich »wirklich kaum über etwas beklagen«, abgesehen von der Tatsache, dass sie nicht glücklich war.

Um in ihrer Kreativität zu genesen, begann sie, Morgenseiten zu schreiben, und fing daraufhin an, sich zu fragen, in welchem Maße ihr Schauspielerinnendasein wirklich ihre eigene Idee gewesen war. »Du bist die geborene Schauspielerin«, hatte ihre Mutter immer zu ihr gesagt – aber war sie es tatsächlich? Das Schauspielern brachte ihr eine Menge Aufmerksamkeit, aber wenig Befriedigung.

Im Verlauf ihrer weiteren Selbsterforschung merkte Joy, dass sie das Schreiben wirklich liebte. Mit Schreiben verdiente sich ihre ernsthafte »brillante« Schwester ihren Lebensunterhalt, und deshalb war es für sie immer tabu gewesen. Sie selbst war der Familienclown und der »Star«. Indem sie sich beschwichtigte, dass sie ja »nur am Erkunden« sei, erlaubte sich Joy, selbst zu schreiben. Und sie stellte fest, dass sie sich damit sehr viel wohler in ihrer Haut und in kreativer Hinsicht mehr daheim fühlte. Sie arbeitete weiterhin als Schauspielerin, doch das Schreiben nahm mehr und mehr ihre Aufmerksamkeit in Anspruch. Nachdem sie von ihrer besten Freundin energisch dazu gedrängt worden war, versuchte sie sich an einem Monolog. Er floss ihr aus der Feder. Dann versuchte sie es mit einem weiteren. Dann mit noch einem. Und noch einem. Es waren noch keine sechs Monate vergangen, da hatte sie genügend Monologe für eine One-Woman-Show beisammen, und die gleiche beste Freundin erbot sich, Regie zu führen.

Eines der Kennzeichen einer intelligenten Person ist ihre Fähigkeit zu unterscheiden, was wert ist, getan zu werden, und was nicht, und Prioritäten zu setzen.

ANNE WILSON SCHAEF

»Ich hatte ungeheure Angst davor, als Schriftstellerin hervorzutreten«, erinnert sich Joy, aber ihre Freundin druckte Flugblätter, fand einen guten Aufführungsort und war davon überzeugt, dass die Schauspielerin in Joy nur als Hebamme für ihr wahres Talent als Schriftstellerin fungierte.

»Ich gab die Schauspielerin in mir nicht auf, aber ich hörte auf, so zu tun, als sei das Schauspielern alles, was ich zu bieten hatte«, erzählt sie. Ihre One-Woman-Show war ein bescheidener Hit. Ihre Freundin schlug ihr vor, es als Nächstes mit einem Einakter zu versuchen.

»Wer braucht noch eine Agentin, wenn sie Freundinnen hat wie dich«, klagte Joy, aber sie griff zur Feder, und bald schafften es ihre Erzeugnisse auch zur Bühne. Das ist nun einige Jahre her, und Joy genießt ihren Erfolg als gefragte junge Stückeschreiberin. Sie genießt den Schaffensprozess und betrachtet die Tatsache, dass sie »es schafft«, als glücklichen Zufall, nicht als ihr angestrebtes Ziel.

»Als ich von meiner Vorstellung abrückte, dass es beim Schaffen von Kunst darum geht, ›es‹ zu schaffen, das heißt, berühmt zu werden, fing ich an, die Kunst zu schaffen, die ich schaffen wollte, und das schenkte mir etwas, was gewaltig nach dem Leben aussieht, das ich immer führen wollte.«

Wenn wir uns darin ergeben, das zu werden, was wir an sich sein sollen, statt zu versuchen, die Welt von der Person zu überzeugen, die wir unserer Meinung nach sind, finden wir unser richtiges Paar kreative Schuhe und können bequem darin laufen. Und es überrascht nicht, dass sie uns zuweilen weit tragen. Wir laufen bequem und in weniger hektischem Tempo, genießen die Reise, erfreuen uns an unseren Gefährtinnen und Begleitern und sehen uns jeden Schritt auf dem Weg an.

AUFGABE *Etwas machen für jemand anderen und nicht, um jemand zu sein*

Wenn wir darauf konzentriert sind, auf dem Gebiet der Kunst Karriere zu machen, vergessen wir oft, dass unsere künstlerische Natur eine Gabe ist, die wir sowohl im persönlichen wie im professionellen Bereich einbringen können. Wir schreiben, um unseren Lebensunterhalt zu verdienen, nehmen uns aber nicht die Zeit, Briefe an unsere Freunde zu schreiben. Wir zeichnen, um unseren Lebensunterhalt zu verdienen, nutzen aber unser zeichnerisches Talent nur für bezahlte Aufträge. Hobbys kommen als »zu belanglos« nicht infrage, und in unserer ernsthaften Konzentration auf unsere Kunst werden wir in der Tat selber äußerst ernsthaft.

Sie wissen nicht, dass Ideen langsam kommen und dass sie, je klarer, ruhiger und unaufgeregter du bist, umso langsamer kommen, aber desto besser sind.

BRENDA UELAND

Greifen Sie zum Stift und zählen Sie nun der Reihe nach fünf Personen auf, mit denen Sie sich eng verbunden fühlen. Notieren Sie dann neben jeder Person jeweils ein kreatives Projekt, das Sie sich ausgedacht haben, um ihr Ihre Liebe und Dankbarkeit für ihre Freundschaft zu zeigen. Wählen Sie eines dieser Projekte und führen Sie es aus. Zum Beispiel:

1. Meine Tochter – schreibe Erinnerungen an ihr Aufwachsen auf.
2. Meine Schwester – schreibe »künstlerische« Geschichten über ihren Mut.
3. Carolina – zeichne sie als Kind und nun als Freundin.
4. Emma – mach aus unseren gemeinsamen Kreativitätsabenteuern ein Fotoalbum.
5. Connie – mach für sie einen »Kunst-und-Handwerk«-Rezeptzettelkasten.

Wir müssen einem solchen Projekt nicht Jahre, Monate, Tage oder auch nur Stunden widmen, aber oft erweist sich, dass aus dem Herzen heraus geschaffene Kunst uns zu mehr und mehr Kunst führt. Wenn wir die »Attitüde der Ernsthaftigkeit« ablegen, begegnen wir oft neuen Energien und neuen Interessen. Wenn die Kunst zum Bestandteil unseres umfassenderen Lebens wird, entdecken wir oft ein umfassenderes Leben in unserer Kunst.

Geschwindigkeit und Verwundbarkeit

Für einen Künstler bedeutet jeder plötzliche Geschwindigkeitswechsel in der Entwicklung Verwundbarkeit. Es kommen dann nämlich vor allem zwei Dinge auf uns zu – wenn Ihr Leben das Tempo wechselt, lässt sich oft schwer erkennen, was eine echte Chance und was, bei genauerer Betrachtung, eine Chance für jemand anderen auf Ihre Kosten ist.

Der Erfolg kann dich eine von zwei möglichen Richtungen einschlagen lassen. Er kann dich zur Primadonna werden lassen, oder er kann die Kanten abschleifen, dich von den Unsicherheiten befreien, die netten Dinge hervorkommen lassen.

BARBARA WALTERS

Wenn unser Erfolg und Wahrgenommenwerden als Künstler zunehmen, schwillt der Fluss dieser beiden, oft schwer auseinander zu haltenden Phänomene an: Gelegenheiten und Ablenkungen – Ruhm, Rummel und Versuche, uns auszunutzen. Es ist kein Zufall, dass im *I Ging* das Hexagramm für »Gelegenheit« und »Krise« ein und dasselbe ist. Werden wir als Künstler stärker und strahlender, werden andere von der Klarheit und dem Leuchten angezogen. Manche dieser Menschen werden uns auf unserem Weg weiterhelfen, andere hingegen versuchen, sich selbst zu helfen und unser kreatives Licht auf ihren eigenen Weg zu richten. Die Menschen, die in Übereinstimmung mit unseren wahren Werten und Zielen arbeiten, bieten uns Gelegenheiten, die wir dankbar zu schätzen wissen sollten; und sie bieten sich als Kolleginnen und Kollegen an, mit denen wir uns verbinden können. Die Menschen jedoch, die uns eine gute Gelegenheit offerieren, hinter der sich im Geheimen nur ihre eigenen Interessen verbergen, sind Opportunisten. Sie bedeuten eine sich anbahnende Kreativitätskrise. Ich bezeichne sie als »Trittbrettfahrer«, die erkannt und aus unserem Garten der Kreativität entfernt werden müssen.

Trittbrettfahrer haben ein Projekt, das sie an Ihren Namen, Ihren Ruhm, Ihren guten Ruf und Ihre Energie anhängen wollen. Und sie sagen nur selten: »Sie könnten mir wirklich helfen«, was Ihnen die Möglichkeit gäbe, in Klarheit über die Sache nachzudenken. Stattdessen sagen sie: »Ich könnte Ihnen wirklich helfen ...«, und unterbreiten Ihnen ihr Ding so verpackt, dass es aussieht, als wäre es mit dem Ihren kompatibel. Und vielleicht ist es das auch bis zu einem gewissen Grad, wahrscheinlich aber nicht wirklich.

Wenn solch ein Trittbrettfahrer etwas von Ihrem Kreativitätskuchen abhaben will, kann er *sehr* überzeugend wirken. Mit Schmeichelei kann Ihr Widerstandswillen platt gedrückt werden. Das ist gefährlich. So wie Unkraut und Blumen einander sehr ähneln können, können sich auch Trittbrettfahrer oft erfolgreich als etwas Netteres ausgeben. Unkraut ist gierig und erstickt den Garten, indem es zu viel Terrain für sich beansprucht. Trittbrettfahrer machen im übertragenen Sinne genau dasselbe – und daran kann man sie auch oft erkennen. Sie bedienen sich häufig einer blumigen Sprache: »Ich habe da diese wundervolle Gelegenheit, und ich dachte sofort an dich, du bist so wunderbar, so begabt, so talentiert, so bla, bla, bla ...«

Es ist die Zerstreutheit, nicht die Meditation, die zur Gewohnheit wird; die Unterbrechung, nicht die Kontinuität; die sporadische, nicht die stete Mühe.

TILLIE OLSEN

Trittbrettfahrer interessiert es nicht wirklich, was Ihr konkretes Ziel ist. Sie sind daran interessiert, Ihre Zeit, Energie und Sachkenntnis für sich zu beanspruchen, um ihr eigenes Ziel zu verfolgen.

Trittbrettfahrer haben unter Umständen Ziele und Anliegen, die sich von den Ihren stark unterscheiden – obwohl sie es meiden, das zu enthüllen. Es kann sein, dass sie Ihnen etwas zuschicken, was Sie, gemessen an Ihren Werten, fürchterlich finden, und sie beharren dennoch darauf, dass Sie beide unendlich viel gemeinsam hätten und dass Sie ihr Projekt unterstützen sollten. Meiner Erfahrung nach geraten Sie jedes Mal, wenn Sie in einer solchen Situation wider besseres Wissen »großzügig« sind, schließlich in eine peinliche Lage.

Trittbrettfahrer bieten Ihnen gern eine gute Gelegenheit an und versuchen dann, wenn Sie sich darauf eingelassen haben, sich mit dem Projekt davonzumachen. Ihre »Gelegenheit« wird unter den Füßen des Opportunismus dieser Leute zertrampelt. Künstlerische Werte gehen bei ihrem Wettlauf um den Gewinn – den großen Gewinn – verloren.

Arthur erzielte mit einem Buch einen ziemlichen Erfolg. Es wurde zum regelrechten Bestseller. Zum ersten Mal in seinem Erwachsenendasein hatte er nun Geld, genoss Anerkennung und eine anscheinend gesicherte Zukunft. Agenten waren erpicht darauf, ihn zu vertreten, Verlage rissen sich darum, auf sein nächstes Projekt zu bieten. Jedermann, Arthur eingeschlossen, wettete darauf, dass er zu immer noch größeren und besseren Projekten kommen würde. Er hatte ein gewinnendes Wesen, und er befand sich in einer Glückssträhne. Es schien, als läge nichts außerhalb seiner Reichweite – bis er anfing, nach allem zugleich zu grapschen, indem er sich einredete, dass jede dieser Gelegenheiten zu gut war, um sie sausen zu lassen.

Als Erstes war da das Angebot eines Filmemachers: »Ich verkaufe die Persönlichkeit, die Sie schon sind, und sage den Leuten, wer Sie noch werden.« Der Mann klang überzeugend, und Arthur musste sich von 25 000 seiner frisch erworbenen Dollars trennen. Er sagte sich selbst, was auch der Filmemacher ihm sagte, dass es eine Investition in die Zukunft wäre.

Als Nächstes kam der Vorschlag, sich einer prestigeträchtigen Expertenkommission anzuschließen. Es waren nur weitere 25 000 Dollar nötig, um »reinzukommen«. Die meisten daran beteiligten Leute wurden von Firmen gesponsert, aber da Arthur im Grunde seine eigene Firma war … Nachdem er sich angehört hatte, wie sehr ihm das damit verbundene Prestige helfen würde, seriöser zu wirken, war Arthur auch hier »dabei«.

Was ich eigentlich sagen möchte, ist, dass wir gewillt sein müssen, uns von unserer Intuition führen zu lassen, und dann gewillt sein müssen, dieser Führung direkt und ohne Furcht zu folgen.

SHAKTI GAWAIN

Nach kurzer Zeit schien es so, als würde alles so richtig in Schwung kommen. Jedermann hatte Arthur eine wunderbare Gelegenheit zu offerieren, sich selbst und im Gegenzug auch dem anderen zu helfen. Er brauchte unbedingt einen hochkarätigen und gut bezahlten Assistenten. »Sie« brauchten unbedingt ein besseres Büro als nur dieses Zimmer da im Haus. »Es« – das neue Buch – verdiente ein fabelhaft aufgemachtes, professionell gestaltetes Exposé, das Arthurs blendende Ideen »angemessen verpackte«. Und dann, wo war Arthurs Website? Jemand von seinem Format brauchte einen »Webauftritt«, um interessierte Konsumenten darüber aufzuklären, wer und was er war.

Und was war das?

Arthur stellte fest, dass er sich auf zu viel eingelassen hatte und übermüdet, überarbeitet und unterbezahlt war. Sein Geld und sein Name standen hinter zu vielen Gelegenheiten, die sich ganz einfach nicht wirklich zu seinen Gunsten entwickelten.

»Ich hätte besser daran getan, nichts zu kaufen, das Geld auf die Bank zu tun und darauf zu warten, dass sich der ganze Wirbel um meinen ›Ruhm‹ wieder legt.« Stattdessen sah Arthur sich damit abmühen, die Hypothekenraten für sein gerade gekauftes Designer-Junggesellen-Apartment und die Kreditkartenzahlungen für seine frisch erworbenen Designeranzüge aufzubringen. Und was das wirkliche Schreiben anging, so konnte er nicht die Konzentration aufbringen, es auch nur zu versuchen. Ironischerweise hatte ihn der Erfolg alles gekostet, was ihm früher geholfen hatte, überhaupt erst Erfolg zu haben – Alleinsein, Zeit, sich Dinge durch den Kopf gehen zu lassen, den Raum und die Konzentration, die nötig waren, um ein paar echte eigenständige Gedanken zu schmieden. Jetzt passte Arthur ins Klischee. Er sah aus wie so viele andere Reklamefritzen in Armani-Anzügen und klang auch so – hektisch und verzweifelt bemüht, einen Erfolg zu landen.

> *Deine Träume verwirklicht zu haben löst ein Gefühl des Verlorenseins in dir aus.*
>
> ORIANA FALLACI

Nimmt die Präsenz in der Öffentlichkeit als Künstler zu, nimmt auch die Verwundbarkeit zu. Tempo schafft Durchlässigkeit – Dinge und Menschen flutschen durch unsere Abwehrmechanismen und können, wenn sie unsere Mauern durchbrechen – »Es dauert nur eine Minute« –, großen Schaden anrichten. Es kann eine Unmenge Zeit kosten, sich von dieser »Minute« wieder zu entgiften. Sie kann uns Stunden unserer Zeit kosten, in der wir ansonsten schreiben oder üben. Wie alle anderen Menschen brauchen auch wir Zeit, unser Leben, unsere Gewinne, unsere Verluste zu »verstoffwechseln«. Von unserer Berühmtheit geblendet – für viele sehen wir wie ein blinkendes Zehn-Cent-Stück aus –, ignorieren sie möglicherweise die Tatsache, dass auch wir Menschen sind. Sie attackieren unsere Grenzen, statt Verständnis dafür aufzubringen.

In den letzten drei Jahrzehnten habe ich mich dreimal unklugerweise auf kreative Menschen und Projekte eingelassen, denen gegenüber ich Vorbehalte hatte. In jedem Fall hatte die von mir vermutete menschliche Schwäche auch ein mit Makeln behaftetes Projekt zur Folge. Trittbrettfahrer sind mehr auf die Glorie des

»Gewinns« aus als auf das Wohl des Projekts. In ihrem Losstürzen auf den Erfolg übereilen sie möglicherweise ein Projekt. Und solche Projekte schmecken dann am Ende wie im Gewächshaus gezogene, in ihrem Wachstum forcierte Tomaten, fad und nach Pappe – sie sehen vielleicht ausreichend attraktiv aus, sind aber weder saftig noch nahrhaft und reichen in ihrem kreativen Geschmack auch nicht annähernd an das echte Ding heran.

Ein mit Kreativität verbundener Name und Ruf hat Gewicht und Breitenwirkung. Wenn wir unseren Namen und unsere Reputation Unternehmungen von zweifelhaftem Verdienst leihen, verlieren wir sowohl unsere Glaubwürdigkeit wie auch unsere Chance, selbst weiterhin an Boden zu gewinnen.

Ganz gleich, auf welcher Ebene wir unsere Kunst schaffen – vom Dorftheater bis hin zur Staatsbühne, von Lesungen in Kleinstädten bis hin zu großen Dichterlesungen –, wir müssen uns immer die Frage stellen: »Ist das eine wirkliche Gelegenheit oder ist es eine Gelegenheit, ausgenutzt zu werden.«

Alle wollen wir großzügig sein. Alle wollen wir Kolleginnen und Kollegen finden. Alle wollen wir arbeiten. Aber wir müssen ein achtsames Auge nicht nur auf das Kaliber unserer eigenen Arbeit haben, sondern auch auf das der Arbeit derer, mit denen wir uns zusammentun.

Für Künstler lohnt es sich bei einigen Risiken, sie einzugehen, bei anderen nicht. Das ist kein Snobismus. Das ist kein Exklusivitätsgehabe. Das ist Urteilskraft, Erkenntnis- und Unterscheidungsvermögen und Verantwortungsbewusstsein uns selbst und unseren Begabungen gegenüber.

Die Frage »Ist es die Mühe wert?« muss bei jedem Vorhaben gestellt werden. Manche schwierigen und wagemutigen Dinge sind die Ausgaben, die Risiken, wert. Geringerwertige Projekte und problematische Kollaborateure sind für die Kreativität Treibsand – wir bleiben stecken und gehen mit ihnen unter. Als Künstler müssen wir lernen, an unserer Kunst festzuhalten und nicht an Situationen, die uns festhalten.

Als Künstler sind wir in einer Weise offen, die sich von derjenigen der meisten anderen Menschen unterscheidet, und wir sind deshalb anfällig dafür, unvorbereitet getroffen zu werden. Eine Inspiration kann aus dem Augenwinkel heraus und im Flug erhascht werden, ebenso die Chance oder Gelegenheit, aber dieses Offensein für Möglichkeiten der kreativen Art macht uns unter Umständen auch für die

Ausbeutung offen. Wenn man uns unvorbereitet und in einem Moment der Unausgeglichenheit erwischt, willigen wir vielleicht ein, jemandem zu helfen, und tun dann etwas, was uns weit von unserer eigenen Arbeit und unseren Prioritäten abkommen lässt. Denken Sie jedes Mal, wenn Ihre Karriere in eine schnellere Gangart überwechselt, daran, was passiert, wenn Sie Auto fahren: Der Anstieg von Tempo hundert auf Tempo hundertfünfzig kann den Unterschied zwischen dem Betrachten und Genießen der Landschaft und einem An-den-Dingen-Vorbeisausen ausmachen, sodass man sich fragt: »War das da eben eine Tankstelle oder ein Laden? Hab ich die Ausfahrt verpasst?«

Ich möchte nicht am Ende meines Lebens ankommen und feststellen, dass ich es nur in seiner Länge gelebt habe. Ich möchte es auch in seiner ganzen Breite gelebt haben.

DIANE ACKERMAN

Künstler verpassen leicht die Ausfahrt oder biegen am Autobahnkreuz falsch ab. Und das passiert noch leichter, wenn uns jemand anders ablenkt. Stellen Sie sich vor, Sie versuchen, an einem komplizierten Autobahnkreuz die Hinweisschilder zu entziffern, und jemand schnattert in Ihr Ohr und quatscht über Dinge, die nichts mit dem gerade anstehenden Problem zu tun haben: »Wie kommen wir dort hin?« Das »Dort«, zu dem wir Künstler hinstreben, ist die Arbeit, für die wir uns selbst achten und respektieren können und hoffentlich auch geachtet und respektiert werden. Ruhm und Rummel bedeuten Ablenkung. Eine Ablenkung kann Sie teuer zu stehen kommen. Wenn jemand – Ihr Agent oder Manager – Sie ständig anruft und Sie mit Möglichkeiten und Gelegenheiten bombardiert, die vielleicht ihm dienlich sind, aber nicht Ihnen, verlieren Sie Ihre Konzentration, sehen Sie nicht mehr klar und verpassen die Gelegenheit, in Ihrer Karriere einen Weg einzuschlagen, der Ihnen gefällt.

Klopft eine wirkliche Gelegenheit an, kommt Erwartungsfreude auf. Ich empfinde oft ein stilles, ehrfürchtigen Staunen, wenn so eine Möglichkeit an ihren Platz gleitet: »Oh, es ist so klasse!« Manchmal sind wir auch einfach ein bisschen benommen, so als müssten wir sagen: »Zwick mich mal. Kann das denn wahr sein?« Opportunisten vermitteln hingegen eher das Gefühl, unter dem Druck zu stehen, in letzter Minute noch einkaufen zu müssen, so eine Art impulsiver Einkaufszwang, bei dem man weiß, man sollte ihm nicht nachgeben, tut's dann aber doch.

Einfach lässt es sich vielleicht so erkennen: Fakten sind etwas Solides. Beteuerungen sind es nicht. Wenn wir zwischen einem Opportunisten und jemandem, der uns eine reale Chance bietet, unterscheiden können wollen, sollten wir nach Fakten Ausschau halten. Fakten, das heißt: »Lass mal sehen. Ich habe für fünf Broadwayshows und drei nationale Tourneen gearbeitet.« Heiße Luft ist beispielsweise ein Satz wie: »Ich habe eine Menge Erfahrung im Arbeiten mit Sängern.« (»Eine Menge« Erfahrung welcher Art?)

Wahrnehmungs- und Erkenntnisvermögen setzen sich aus Instinkt und ein bisschen sorgfältiger Reporterarbeit zusammen. Wir wollen nicht zu hören bekommen: »Na, na, machen Sie sich da mal keine Sorgen.« Wir wollen hören: »Ich habe das schon sechsmal gemacht, und ich habe drei gute Freunde, die ich anrufen kann, wenn es Probleme gibt.«

Da du keinem anderen seit Anbeginn der Zeit erschaffenen Wesen gleich bist, bist du unvergleichlich.

BRENDA UELAND

Als Künstler müssen wir nicht nur für unsere guten Gelegenheiten und Möglichkeiten, sondern auch für unsere unseligen Entscheidungen wach sein. Wir müssen lernen, wann und wie wir in Bezug auf Menschen und Unternehmungen, die unseren wahren Zielen und Bestrebungen nicht dienlich sind, den Stecker aus der Dose ziehen. Wie gesagt: Nur allzu oft mag die »große Chance«, die uns ein anderer offeriert, eine große Chance sein, von ihm ausgenutzt zu werden.

AUFGABE *Machen Sie langsamer und fühlen Sie sich stark*

Geschwindigkeit schafft die Illusion von Unbesiegbarkeit. Wir durcheilen unsere Tage und machen uns taub für den tieferen Fluss unseres Lebens. Wir fühlen uns seicht und treiben uns an, noch härter zu leben, obwohl es doch nötig wäre, tiefer und stiller zu leben. Ein wirkungsvolles Mantra, um ruhiger zu werden, ist das ständige Wiederholen des Satzes: »Es gibt keine Dringlichkeiten.« Und welche Situation, wenn es keine Dringlichkeiten in Ihrem Leben gibt, könnte es Ihnen erlauben, sich etwas sachter und sanfter zu entfalten?

Greifen Sie zum Stift. Zählen Sie der Reihe nach fünf Bereiche in Ihrem Leben auf, in denen Sie das Gefühl von Hast und Druck haben. Fragen Sie sich, ob Ihr

Gefühl von Dringlichkeit unangebracht ist. Oft haben wir ganz einfach Angstgefühle wegen etwas, was sich ganz natürlich entfaltet. Wir wollen unser eigenes Wachstum vorantreiben, als sei es eine Treibhauspflanze, statt die Situationen – und uns selbst – einfach reifen zu lassen.

Wenden Sie sich nun wieder Ihrer Liste mit den fünf »Hastigkeit-führt-zu-Schlamperei«-Bereichen zu. Können Sie in jedem dieser Bereiche Ihr Zeitgefüge so verändern, dass Sie ein bisschen anmutiger mit der Zwiespältigkeit leben können? Einer der verbreitetsten Sprüche bei der Arbeit mit den Zwölf-Schritte-Programmen lautet: »Immer langsam und sachte.« Wir verstehen darunter nur allzu oft, dass wir uns beruhigen sollen. Aber dieser Spruch bedeutet sehr viel mehr. Er ist die gewonnene Essenz aus einem riesigen Netzwerk spiritueller Weisheit, das gelernt hat, dass »Immer langsam und sachte« in Wirklichkeit bedeutet: »Immer langsam und sachte bringt es zuwege.«

> *Das kreative Potenzial im Menschen ist ein Abbild Gottes.*
>
> MARY DALY

Keine Person, kein Ort, keine Situation profitiert von unserem gehetzten Drängen. Alles und jedes profitiert von unserem Langsamerwerden – Loslassen und Gott-Zulassen –, sodass ein natürliches Tempo und Fortschreiten entdeckt werden kann.

Speed kills, ein Spruch, der aus der Drogenszene kommt, warnt uns vor der Gefahr allzu großer Geschwindigkeit. Wir sind verletzliche Geschöpfe, komplexe Mechanismen, dazu angelegt, uns in einem menschlichen, humanem Tempo zu bewegen. Und dieses Tempo wählen wir jedes Mal, wenn wir die Geschwindigkeit verlangsamen, um Kraft zu sammeln und unsere Stärke zu fühlen.

Kreativitätssaboteure

Fast alle Umweltbedingungen weisen ein paar unerwünschte Elemente auf – der feuchte, heiße Süden der USA die Moskitosaison, Minnesota winterliche Kälteperioden mit Temperaturen weit unter null Grad, die das Land zu Eis erstarren lassen. Auch idyllische Lebensräume haben ihre feindseligen Elemente, und wir als Künstler müssen die Elemente in unserer Umwelt kennen und benennen, die ganz eindeutig eine Gefahr auf unserem Weg darstellen. Ich habe gelernt, auf meinen Spaziergängen im Südwesten, wo ich jeweils ein halbes Jahr lebe, stets ein wachsames Auge auf Klapperschlangen oder auch eine vereinzelte Tarantel zu haben. Als Künstlerin muss ich gleichermaßen stark auf die für meine Psyche gefährlichen Bewohner meiner Umwelt achten. Ich bezeichne diese Typen als »Kreativitätssaboteure«; und tritt irgendeiner von ihnen in Erscheinung, kann das – wie der Anblick einer noch jungen kleinen Klapperschlange beim Abendspaziergang – unsere Aufmerksamkeit aufs Überleben richten und von der Schönheit dessen abziehen, was immer wir gerade tun. Doch rasselt ein Kreativitätssaboteur nicht immer, bevor er zuschlägt, weshalb wir zu unserem Selbstschutz ein gewisses Maß an Wachsamkeit brauchen.

Lass dich nicht von ihnen zähmen!
ISADORA DUNCAN

Ebenso wie alle Umgebungen ein paar negative Elemente aufweisen, ist die Vorstellung, wir könnten den Kreativitätssaboteuren völlig entgehen, reines Wunschdenken. Ich habe festgestellt, dass es nutzbringender ist, an sie heranzugehen, wie ich auch an die gefährlicheren Bewohner des Wüstenplateaus herangehe – nämlich sie zu kennen, zu benennen und zu meiden. Ein Kreativitätssaboteur ist kein freundliches Tierchen, und ganz gleich, wie unschuldig er erscheinen mag, schon allein seine Anwesenheit bedeutet, dass Sie sich vor drohendem Schaden für sich und Ihre Träume vorsehen müssen.

Die spielerische Namensgebung für einen Kreativitätssaboteur lässt uns ein Gefühl von eigener Macht bewahren. »Ach so, es ist nur einer von diesen Schlapplappen-Matadoren, einer von diesen Spielverderbern und Miesmachern«, können wir uns sagen, wenn wir vom dumpfen Schlag ungefragter und oft schlecht durchdachter Meinungen und Ratschläge getroffen werden. Im Folgenden finden Sie ein typisches Beispiel für den Wortwechsel mit solch einem Miesmachertypen:

Künstler: »Ich bin so aufgeregt. Ich glaube, ich habe endlich den Höhepunkt des zweiten Akts in den Griff bekommen.«

Miesmacher: »Na, das wird sich ganz bestimmt noch ändern, wenn du das Stück erst mal auf die Beine gestellt hast. Die Struktur kann im Grunde nicht allein vom Stückeschreiber bestimmt werden. Sie liegt auch im Spielen begründet. Theater ist schließlich eine Kunst, in der es auf die Zusammenarbeit ankommt, bla, bla, bla …«

Dieser Typ wird Sie energetisch mies und runtermachen, um Ihre kreative Schubkraft abzulenken, zu dämpfen und durcheinander zu bringen.

Ein Wortwechsel wie dieser kann Sie als Künstler bzw. Stückeschreiber in Ihrem Enthusiasmus dämpfen. Wir sind im Allgemeinen zu höflich, um zu antworten: »Natürlich kommt es bei dieser Kunst auf die Zusammenarbeit an, aber irgendetwas musst du haben, um darauf aufbauen und überhaupt zusammenarbeiten zu können, du Dumpfbacke.«

Miesmacher geben sich gern den Anstrich traurig gestimmter Überlegenheit, so als hätten sie Leute wie Sie und Ihresgleichen schon unzählige Male zuvor kommen und gehen gesehen. Sie haben einen Ton in der Stimme wie ein besorgter Campleiter, der einem schlecht beratenen Zwölfjährigen beim Planen eines Picknicks mitten unter Grizzlybären zuhört. Miesmacher dieser Art werden in dem Moment, in dem Sie sagen: »Ich habe mich entschieden, nach Norden zu gehen«, sofort mit einem »O nein! Nach Süden musst du!« reagieren. Ihr grundsätzliches Vertreten einer entgegengesetzten Meinung wird dann komisch, wenn Sie erst einmal geschnallt haben, dass diese die Fähigkeit haben, Ihre Wahrnehmungen *niemals* zu unterschreiben. Haben Sie einen Miesmachertypen erfolgreich als solchen ausgemacht, wird er weniger zum Saboteur als vielmehr zum Anlass befreiender Komik.

Wohlwollen und Barmherzigkeit üben nicht Druck aus – sondern bieten an.

JOHN BOWEN COBURN

Schauen wir uns nun einen verwandten Typen an, den Amateurexperten. Wie der Miesmachertyp haust auch dieser Zeitgenosse in der Negativität, stützt aber seine Meinungen mit einer ganzen Kompanie an Fakten und Zahlen ab, die unter Umständen auch nicht die geringste Relevanz für Ihren Erfolg aufweisen. Der an Theorien reiche, aber an Erfahrungen arme Amateurexperte kann Ihnen eine Million Gründe aufzählen, warum etwas *nicht* funktionieren *wird*, aber keinen brauchbaren Rat erteilen, der Ihnen dabei hilft, dass etwas funktioniert. Amateurexperten sind Lappalienfreaks und ähneln insofern Fanclubpräsidenten, als sie zwar wissen, welches Haarshampoo Rita Hayworth bevorzugte, aber unfähig sind, eine noch im Werden begriffene Hayworth zu erkennen.

Sowohl der Miesmachertyp wie auch der Amateurexperte schwingen die Keule vermeintlicher Überlegenheit gegen die Kreativen. Sie sind einfach sicher, dass sie es »besser wissen« als wir ... Dieser Typus ist darauf angelegt, immer von so gezielten Fragen wie »Was genau hast du eigentlich jemals getan?« abzulenken.

Der nächste destruktive Typus weiß es schlimmer und kann es gar nicht abwarten, uns es auch mitzuteilen. Wie eine Malaria übertragende Stechmücke hinterlässt auch die Schlechte-Nachrichten-Fee einen Stich und eine schleichende Krankheit. Statt aus ihrer eigenen Negativität heraus zu sprechen, trägt – und überträgt – sie die Negativität anderer. Hier ist ein typischer Wortwechsel:

Künstler: »Ich habe gerade meine neue Operette fertig gestellt und bin verdammt aufgeregt.«

Schlechte-Nachrichten-Fee: »Natürlich weißt du, dass die Zuschüsse für Operetten gerade um eine Million Prozent gekürzt worden sind, und wie mir mein enger Freund Nigel Nix erst gestern noch sagte, interessieren Operetten als Kunstform heute keinen Menschen mehr, und schon gar nicht ihn und Percy Beutelschnur, die die Kontrolle über alle Zuschüsse haben, an denen du möglicherweise interessiert sein könntest.«

Beachten Sie, dass dieser Saboteur seine Hände stets in Unschuld wäscht. Es sind nie *seine* hässlichen kleinen Bakterien, die bei Ihnen zu einer kreativen Erkältung führen. Es sind die von jemand anders, die er nur gerade »zufällig« an Sie weitergibt.

Das, was dich zu etwas Außergewöhnlichem macht, wenn du es denn sein solltest, ist unvermeidlich das, was dich auch einsam machen muss.
LORRAINE HANSBERRY

Keine Auflistung der Kreativitässaboteure wäre vollständig ohne die Erwähnung, dass Kunstsnobs in zwei Grundfarben daherkommen: als sehr wichtige Leute (VIPs) und als sehr ernsthafte Leute. VIPs mögen es gern, dass ihr Outfit gewisse Labels aufweist, und dasselbe gilt für ihre Kunst. Wenn sie auf Sie stoßen, möchten sie Ihren Kreativitätspass überprüfen, um festzustellen, ob Ihre Fähigkeiten auch überall an den richtigen Stellen abgestempelt wurden. Für sie ist nicht wichtig, dass Sie Klavier spielen können, sondern dass Sie es bis ins Juilliard geschafft haben. Es geht nicht darum, dass Sie malen können, sondern dass das Whitney eines Ihrer Gemälde besitzt. Vergessen Sie, dass Sie Schriftstellerin sind, haben Sie einen Topagenten oder bloß Talent? Diesen Leuten geht es darum, wer jemand ist, und nicht darum, was etwas ist. Wenn Sie Beethoven sind, sollten Sie das besser auch beweisen können. Der Kontakt mit einem VIP führt normalerweise dazu, dass sich ein Künstler hinterher ausgesprochen unwichtig vorkommt.

Schauen wir uns jetzt deren enge Verwandten, die sehr ernsthaften Leute an. Der Kommunikationsaustausch hat hier mit der Vorstellung zu tun, dass Sie bloß ein Künstler, sie hingegen Liebhaber der Kunst sind. Ihre Arbeit, welcher Art sie auch immer sei, nimmt sich im Vergleich zu den ihnen bekannten »großen Werken« blass aus. Hört man sie so reden – und sie werden es sagen –, dann ist Kunst eine Sache von Leben und Tod. Und natürlich ergeht es *ihren* informierten Beobachtungen zufolge toten Künstlern sehr viel besser als den lebenden Künstlern beim »Schaffen von Kunst«. Wie Önophile, die alte Weine horten, aber nicht trinken, kann man die Schar der ernsthaften Kunstliebhaber nicht mit bloßer Freude und Wertschätzung behelligen.

Als Künstler sind wir weitaus häufiger unsicher als größenwahnsinnig oder aufgeblasen. Ja, wir sind so störrisch und beharrlich wie Fingerhirse, aber ebenso leicht tritt man uns auch nieder. Ja, wir richten uns wieder auf – aber zuweilen erst nach Jahren des Entmutigtseins. Wenn wir unsere Kunst ins Licht der Öffentlichkeit rücken, müssen wir ein paar Freunde finden, die uns dadurch ermutigen, dass sie uns unsere Kompetenz zurückspiegeln – darüber hinaus müssen wir den inneren Entschluss fassen, ein paar Schilder aufzustellen, die besagen: »Rasen nicht betreten«.

Das Fertigwerden mit einer Kreativitätssabotage gleicht dem Überleben eines Schlangenbisses. Man kann sie überleben, und hinterher wird eine gute Geschichte daraus. Doch wie beim Schlangenbiss muss als Erstes die Schlange benannt und das Gift an der Ausbreitung gehindert werden. Wir können es uns nicht leisten, dass wir selbst oder jemand anders die Tatsache leugnen, dass wir gebissen wurden. Wir sind vergiftet worden. Schaden wurde angerichtet, und die zarten, feinen Nervenendigungen unserer Kunst wurden schwer verletzt. Schritt eins ist, sich davonzumachen, damit Sie nicht noch einmal gebissen werden. Bleiben Sie nicht total

Integrität ist in den Sommermonaten des Erfolgs so leicht verderblich.

VANESSA REDGRAVE

erstaunt stocksteif stehen und piksen dann die Schlange an, um zu sehen, ob sie vielleicht noch mal beißen möchte. Schlangen beißen. Sie beißen einmal, und sie beißen auch noch einmal. Wenn Sie glauben, gebissen worden zu sein, dann gehen Sie davon aus, dass Sie gebissen worden sind, und machen Sie einen Satz zurück. Hören Sie nicht auf die Menschen, die möchten, dass Sie bei dieser Erfahrung »die in ihr steckende Lektion entdecken«. Dazu wird später noch eine Menge Zeit sein. Für den Moment sehen Sie zu, dass Sie Abstand von der Schlange gewinnen.

Lassen Sie sich nicht auf Leute ein, die mit Ihnen über das seltene Vorkommen dieser speziellen Art von Giftschlange reden wollen. Fangen Sie nicht an zu glauben, die Merkwürdigkeit, dass Sie gebissen wurden, ändere irgendetwas an der Tatsache, dass Sie gebissen wurden. Später, nach ein paar Wochen der Erholung, können Sie dann mit jemandem den Lunch genießen, der sagt: »Oh, der war schon immer eine Viper und hat auch mich gebissen.« Aber so ein Gespräch ist etwas für später, nicht für den Moment.

Erst lassen Sie sich erste Hilfe angedeihen. Das bedeutet, Sie geben zu, gebissen worden zu sein, und tun nicht so, als sei nichts geschehen, und greifen zum Gegengift. Das Gegengift ist eine Person, die Sie vor, während und nach Ihren Kreativitätsverletzungen unterstützt. Eine Freundin oder ein Freund, die oder der nicht viel mehr sagt als »Das ist schrecklich« und »Was kann ich tun, um dir zu helfen?«.

Die Antwort auf »Was kann ich tun, um dir zu helfen?« ist eine sehr direkte: »Liebe mich.« Darüber hinaus: »Hilf mir, mir selbst zu verzeihen, dass ich zum Narren gehalten, verletzt, gebissen worden bin. Hilf mir, mich selbst vom Haken zu lassen und mir nicht die Schuld am schlechten Benehmen eines anderen Menschen zu geben. Hilf mir, damit aufzuhören, mich selbst als dumm zu beschimpfen. Sag mir, Unfälle passieren nun mal. Da draußen gibt es Schlangen. Jeder von uns hätte wie du auf eine so scheußliche Kreatur stoßen können.«

Es ist ein spirituelles Gesetz, dass wir Verletzungen zwar nicht immer vermeiden, sie aber später immer in etwas Gutes verwandeln und nutzbringend verwenden können. Der Silberstreifen, der sich mit dem Überleben eines Schlangenbisses verbindet, ist das Mitgefühl, das er uns selbst und später auch anderen gegenüber auslöst. Es wird immer Kreativitätssaboteure geben. Ihr Biss wird immer schmerzen, und wenn wir lernen, sie auszumachen und zu meiden, können wir unsere Erfahrungen, unsere Stärke und Hoffnung mit anderen teilen: Kreativitätssaboteure verletzten uns, aber sie lassen sich überwinden.

AUFGABE *Führen Sie einen Exorzismus durch*

Kreativität gehört dem spirituellen Bereich zu, und das bedeutet, wir können Kräfte anrufen, um unsere Dämonen auszutreiben. Eine Verletzung der Spiritualität bzw. Kreativität bietet eine ausgezeichnete Gelegenheit für ein spirituelles Ritual, das Sie für sich selbst entwerfen. Hier sind zwei meiner Favoriten. Beide sind machtvoll und spielerischer Natur, eine potente Mischung:

Der Beginn von Gewissensbissen ist der Beginn eines neuen Lebens.
GEORGE ELIOT

1. *Treiben Sie einen Kreativitätsdämon aus:* Denken Sie über Ihre Verletzung nach und fabrizieren Sie ein Kreativitätsmonster, das alle hässlichen Elemente Ihres Peinigers verkörpert. Schon das Herstellen dieses Monsters hat eine kathartische Wirkung, aber noch befreiender wirkt sich seine Zerstörung aus. Verbrennen Sie es, begraben Sie es, setzen Sie es 30 Kilometer von Ihrem Haus entfernt in der Wildnis aus, werfen Sie es über die Brücke in den tiefen Abgrund, schicken Sie es flussabwärts. Werden Sie es los. Eine Schülerin fabrizierte ein »Wort-Monster« unter Verwendung all der beherrschenden Grammatik- und Sprachgebrauchsregeln. Später schrieb sie dann freier und ungehinderter.
2. *Erschaffen Sie ein Kreativitätstotem:* Stellen Sie ein Wesen her, das alle spirituellen Kräfte verkörpert, die Sie gern zu Ihrer Unterstützung aufbringen würden. Das kann eine Puppe, eine Skulptur, ein von Ihnen gemaltes Bild, ein Musikstück, sogar eine Collage sein. Stellen Sie es an sichtbarer Stelle und zu Ihrem Schutz in Ihrem Umfeld auf. Der Akt des Kunstschaffens ist es, der das gebrochene schöpferische Herz heilt.

Check

1. *Wie viele Tage in dieser Woche haben Sie Ihre Morgenseiten geschrieben?* Wenn Sie einen Tag ausgelassen haben, was war der Grund? Welche Erfahrung haben Sie mit dem Schreiben der Morgenseiten gemacht? Erfahren Sie mehr Klarheit? Ein breiteres Spektrum an Gefühlen und Emotionen? Ein stärkeres Gefühl von Objektivität, Zielgerichtetheit und Ruhe? Hat Sie irgendetwas überrascht? Gibt es ein Thema oder Problem, mit dem Sie sich wiederholt befassen müssen?
2. *Haben Sie in dieser Woche Ihr künstlerisches Stelldichein gehabt?* Haben Sie ein gesteigertes Wohlbefinden festgestellt? Was haben Sie unternommen, und wie fühlten Sie sich dabei? Das künstlerische Stelldichein kann eine schwierige Sache sein, und möglicherweise müssen Sie sich gut zureden, um sich dazu aufzuschwingen.

Im Alleinsein widmen wir unserem Leben, unseren Erinnerungen, den Details unserer Umgebung leidenschaftliche Aufmerksamkeit.

VIRGINIA WOOLF

3. *Haben Sie Ihren wöchentlichen Spaziergang unternommen?* Wie fühlten Sie sich dabei? Welche Gefühle oder Erkenntnisse tauchten in Ihrem Inneren auf? Konnten Sie mehr als einen Spaziergang machen? Was hat Ihr Spaziergang für Ihren Optimismus und Ihr Gefühl von Perspektive bewirkt?
4. *Gab es in dieser Woche irgendwelche anderen Themen, die Ihrem Gefühl nach für Ihre Selbstentdeckung wichtig waren?* Beschreiben Sie sie.

NEUNTE WOCHE

Einen Sinn fürs Durchhaltevermögen entdecken

In dieser Woche soll der Mythos vom Künstler als Superhelden demontiert werden. Kein Künstler ist negativen Emotionen gegenüber immun. Der Schlüssel, über sie hinwegzukommen, liegt darin, sie als notwendigen, bekannten und zu erwartenden Bestandteil des kreativen Weges zu akzeptieren. Die Texte und Aufgaben dieser Woche fordern uns dazu auf, Mitgefühl für die Schwierigkeiten zu entwickeln, die die von uns gewählte kreative Reise mit sich bringt. Und während wir uns in dieser Woche vor allem auf die inneren Prüfungen konzentrieren, denen sich Künstler ausgesetzt sehen, werden wir doch auch der Tatsache versichert, dass die dunkle Nacht der Seele uns zwar alle heimsucht, wir aber, indem wir dies akzeptieren, sie auch durchwandern können.

Sorge

Man kann sich kreative Künstler wie nervöse Rennpferde vorstellen, die so lange unruhig sind, bis sie endlich aus der Startmaschine heraus sind und tatsächlich galoppieren.

Meiner Erfahrung nach ist kein Künstler gegen düstere Vorahnungen und Befürchtungen in vielerlei Formen gefeit oder darüber erhaben. Erfolgreiche Künstler haben gelernt, die eng verwandten Gefühle und Emotionen zu identifizieren und effektiv mit ihnen umzugehen. Es hilft, hier ein paar wichtige Unterscheidungen vorzunehmen und einige funktionierende Definitionen herauszuarbeiten:

- *Panik* ist ein sich steigerndes Gefühl von Angst und Schrecken, das sich für uns so ausnehmen kann, als würden wir vom starren Blick des Wandels überrollt und gelähmt. Panik ist das, was Sie auf dem Weg zum Altar empfinden oder am Premierenabend auf der Fahrt zum Theater oder auf dem Weg zum Flughafen vor Beginn einer Lesereise. Sie wurzelt in der Vorstellung »Ich weiß, wohin ich will, aber wie soll ich dahin kommen?«.
- *Das Sichsorgen* hat etwas Ängstigendes und Unkonzentriertes an sich. Es schwirrt von Thema zu Thema, macht sich erst am einen fest, dann am anderen. Wie bei einem lauten Staubsauger besteht seine Hauptfunktion darin, uns von dem abzulenken, was uns wirklich Angst macht. Das Sichsorgen ist so eine Art emotionaler Ameisenbär, der in *allen* Ecken nach Problemen herumstochert.
- *Angst* ist nicht so obsessiv wie das Sichsorgen und eskaliert auch nicht so sehr wie die Panik. Angst gründet sich mehr auf die Realität. Sie fordert uns auf, etwas zu überprüfen. So unerfreulich sie auch ist, ist sie doch unsere Verbündete. Wenn wir sie ignorieren, eskaliert sie. Zu ihrem Aufschrei und zu ihrer Forderung gesellt sich ein Einsamkeitsgefühl. In ihrer Wurzel gründet sie sich auf das Empfinden, isoliert zu sein. Wir haben

> *Ich glaube, diese schwierigen Zeiten haben mir geholfen, besser als je zuvor zu begreifen, wie unendlich reich und schön das Leben in jeder Hinsicht ist und dass so viele Dinge, über die man sich Sorgen macht, nicht die geringste Bedeutung haben.*
>
> *ISAK DINESEN*

> den Eindruck, wie David Goliath gegenüberzustehen, ohne Hilfe von Seiten unserer Kumpane und von der Sorge erfüllt, dass unsere erprobte Steinschleuder dieses Mal nicht funktionieren könnte.

Je aktiver – und sogar je negativer – Ihre Phantasie und Vorstellungskraft wirken, desto stärker ist dies ein Zeichen von kreativer Energie. Stellen Sie sich diese Situation vor, als seien Sie ein Rennpferd – all die aufgeregte Lebhaftigkeit, während Sie vom Sattelplatz tänzeln und nach guten Vorzeichen für Ihr Rennen Ausschau halten.

Sowohl beim Unterrichten wie auch beim Zusammenarbeiten habe ich oft die Erfahrung gemacht, dass die »ängstlichsten« und »neurotischsten« Leute tatsächlich die mit der besten Vorstellungskraft sind. Sie haben ihre Vorstellungen einfach nach den Routen ihrer kulturellen Konditionierung ausgerichtet. Die Fünf-Uhr-Nachrichten sind nie die guten Nachrichten, und so projizieren sie, wenn sie einen Film von ihrer möglichen Zukunft abspielen, routinemäßig den Film mit den Gefahren und entsetzlichen Endergebnissen auf ihre innere Leinwand. Und mit ihren kreativen Projekten verfahren sie ebenso.

Das Sichsorgen ist die negative Stiefschwester der Vorstellungskraft. Statt Dinge zu schaffen, schaffen wir Probleme. Wir sind von unserer Kultur her darauf trainiert, uns zu sorgen.

Wir sind darauf trainiert, uns auf jede negative Möglichkeit vorzubereiten. Die Nachrichten lehren uns täglich die vielen möglichen Katastrophen, die uns allen zur Verfügung stehen. Ist es da ein Wunder, wenn sich unsere Vorstellungskraft routinemäßig der Besorgnis zuwendet? Wir hören nichts von den vielen alten Menschen, die sicher nach Hause gelangten; wir hören von jener Großmutter, bei der es nicht so war. Und deshalb rechnen wir bei der Premiere eines Theaterstückes mit kritischen Heckenschützen, nicht mit begeisterten Lobeshymnen.

> *Jede Katastrophe, die du überleben kannst, stellt, was deinen Charakter, dein Format und dein Leben angeht, eine Verbesserung dar. Was für ein Privileg!*
>
> JOSEPH CAMPBELL

Einer der Gründe, warum die Morgenseiten für Künstler so gut funktionieren, ist der, dass sie eine Möglichkeit bieten, schon gleich zu Beginn unseres kreativen Tages die Sorgen abzusaugen. Ähnlich kann die Tatsache, dass wir stichprobenartig eine Bestandsaufnahme vornehmen und eine Bresche durch unsere Blockaden schlagen, indem wir irgendwelche Besorgnisse, Ärgernisse und Ängste in Bezug auf ein Projekt benennen, sie als unser Eigen anerkennen und dann fallen lassen, dafür sorgen, dass wir gut aus der Startmaschine kommen.

Ängste um unsere eigene Sicherheit und die Sicherheit anderer, der plötzliche Verdacht, von einem Gehirntumor und neurologischen Störungen befallen zu sein, die »Erkenntnis«, dass wir dabei sind, blind oder taub zu werden, diese und andere Besorgnis erregende Symptome weisen darauf hin, dass wir an der Schwelle zu einem großen kreativen *Durchbruch* stehen, keinem Zusammenbruch, obwohl unserem Gefühl nach beides einander verblüffend ähneln kann.

Kurz davor, einen Spielfilm zu drehen, wurde ich urplötzlich von der »Überzeugung« gepeinigt, dass mir ein Heckenschütze ins Auge schießen würde. Ich weiß nicht, woher diese Phobie kam, aber sie verfolgte mich auf den Straßen der Stadt. Ich sehe es nicht als Zufall an, dass sie auftrat, als ich kurz davor stand, einen Film zu drehen. Und ebenso wenig betrachte ich es als Zufall, dass sich mein Heckenschütze davonmachte, sobald die Kamera erst einmal am Surren war.

Autoren nehmen sich auf ihrer Lesereise eine Auszeit, um schnaufend und keuchend ihre Inhalationsapparate hervorzuholen. Filmemacher, plötzlich von Nesselsucht befallen, bevölkern die Notaufnahme. Pianisten kennen das Entsetzen einer drohenden Verkrüppelung durch Arthritis. Tänzer entwickeln Klumpfüße und stoßen sich auf dem Weg zur Toilette ihre »En-pointe«-Zehen an. Wir überstehen diese Leiden und den Erfolg, den sie ankündigen, leichter, wenn wir daran denken, uns keine Sorgen wegen der Sorgen machen zu müssen.

Nachdem ich mich 35 Jahre lang in den Künsten betätigt und 25 Jahre lang gelehrt habe, wie man Kreativitätsblockaden auflöst, komme ich mir jetzt zuweilen wie eine Kreativitätswünschelrute vor. Ich treffe jemanden, und meine Rute beginnt auszuschlagen. Die kreative Energie ist eine deutlich spürbare, vielleicht als Neurose oder ewige Besorgtheit verkleidete, aber dennoch ganz reale und nutzbare Energie. Manchmal fühle ich mich wie eine Fährtenleserin. Der gebogene Zweig der unangebrachten Angst einer Person sagt mir, dass sie über eine sehr aktive Vorstellungskraft verfügt, die fokussiert und kanalisiert werden muss, und dass wir, wenn das geschieht, bemerkenswert aufblühen werden.

Einer der Freunde meiner Tochter auf der High School war ein hyperaktiver

Teenager mit leuchtenden, leidenschaftlichen Augen und einer rastlosen Energie, die ihn ständig auf Trab hielt, seine Aufmerksamkeit hierhin, dann dorthin springen und ihn ständig ausrufen ließ: »Schau dir dies an! Schau dir das an!« Nichts entging seiner besorgten Aufmerksamkeit. Er suchte buchstäblich nach Problemen.

»Dieser Junge braucht eine Kamera«, dachte ich und schenkte ihm eine zu seinem High-School-Abschluss. Jetzt, zehn Jahre später, ist er ein Filmemacher, was mich nicht überrascht. Seiner Besorgnis erregenden Intensität fehlte nur der richtige Kanal.

Wenn wir unsere Vorstellungskräfte auf das Verweilen im Positiven richten, kann dieselbe kreative Energie, die sich als ständige Besorgnis ausdrückt, zu etwas anderem werden. Ich habe Gedichte, Songs, ganze Stücke in »Angst« geschrieben. Rufen Sie sich, wenn das Sichsorgen zuschlägt, in Erinnerung, dass Ihre Gabe für die Besorgnis und Negativität nur ein sicheres Zeichen für Ihre beträchtlichen kreativen Kräfte darstellt. Sie ist der Beweis für Ihr kreatives Potenzial, Ihr Leben besser, nicht schlechter zu machen.

Ideen kamen von den merkwürdigsten Orten her.

JOYCE CAROL OATES

Als Künstler *müssen* wir es lernen, und wir anderen *können* es lernen: Wir können lernen, den Schalter umzulegen, der dafür sorgt, dass unsere Energie die Bahnen der Besorgnis verlässt und in die der Erfindungskraft einmündet. Wenn wir unser Leben erweitern und ausdehnen wollen, müssen wir sowohl für die positiven wie auch negativen Möglichkeiten und Resultate offen sein. Wenn wir lernen, auch die Energie zu akzeptieren, die sich in Sorgen ausdrückt, sind wir imstande, sie in Treibstoff umzuwandeln. »Nutz sie einfach, nutz sie einfach«, singt eine versierte Schauspielerin beschwörend vor sich hin, wenn die Angst- und Panikzustände zuschlagen. Das ist eine erlernte Prozedur.

Meiner Erfahrung nach entwachsen Künstler nie ganz der Angst und Besorgnis. Wir werden einfach nur geschickter darin, sie als fehlgeleitete kreative Energie zu erkennen.

Ich habe schon mit versierten Regisseuren hinten im Kino gesessen, die von Asthma- und Übelkeitsanfällen geplagt wurden, während ihr Film einem Vorpremierenpublikum dargeboten wurde. Als Stückeschreiberin habe ich schon mit Entsetzen beobachtet, wie meine Hauptdarstellerin wie ein Zugpferd keuchend dastand und in den Kulissen hyperventilierte, bevor sie die Bühne betrat und eine brillante Darstellung ablieferte.

Es ist ganz ersichtlich Unsinn zu glauben, dass »wirkliche Künstler« irgendwie über oder jenseits der Angst stünden, und dennoch ist das die Version, die uns so oft von der Presse verkauft wird. Wir erfahren etwas über den Mumm eines Künstlers – »Steven erwarb mit sieben Jahren seine erste Kamera« –, hören in der Regel aber selten etwas über sein angeschlagenes Nervenkostüm. Aus diesem Grund erzähle ich gern Geschichten, die ich in meinen Zwanzigern mitbekam, als ich mit dem jungen Martin Scorsese verheiratet war, der mit dem jungen Steven Spielberg und mit George Lucas, Brian DePalma und Francis Ford Coppola befreundet war. In meiner privilegierten Position als Ehefrau und Insiderin war ich Zeugin von Zuständen extremer nervlicher Anspannung und Anfällen von Unsicherheit, die mithilfe der Freunde durchgestanden wurden. Da alle Männer in unserem inneren Kreis zu ausgesprochen berühmten Künstlern heranreiften, sind diese Geschichten sehr wertvoll – nicht, weil hier berühmte Namen erwähnt werden, sondern weil sie Informationen liefern. Sie teilen uns klipp und klar mit, dass große Künstler große Ängste erleiden, so wie wir anderen auch. Sie schaffen nicht angstfrei, sondern trotz der Angst Kunst. Sie sind nicht frei von Sorge und Besorgnis, doch sie sind frei, sich sowohl zu sorgen wie auch zu erschaffen. Sie sind keine Übermenschen, und so etwas brauchen wir auch nicht von uns zu erwarten. Wir müssen uns nicht als Kunstschaffende disqualifizieren, indem wir sagen: »Da es für mich so viel Angst und Schrecken bedeutet, muss das heißen, dass ich es nicht tun soll.«

Die wirklich großen Schriftsteller sind Leute wie Emily Brontë, die in einem Zimmer sitzen und aus ihrer begrenzten Erfahrung und unbegrenzten Phantasie heraus schreiben.

JAMES A. MICHENER

Lassen Sie es mich noch einmal wiederholen: Einige der am stärksten angsterfüllten Menschen, denen ich je begegnet bin, sind einige der größten amerikanischen Künstler. Sie haben Karriere gemacht, indem sie durch ihre Ängste hindurchgegangen und nicht vor ihnen davongelaufen sind. Ihre sehr aktive Phantasie und Vorstellungskraft, die sie ganz rappelig vor Angst und Schrecken werden lässt, ist dieselbe Phantasie und Vorstellungskraft, die ihnen erlaubt, uns in Spannung zu versetzen, zu fesseln, zu verzaubern. Ähnlich könnten Ihre persönlichen Besorgnisse und Ängste der Ihr großes Talent begleitende Pilotfisch sein. Sie sind ganz gewiss kein Grund, nicht tiefer in die Wasser Ihres eigenen kreativen Bewusstseins vorzudringen.

AUFGABE *Machen Sie den »Freudentanz« zu einem Ideal*

Unsere Imaginationsgabe, unsere Vorstellungskraft ist darin geschult, im Negativen zu hausen. Wir müssen sie darauf trainieren, im Positiven zu residieren. Kurz vor einem kreativen Durchbruch gehen wir oft unsere schlechten Kritiken durch – oder wenigstens unseren schlechten Tag. Wir stellen uns vor, wie dumm wir dastehen werden, weil wir je hofften, unsere Träume verwirklichen zu können. Wir haben großes Geschick darin, uns unseren künstlerischen Niedergang auszumalen.

Glücklicherweise wird uns manchmal Erfolg zuteil, gleich, ob wir ihn uns vorstellen können oder nicht. Trotzdem kommt er leichter und bleibt er problemloser bei uns, wenn er sich wie ein willkommener Gast fühlen kann, wie etwas, auf das wir uns freuten, nicht wie etwas, dem wir bange entgegenblickten. Dieses Werkzeug ist eine Übung in Optimismus, und das Wort »Übung« ist hier gut gewählt. Manche von uns müssen sich vielleicht regelrecht anstrengen, um sich den idealen Tag konstruktiv vorstellen zu können. Aber lassen Sie es uns versuchen.

Greifen Sie zum Stift. Reservieren Sie sich mindestens eine halbe Stunde Zeit zum ungehinderten Schreiben. Stellen Sie sich vor, wie Sie am Anfang eines für Sie idealen Tages stehen, ein Tag, an dem alle Ihre Träume wahr geworden sind und Sie nun üppig inmitten Ihrer glorreichen Leistungen und Errungenschaften leben. Wie fühlen Sie sich in dieser Situation? Wie gut können Sie sich das Gefühl vorstellen? Gönnen Sie sich das Vergnügen, sich ganz genau, Augenblick für Augenblick, Stunde für Stunde, Ereignis um Ereignis, Person um Person, den Tag, den Sie gerne hätten, vor Ihrem geistigen Auge auszumalen. Zum Beispiel:

> *Ein Wort befreit uns von aller Last und allen Qualen des Lebens: Dieses Wort ist Liebe.*
>
> SOPHOKLES

»Ich wache frühmorgens auf, gerade als ein wunderschönes Morgenlicht ins Zimmer strömt und die Wand beleuchtet, an der die Cover meiner besten Originalalben von meinen Broadwayshows hängen. Mein Schlafzimmer hat einen offenen Kamin, auf dessen Sims meine Oscars und Tony-

Trophäen fröhlich aufgereiht stehen. Ich schlüpfe leise aus dem Bett, um meinen Liebsten nicht zu wecken, der noch glückselig schläft. Es ist ein großer Tag, der erste Probentag für eine neue Show. Die Besetzung der Rollen ist gut verlaufen. Der Regisseur ist hervorragend. Alle sind gespannt und können es kaum erwarten, mit der Arbeit anzufangen, ich auch nicht. Ich habe schon früher mit vielen von ihnen zusammengearbeitet. Wir haben eine loyale, konstruktive und überragend talentierte Kerntruppe, die schon dabei war, als wir …«

Lassen Sie Ihrer Phantasie also absolut freien Lauf. Scheuen Sie keine Kosten und betrachten Sie nichts als zu belanglos. Haben Sie die Glückwunschtelegramme, die Ihren Schminkspiegel einrahmen? Hat Ihnen jemand zwei Dutzend Rosen geschickt und ein Dutzend frische Croissants zum Frühstück? Wenn das Telefon klingelt, wer ist dran, um zu sagen: »Das ist großartig!«? Ihre Lieblingsschwester oder der Bundespräsident? Es ist Ihr Tag, und Sie können ihn genau so gestalten, wie Sie ihn haben wollen.

Lassen Sie sich in Ihrem absoluten Idealtag schwelgen, stellen Sie sich den Lauf der Ereignisse von morgens bis nachts vor. Beziehen Sie Ihre Familie und Freunde ein, Ihre Haustiere, die Zeit für ein Nickerchen oder den Nachmittagstee. Laben Sie sich an Sahnetörtchen und hervorragenden Kritiken. Schließen Sie einen lukrativen und prestigeträchtigen Filmvertrag ab. Treffen Sie Vorkehrungen, um einen gewissen Prozentsatz Ihrer Megaprofite karitativen Zwecken zugute kommen zu lassen. Dehnen Sie Ihre geistige Vorstellungskraft und Ihre emotionalen Schranken aus, um den allerbesten Tag einzufangen, den Sie sich vorstellen können, und überlassen Sie sich dann einem Gefühl des inneren Friedens, der Ruhe und Selbstachtung für eine gut getane Arbeit.

Es gibt nur einen Winkel im Universum, den du mit Sicherheit verbessern kannst, und das ist dein eigenes Selbst.

ALDOUS HUXLEY

Angst

Die meisten von uns haben Angst vor der Angst, wenn Sie mir meine Flapsigkeit verzeihen wollen. Wir halten sie für schlecht. Wir *wissen,* sie ist ein unheimliches Ding. Wir haben Angst davor, Angst zu bekommen, fürchten uns davor, Furcht zu haben. Wir wissen alle nur allzu gut, wie sich unsere Ängste und Befürchtungen zu panischer Angst und Entsetzen steigern und wie diese uns dann dazu bringen können, in hektischen Aktionismus oder lähmende Unbeweglichkeit zu verfallen. Weil so viele unserer Erfahrungen mit der Angst negativ waren, erkennen wir ihr positives oder nützliches Wesen nicht. Angst hat beide Aspekte. Lassen Sie mich wiederholen: Angst ist positiv und nützlich. Die Angst sagt Dinge wie »Ich fürchte, der zweite Satz ist langweilig, und vielleicht möchtest du dir mal anschauen, ob du die Harmonien ein bisschen verlagern willst«, »Ich fürchte, meine Protagonisten reden auf dem Höhepunkt des zweiten Akts zu viel, ohne dass klar ist, was auf dem Spiel steht«, »Ich befürchte, mit meinem Geigensteg ist irgendetwas nicht in Ordnung, ich muss das nachsehen lassen« oder »Ich fürchte, ich habe in dieser Serie allzu viel Zinnoberrot verwendet, und meine Augen müssen sich jetzt mal in was anderes vergucken«.

Angst ist ein Aufleuchten auf dem Radarschirm unseres Bewusstseins. Angst sagt uns: »Prüf das nach.« Da ist etwas, was wir aus den Augenwinkeln wahrnehmen. Es tritt in unsere Gedanken ein, wie ein dunkler Schatten auf eine Schwelle fällt. »Ist jemand da?«, fragen wir vielleicht und halten den Atem an. Ja, es ist jemand da. Oft ist es eine von einem Teil unserer selbst zum Ausdruck gebrachte Wahrnehmung von einem Teil, den wir vernachlässigt, um den wir uns nicht gekümmert haben. Der pedantische Teil unserer selbst befürchtet vielleicht zu Recht, dass wir die Anweisungen für den Bass nicht hätten in der Kurzfassung angeben, sondern besser voll ausführen sollen. Für den Teil von uns, der wie die Pfadfinder ans Vorbereitetsein glaubt, ist es *nicht* okay. »Ich fürchte, es sieht nicht professionell genug aus«, beharrt er. Und er könnte Recht haben. Die Angst fordert uns dazu auf, etwas um der Klarheit willen zu überprüfen. Angst erfordert Handeln, nicht Beschwichtigung.

Als kreative Wesen sind wir komplexe Organismen. Wir verfügen über fein eingestellte Sinnesmechanismen, die weit über den üblichen Bereich der fünf Sinne hinausreichen. Manchmal haben wir das Gefühl, dass sich etwas Großes und Gutes ereignen wird. Wir wachen mit einem Gefühl von froher Erwartung und Offenheit auf – eine spirituelle Einstellung, die wir mithilfe der Morgenseiten und des künstlerischen Stelldicheins kultivieren. Ein andermal lässt die gleiche Offenheit in uns eine düstere Vorahnung aufkommen. Sollten wir uns den derzeit populären spirituellen Standpunkt zu Eigen gemacht haben, dass Angst irgendwie »schlecht« oder sogar »unspirituell« ist, werden wir versuchen, unsere Angst abzutun, ohne ihre Botschaft zu erforschen.

Ich wollte nie eine Überfahrt in der Kabine verbringen, sondern mich vor den Mast und auf das Deck der Welt begeben, denn dort konnte ich das Mondlicht inmitten der Berge am besten sehen. Ich möchte auch jetzt nicht unter Deck gehen.

HENRY DAVID THOREAU

»Gib dich nicht diesem Gefühl hin«, mahnen wir unser von Angst erfülltes Selbst. »Was hast du denn bloß?« Indem wir uns auf uns selbst als wahrscheinliche Quelle von irgendetwas, das »nicht stimmt«, richten, werden wir blind für die Möglichkeit, dass es in unserem Umfeld tatsächlich irgendjemanden oder irgendetwas geben könnte, mit dem etwas nicht in Ordnung ist.

Edward, ein Stückeschreiber, war mit einer großen Produktion seines neuesten und besten Stücks befasst. Der Produzent war ganz Lächeln und gute Vibes, sonnige Versprechungen und Projektionen – dennoch hatte Edward in seiner Gegenwart immer ein flaues Gefühl im Magen und mit einer dunklen Vorahnung zu kämpfen.

»Edward, hör auf damit. Was soll das? Hast du neurotische Erfolgsängste?«, so hieb er gnadenlos auf sich ein, während seine Ängste sich weiterhin steigerten. »Ich fürchte, dieser Produzent ist zu gut, um echt zu sein«, sagte ihm sein Instinkt – in Form von Schlafstörungen und ein paar verräterischen Träumen über Kinderspiele, bei denen sich der Produzent weigerte, die Regeln einzuhalten. Als der Termin für die Vorproduktion näher rückte, nahmen Edwards Ängste noch stärker zu.

»Es ist alles gemanagt«, versicherte ihm der Produzent, aber Edward war nicht beruhigt. Sich für seine »grundlosen Ängste« scheltend, griff er schließlich zum Telefon und stellte ein paar Leuten ein paar Fragen. Und erfuhr, dass sein Produzent nichts getan hatte. Der Aufführungsort war nicht unter Dach und Fach. Es waren keine Anzeigen geschaltet. Verhandlungen über Catering und Konzessionen waren nicht zu Ende geführt worden.

»Ich bin so froh, das Sie angerufen haben«, sagten ein paar Leute zu ihm. »Ich muss meinen Zeitplan aufstellen, und ohne feste Zusage von Ihrer Seite ist mir das nicht möglich.«

Edwards Produzent war nicht produktiv. Edwards Ängste waren nicht grundlos, sondern wohl begründet. Seine Nachforschungen, die er endlich um seiner selbst willen anstellte, machten deutlich, dass er in einer Begleitung reiste, die er sich nicht leisten konnte. Noch ein paar weitere Anrufe, und er brachte in Erfahrung, dass die Aktionen und die Einstellung seines Produzenten eine ganze Reihe abgebrochener Brücken hinterlassen hatten. Edward konnte es sich nicht leisten, dass sein Name mit einem faulen Apfel in Verbindung gebracht wurde. Er hatte es mit einem Opportunisten zu tun, nicht mit einer goldenen Gelegenheit. Widerwillig, aber angebrachterweise zog er den Stecker und trennte sich von seinem falschen Freund, der nichts als Probleme machte.

Jeder Mensch spürt instinktiv, dass alle schönen Gefühle in der Welt weniger wiegen als eine einzige liebevolle Tat.

JAMES RUSSELL LOWELL

»Ich bin so erleichtert, dass du das getan hast«, sagte ein anderer Freund, der extra anrief, um ihm das zu sagen.

»Ich wusste nicht, wie ich es dir beibringen soll«, sagte ein weiterer Anrufer.

»Ich höre, du suchst vielleicht nach einem neuen Produzenten, und ich würde liebend gerne mit dir arbeiten«, so ein dritter.

Edward und sein neuer Produzent arbeiteten schnell und effektiv. Und er hatte keine rätselhaften Ängste und Bedenken, wie sie ihn zuvor befallen hatten. Seine Angst war wirklich ein Bote gewesen, und die Botschaft hatte gelautet: »Edward, du kannst es besser und kannst auch besser mit dir umgehen. Du hast hier Recht, wenn du das Schlimmste befürchtest.«

Wenn die Angst in unser Leben tritt, ist sie wie eine Maus, die über den Boden unseres kreativen Bewusstseins huscht. »Habe ich da tatsächlich etwas gesehen, oder war es eine durchs Licht hervorgerufene Täuschung?«, fragen wir uns. Wir werden still und lauschen. Hören wir schwach ein Rascheln? Klopft da ein Zweig ans Fenster? Ein echtes Problem mit dem Spannungsbogen des zweiten Akts – oder ist es … da ist es wieder. Diesmal schalten wir das Oberlicht ein. Wir rücken behutsam das Möbelstück von der Wand. Bemüht, unser klopfendes Herz zur Ruhe zu bringen, richten wir den Lichtstrahl der Taschenlampe unseres Bewusstseins in dunkle und vernachlässigte Ecken und Nischen, wo wir sehen: »Oh, ich habe tatsächlich eine Maus.« Oder: »Ich hab eine Staubkugel so groß wie eine gesunde Ratte. Ich muss hier Staub saugen.« Kurz gesagt, unser Angstgefühl, wird es als Botschafter geachtet und respektiert, fordert uns auf, unsere echten Wahrnehmungen korrekter zu interpretieren und sorgfältig auf *alle* Teile unseres

Bewusstseins zu hören. Als Faustregel gilt, dass Angst *nie* grundlos ist. Es gibt fast immer eine uns erdende Aktion, die wir in Reaktion auf unsere Ängste unternehmen können.

Oft sind wir so rasch dabei, unsere Angst als neurotisch oder unbegründet bzw. paranoid abzustempeln, dass wir uns gar nicht fragen, welches Signal sie nun tatsächlich aussendet.

Wie viele Besorgnisse man doch verliert, wenn man sich dazu entscheidet, nicht etwas, sondern jemand zu sein.

COCO CHANEL

Wenn Sie Angstgefühle haben, dann sagen Sie sich: »Das ist gut, nicht schlecht. Das ist erhöhte Energie, die ich mir produktiv zunutze machen kann. Das ist *nicht* etwas, was ich mit Medikamenten – oder mit Meditation – abschieben soll. Das ist etwas, was ich akzeptieren und erforschen soll.«

Fragen Sie sich:

1. Welches Signal schickt mir meine Angst?
2. Welchen liebevollen Namen kann ich diesem Botenteil meiner selbst geben?
3. Welche sinnvolle Aktion kann ich in Reaktion auf diese Angst unternehmen?

Viele Ängste basieren ganz schlicht und einfach auf einem Mangel an genauen und zutreffenden Informationen. Statt uns dazu aufzuschwingen, eine kleine Erkundungsaktion in die nötige Richtung zu unternehmen – zum Beispiel eine neue Sprechlehrerin zu finden oder sich für einen Computerkurs anzumelden –, lassen wir es zu, dass unsere Ängste der Buhmann sind, der uns davon abhält, das Tor zu unseren Träumen zu durchschreiten. »Ich fürchte, dass meine Stimme nicht stark genug ist« soll heißen »Stärke deine Stimme«. Wir haben alle Ängste, die sich auf unsere speziellen Bedürfnisse beziehen. Wenn wir zärtlich und achtsam auf unsere Ängste hören, wenn wir sie als Boten akzeptieren, statt sie für Terroristen zu halten, können wir allmählich das unbeachtete Bedürfnis, das sie vorgeschickt hat, erkennen, verstehen und entsprechend darauf reagieren. Begegnen wir unserem von Angst erfüllen Selbst mit Zärtlichkeit und Humor, wird es oft gerade lange genug zu zittern aufhören, dass es eine benötigte Botschaft abliefern kann.

Aufgabe *Geben Sie Ihre Ängste zu und öffnen Sie der Hilfe die Tür*

Das Gefühl von Isolation und Heimlichkeit, das unsere Ängste in uns züchten, ist oft ihr zerstörerischster Aspekt. Wir haben Angst, und wir haben Angst zuzugeben, dass wir Angst haben. In unsere Ängste eingesperrt, vergessen wir, dass wir nie allein sind, dass wir allzeit von einer wohlwollenden höheren Macht begleitet sind, die Verständnis und Lösungen für unsere Probleme hat.

Greifen Sie zum Stift. Das Werkzeug, das Sie bitte jetzt hier erlernen sollen, ist von außerordentlich machtvoller und positiver Wirkung. Es kann jederzeit bei emotionalem Stress genutzt und auf alle Probleme, ob persönlicher oder beruflicher Art, angewandt werden. Dieses Werkzeug ist ein affirmatives Gebet und funktioniert so, dass wir jede negative Situation einzeln herausgreifen und göttliche Aufmerksamkeit und göttliches Eingreifen um unser willen »beanspruchen«. Sagen wir, das Problem ist, dass wir Angst haben, ein bestimmtes kreatives Projekt anzugehen, und die Sache deshalb hinauszögern. Das Gebet könnte dann folgendermaßen aussehen:

Herr, ich bin ungläubig – hilf mir in meinem Unglauben.
E. M. FORSTER

»Ich werde umsichtig und kundig dazu angeleitet, wie ich mit der Arbeit an meinem neuen Projekt genau beginnen soll. Mir wird sorgfältig und klar jeder Schritt gezeigt, den ich tun soll. Ich werde umfassend und fröhlich darin unterstützt, dass jeder unternommene Schritt zu fruchtbarer Arbeit an diesem neuen Projekt führt. Ich weiß intuitiv und ganz genau, wie ich beginnen und was ich für den richtigen Anfang tun muss.«

Beim Niederschreiben von affirmativen Gebeten ist es wichtig, dass wir nicht um Hilfe bitten, sondern bestätigen, dass wir sie bekommen. Ein affirmatives Gebet ist kein Bittgebet. Es ist ein Gebet der Anerkennung und des Annehmens bereits gewährter göttlicher Hilfe. Allein der Akt des Niederschreibens eines affirmativen Gebets führt schon häufig dazu, dass sich die Angst vor unserer Linse der Wahrnehmung verzieht. Plötzlich erkennen wir, dass wir *tatsächlich* geführt werden, dass der göttliche Geist auf unsere Bitte um Hilfe und Unterstützung schon reagiert hat. Wir wissen oft intuitiv, welche Aktion wir richtigerweise unternehmen sollen, und fühlen in unserem Innern die Kraft, sie auch durchzuführen. Die Angst wird zum Stichwort für ein Gebet und eines verstärkten Gefühls von unserer spirituellen, kreativen Begleitung.

Haben Sie Ihr affirmatives Gebet niedergeschrieben, dann wählen Sie den für Sie machtvollsten und nachhaltigsten Satz aus und verwenden sie ihn als Mantra beim Spazierengehen. Vielleicht haben Sie geschrieben: »Mein ängstliches Selbst wird klar und deutlich geführt.« Sie können das noch weiter auf »Ich werde klar geführt« reduzieren und mit diesem beruhigenden Gedanken dahinspazieren, bis er anfängt, an emotionalem Gewicht zuzunehmen.

Unruhe und Unrast

Künstler begegnen einem Anfall von Ruhelosigkeit und Unrast am besten mit Neugierde – und nicht mit der Schlussfolgerung, dass sich nun ihr wahres verschrobenes Wesen Bahn bricht. Die Unrast wedelt mit der Fahne der Reizbarkeit. Ruhelosigkeit bedeutet, dass Sie kreativ gesehen auf dem Vormarsch sind. Das Problem ist nur, dass Sie vielleicht nicht wissen, wohin.

Nichts ist so erstklassig unterhaltsam wie ein totaler Wechsel der Vorstellungen und Ideen.

LAURENCE STERNE

Ruhelosigkeit und Unrast sind voller Serpentinen. Wir fühlen das eine, dann etwas anderes. Wir machen kehrt. »Ich bin voller Energie, und ich habe keine Energie«, denken wir. Dann drehen wir den Gedanken um: »Ich habe keine Energie und bin voller Energie.« Wir sind ein Land der Widersprüche. Erst sieht der Norden gut aus, dann der Süden. Nichts fühlt sich richtig an. Alles fühlt sich falsch an. Nichts ist richtig, aber dann ist wiederum auch nichts wirklich falsch. Wir sind irgendwie von der Rolle. Unterstehen den Wettereinflüssen – aber das Wetter ist gut, außer unserem eigenen emotionalen Wetter, das ist stürmisch. Wir sind instabil und veränderlich. Natürlich sind wir es, wir sind unruhig und rastlos. Wir können uns nicht auf uns verlassen, um einen Kurs zu setzen – glücklicherweise müssen wir's auch nicht.

»Die Inspiration fliegt durchs Fenster der Irrelevanz herein«, beobachtete der Künstler M. C. Richards – und viele Künstler werden Ihnen dasselbe sagen. Es ist, als läge das Schaffen bestimmter Kunstwerke zu bestimmten Themen in unserer Bestimmung, in einem Bereich knapp unterhalb der Bewusstseinsebene, auf der wir unserem Gefühl nach unsere Wahl treffen. Wie sich unser Leben und unsere Arbeit entfalten werden. Immer ein Hinweis nach dem anderen, ein Zufall nach dem anderen, so offenbart sich uns unser Schicksal und die uns bestimmte Arbeit. Dann tritt eines Tages, oft ganz plötzlich, Klarheit ein, und wir sagen: »Aha! Deshalb …«

Wenn Sie lange genug mit Künstlern reden, werden Sie erfahren, dass Glücksfälle und zufällige Begegnungen ganz normale Elemente, Grundwesensmerkmale sind, die auftauchen, wenn unsere Unruhe und Rastlosigkeit unerträgliche Höhen erreichen. Es ist, als würden sie den Himmel selbst anrufen, damit er »etwas« geschehen lässt. Und es geschieht etwas – oder es geschieht vieles. Deshalb sind Ruhelosigkeit und Unrast, so unangenehm, ja so unerträglich sie auch sein mögen, ein gutes Omen. Wenn Sie in einem Zoo die Reptilienabteilung aufsuchen und ein Gewitter aufzieht, werden Sie sehen, wie sich die Tiere in nervöser Erwartung hin und her winden. Sie wissen, ein Umschwung ist im Anmarsch. Wenn wir für die Möglichkeit eines Umschwungs, einer Veränderung, wach sind, öffnen sich unsere Ohren und Augen für den häufigeren und rascheren Empfang von medialen Signalen. Gereizt, rastlos, für den Wandel bereit, schnappen wir: »Verdammt noch mal! Was ist es?«, wenn das Schicksal anklopft. Das Schicksal wird anklopfen, und es kann bunt und weit umfassend sein, falls wir es zulassen. Wenn wir unruhig und rastlos sind und unser Leben als farblos empfinden, ist das ein Hinweis und Signal, dass es dabei ist, farbenreich zu werden – wenn wir kooperieren. Gebete, und vor allem Kreativitätsgebete, werden beantwortet, doch das auf eine Art und Weise, wie wir sie unter Umständen nicht erwartet haben oder nicht unbedingt schätzen. Und noch einmal: Deshalb nehmen Künstler dieses spirituell klingende Wort in den Mund – Inspiration. Es handelt sich nicht um einen abgedroschenen Gemeinplatz, sondern um unsere konkrete Erfahrung. Als Künstlerinnen und Künstler *werden* wir auf irrationale, intuitive, eindrückliche und wiederholte Weise inspiriert. Sir Arthur Sullivan besuchte eine Wanderausstellung japanischer Kunst, ging nach Hause und schrieb die Operette *Der Mikado.*

Befreunde dich mit den Engeln, die, obschon unsichtbar, immer um dich sind … Rufe sie oft an, preise sie unaufhörlich und mache bei all deinen irdischen und geistigen Angelegenheiten guten Gebrauch von ihrer Hilfe und ihrem Beistand.

HL. FRANZ VON SALES

Vor zehn Jahren, ich lebte in Manhattan, bekam ich einen heftigen und hässlichen Anfall von Platzangst. Ich gab der Stadt die Schuld. »Diese verdammte Insel«, moserte ich. »Sie ist wie ein riesiger Kreuzfahrtdampfer in aufgewühlter See, und wir sind alle in unseren winzigen Kabinen eingeschlossen. Ich hasse das. Ich will raus. Irgendwohin raus!« Ich fing an, sehr viel spazieren zu gehen.

Bei einem Spaziergang auf der Madison Avenue nahe der Morgan Library entdeckte ich an einer Ecke einen kleinen Buchladen mit einem Schild, auf dem in fein säuberlichen Buchstaben »The Complete Traveller« geschrieben stand. »Spontan« öffnete ich die Ladentür. »Das ist hirnrissig, Julia!«, meldete sich der rationale Aspekt in mir zu Wort. »Deine Verpflichtungen halten dich hier fest, es ist also nur ein Ausflug in eine idiotische Phantasie.« In diesem Augenblick entdeckte ich das Regalbrett voller alter und ziemlich mitgenommener Bücher über die Entdecker. Ich zog eines davon heraus. Seine dicken, cremefarbenen Seiten waren alt und verstaubt. Sie klebten ein wenig aneinander und sonderten bei der Berührung sogar feinen Staub ab. Ich dachte: »Ach, was soll's?«, und kaufte es – mein Vater hatte Boote und das Meer geliebt.

Einige Monate später fand ich mich, während einer Lesereise, in Los Angeles in einem oben auf einer Klippe erbauten Hotel mit unverstellter Sicht auf den Pazifik. Ich starrte vage aus dem Fenster in Richtung – Australien? Hawaii? Irgendwohin. Plötzlich entsann ich mich ebenjenes Buches, das ich aus einer weiteren Laune heraus in den Koffer gepackt hatte, und holte es hervor. Als ich wieder aus dem Fenster auf das weite, stille Meer schaute, während ein paar Palmwedel immer mal wieder in mein Blickfeld tanzten, schlug ich es auf. Dieses Buch öffnete eine innere Tür. Plötzlich hörte ich Musik – eine Menge Musik, Woge um Woge schlug ans Ufer, komplett mit Text. Ich schnappte mir ein Collegeheft und einen Stift, schnappte mir mein winziges Kinderkeyboard, ein weiterer Einfall, der mir beim Packen für die Reise gekommen war, und begann zu notieren, was ich hörte.

In dem Augenblick, in dem wir uns unseren Lieben hingeben, verwandelt sich die Erde; es gibt keinen Winter und keine Nacht; aller Überdruss, alle Tragödien verflüchtigen sich – sogar auch alle Pflichten.

RALPH WALDO EMERSON

Mein Hotel, das alte Art-déco-»Musiker«-Hotel, das Shangrila, war knapp ein oder zwei Blocks von einem Einkaufszentrum entfernt, wo ich einen Elektronikladen ausfindig machte und ein billiges Tonbandgerät kaufte. Die Musik sprudelte so rasch, dass ich sie auf Band einfangen musste für den Fall, dass ich beim Schreiben etwas ausließ. Ich hörte Sopranarien, dröhnende Bässe, einen großen Choral – ich glaube, ich hörte das alles, weil ich in einem Anfall von Verärgerung und Gereiztheit in einen kleinen Buchladen mit einem Sortiment an Reiseführern ging. Dieser Laden war wie Alices Schacht, der sie ins Wunderland führte. Als ich eintrat, erwartete mich ein ganzes Musical.

Diese Geschichte kann Sie vielleicht nicht davon überzeugen, dass hier etwas Magisches im Gange war. Sie mögen sich vielleicht kein unsichtbares Wesen vorstellen, das mir rasch einen Schubs gab – ich kann es Ihnen nicht verdenken. Und dennoch habe ich die Erfahrung gemacht, dass wir, wenn wir bereit sind, irrational und intuitiv zu sein – sogar auch wenn wir diese Worte verabscheuen –, mit Eingebungen, inneren Impulsen, belohnt werden, die uns aus irgendwelchen mysteriösen Quellen zukommen und uns geschickt zu dem hinführen und ermuntern, was man am besten »Schicksal« oder »Bestimmung« nennen könnte.

»Ich kann nicht erkennen, warum ich meinen Kopf in diesen Antiquitätenladen stecken soll«, brummeln wir vielleicht vor uns hin. Und doch wendet sich beim Aufschlagen eines alten Fotoalbums ein Blatt in unserem Innern um, und die Idee für eine Novelle reckt ihr Haupt.

Das Schicksal klopft auch an, wenn wir auf Routine bestehen, wenn wir auf Linearität aus sind, aber dann muss es sich vielleicht mehr anstrengen, um unsere Aufmerksamkeit auf sich zu ziehen. Meiner Erfahrung nach ist das Schicksal bereit, tatsächlich sehr hart zu arbeiten – wir sind diejenigen, deren Augen blind, deren Ohren taub bleiben. Wir versumpfen in einer ausgesprochen miesen Laune und in unserer vorgefassten Ansicht, auf welche Art und Weise die Veränderung, der Wandel, auf uns zuzukommen hat. Wir denken, es müsse A oder B oder C sein. Wenn es dann kommt, ist es oft, wie meine Schauspielerfreundin Julianna McCarthy klagt: »H wie Heliotrop.«

Unzufriedenheit, die aus unserem Innern kommt, löst tatsächlich äußere Veränderungen aus – sofern wir bereit sind, ihr mit aufgeschlossenem Geist zuzuhören und dem zu lauschen, was sich wie eine Woge irrationaler Eingebungen ausnehmen mag. Diese ausgefallenen, verrückten, nichtlinearen und spleenigen Anwandlungen, Ahnungen und Impulse sind der Weg durchs Dornengebüsch.

Folgen Sie Ihren seltsamen kreativen Gelüsten, und Sie werden Schritt für Schritt in die Veränderung, in den Wandel hineingeführt werden. Ich kann Ihnen dafür keinen Beweis liefern und möchte es auch gar nicht. Das ist ein Experiment, das Sie für sich und an sich selbst unternehmen müssen. Sie werden einer unsichtbaren, wohlwollenden partnerschaftlichen Verbindung mit den höheren Bereichen nie trauen, solange Sie sie nicht selbst und an sich selbst erlebt haben. Als Person, die von Natur aus bis zum Anschlag skeptisch – und gleichermaßen bis zum Anschlag aufgeschlossen und experimentierfreudig – ist, spreche ich sowohl aus meiner höchst eigenen Erfahrung wie auch aus der, die mir meine zwei Jahrzehnte lange Beobachtung von Künstlern vermittelte, die herumexperimentierten und ihre Ergebnisse protokollierten.

Wir machen uns nie so lächerlich durch das, was wir sind, wie durch das, was wir vorgeben zu sein.

FRANÇOIS, DUC DE LA ROCHEFOUCAULD

»Das ist so idiotisch. Was mache ich hier?«, fragen wir uns vielleicht, wenn wir uns, aus einer Laune heraus, in einem Kurs für ausgeflipptes Origami wiederfinden.

Doch unser Leben ist so komplex gefaltet, so clever fabriziert und so speziell wie diese uralte Kunst. Wenn wir dem Mysteriösen und Rätselhaften das Recht zubilligen, uns abzufangen und zu dirigieren, erkennen wir die umfassendere Tatsache an, dass das Leben ein spiritueller Tanz ist und dass unser unsichtbarer Partner uns Schritte beizubringen hat, sofern wir uns von ihm führen lassen. Wenn Sie das nächste Mal von Ruhelosigkeit erfasst sind, dann denken Sie daran, dass es der Kosmos ist, der Sie fragt: »Wollen wir tanzen?«

AUFGABE *Finden Sie Ruhe in der Ruhelosigkeit*

Ein Komponist verweist in einem Musikstück oft mit einem kleinen Pausenzeichen auf ein winziges, fast unmerkliches Innehalten, das notwendig ist, bevor man in ein Meer von Noten taucht.

Manchmal, und vor allem dann, wenn wir ruhe- und rastlos sind, ist es eine gute Idee, eine Pause einzulegen und unserer inneren Führung zu erlauben, ungehindert an die Oberfläche zu sprudeln. Ganz bestimmte Arten von Atmosphären können in uns ein Gefühl von innerer Ruhe erzeugen, und obwohl wir alle individuell unterschiedlich veranlagt sind, werden hier ein paar entspannende Orte vorgestellt, an denen wir versuchen können, mal 5 Minuten durchzuatmen und zur Ruhe zu kommen.

> *Dies sind nur Hinweise und*
> *Vermutungen,*
> *Hinweise gefolgt von Vermutungen,*
> *und der Rest*
> *Ist Gebet, Achtsamkeit, Disziplin,*
> *Denken und Handeln.*
>
> T. S. ELIOT

1. *Der hintere Teil einer Kirche oder Synagoge:* Einige Minuten in einer Kirchenbank zu sitzen lässt in uns oft ein Gefühl stiller Demut entstehen, auch wenn wir nicht religiös sind. Wir atmen »Glauben und Vertrauen« ein.
2. *Ein großer Blumenladen oder ein Treibhaus:* Wenn wir solche grünen Räume aufsuchen, haben wir das untrügerische Gefühl von »anderen Reichen« oder »Sphären«. Pflanzen haben ein geheimes Leben und werden es mit uns teilen.
3. *Ein Wald:* Auch wenn Sie in der Stadt leben und Ihr Wald ein Park ist, werden Sie hier einen anderen Rhythmus wahrnehmen, wenn Sie es zulassen.
4. *Ein Teppichladen für schöne Orientteppiche:* Da ist das Gefühl von etwas Heiligem in den verschlungenen Mustern und in der vorzüglichen Handarbeit. Allein schon die viele Zeit, die es braucht, einen so schönen Teppich herzustellen, erinnert uns an die Schönheit der Tapisserie unseres eigenen Lebens.
5. *Ein Reisebüro:* Seltsamerweise kann die Erinnerung daran, dass wir in einer reichen und mannigfaltigen Welt voller Abenteuer leben, ein rastloses Herz oft zur Ruhe bringen. Eine imaginäre Vergnügungsreise einen Urwaldfluss hinunter, eine Wanderung durchs schottische Hochland, eine Fahrradtour durch Frankreich – all das sind uns zur Verfügung stehende Optionen, und das Wissen, dass wir solche belebenden Möglichkeiten haben, kann eigenartig beruhigend wirken.

Unsicherheit

Ich versuche, das Klavierspielen zu erlernen. Ich habe einen Freund, der Klavier spielt wie einer, der ohne Angst zu fallen in der dünnsten Luft über Gipfel springen kann. Er ist behände und wagemutig und hat vielleicht nicht einmal das Gefühl, Mumm aufbringen zu müssen, so mutig ist er. Ich würde liebend gerne so spielen wie er.

Heute beging ich den Fehler, den Berg hinaufzublicken und festzustellen, dass der Gipfel noch sehr weit über mir und in mysteriöse Wolken gehüllt ist. Ich sah, dass der Weg nach oben eine gefährliche Kletterpartie im Zickzack und über Gletscherspalten hinweg bedeutete. Ich wusste, dass ich fallen würde. Ich wusste, dass alles überaus gefährlich war, dass ich scheitern würde. Kurz gesagt, ich verglich mich mit meinem begabten Freund.

An der Wurzel des Vergleichens findet sich etwas Gemeines: Unsicherheit. Statt zu sagen: »Ich wollte, ich wäre etwas besser, als *ich* bin«, sagen wir: »Ich wollte, ich wäre so gut wie *er*.« Wir negieren auf einen Streich unsere Arbeit und unsere Originalität. Keine zwei Spieler spielen gleich, und wir betonen hier das Wort »Spieler«. Als Künstler fahren wir besser, wenn wir uns auf das Spiel des Lernens konzentrieren, statt auf die Arbeit, wie wir vorankommen. Wenn wir unser ganzes Augenmerk auf unsere eigene kreative Flugbahn richten, bedeutet jeder kleine Gewinn eine Ermunterung. Jeder noch so kleine Fortschritt auf dem Weg zur Meisterschaft birgt in sich das süße Versprechen, dass die Tage der ungeschickten Wiederholungen und frustrierenden Schnitzer schließlich doch irgendwohin führen. Wenn wir mit anderen Künstlern konkurrieren und uns mit ihnen vergleichen, statt danach zu streben, ihnen auf unsere Art nachzueifern und uns in sie einzufühlen, begegnen wir ihren Fähigkeiten mit Feindseligkeit und unseren eigenen geringeren Fähigkeiten mit Bestürzung. Wenn wir den Gedanken akzeptieren, dass sich alle Künstler auf allen Ebenen immer noch im Prozess des Lernens befinden, des Sichmühens, des Sichweiterentwickelns, des Wachsens und dass sie einfach in einer anderen Höhe mit ihrer Kunst ringen, werden wir durch die Meisterschaft eines anderen in unserem Wissen bestärkt: »Es ist zu schaffen.« Wir brauchen diese Ermunterung. Unser Talent mag groß sein, aber unser Kämpfe sind es vielleicht auch.

Jede Autobiographie ist mit zwei Charakteren befasst, einem Don Quijote, dem Ego, und einem Sancho Pansa, dem Selbst.

W. H. AUDEN

Als ich diesen Morgen »When the Saints Go Marching In« zu spielen versuchte, fing ich vor Wut und Frustration zu weinen an. Warum habe ich das nicht, so wie alle anderen auch, in der vierten Volkschulklasse gelernt? Wo war ich da?

Die meisten Künstler haben einen hoch entwickelten und mit scharfen Klauen bewehrten Perfektionisten in sich. Dieser Perfektionist hat nichts mit Maßstäben zu tun, aber alles mit selbst bestrafenden, selbst kasteienden, selbstzerstörerischen, voreiligen Urteilen in Bezug auf unser Potenzial. Im Wort »Potenzial« steckt das Wort »Potenz« oder »Stärke, Macht, Vermögen«. So wie das Junge des Adlers weniger beeindruckend ist als der schließlich ausgewachsene Adler, können auch unsere kindlichen Schritte im Bereich einer neuen Kunstform unseren späteren kreativen Flug nicht akkurat aufzeigen.

Mein Musikzimmer ist geranienrot gestrichen, und mein Klavier ist ein kleines Chickoring. Vergoldete Buchstaben tun kund: »Im Jahr 1823 hergestellt«. Mein Klavier weiß bei weitem mehr als ich. Eine Taste hakt ein wenig, das D über dem mittleren C, aber bei meinen lahmen und stockenden Fortschritten spielt das kaum eine Rolle. Ich tippe besser, als ich spiele, und ich tippe mit nur zwei Fingern. Dennoch habe ich siebzehn Bücher und zahlreiche Stücke und Drehbücher geschrieben. Und so haben mir auch meine primitiven Klavierkünste erlaubt, wunderschöne Melodien aufzugreifen. Der Trick ist, sie haben es mir *erlaubt*.

Autorität vergiftet jeden, der sie auf sich nimmt.

WLADIMIR I. LENIN

Die Gnade ist uns immer zugänglich, in jedem Stadium unserer kreativen Reise. Als Anfänger brauchen wir die Gnade, um anzufangen. Als Künstlerlehrlinge brauchen wir die Gnade, um weiterzumachen. Als versierte Künstler brauchen wir die Gnade, das immer wieder zu leisten, was wir leisten können. Der Große Schöpfer ist auf allen Ebenen unserer kreativen Bemühungen gegenwärtig und unser Partner.

»Wir werden wie Kämpfer getrimmt«, bemerkt die bewundernswerte Schauspielerin Julianna McCarthy. Damit meint sie, dass der Große Schöpfer uns immer genug Kraft gibt, ebenso wie ausreichend Unterstützung und Führung, sodass wir genau die anstehenden kreativen Herausforderungen bestehen können. Wir mögen von einer bevorstehenden Aufgabe überwältigt sein, aber Gott ist es nicht. Wenn wir an Plan A scheitern, hat Gott einen endlosen Vorrat an B-Plänen. Es gibt nicht nur immer eine Position, auf die wir uns zurückziehen können, es gibt auch immer ein Netz. Das Netz besteht darin, dass wir den Glauben und das Vertrauen haben, es noch mal zu probieren.

Wenn wir sagen, dass das Schaffen von Kunst ein Glaubensakt ist und wir bei unserem Kunstschaffen einem spirituellen Weg folgen, reden wir nicht bloß so daher. In jeder unserer künstlerischen Begegnungen steckt Gnade. Wunder geschehen. Wir planen sie nicht. Wir hoffen auf sie und sind dann offen für die führende Hand und den Rat des Schöpfers, damit unsere Vorschläge eine Verbesserung erfahren. Was uns schwierig oder unmöglich erscheint, erscheint dem Großen Schöpfer nicht schwierig oder unmöglich. Wenn wir unser Ego in den Hintergrund schieben und zulassen, dass die schöpferische Kraft durch uns wirken kann, werden regelmäßig Wunder vollbracht – dem Anschein nach durch unsere Hand. Kreative Energie ist wie Elektrizität. Sie fließt, ob wir es nun erlauben oder nicht. Wenn wir unser Schaltsystem für die bewusste Zusammenarbeit mit den höheren Kräften öffnen, werden wir von der uns durchfließenden Energie zu den Künstlern geformt, die zu sein wir uns erträumen. In dem Moment, in dem wir die Vorstellung aufgeben, dass unsere Kreativitätsträume im Ego zentriert sind, in dem Moment, in dem wir anfangen, sie als spirituelle Abenteuer anzusehen, erlauben wir dem Großen Schöpfer, uns zu formen, wie nur er es zu tun vermag und tun wird.

Es gibt mit Sicherheit keine absolute Schönheitsnorm. Das macht das Streben danach so interessant.
JOHN KENNETH GALBRAITH

Wenn ich immer einen Schritt vor den anderen setze, kann ich mich den Berg hinaufrobben. Wenn ich beim Spielen von »Twinkle, Twinkle, Little Star« langsam und sachte vorgehe, kann ich sogar stolz darauf sein, mich einen kleinen Felssims hochgezogen zu haben, und kann sagen: »*Wow*, ich bring's.« Man braucht Wachsamkeit, will man sanft und sachte sein. Leichter ist's, mich anzujaulen: »Mein Gott, du wirst es nie lernen.«

Ich liebe das Klavier. Es bricht mir das Herz, wie ich spiele. Die Tatsache, dass ich überhaupt spiele, jetzt mit 54, wo es sich anfühlt, als würde ich mich zu einem Blind Date aufmachen und unter meiner Unsicherheit leiden, elektrisiert mich, und es ist ein Wunder.

AUFGABE *Genau so, wie ich bin*

Meist liegt der Unsicherheit die Überzeugung zugrunde, dass wir irgendwie besser sein müssten – oder anders –, als wir sind, um akzeptabel zu sein. Wir wollen besser als Soundso spielen oder wenigstens ebenso gut. Bei all diesem Bemühen um Verbesserung und Streben nach Perfektion geht der Gedanke unter, dass es eine ganze Menge an uns, genau so, wie wir schon sind, zu mögen gibt.

> *Es gibt ebenso viele Arten von Schönheit, wie es gangbare Wege auf der Suche nach Glück gibt.*
>
> *CHARLES BAUDELAIRE*

Greifen Sie zum Stift. Zählen Sie nun der Reihe nach fünfzig spezielle und positive Dinge auf, die Sie an sich, genau so, wie Sie sind, mögen und gutheißen. Diese liebenswerten Eigenschaften und Wesensmerkmale können physischer, mentaler, spiritueller, persönlicher oder auch beruflicher Natur sein. Schauen Sie sich, um einen Anhaltspunkt für die hier mögliche Vielfalt zu gewinnen, folgende Beispiele an:

1. meine schönen Hände,
2. die Form meiner Nase,
3. meinen allgemeinen Umgang mit der Grammatik,
4. die Form meiner Füße,
5. meinen Spanischakzent,
6. meine Geschichtskenntnisse,
7. mein Wissen über die Kunst des 20. Jahrhunderts,
8. mein Geschick beim Kuchenbacken,
9. die Wahl meiner Schuhe,
10. meine Verlässlichkeit beim Briefeschreiben an Freunde.

Wir richten unsere Aufmerksamkeit so oft auf das, was wir gern ändern würden – und zum Besseren verändern würden –, dass wir gar nicht mehr das feiern, was wundervoll erfreulich ist, so wie es eben ist. Wir reichen an unser Ideal – und unsere Ideale – oft sehr viel näher heran, als wir zu erkennen und uns einzugestehen wagen. Selbstachtung ist eine aktive Entscheidung, keine plötzliche Gegebenheit. Wir können uns dazu entscheiden, unsere vielen positiven Wesenszüge in aktiver Weise zu schätzen. Wenn wir unsere Segnungen zählen, können wir dahin kommen zu sehen, dass wir gesegnet sind und dass wir uns mit niemandem vergleichen müssen.

Selbstmitleid

Als ich gestern im Umschreiben eines Stückes watete, stolperte ich in das schwarze Loch, das ich »Selbstmitleid« nenne. Ich versackte darin und stammelte: »Nicht doch! Das ist albern! Ich habe so viel, wofür ich dankbar sein kann! Blubber!«

Die Tatsache, dass ich nun seit dreißig Jahren Schriftstellerin bin, hat nicht viel dazu beigetragen, mich gegen eine massive Selbstmitleidsattacke zu wappnen. Und das Faktum, dass ich schon früher harte Durchgänge des Umschreibens hinter mich gebracht habe und dies auch zweifellos weiterhin tun werde, spielt nicht wirklich eine Rolle. Ich bin wie jede andere Künstlerin glücklich, wenn ich frei und ungehindert arbeite, und unglücklich, wenn die Arbeit zu sehr in Arbeit ausartet. Ich schreibe, weil ich das Schreiben liebe und weil ich schreiben muss. Ich bin dazu berufen, und wenn ich auf den Ruf nicht reagiere, wird er lauter und lauter, bis ich reagiere oder einem Anfall von Selbstmitleid erliege, weil ich reagieren »muss«.

Im Grunde ist das Selbstmitleid eine Hinhaltetaktik. Es ist ein Wutanfall, ein selbst initiiertes Drama, das wenig, wenn überhaupt etwas, mit den Tatsachen zu tun hat. Es ist an Tatsachen nicht sehr interessiert. Es mag »Geschichten«. Wie Serah, eine bekannte Sängerin, gerne sagt: »Tatsachen sind nüchtern. Geschichten sind Gefühl.« Das Selbstmitleid blüht bei Geschichten auf, die da lauten: »Armes unschuldiges Ich und schreckliche, gemeine ›Sies‹ …« Es gibt uns gern das Gefühl, dass die Welt ein feindlicher Ort ist und die Chancen gegen uns stehen. Es zeigt uns gern auf, wie wir eigentlich nie wirklich geschätzt, anerkannt und gewürdigt worden sind. Im Grunde verlangt es nach einem Jubelchor und einem Fanclub. Auch könnte es nichts schaden, ein paar gute Designerklamotten zu haben, in denen wir uns nach Art der Kameliendame hinlagern können, während unser Liebhaber besorgt um

> *Jeder Feigling kann kämpfen, wenn er sich des Sieges gewiss ist, aber zeig mir den Mann, der den Schneid aufbringt zu kämpfen, wenn er sich der Niederlage gewiss ist.*
>
> GEORGE ELIOT

uns herumhüpft und uns was Kaltes zu trinken anbietet. Das Selbstmitleid ist nicht daran interessiert, dass wir darüber hinwegkommen. Es ist daran interessiert, dass wir es »rüberbringen«. Wir wollen, wenn wir in einem Anfall von Selbstmitleid stecken, ein dankbar anerkennendes Publikum für unser Leiden, keinen Anfall von Selbstverbesserung.

Das Selbstmitleid ist an unserem spirituellen Status uninteressiert. Für unsere aufpeppenden Affirmationen hat es nur taube Ohren. Für Künstler stellt es eine chronische und beträchtliche Kreativitätsblockade dar. Das Selbstmitleid hat nur eine einzige Aufgabe: Es möchte uns erstarren lassen. Wenn es nur bewirkt, dass wir im Was-soll's-Morast versackt bleiben, brauchen wir nichts zu unternehmen, um herauszufinden, was es soll. Ich bin mir ziemlich sicher, dass das Selbstmitleid ein Partygast im Garten von Getsemane war. Es war die teuflische kleine Stimme, die flüsterte: »Du kannst dich da noch rauswinden. Sie werden dich ohnehin nicht zu schätzen wissen.«

Der Satz »Sie werden kein Verständnis für dich haben« ist oft ein Auslöser für Selbstmitleid. Doch bitte nehmen Sie zur Kenntnis, dass »sie« (damit meinen wir oft die Kritiker oder jenes noch unbestimmtere Geschöpf, »die Öffentlichkeit«) wenig oder gar nichts mit unserer persönlichen Selbstachtung zu tun haben.

Das Selbstmitleid konzentriert unsere Aufmerksamkeit darauf, wie wir wahrgenommen werden, statt auf das, was wir wahrnehmen. Es führt uns aus unserer kreativen Macht und Kraft heraus und sagt uns, dass wir machtlos sind, dass wir es nie »schaffen« werden. Und selbst wenn wir es schon geschafft haben, Selbstmitleid ist an einer realistischen Selbsteinschätzung nicht interessiert. Es ist daran interessiert, uns aufzuhalten. Konzentriert sich ein Künstler auf die Chancen, die »dagegen stehen«, dass er es schafft, schlürft er gleichsam einen giftigen Trunk. So etwas schwächt uns. Wenn wir uns auf die Unmöglichkeiten der äußeren Welt und ihre gigantischen Ausmaße und darauf, wie klein und schwach und hilflos und von Widrigkeiten umstellt wir alle sind, konzentrieren, fragen wir uns: »Was soll das alles?«, und die Welt erfährt auch keine wesentliche Besserung, oder?

> *Schönheit ist so relativ wie Licht und Dunkel.*
>
> PAUL KLEE

Das Selbstmitleid fragt nie: »Nun, was hältst du von dem, was du tust, wie du lebst, was du machst?« Eine solche Frage könnte uns dazu bringen, die Dinge ein bisschen umzurühren und ihnen eine Wendung in eine interessante Richtung zu geben. Das Selbstmitleid möchte nicht, dass wir etwas umrühren. Es möchte uns umrühren wie einen dieser altmodischen doppelten Martinis, die einen gleich umhauen.

Das Selbstmitleid möchte Sie zu Boden gehen sehen – und der Boden fühlt sich nach Boden an, auch wenn es sich um den Fußboden eines der Kreativität geweihten Penthauses handeln sollte. Alle Künstler bekommen Anfälle von Selbstmitleid, auch dann, wenn uns die Oscars anzüglich vom Kaminsims herunter angrinsen. Wir kriegen sie, auch wenn der National Book Award noch so hübsch im goldenen Licht glitzert, das ins Arbeitszimmer hereinströmt. Wir kriegen sie – wir kriegen sie! –, weil wir, wenn wir uns nicht vorsehen, dabei sind, etwas Großes zu schaffen.

Wenn wir das Selbstmitleid erst einmal überwunden haben, werden wir zur Tat schreiten. Selbstmitleid ist etwas anderes als die vage graue Dumpfheit und Benommenheit der Feld-Wald-und-Wiesen-Depression. Es hat etwas Scharfkantiges an sich wie eine Glasscherbe. Wir können diese Glasscherbe dazu benutzen, nicht uns, aber dieses Gefühl von Hoffnungslosigkeit in kleine Schnipsel zu zerschneiden. Mit anderen Worten, richtig genutzt, ist eine gute Dosis Selbstmitleid eine Starthilfe zum kreativen Handeln. »Was soll's?« wandelt sich rasch in ein »Und was als Nächstes?« um.

Wenn Sie ihm nicht mit einer riesigen Menge Martinis oder einer schlecht durchdachten Liebesaffäre oder einem Anfall von übermäßigem Arbeiten oder Essen zu Leibe rücken, ist eine solide Selbstmitleidsattacke das Signal, dass Sie gerade dabei sind, sich entweder krank oder gesund zu machen. Der gesunde Teil von uns kann Selbstmitleid nicht ausstehen und wird deshalb zum Handeln angespornt. Seltsamerweise kann es sein, dass dieses Handeln *nicht* darin besteht, dass nun die Peitsche hervorgeholt wird, um unseren kreativen Hintern zu versohlen. Möglicherweise beginnt es mit Mitgefühl: »Natürlich bist du *verletzt*. Deine Arbeit wurde unfair aufgenommen. Weine ein bisschen.«

Obwohl das Selbstmitleid *anscheinend* in einem Mangel an Wertschätzung von Seiten anderer gründet, wurzelt es *tatsächlich* darin, dass wir *selbst* uns und unsere Bemühungen herabsetzen. Ein paar Tränen des Kummers über eine schlecht verwendete Arbeit, ein Moment des Sichergebens in unsere echte Erschöpfung und in unser Herzeleid – ein bisschen wirkliches Trauern kann dem Selbstmitleid sehr rasch die Klauen ziehen, mit denen es uns im Griff hält. Wenn wir sagen: »Natürlich geht es dir schlecht«, befinden wir uns an der Schwelle von etwas Interessantem. Wir fangen an, die Frage zu stellen: »Wenn das der Grund ist, dass es mir so schlecht geht, was kann ich tun, um es zu ändern?«

»Ich habe es satt, von diesen akademischen Dichtern so herablassend behandelt zu werden«, jammern wir, und dann fangen wir an, Masterprogramme zu erkunden. Jemand weist öffentlich darauf hin, dass sich in unserer Malerei etwas Unverzeihliches findet – romantisch bläuliche Töne zum Beispiel –, und wir denken: »Ich zeig ihnen, was Romantik ist! Ich zeig ihnen schimmerndes Licht!« Und wir vertiefen uns darin, vervollkommnen unsere Technik und arbeiten noch mehr an der in Zweifel gezogenen Eigenart. Wir bleiben beharrlich, und beharrlich und oft erweist sich unser fataler künstlerischer »Makel« als unsere Stärke. Dies galt für die Hyperexpressivität der Geigerin Nadja Salerno-Sonnenberg. Und dies galt für Hemingways einfache, soldatische Prosa.

Glaube besteht darin, dass man akzeptiert, was die Seele bestätigt; Unglaube darin, dass man es ablehnt.

RALPH WALDO EMERSON

Die Antwort auf die Frage »Was kann ich ändern?« überrascht uns oft. Vielleicht bekommen wir ein eigensinniges »Nichts!« zur Antwort. »Ich liebe dieses Stück, und ich denke, ich werde es noch viel häufiger spielen!« Vielleicht hören wir auch: »Mich langweilt dieser Lehrplan, ich möchte noch sehr viel mehr darin einbeziehen.« Oder: »Was ich wirklich fertig kriegen möchte, ist …« Mit anderen Worten, die Frage »Was kann ich ändern?« setzt uns wieder auf unsere eigene kreative Spur. Jetzt stellen wir die Fragen, auf die nur wir die Antworten haben: Was achten und respektieren wir? Was mögen wir? Was möchten wir noch mehr tun? Das lässt uns zur Tat schreiten.

Natürlich findet diese Umwandlung von Selbstmitleid in Handeln sehr oft nach einem Nickerchen statt. Sagte ich schon, dass Selbstmitleid häufig aus Erschöpfung entsteht? Es legt uns flach, weil wir vielleicht für eine Weile flach liegen sollten. Die horizontale Lage hat – sofern sie nicht der Trunksucht oder dem Drogenkonsum zu verdanken ist – etwas an sich, das der Imagination ein bisschen luzides Tagträumen gestattet. Wir erheben uns von unserer Lagerstätte des Schmerzes und denken: »Das könnte ich mal versuchen.« Und wir versuchen's.

AUFGABE *Haben Sie ein bisschen Erbarmen mit sich selbst*

Zumeist werden wir deshalb von einem Anfall von Selbstmitleid niedergemäht, weil wir uns nicht wertgeschätzt fühlen. Die Wahrheit ist, dass wir *tatsächlich* manchmal nicht in gebührendem Maße bewundert werden. Die Anstrengungen, die wir unternehmen, und die Mühe, die wir aufwenden, scheinen von niemandem außer uns zur Kenntnis genommen zu werden. Es ist, als trügen wir einen winzigen eingebauten Verbitterungskollektor in uns, eine innere Vorrichtung, die die Realität durch winzige kleine Klicks laufen lässt, die sagen: »Siehst du? Schon wieder nicht wertgeschätzt.«

> *Es gibt nur zwei Arten, dein Leben zu leben. Die eine, als sei nichts ein Wunder. Die andere, als sei alles ein Wunder.*
>
> ALBERT EINSTEIN

Wir können andere nicht dazu bringen, dass sie uns anerkennen und achten, aber wir können uns die Zeit, Fürsorge und Aufmerksamkeit gönnen, uns selbst anzuerkennen und wertzuschätzen. »Das war wirklich nett von dir«, können wir uns sagen. Oder: »Wie aufmerksam!« Eines der spirituellen Gesetze aus *Toughlove* von Phyllis und David York lautet: »Die Meinungen anderer über mich gehen mich nichts an.« Man könnte es auch positiver ausdrücken und sagen: »Meine eigene Meinung über mich ist alles, was zählt.«

Greifen Sie zum Stift. Vollenden Sie rasch schreibend, um dem inneren Zensor zu entfliehen, folgende Sätze, die eine Wertschätzung Ihrer selbst zum Ausdruck bringen:

1. Es war großzügig von mir, ______________________.
2. Es war aufmerksam von mir, ______________________.
3. Es war nett von mir, ______________________.
4. Es war sehr freundschaftlich von mir, ______________________.
5. Es war sensibel von mir, ______________________.
6. Ich habe gute Arbeit geleistet bei ______________________.
7. Ich war sehr professionell bei ______________________.
8. Ich habe mehr als meine Pflicht getan, als ______________________.
9. Ich verdiene ein Dankeschön für ______________________.
10. Ich sollte einen Oscar bekommen für ______________________.

Selbstwertschätzung bedarf der Übung und ist das einzige verlässliche Gegengift für Selbstmitleid.

Zweifel

Zweifel sind ein Signal für den kreativen Prozess. Sie sind das Zeichen dafür, dass Sie etwas richtig machen – nicht dafür, dass Sie etwas Falsches bzw. Verrücktes oder Dummes tun. Der Übelkeit erregende Abgrund der Angst, der sich, ausgelöst durch den Zweifel, unter Ihren Füßen aufzutun droht, ist kein riesiger Schlund, in den Sie in einer Spiralbahn hinunterstürzen werden, als fielen Sie durch alle Kreise der Hölle. Nein, Zweifel sind zumeist ein Signal dafür, dass Sie etwas tun und dass Sie es richtig machen.

> *Schönheit gehört zu den seltenen Dingen, die nicht zum Zweifel an Gott führen.*
>
> JEAN ANOUILH

Kreativität ist eine spirituelle Angelegenheit, und obwohl wir das selten direkt so sehen, hat das kreative Leben ein paar spirituelle Hindernisse aufzuweisen, so wie jeder andere spirituelle Weg auch. Die »dunkle Nacht der Seele« ist mittlerweile ein gängiger Ausdruck, und damit meinen wir die qualvollen Zeiten des Zweifels und der Dürre, die eine auf der spirituellen Suche oder auf dem spirituellen Weg befindliche Person unter Umständen durchleben muss.

Spirituell Suchende aller Couleur ertragen deren zutiefst schmerzliche Auswirkungen, seien es nun Trappistenmönche wie Thomas Merton oder auch der junge Buddha Shakyamuni. Doch wir reden nicht oft über die Tatsache, dass wir Künstler ebenfalls spirituell Suchende sind und häufig hinsichtlich unserer schöpferischen Begabung die dunkle Nacht der Seele durchleiden. Und noch schlimmer, wir erleiden sie oftmals in aller Öffentlichkeit.

Um ein Künstler mit Tiefgang sein zu können, kultivieren wir eine ausgeprägte Sensibilität. Auf der Bühne agierende Künstler lauschen zum Beispiel immer mit einem Ohr auf die spirituellen Fragen, die ein großartiges Musikstück oder eine große Bühnenrolle stellen, und öffnen sich für den Erhalt der Energien, die nötig sind, um diese Fragen kreativ zur Manifestation zu bringen. Um diese hohen schöpferischen Gipfel bewältigen zu können, sind sie wie zarte Vögel, die gelernt haben, sich sowohl auf Wolkenkratzern wie auf Bäumen niederzulassen. Sie haben sich die feine Sensibilität bewahrt, die sie schon immer hatten, sich aber auch in ausreichendem Maße angepasst, um in den heftig konkurrierenden Winden des Agierens in großen Höhen leben zu können – was nicht heißt, dass es ein Leichtes für sie ist. Künstler, die sich vor eine titanische Leistung gestellt sehen, sind wie Athleten bei der Olympiade – hoch trainiert, zutiefst angespannt und äußerst anfällig für Verletzungen physischer oder psychischer Art.

Während ich dies hier schreibe, humpelt ein begabter Freund von mir nach einer ausgedehnten Tournee nach Hause. Er ist Musiker mit ungeheuren Talenten, kann Stücke bewältigen, die mit ihren Höhen und Tiefen, schöpferischen Klippen, Zickzackkursen und Gefällen die Fähigkeiten eines Virtuosen erfordern. Er hat sie. Er nutzt sie. Und er zweifelt an ihnen. Zweifel sind eine gefährliche Sache, wenn Sie von Klippe zu Klippe über den künstlerischen Abgrund springen. Ein gut platzierter Zweifel kann Sie zum Absturz bringen. Er erinnert sich, dass er während einer Japantournee durchwegs vom Gedanken geplagt wurde, dass er aufgrund des Jetlags einen Gedächtnisaussetzer haben könnte. Es kam nicht dazu, aber die Angst blieb. Er schleppte sie als Handicap mit sich, während er musikalisch von Sims zu Sims hüpfte. Diese Art Ängste schickt Künstler an Orte der Finsternis und des Schreckens, wie sie sich die meisten Leute nur schwer vorstellen können.

Engel sind nicht deshalb Engel, weil sie heiliger als Menschen oder Teufel wären, sondern weil sie Heiligkeit nicht voneinander, sondern einzig von Gott erwarten.

WILLIAM BLAKE

In bestimmter Hinsicht ist es nicht unsere Sache, wie unsere Darbietung ausfällt. Das ist Gottes Angelegenheit. Wenn wir entsprechend gekleidet »antreten«, sind wir wie Mönche, die ihre Morgenandacht verrichten – wir füllen eine Form, und die Form ist größer als wir selbst. Sehr oft kann die Schönheit einer ausgebildeten Stimme, die sich im Lied erhebt, in Verbindung mit etwas oder jemandem, das oder der größer ist als wir selbst, ein unausgebildetes Herz zu neuer Höhe erheben. Ein großes Konzert ist eine Initiationserfahrung wie im Stammesleben. Wir kommen durch die Größe der darbietenden Künstlerin oder des Künstlers mit der Größe des Lebens in Berührung. Wenn Judy Garland von Sehnsucht und Liebe singt, lässt dies auch jeden von uns mit Gefühlen der Sehnsucht und Liebe in Berührung kommen. Das »Somewhere over the rainbow« ist ein im Herzen des

Menschen angesiedelter Ort, und die Kunst – und die Künstler – ermöglichen uns den Zugang dazu.

Gestern Abend speiste ich mit drei jungen klassischen Musikern, aufstrebende Stars mit phosphoreszierendem Talent. Der Tisch, an dem wir aßen, hätte sich eigentlich wie bei einer Séance erheben und herumschweben müssen – eine solche Menge an schöpferischer Kraft und kreativem Licht saß da versammelt, bestellte Pasta mit Pesto und Rucolasalat, Fettucine livornese und Penne Vodka.

»Bereiten euch eure Lehrer eigentlich auf die Zweifel vor?«, fragte ich.

Die jungen Talente flimmerten wie Glühwürmchen. Allein schon die Frage ließ einen gewissen Schimmer an Verunsicherung aufkommen. Einer stand vor einer Tournee nach Japan mit dem Ensemble der Met, und diese Aussicht machte ihm Angst.

Babys sind für Erwachsene unerlässlich. Ein Neugeborenes ist wie der Anfang aller Dinge – Wunder, Hoffnung, ein Traum an Möglichkeiten.

EDA J. LE SHAN

»Nicht wirklich«, erwiderte der Geiger.

»Ich denke, man sagt uns, wir sollen sie einfach ignorieren«, sagte die Bratschistin.

»Kritiker sind oft eifersüchtig«, meinte die zweite Geigerin am Tisch abwehrend und rümpfte die Nase. Sie war bisher noch von keinem Kritiker verhackstückt worden, aber sie »hatte davon gehört«.

Hinter ihrem Anstrich kosmopolitischen Chics waren diese jungen Künstler immer noch Novizen und hofften, von Flügeln und einem Gebet getragen durchzukommen.

Nein, sie waren nicht darauf vorbereitet.

»Nimm nicht den ersten Zweifel auf«, warnt mich die kreative ältere Julianna McCarthy, die Stimme von sechs Jahrzehnten Bühnenerfahrung, und gibt damit die Maxime vor.

Der erste Zweifel ist für den Künstler das, was für den trockenen Alkoholiker der erste Schluck Alkohol ist: Wir können uns nicht leisten, mit ihm zu liebäugeln. Der erste Zweifel führt zum zweiten. Der zweite führt zum dritten, und in null Komma nichts sind wir ins Stolpern geraten und verletzen uns an den scharfen Kanten der Möbel.

Einer der Gründe, warum Künstler mit anderen Künstlern sprechen und von ihnen hören müssen, ist der, dass die Presse kein vertrauenswürdiges Organ zur Übermittlung von Informationen über das kreative Leben ist. In der Presse erleiden Künstler entweder Qualen oder sind heldenhaft, aber sie sind nicht, was sie sein müssen – geschickt wie ein spiritueller Samurai, ihr Gleichgewicht inmitten von turbulenten Zweifeln bewahrend.

Wenn ein Künstler vom Zweifel bewegt wird, muss er oder sie lernen, einen Schritt beiseite zu treten und den Angriff ins Leere laufen zu lassen. Künstler können es sich nicht leisten, vom Zweifeln durchbohrt zu werden und die Tournee abzubrechen.

Zweifel sind für Künstler sowohl Bestandteil des Terrains wie stets gegenwärtige Gefahr. Der Zweifel ist der Tornado in Kansas. Zweifel ist der schreckliche Temperaturabfall und unzeitgemäße Sturm in 4000 Meter Höhe. Zweifel ist das Erdbeben des Herzens, der Waldbrand der Selbstkritik, der auf seinem mörderischen Weg alles zu vernichten droht. Mit anderen Worten, Zweifel sind sowohl normal wie tödlich, so wie die Korallenschlangen in Florida. Mit dem Zweifel soll man nicht herumspielen.

Besteht keine Notwendigkeit, etwas zu ändern, besteht die Notwendigkeit, nichts zu ändern.

LUCIUS CARY, LORD FALKLAND

Zwischen Zweifeln und realistischer Selbsteinschätzung besteht ein Unterschied. Der Zweifel kommt gern ins würdige Gewand der Selbsteinschätzung gehüllt durch die Tür: »Vielleicht solltest du an deiner … arbeiten.« Das sollten Sie in Erwägung ziehen und genau abklopfen, aber unter jenem respektablen Umhang kann auch der Dolch der Verzweiflung lauern: »Vielleicht bist du darin wirklich grauenhaft schlecht.« Dem Zweifel sollte der Eintritt verwehrt werden – und er *wird's* versuchen, um drei Uhr morgens in einer fremden Stadt, mit einem höflichen Klopfen an der Tür, wie ein Serienmörder, der dich, während du die Polizei anrufst, fragt, ob du eine Tasse Kaffee mit ihm trinkst.

Die Annalen der Kunst sind schwarz von der Zerstörung, die dieser satanische Saboteur angerichtet hat. Symphonien sind ins Feuer geworfen worden; auch Romane wurden verbrannt. Antonio Stradivari hat regelmäßig Violinen zertrümmert, die weitaus besser waren als die seiner konkurrierenden Geigenbauer. »Fühl die Gefühle, aber reagiere nicht auf sie. Auch das geht vorüber«, müssen Künstler von anderen Künstlern gesagt bekommen.

Bei nüchternem Tageslicht betrachtet, zeigt sich, dass Zweifel und Selbsteinschätzung nicht dasselbe sind. Es bedarf der Übung, aber man kann lernen, den Unterschied zu erkennen. Die Selbsteinschätzung ist ihrem Wesen nach von einer gewissen Standhaftigkeit. Sie klopft bei Tageslicht an und stellt eine einfache Frage, und wenn du nicht zuhörst, geht sie wieder davon. Dann kommt sie zurück, klopft wieder sachte an und stellt dieselbe Frage. Sanft. Als etwas, worüber du nachdenken solltest. Was du in Betracht ziehen solltest. Was zu ändern du erwägen solltest. »Vielleicht ist es an der Zeit, dir einen neuen Bogen zuzulegen.« Die Selbsteinschätzung hat eine Meinung, einen Gedanken, den sie dir zur Betrachtung vorlegt. Sie hat dir eine Idee zu übermitteln, keine Verurteilung. Sie flüstert dir nicht um Mitternacht ins Ohr, wenn du allein und erschöpft bist. Der Zweifel aber tut es.

Der Zweifel trennt sein Opfer gern von der Herde, schnappt sich immer das Lamm und ruft dann seine Kumpane herbei. Der Zweifel schlägt zu, wenn du allein bist, aber er selbst reist immer im Rudel. Mit dem Zweifel kommen auch seine hässlichen Freunde: Verzweiflung, Selbsthass, das Gefühl von Dummheit und Demütigung. Wenn der Zweifel angreift, dann immer mit derselben Meute an Begleitern im Schlepptau, den bösen Jungs in einem italienischen Gangsterfilm gleichend. Künstlerinnen und Künstler müssen lernen, diese Typen auszumachen und als Schläger von der Straße anzusehen und nicht als Pfadfinder, die tapfer die Wahrheit überbringen.

Der Zweifel klopft in der Dunkelheit an die Tür und tut so, als sei er allein und bräuchte dein mitfühlend zuhörendes Ohr. Aber wenn du ihn hereinlässt, bringt er seine Freunde mit, und der Zweifel kann, um sich Zutritt zu verschaffen, sehr beredt und überzeugend sein.

Der Zweifel ist ein großer Verführer. »Ich möchte nur, dass du mal darüber nachdenkst«, flüstert er. Und schon sperrt der Künstler seine Ohren auf. Und schon wird der Dolch gezogen: »Vielleicht hattest du und hast du schließlich doch nicht genug Talent ...« Spüren Sie den durchbohrenden Stich? Es könnte Ihre kreative Lunge sein, die hier rings um die Klinge kollabiert.

Nein, als Künstler brauchen wir eine klare Selbsteinschätzung und -beurteilung, keinen dunklen und finsteren Zweifel. Die Selbsteinschätzung wird am besten bei hellem Tageslicht in der behaglichen Atmosphäre unserer eigenen vier Wände und unter sehr vertrauenswürdigen Freunden praktiziert.

Alle Künstler leiden unter Zweifeln. Große Regisseure sitzen hinten in den Vorführräumen und müssen ihren hyperventilierten Zweifel in braune Papiertüten atmen. Brillante Schauspielerinnen leiden so sehr unter Lampenfieber, als hätten sie Rachitis. Der Zweifel gehört bei Künstlern zum Terrain. Mit der Zeit – und oft nur mithilfe von älteren Künstlern, die selber unter Zweifeln zu leiden hatten – werden sie dann geschickter darin, den Zweifel zu überleben, unterscheiden zu lernen zwischen emotionalem Terrorismus und angemessener, vorgeschlagener Kurskorrektur.

In einem Nonnen- oder Mönchskloster können die Novizen mit jemandem sprechen, der sie spirituell anleitet. »Zweifel sind normal«, sagt man ihnen oft. »Ja, warum bräuchten wir denn überhaupt den Glauben, wenn es den Zweifel nicht gäbe?« Wenn wir als Künstler unter Zweifeln leiden, tun wir gut daran, mitfühlende Ratgeber aufzusuchen. »Zweifel? Der geht mit dem Terrain einher, Kind«, pflegte mich der Regisseur John Newland zärtlich anzuknurren.

Die Veränderungen in unserem Leben müssen der Unmöglichkeit entspringen, anders als den Forderungen unseres Gewissens entsprechend zu leben.

LEO TOLSTOI

Kunst ist eine spirituelle Praxis. Zweifel sind normal. Wir brauchen Glauben, um sie zu überleben, und wir brauchen auch Barmherzigkeit. Wenn der Zweifel angreift, müssen wir wachsame Selbstliebe walten lassen. Wir dürfen dem Fremden nicht die Tür öffnen, der uns die Whiskyflasche, die Pillen und die Waffe überreicht. Lassen Sie die Kette vor der Tür, lehnen Sie den Zweifel, der Ihnen da angeboten wird, höflich oder weniger höflich ab. Schlafen Sie notfalls bei eingeschaltetem Licht. Rufen Sie mitten in der Nacht eine Freundin oder einen Freund an. Schauen Sie sich eine alte Komödie im Fernsehen an. Reisen Sie mit einem geliebten Kinderbuch wie zum Beispiel einem Harry-Potter- oder Pippi-Langstrumpf-Band. Der Künstler in Ihnen muss sich nicht vor Dingen fürchten, »die in der Nacht bums machen«. Die dunkle Nacht der Seele kommt zu allen Künstlern. Wenn Sie zu Ihnen kommt, dann machen Sie sich klar, dass sie nur ein kniffliger Teil des Weges ist und Sie am Morgen besser sehen können werden.

AUFGABE *Zweifeln Sie an Ihren Zweifeln*

Alle Künstler machen die Erfahrung des Zweifelns. Erfahrene Künstler lernen, den Zweifel zu überstehen, ohne sich der Selbstsabotage zu ergeben. Wenn der Zweifel das Herz verdunkelt, ist es klug, diese Düsternis nicht als die »Wirklichkeit« anzusehen, sondern als Wetter, das sich auch wieder ändert, so wie ein paar heftig bewölkte Tage ihr Ende nehmen. In Phasen des Zweifels fällen wir keine präzisen Urteile und sollten nicht nach ihnen handeln. Der Zweifel ist etwas, was man wie einen hässlichen Kälteeinbruch übersteht, und deshalb sollten wir nach warmherzigen, liebevollen, undramatischen und nicht selbstzerstörerischen Handlungen und Unternehmungen trachten. Statt an der Weiterentwicklung und Selbstverbesserung zu arbeiten, sollten wir uns auf die Selbstfürsorge konzentrieren. Versuchen Sie um Ihrer selbst willen, aktiv selbstsüchtig zu sein.

> *Phantasie ist wichtiger als Wissen.*
>
> *ALBERT EINSTEIN*

AUFGABE *Das Selbst im Selbstausdruck*

Greifen Sie zum Stift und führen Sie zehn Möglichkeiten auf, wie Sie ein wenig *selbstsüchtig* sein könnten. Das macht es Ihnen vielleicht später leichter, *selbstlos* zu sein. Zum Beispiel:

> *Unsere persönlichen Reisen drücken uns ihren Stempel auf.*
>
> *DAVID HALBERSTAM*

1. Ich könnte mir erlauben, meine in Übersee weilende Freundin Laura anzurufen.
2. Ich könnte mir erlauben, eine Zeitschrift für Pferdefreunde zu abonnieren.
3. Ich könnte mir erlauben, mir ein paar Wellensittiche für mein Studio zu kaufen.
4. Ich könnte mir gestatten, mir eine neue Staffelei zuzulegen.
5. Ich könnte mir gestatten, mich selbst einen Abend in der Woche ab sieben Uhr zur »Tabuzone« zu erklären, und diese Zeit zum Schreiben verwenden.
6. Ich könnte mir erlauben, in den Stunden, in denen ich mich der Kunst widme, das Telefon abzustellen.

7. Ich könnte an einem Kurs für Porträtmalerei teilnehmen und ein paar Tipps von Experten bekommen.
8. Ich könnte mich eine Filmrolle in Schwarzweiß drehen lassen, einfach weil ich verrückt danach bin.
9. Ich könnte mich ein wöchentliches Stelldichein zum kreativen Schreiben vereinbaren lassen, damit ich mal von meiner Doktorarbeit wegkomme.
10. Ich könnte die neue Aufnahme besorgen, auf die ich so neugierig bin.

Wenn Sie Probleme haben, sich zehn Möglichkeiten auszudenken, wie Sie in kreativer Hinsicht ein bisschen selbstsüchtig sein könnten, dann vollenden Sie zehnmal folgenden Satz:
Wenn ich nicht so selbstsüchtig wäre, würde ich ____________________ .

Check

1. *Wie viele Tage in dieser Woche haben Sie Ihre Morgenseiten geschrieben?* Wenn Sie einen Tag ausgelassen haben, was war der Grund? Welche Erfahrung haben Sie mit dem Schreiben der Morgenseiten gemacht? Erfahren Sie mehr Klarheit? Ein breiteres Spektrum an Gefühlen und Emotionen? Ein stärkeres Gefühl von Objektivität, Zielgerichtetheit und Ruhe? Hat Sie irgendetwas überrascht? Gibt es ein Thema oder Problem, mit dem Sie sich wiederholt befassen müssen?
2. *Haben Sie in dieser Woche Ihr künstlerisches Stelldichein gehabt?* Haben Sie ein gesteigertes Wohlbefinden festgestellt? Was haben Sie unternommen, und wie fühlten Sie sich dabei? Das künstlerische Stelldichein kann eine schwierige Sache sein, und möglicherweise müssen Sie sich gut zureden, um sich dazu aufzuschwingen.
3. *Haben Sie Ihren wöchentlichen Spaziergang unternommen?* Wie fühlten Sie sich dabei? Welche Gefühle oder Erkenntnisse tauchten in Ihrem Inneren auf? Konnten Sie mehr als einen Spaziergang machen? Was hat Ihr Spaziergang für Ihren Optimismus und Ihr Gefühl von Perspektive bewirkt?
4. *Gab es in dieser Woche irgendwelche anderen Themen, die Ihrem Gefühl nach für Ihre Selbstentdeckung wichtig waren?* Beschreiben Sie sie.

ZEHNTE WOCHE

Ein Gefühl der Kameradschaft entdecken

Entgegen unserem Mythos vom einsamen Ranger wird ein Künstlerleben nicht in der Isolation verbracht. In dieser Woche wenden Sie Ihre Aufmerksamkeit dem Niveau und Format Ihrer Freundschaften und Ihres kreativen Zusammenarbeitens zu: Loyalität und Langlebigkeit, Integrität und Einfallsreichtum, Anstand und Großzügigkeit – alle diese Merkmale und Eigenschaften sind für den gesunden kreativen Austausch notwendig. Die Texte und Aufgaben dieser Woche zielen auf die schwierige Kunst ab, unsere persönlichen Beziehungen zu sortieren und in Ordnung zu bringen.

Lassen Sie das Drama auf der Bühne

Künstler und Künstlerinnen neigen zur Dramatik. – Kunst ist etwas Dramatisches. Wenn Künstler keine künstlerischen Dramen schaffen, neigen sie dazu, persönliche zu kreieren. Im Gefühl, nicht in ihrer Mitte zu sein, fordern sie die Mitte der Bühne für sich. Im Gefühl, in einer Kampfarena zu stehen, kämpfen sie gegen imaginäre Windmühlen.

»Diese Beziehung steckt in Schwierigkeiten«, verkünden sie. »Jawohl, da gibt's alle möglichen Probleme.«

Oder: »Ich bin sicher, es ist nichts Ernsthaftes, aber es besteht die Möglichkeit, dass ich taub werde. Hast du gehört, was ich gesagt habe?«

Wir sind alle kreativ, aber die von uns, die ihren Lebensunterhalt damit verdienen, sollten besser lernen, sich mit der gleichen alltäglichen Würde ihrem Schaffen zu widmen wie unser Cousin, der in der Bank arbeitet, unser Vater, der sich um sein Universitätsinstitut kümmert, oder unser Nachbar, der den Eisenwarenladen führt. Wenn wir unsere kreative Arbeit und unser kreatives Leben zu etwas allzu Besonderem und Dramatischem machen, entreißen wir dieses Leben dem Gefühl von Gemeinschaft und Kontinuität – und genau dazu neigen wir, wenn wir zu nervös werden. Nervös geworden, schaffen wir Dramen, die uns noch nervöser machen.

»Ich habe über *deine* Wesensnatur nachgedacht«, verkünden wir, »und ich bin mir gar nicht sicher, ob ich mich auf sie verlassen sollte. Wie denkst du darüber, Frau?«

Mit der Realität muss eine solche Reaktion nichts zu tun haben, die Beziehung ist wahrscheinlich völlig in Ordnung. Vermutlich geht es auch weniger um Ihre fragliche Wesensnatur als um das Wesen, mit dem Sie es zu tun haben, nämlich einem nervösen Künstler.

Mitgefühl ist das Gegengift der Seele; wo Mitleid ist, bleiben die giftigsten Impulse relativ harmlos.

ERIC HOFFER

Einer meiner Freunde ist ein Weltklassemusiker, der jedes Mal vor Beginn einer größeren Konzerttournee gesundheitliche Probleme entwickelt. Ängste hinsichtlich seiner Gesundheit sind seine Achillesferse. Stets stellen sich rätselhafte Leiden ein, sobald das Abreisedatum näher rückt. Ein anderer meiner Freunde, ein hervorragender Schriftsteller, verliert all seinen Humor und die realistische Perspektive in Bezug auf seine eigene Person, sobald ein Abgabetermin droht. Mit seiner Ehe ist es immer »aus«, oder sie ist zumindest zerrüttet, bis er sich hinsetzt und schreibt. Man sollte meinen, dass irgendjemand den Mumm aufbringt zu sagen: »Ach, hör endlich damit auf.« Als Künstler sollten wir es selbst sagen, aber das Drama liefert uns eine Rechtfertigung, keine Kunst zu schaffen, und künstlerische Magersucht macht süchtig. Wir bekommen durch die Angst, keine Kunst zu schaffen, einen Adrenalinschub. Wir können uns an dieser chemischen Achterbahn berauschen, wenn Arbeit ansteht.

Künstler lieben es so, Kunst zu machen, wie Liebende es lieben, Liebe zu machen; und so wie Liebende gereizt werden, wenn sie dringend ins Bett gehen und Liebe machen müssen, werden Künstler gereizt, wenn sie dringend Kunst schaffen müssen. Künstlerische Magersucht, das Meiden des Kreativitätsvergnügens, ist eine schädliche Sucht, die die meisten Künstler ab und zu befällt und grundsätzlich unvorbereitet trifft. Statt Kunst zu schaffen, schaffen wir Probleme – und wir schaffen sie, weil wir uns emotional daran laben, *nicht* Kunst zu schaffen. Wir müssen uns dringend ans Klavier setzen und üben. Wir müssen dringend unsere Stimmübungen machen. Wir müssen dringend an unsere Staffelei oder an unseren Schreibtisch. Wir müssen dringend mit Volldampf loslegen, und wenn wir es nicht tun, neigen wir dazu, Dampf abzulassen, indem wir uns ungebührlich über jedwede Anzahl eingebildeter Krankheiten auslassen. Mit unseren Leiden und Schmerzen töten wir unserer Umwelt den Nerv. Verdammt noch mal, Kunst ist eine ernste Sache, und ihr macht euch besser darauf gefasst, dass wir höllischen Krach schlagen, wenn jemand in unserer Nähe allzu fröhlich wird.

> *Ihr großes Verdienst ist es, das meine herauszufinden – nichts ist so liebenswürdig wie das feine Gespür.*
>
> LORD BYRON

»Das verstehst du einfach nicht«, fahren wir Leute an, die nur allzu gut verstehen. Sich John Barrymores Charakterisierung des herrischen Theateragenten in »Twentieth Century« anzusehen sollte ein Muss für alle Künstler sein, die zu gelegentlichen Anfällen von Wichtigtuerei neigen. Es ist die *Kunst*, die wichtig ist. Wir sollen der Kunst dienen, nicht unsere Freunde und Familienangehörigen wie Bedienstete behandeln. Der Typ des arroganten Künstlers hat seine verqueren Wurzeln zweifellos irgendwo in einem niedrigen Selbstwertgefühl und wirft sich in Pose, weil er seine Verletzlichkeit verbergen möchte. Wenn wir zu viel Ego in unsere Arbeit investiert haben und aus dem Rest unseres Lebens zu wenig Ichstärke beziehen, ist es leicht, den Archetypus des arroganten Künstlers auszuagieren.

Wir haben im Kern unseren Sinn für Humor verloren und damit auch unseren Sinn für Maßstäbe. Wenn wir uns allzu ernst nehmen und von anderen dasselbe verlangen, verkrampfen wir unwillkürlich unsere kreativen Muskeln und belasten unsere Darbietung. Künstler auf Tournee sollten wahrscheinlich einen ganzen Rucksack voller Komödien mitnehmen. Wenn wir uns an *Das gibt's nie wieder* erinnern – oder es uns ansehen –, lockern wir uns vielleicht, hellt sich unsere Stimmung auf und liefern wir das Kaliber an Arbeit ab, das wir anstreben. Es gibt einen Autoaufkleber mit dem Spruch: »Engel fliegen, weil sie sich leicht nehmen.«

Zu den Paradoxa einer schöpferischen Karriere gehört es, dass wir dann abheben, wenn wir unseren ängstlichen, vom Ego getriebenen Griff lockern. Sinn für Humor ist anziehend. Er deutet auf einen Sinn für Maßstäbe. Ein Sinn für Maßstäbe ist das, was unseren Werken Proportion, Perspektive und Persönlichkeit verleiht. Als Künstler wollen wir das Überkandideltsein vermeiden. Und das machen wir am besten dadurch, dass wir nicht, weil wir uns so klein fühlen, aufgeblasen und eingebildet auftreten. Künstler sollten als Faustregel folgendes Mantra wiederholen: Plötzliche Probleme in meinem Leben verweisen gewöhnlich auf die Notwendigkeit, an meiner Kunst zu arbeiten. Und sollte sich das so anhören, als wollte ich den Künstlern eins aufs Haupt geben, dann lassen Sie mich Ihnen gestehen, dass ich unzählige Male mit dem Kopf gegen die Felsen meiner kreativen Imagination gerannt bin, bevor ich zu dieser Schlussfolgerung gelangte.

Der Abgabetermin für ein Buch ist nicht der Start einer NASA-Rakete. Ein Konzerttermin ist nicht der Countdown für einen atomaren Test. Wie eine Cellistin scherzt: »Ich könnte in diesem Augenblick von einem Bus überfahren werden. Stattdessen gehe ich auf die Bühne, um ein Sextett von Brahms zu spielen.« Starke Leistung und starker Druck müssen nicht immer Synonyme sein. Aber die Versuchung, sie dazu zu machen, ist riesengroß, vor allem wenn wir das Gefühl haben, nicht ganz zu unserem Spiel zu finden.

Unsere Hunde sollten beißen, wenn sie spüren, dass dieses sinnlose Drama im Anmarsch ist. Tiger Lily, meine goldfarben-weiße Cockerspanielhündin, hat gelernt, mit den Augen zu rollen und ausdrucksstark eine Schnute zu ziehen, sobald sich mein Humor verflüchtigt. Tiger Lilys Kumpanin Charlotte nimmt Rattengeruch wahr, sobald sich die Stimmung im Haushalt unnötig verdüstert. Sie hat ein kleines purpurfarbenes Spielzeug namens Rättchen, das für solche Anlässe sehr geeignet ist. Wenn allzu viel Drama anbricht, legt sie der Täterin Rättchen vor die Füße und lässt mit energischem Gefiepe durchblicken, dass uns ein Fang-mich-Spiel sehr viel weiter bringen würde als *das* da, was immer das für ein Spiel sein soll.

Der Mensch ist ein übermäßig komplizierter Organismus. Wenn er zum Untergang verdammt ist, dann aus Mangel an Einfachheit.

EZRA POUND

Meist müssen Künstler, wenn sie sich aufs Drama statt auf die Kunst verlegen, mal aus ihrem Kopf raus und sich in ihren Körper begeben, wenn sie sich schon nicht an ihre Kunst machen. Ein Marsch im Eiltempo einen steilen Hügel hinauf, ein paar energische Züge im Pool, und schon droht die Realität einzusetzen – die Realität, dass das einzige Drama in unserem sehr angenehmen Leben das ist, das wir uns selber schaffen. Wir Künstler können mit unserer wunderbaren Vorstellungskraft zu Dramasüchtigen werden. Wir können auch physisch von unserer Adrenalin ausschüttenden Angst abhängig werden statt vom authentischen Schaffen. Allzu viel Drama ist kein Spaß, aber es sorgt dafür, dass wir etwas zu tun haben, statt Kunst zu machen. Solange wir nicht den Code dieses Ausweichverhaltens entschlüsseln, schenken wir unseren dramatischen Szenarios *Glauben.*

»Ich weiß, ich sollte malen«, jammern wir, »aber liebt er mich?«

»Ich weiß, ich sollte mich ans Klavier setzen, aber ich bin mir nicht sicher, ob ich von meinesgleichen genug respektiert werde.«

»Ich setze mich an die Schreibmaschine und arbeite an dem Buch, sobald ich mich in einem Brief darüber beschwert habe, dass meine gottverdammten Tennisschuhe nichts taugen.«

»Ich nehme die Bratsche *erst dann* in die Hand und übe, wenn ich weiß, wo es mit meiner Karriere hingeht.«

Als Künstler können wir Schwindler sein – nicht dass wir andere beschwindeln und betrügen, das tun wir normalerweise nicht. Aber wir beschwindeln und betrügen uns selbst. Wir schwindeln uns in den Glauben hinein, unsere dramatischen Dilemmata bedeuteten mehr als unsere Kunst – und dass das Schwelgen im Drama je unsere schöpferischen Impulse zufrieden stellen könnte.

Wenn wir uns nur dazu überreden können, uns ein kleines bisschen fürchterlichem Zweifel hinzugeben – in Bezug auf unser Talent, unser Liebenswertsein, unsere kreativen und anderen Fähigkeiten –, bringen wir es gewöhnlich auch fertig, uns auf unserem kreativen Weg zum Stillstand zu bringen und uns einen Anlass zu *wirklicher* Sorge zu liefern. Mit der Aufführung eines netten hässlichen Dramas können wir oft unser echtes kreatives Wachstum unterminieren oder sabotieren.

Welche Ärgernisse sind qualvoller als jene, über die wir uns nicht beklagen können?

MARQUIS DE CUSTINE

Was für eine Erleichterung! Wie viel leichter es doch ist, sich über Junge-Mädchen-Dilemmata Sorgen zu machen als darüber, ob unser Buch die richtige Kunstform hat oder nicht, ob unsere Proben ausreichten, um die Musik in unsere Hände und in unser Herz einfließen zu lassen, ob das Leistungsvermögen unserer neuen Kameraausrüstung unseren Arbeiten tatsächlich mehr Schärfe verleihen konnte.

Künstler neigen zur Dramatik. Drama ist gut und schön, wenn es so kanalisiert wird, dass es in unsere Arbeit einströmt. Aber Künstler gehen das Risiko ein, dass sie nach emotionalen Dramen süchtig werden. Wir können eine alarmierende Vorliebe dafür an den Tag legen, uns an den Rand einer Klippe zu stellen, hinunterzustarren und dabei gutgläubige Freunde zu fragen: »Werde ich fallen?« oder »Soll ich springen?«. Warum sollte jemand so etwas tun?, fragen Sie vielleicht. Die Antwort ist: Es gibt uns etwas zu tun, statt dass wir Kunst machen.

Kunst ist das Jucken, das gekratzt werden will, aber wir sind die Einzigen, die es tun. Und wenn wir uns weigern, an der Oberfläche unseres sich in Dramatik kleidenden Widerstands zu kratzen, wenn wir uns selbst die Würde echten schöpferischen Risikos verweigern, dann erkennen Sie daran, dass wir nahe am Rand der Klippe stehen.

AUFGABE *Führen Sie eine »Tra-raa!«-Liste*

Fakten sind das Gegenteil von Drama. Wenn Sie mit den Morgenseiten gearbeitet haben, sind Sie wahrscheinlich mehr und mehr dahin gekommen, realistische und immer präzisere Listen über das, was zu tun ist, aufzustellen, in denen die Prioritäten des Tages, so wie sie sich in den Morgenseiten enthüllen, zum Ausdruck kommen. Um als Künstlerin oder Künstler zu einem stabilen Gefühl der Selbstachtung zu kommen, müssen wir noch eine zweite tägliche Liste aufstellen: die »Tra-raa!«-Liste.

In unserer Zeit führt der Weg zur Heiligkeit notwendigerweise durch die Welt der Tat.

DAG HAMMARSKJÖLD

Statt uns immer nur auf das zu konzentrieren, was noch zu tun bleibt, müssen wir uns auch mal beglückwünschen für das, was wir bereits getan haben. Ihre »Tra-raa!«-Liste ist so etwas wie Ihre allabendliche Verbeugung in Antwort auf den Ihnen geltenden Applaus für die vielen kleinen kreativen Aktionen, die Sie im Verlauf des Tages unternommen haben. Eine solche Liste könnte zum Beispiel folgendermaßen aussehen:

1. Habe meine Morgenseiten geschrieben.
2. Habe Carolina eine Nachricht hinterlassen.
3. Habe 15 Minuten am Klavier verbracht.
4. Habe die Geranien umgetopft.
5. Habe den Essay in *Der Atlantik* gelesen, der für meine Doktorarbeit relevant ist.
6. Habe einen Topf Suppe gekocht.
7. Habe die Rechnungen in mein Haushaltsführungs-Computerprogramm eingetippt.
8. Habe mit Bruce geredet – sofortige emotionale Genesung.
9. Habe eine Stunde an der Doktorarbeit gearbeitet.
10. Habe den Hund im Hundesalon angemeldet.
11. Habe den Rock umgesäumt.
12. Habe für meine Doktorarbeit wichtige Bücher bei Amazon bestellt.
13. Habe Farbe für das Fensterbrett in der Küche besorgt.
14. Habe mir eine Weile Klassikradio angehört.
15. Habe mich der Buntwäsche angenommen.

Eine »Tra-raa!«-Liste kann locker den doppelten Umfang annehmen. Oft sind unsere Tage weitaus geschäftiger und produktiver, als uns klar ist. Außerdem kann sie quasi als vor unserer Nase baumelnde Karotte fungieren. »Es wird mir großen Spaß machen, das auf die Liste zu schreiben«, denken wir, während wir irgendetwas Kreatives angehen, das wir bisher vor uns hergeschoben haben. Listen mit Vorhaben, die anstehen, helfen uns, unsere Prioritäten in die Tat umzusetzen. »Traraa!«-Listen unterstützen uns dabei, unsere Leistungen anzuerkennen. »Traraa!« – ich habe heute an meiner Kunst gearbeitet. Kreative Leben setzen sich aus Minuten zusammen – und Minuten der Arbeit *summieren* sich …

Das Gute am Besserwerden

Als Künstler sind wir nicht bloß daran interessiert, uns zum Ausdruck zu bringen; dieses weite Feld gehört in den Bereich der Therapie. Wir sind vielmehr daran interessiert, uns zunehmend genauer, zunehmend schöner zum Ausdruck zu bringen. Und das bringt uns direkt zum Problem der Kunst, zu unserem Bedürfnis und zur Notwendigkeit, von anderen und von uns selbst richtig und präzise eingeschätzt und bewertet zu werden.

Selbst in der größten Wirrnis gibt es immer noch einen offenen Kanal zur Seele. Er mag schwer zu finden sein, denn in der Mitte unseres Lebens ist er schon überwachsen. Und manches vom umgebenden, wildest wuchernden Dickicht entsprießt dem, was wir als unsere Erziehung bezeichnen. Aber der Kanal ist immer da, und es ist unsere Sache, ihn offen zu halten, Zugang zum tiefsten Teil unseres Selbst zu bewahren.

SAUL BELLOW

Das Präzise und Nützliche findet sich zumeist im Gefolge der stabilen Verbindung von persönlicher Erfahrung und Fähigkeit. Aus diesem Grund haben Künstler immer bei anderen Künstlern gelernt. Eine großartige Musiklehrerin formt und färbt ganz gewiss das Spiel ihrer Schülerinnen und Schüler – sie werden sowohl mehr sie selbst wie auch erkennbar irgendwie die »Ihren«. Zum Teil ist es eine Sache der gemeinsamen Technik, zum Teil aber auch der gemeinsamen musikalischen Werte. Eine große Lehrerin zieht große Schülerinnen an und produziert sie auch. Das ist so eine Art spirituelle Linie oder, in der Sprache der Wirtschaft ausgedrückt, ein »Markenzeichen«. Ein großartiges Konservatorium mit großartigen Lehrern drückt seinen Künstlern einen »erkennbaren« Stempel auf.

Manchmal scheinen Lehrer und Schüler mehr durch göttliche Vorsehung als durch einen festen Lehrplan aufeinander zu treffen. Das war auch bei Emma und ihrer Lehrerin der Fall.

Die großartige Geigen- und Bratschenlehrerin Joyce Robbins setzte sich nach langen Jahren des Lehrens und Unterrichtens in New York dann in Südkalifornien zur Ruhe. Eine begabte Bratschenspielerin, die ganz unerwartet ein Jahr in Kalifornien verbrachte, machte sie ausfindig und begann einen Studienkurs bei ihr, der ihr Spiel und ihre Wahrnehmung vom Spiel veränderte. Sie lernte zu hören.

»Im Osten fehlte mir einfach das Lernen bei dieser großartigen Lehrerin. Sie hatte sich in dem Jahr, in dem ich mich am Konservatorium einschrieb, nach Kalifornien zurückgezogen. Ich hatte nie erwartet, nach Kalifornien zu kommen, aber als ich dorthin kam, suchte ich sie auf. Um bei ihr zu lernen, war ich alles in allem immer dreieinhalb Stunden unterwegs, und ich lernte das kalifornische Schnellstraßensystem ziemlich gut kennen. Andererseits habe ich gelernt, mir beim Spielen wirklich selbst zuzuhören. Ich habe angefangen, weicher zu spielen, mit weniger Schärfe, und auf den tatsächlichen Ton, den ich hervorbrachte, zu hören, statt mich nur auf die Technik zu konzentrieren und darauf, wie ich sie durchführe. Das Ergebnis war, dass ich allmählich viel besser klang. Und wenn ich heute jemanden mit einem ganz besonders vollen und sanften Klang Bratsche spielen höre, frage ich mich, ob er nicht bei meiner Lehrerin gelernt und ein wenig von derselben Gabe des Hörens mitbekommen hat, die sie mir vermittelte.«

Künstler finden sich überall, gute Konservatorien und Kunstakademien allerdings nicht. Ein brillanter junger Maler in South Milwaukee bekommt von der Familie oder der Gemeinde vielleicht nicht die Mittel, um anderswo als am Ort studieren zu können – doch am Ort kann es ein paar sehr gute Lehrer geben oder aber solche, die, was ihre eigenen Arbeiten angeht, nicht ausreichend ausgebildet, entwickelt und von der vermeintlichen Kultiviertheit einiger einflussreicher Kunstpublikationen über Gebühr beeindruckt sind.

> *Versuche, dein wahres, ehrliches, untheoretisches Selbst zu entdecken.*
>
> BRENDA UELAND

Wenn wir dort blühen wollen, wo wir hingepflanzt wurden, suchen wir uns vielleicht ortsansässige Lehrer und haben entweder Glück oder kommen zur inneren Gewissheit, dass sie hinsichtlich ihrer künstlerischen Berufung verkrampft sind und auch uns verkrampfen können. Und weil sie nicht egoistisch sein wollen, bleiben viele Schülerinnen und Schüler allzu lange, studieren bei Lehrern, denen sie schon längst entwachsen sind, und erleben oft eine unangenehme kreative Einschnürung und Einengung, die sich als Spannung, sogar auch als Konkurrenz zwischen Lehrer und Schüler manifestieren und oft nicht direkt angesprochen werden kann. Wie sagt man jemandem: »Weißt du, ich glaube, ich bin über dich hinausgewachsen«? Am besten sagen wir es so, dass wir unserem Mentor für die Zeit und die Ausbildung unseres Talents, die er uns hat zukommen lassen, ganz schlicht danken und dann weiterziehen.

So wie ein exzellenter Lehrer einen Künstler zu stärken und zur Klarheit zu bringen vermag, kann ein schlechter Lehrer einen Künstler schädigen, dämpfen und verderben. Durch den Einfluss armseliger Lehrer sind viele Künstler durch Blockade oder Druck zu einer zunächst gesunden, dann aber selbstzerstörerischen Verschlossenheit gebracht worden. Sich selbst als hoch über dem Markt oder jenseits oder außerhalb des Marktes stehend erklärend, flirten sie mit zwei Möglichkeiten und begegnen gewöhnlich einer Mischung von beiden. Frei von äußeren Einflüssen, reifen sie vielleicht in ihrem Brutkasten heran und entwickeln einen beeindruckend originellen Stil. Das ist die positive Variante. Frei von äußeren Einflüssen können sie aber auch gegen eine sehr niedrig hängende künstliche Decke stoßen und mit ihrer Arbeit gerade so weit kommen, wie es ihnen ohne weiteren Input eben möglich ist.

In gewisser Hinsicht ist es mit der Kunst wie mit jeder anderen Fähigkeit – es macht uns Freude, sie auszuüben. Dann macht es uns Freude, sie gut auszuüben; dann macht es uns Freude, sie noch besser auszuüben. Die Weigerung, uns die Werkzeuge und Techniken anzueignen, die uns erlauben, vom »Guten« zum »Besseren« überzugehen, wobei wir hier oft fälschlicherweise von Reinheit sprechen, hat nichts Reines an sich. Wir haben zugelassen, dass unser Stolz und unsere Angst unseren kreativen Prozess verderben. Ja, unser innerer Schöpfer mag kindlich sein, aber wir haben uns gestattet, die Linie zum *Kindischen* zu überschreiten. Abwehrend und abgeschirmt, schreckten wir vor authentischem Wachstum zurück.

> *Ich werde Ihnen sagen, was ich selbst gelernt habe. Mir hilft ein langer Spaziergang von acht oder neun Kilometern. Und man muss alleine und jeden Tag gehen.*
>
> BRENDA UELAND

Ein in seiner Region verbleibender talentierter Streicher mag sich jahrelang mit von ihm selbst wahrgenommenen Unzulänglichkeiten herumplagen, um dann endlich einem erfahrenen Lehrer zu begegnen, der ihm sagt: »Du bist schon seit Jahren über dieses Instrument hinausgewachsen, es verkrüppelt dich – werde es los!« Eine Beobachtung, auf die der Künstler sehr wahrscheinlich nicht von allein gekommen wäre.

Kunst ist eine Form des »Seins«, und unsere spirituellen und intellektuellen Wahrnehmungen und Beobachtungen als Künstler geleiten und drängen uns oft zur Notwendigkeit einer verbesserten Technik. Wir können das, was ist, sehen, aber wir können es nicht malen. Wir können es hören, aber wir können es nicht spielen. Wir brauchen Hilfe. Wir können zusehen, dass wir Hilfe bekommen – oder wir können, entmutigt von der Diskrepanz zwischen unseren inneren Maßstäben und unserer Fähigkeit, ihnen zu entsprechen, aufgeben. Die Schriftstellerin Tillie Olsen warnte dabei zu Recht vor dem gefährlichen »Messer des Perfektionismus in der Kunst«. Wenn wir seine Klinge ständig an die Kehle unserer Kreativität gesetzt halten, machen wir keine Fortschritte, weil wir unseren Lernprozess ersticken. Eine Lehrerin oder ein Lehrer ist ein Führer durch derartige Fallgruben der Kreativität.

Wir lernen auf unsere jeweils eigene Weise und in unserem eigenen Tempo, und dennoch hat uns *jemandes* exzellente Methode etwas anzubieten, wenn wir bereit sind, uns der Gelegenheit auszusetzen, etwas zu lernen.

Doch das Ziel ist authentisches Wachstum, und das wird nicht erreicht, wenn wir uns für Studienkurse und Seminare einschreiben, die sich stagnierend oder erstickend auswirken oder in denen wir ganz einfach unzulänglich oder schlecht beraten sind. Wir sind auf Spitzenleistungen aus, wollen hervorragende Qualität, und die kann gefunden werden, aber wir müssen nach ihr suchen, und das nicht nur in der eigenen Person, so, wie wir waren, sondern auch bei anderen. Wir dürfen uns von Markennamen-Referenzen weder blenden noch betören lassen – dürfen nicht blind sein für die Möglichkeit, dass sie etwas Berechtigtes bedeuten könnten, und dürfen auch nicht zu betört sein von dem, was sie bedeuten könnten, um möglicherweise zu erkennen, dass sie bei diesem speziellen Ausübenden sehr wenig bedeuten. Mit anderen Worten, wir müssen offen sein für das Finden unserer Lehrer und offen sein für das Belehrtwerden – während wir uns gleichzeitig ein Gewahrsein von unseren gleichermaßen relevanten, echten Wahrnehmungen und Fähigkeiten bewahren, die geschützt werden müssen.

Eine oft wiederholte spirituelle Grundannahme lautet: Wenn der Schüler bereit ist, tritt der Lehrer in Erscheinung. Im Lauf der Jahre habe ich viele Geschichten über wundersame Zusammentreffen und Begegnungen gehört. Der göttliche Geist kennt keine Entfernung, und das Gebet eines Schülers in Omaha wird ebenso laut und deutlich vernommen wie das einer Schülerin in Manhattan. Wenn wir darum bitten, geleitet zu werden, werden wir geleitet. Wenn wir darum bitten, geführt zu werden, werden wir geführt. Wenn wir darum bitten, belehrt zu werden, werden wir belehrt. Ein junger, in einem Industriestädtchen des Mittleren Westens arbeitender Bildhauer spricht ein Bittgebet um Führung und wird zu einem angesehenen Bildhauer geleitet, der nur 15 Kilometer weiter weg in derselben abgelegenen Gegend arbeitet. Ein talentierter Schauspieler in einem winzigen Städtchen in New Mexico trifft auf einen Hollywoodregissuer im Ruhestand, der ihm behilflich ist, ein Stipendium für eine berühmte Schauspielschule zu bekommen. Führung und Großzügigkeit sind immer näher, als wir vielleicht denken. Es liegt stets an uns, offen für den Erhalt von Führung zu sein und darum zu beten und zu bitten, dass wir sie, wenn sie kommt, auch erkennen.

Es ist ein spirituelles Gesetz, dass das Wohl unserer Projekte und unseres Wachstums als Künstler in göttlichen und nicht bloß menschlichen Händen liegen muss. Während wir von Lehrer zu Lehrer, Gelegenheit zu Gelegenheit geführt und von ihnen angezogen werden, bleibt der Große Schöpfer letztlich die Quelle all dessen, was unserem kreativen Wohl dient. Es ist leicht, das zu vergessen und unseren Agenten, Manager oder gegenwärtigen Lehrer zur Quelle unseres »Wohls« zu machen. Doch wenn wir uns auf einen Unterbau des göttlichen Beistands verlassen, können wir unsere Stichworte deutlich hören, können wir jenen danken, die vortreten, um uns zu helfen; dann können wir jene loslassen, die uns zu behindern scheinen; und wir können uns als Künstler entfalten im Vertrauen darauf, dass der Große Künstler genau weiß, was für uns das Beste ist, und dass er uns helfen wird, unseren Weg zu finden, ganz gleich, wie verloren oder wie weit von unserem Traum entfernt wir uns manchmal vorkommen. Im Herzen Gottes sind alle Dinge nah, und das bedeutet auch unsere Hilfe, unsere

Der beste Ratschlag, den man den jungen Leuten für ihre Karriere geben kann, ist: Finde heraus, was du am liebsten tust, und bring jemanden dazu, dich dafür zu bezahlen, dass du es tust.

KATHERINE WHILEHAEN

Unterstützung und unser Erfolg hinsichtlich unserer Kreativität. Während wir bitten, glauben und offen für das Empfangen sind, werden wir sanft geführt.

Irgendwie habe ich das Gefühl, dass sich der Intelligenzgrad einer Person direkt in der Anzahl widersprüchlicher Meinungen widerspiegelt, die sie zum gleichen Thema vertreten kann.

LISA ALTHER

AUFGABE *Belehrbar werden*

Greifen Sie zum Stift. Führen Sie fünf Situationen auf, die Ihnen wegen mangelnder effektiver Führung, Beratung und Anleitung noch immer Anlass zu Verbitterung, wunden Stellen und Selbstmitleid geben. Zum Beispiel:

1. Meine Eltern wurden beide krank, und deshalb konnte ich nie meinen Magister in Literatur machen.
2. Meine Bratsche ließ sich so schwer spielen, dass ich durch das Kompensieren meine Technik ruinierte, und ich bin immer noch dabei, mir meine schlechten Gewohnheiten wieder abzugewöhnen.
3. Meine Familie hatte keine Ahnung, was sie mit einer Schriftstellerin in ihrer Mitte anfangen sollte. Sie wollte, dass ich Rechtsanwältin werde. Ich bekam keinerlei Unterstützung für das Schreiben.
4. In meinem Heimatort hatte man noch nie etwas von modernem Tanz gehört. Als ich endlich kapierte, was das ist, war ich schon zwanzig und auf dem Weg, Physiotherapeutin zu werden.
5. Meine sehr talentierte ältere Schwester bekam jede künstlerische Unterstützung als Musikerin. Ich musste den Abwasch machen, während sie auf der Gitarre etwas vorspielte.

Das sind ganz reale Kränkungen, die sich nicht mehr ändern lassen. Sie können sich jedoch ein paar unverblümte Fragen stellen und einige förderliche Aktionen unternehmen. Zum Beispiel:

1. Würde ich immer noch gern den Magister in Literatur machen? Es gibt viele gute Studienkurse für Studenten in fortgeschrittenem Alter.

2. Was die Technik beim Musizieren angeht, kann man oft auch exzellente Lehrer finden, die Privatunterricht geben. Die richtige Lehrerin oder der richtige Lehrer kann dafür sorgen, dass Sie die schlechten Gewohnheiten sehr rasch ablegen.

Gehen Sie auf jedes aus der Vergangenheit herrührende Kümmernis ein und suchen Sie nach einer Aktion, die Ihrem verletzten Künstler auf kreative Weise etwas Heilung bringt. Führen Sie diese Aktionen durch. Auch die kleinste Unternehmung kann den Schmerz des Stachels mindern, der vom Selbstmitleid herrührt.

Freunde – davor, währenddessen und danach

Eines der heikelsten Themen eines kreativen Lebens ist das der persönlichen Unterstützung und Ermutigung für unsere kreativen Sprünge. Als Künstler brauchen wir keine Lobhudelei, aber wir brauchen vor, während und nach unseren Projekten Freunde, jene Menschen, die uns lieben und akzeptieren, ganz gleich, in welcher kreativen Verfassung und künstlerischen Position wir uns gegenwärtig befinden. Wir brauchen Freunde, die verstehen, dass ein künstlerischer Erfolg uns unter gewaltigen Druck geraten lassen kann, ein Druck, der fast ebenso zerstörerisch ist wie künstlerischer Misserfolg.

Es macht uns bei weitem weniger aus, irgendwo nicht anzukommen, als unterwegs keine Gesellschaft zu haben.

FRANK MOORE COLBY

Wir müssen Freunde finden, die mit unseren verschiedenen kreativen Bedürfnissen umzugehen wissen. Manchmal sind wir die einsame Larve, dann wieder der wunderschöne Schmetterling. Unsere Bedürfnisse und Notwendigkeiten wechseln je nachdem, wo wir uns gerade befinden und wie es uns in unseren schöpferischen Prozessen ergeht.

Es hilft, wenn wir uns zuallererst selbst unsere Bedürfnisse bewusst machen und unsere Erkenntnisse dann denen mitteilen, von denen wir wissen, dass wir ihnen vertrauen können. Allzu oft versuchen wir entweder, es künstlerisch ganz »allein anzugehen«, oder bitten um das, was wir brauchen, nicht so, dass andere es verstehen oder darauf reagieren können. Wenn in unserem schöpferischen Brunnen Ebbe herrscht, weil wir zu lange an einem schwierigen Projekt gearbeitet haben, müssen wir uns selbst genug Freund sein, um uns zu einem erfrischenden künstlerischen Stelldichein auszuführen und den Brunnen wieder mit Bildern und Abenteuern aufzufüllen. Wenn ein Abgabetermin bedrohlich näher rückt und wir vor Überarbeitung völlig erschöpft sind, kann es sehr schwer sein, solche Pausen einzulegen. Stattdessen möchten wir uns weiter voranprügeln, worunter dann sowohl die Arbeit wie auch wir selbst leiden. In solchen Momenten wäre ein Anruf bei einer Freundin gut, um zu sagen: »Bete dafür, dass ich aus dem Haus komme, um mir ›Harry Potter‹ anzusehen.«

Alle die Freude gewonnen
Müssen sie teilen – Glück
ward als Zwilling geboren.

LORD BYRON

Die Teilnehmer von Zwölf-Schritte-Programmen lernen, sich des »Sandwich-Anrufs« zu bedienen. Wenn sie davor stehen, etwas Schwieriges zu tun, rufen sie einen Freund an, führen dann die schwierige Sache durch und rufen hinterher den Freund nochmals an, um ihm mitzuteilen: »Mission beendet.« Es gibt beim kreativen Arbeiten Stadien, in denen wir so schmerzlich matt gesetzt sind, dass ein »Sandwich-Anruf« großartige erste Hilfe leisten kann. Wir können anrufen und erklären: »Ich bring's nicht über mich, in mein Atelier zu gehen, und die Arbeit stapelt sich dort. Ich werde jetzt eine halbe Stunde hingehen und einfach nur die Pinsel reinigen.« Wir können anrufen und sagen: »Ich werde auf zwei Seiten Korrekturen vornehmen und dich dann anrufen, um dir zu sagen, dass ich es gemacht habe.« Wir können sagen: »Ich werde die ersten 25 Seiten des Manuskripts lesen, um zu sehen, wie ich es finde.« Oder: »Ich werde die Choreographie für den ersten Satz skizzieren.«

Die meisten von uns haben Freundinnen und Freunde, die willens und bereit sind, uns zu helfen, wenn wir ihnen nur sagen, wie. Während der Anfangszeit meiner Genesung vom Alkoholismus verkaufte ich ein Drehbuch an Paramount, und ich hatte solche Angst davor, es umzuschreiben, dass mein Freund Jupiter täglich zu mir kam, sich in meinem Schaukelstuhl niederließ und eine Stunde lang las, während ich mein zitterndes und bebendes Ich an die Schreibmaschine setzte. Eine Stunde am Tag ist eine Menge mehr Arbeit als keine Stunde am Tag, und während Freunde die Erfahrung machen, dass kleine Spenden an Zeit und Unterstützung nützlicher sind als große Gesten, lernen sie allmählich auch ihre Texte: »Setz dich eine halbe Stunde dran und ruf mich dann wieder an.« Oder: »Versuch die ersten zwanzig Seiten zu lesen und ruf mich dann wieder an.« Sehr oft brauchen wir nur Hilfe, um einen Zeh ins Wasser zu stecken. Sind wir dann im Wasser, können wir schwimmen. Unsere Hilfe kann in einem Anruf bestehen; in einer Verabredung zum Schreiben in einem Café, wo wir uns beide treffen, um dort eine Stunde lang zu schriftstellern; in einer gefaxten Abfrage; in einer E-Mail mit der Nachricht »Ich hab's gemacht«. Das Elektronikzeitalter hat uns eine gewaltige Erweiterung und Ausdehnung unserer Kreativitätsgemeinschaft ermöglicht. Wir können uns auch einen Cafébesitzer »heranziehen«, bei ihm gegrillten Käse essen und dort jeden Tag eine Stunde lang in einer hinteren Nische arbeiten. Jahrelang glich Dori's Bakery in Taos einem Zoo voller Schriftsteller. Wir hatten alle unseren eigenen Tisch und nickten einander und Dori zu, wenn wir uns daran niederließen, um zu schuften. Unsere Freunde werden uns helfen, wenn wir sie wissen lassen, wie. Oft brauchen wir nur ein bisschen freundlich gesinnte Gesellschaft.

Künstler, die dabei sind, einen großen kreativen Satz zu machen – eine Konzerttournee, eine Lesereise, eine Ein-Personen-Show –, sind wie gesagt verletzliche und manchmal instabile Geschöpfe. Und da gibt es Leute, die diese Verletzlichkeit attackieren und ausbeuten, und solche, die sie schützen und unterstützen. Eine plötzlich »heiße« Künstlerin trägt oft Verbrennungen davon. Wie soll ein Künstler, wenn er nicht bei echten und erprobten Freunden festen und steten Halt finden kann, echte Gelegenheiten von Opportunisten, Management von Manipulation unterscheiden? Heckenschützen sind Heckenschützen, in der Kunst wie im Leben. Sie verstecken sich und schießen. Manche Kollegen sind Heckenschützen. Manche Freunde leider auch. Und ebenso manche Familien. Oft unbewusst eifersüchtig und voller Groll, reagieren sie auf unser Glück mit Eiseskälte. Nach einem Gespräch mit ihnen fühlen wir uns betroffen und entmutigt.

Überbringung der Post, Übertragung der menschlichen Stimme, Übertragung der flackernden Bilder – nach wie vor ist es einziges Ziel unserer größten Errungenschaften in diesem Jahrhundert, so wie in den anderen auch, die Menschen zusammenzubringen.
ANTOINE DE SAINT-EXUPÉRY

Manchmal begegnet man uns mit sarkastischer Hänselei: »Wie ist's denn so, das Aroma der Woche zu sein?« Manchmal bekommen wir unerbetenen spirituellen Rat: »Pass auf, dass du nicht zu groß für dich selbst wirst.« Zuweilen macht man uns einfach Schuldgefühle: »Ich hatte schon so eine Ahnung, dass es so kommen würde; dass du, wenn du mit dem Projekt einmal angefangen hast, zu beschäftigt sein würdest, um dich noch mit mir abzugeben.« Eine Freundin von mir, eine altgediente Schauspielerin, witzelte: »Ich weiß nicht, warum sie alle so drauf aus sind, an die Spitze zu kommen; da warten nichts als Neid und Feindseligkeit auf dich.« Ja, unter anderen Dingen, und es kann schwer sein, Leute zu finden, die bereit sind, sich unsere merkwürdigen, erfolgsbesessenen Abenteuer anzuhören. Ich entsinne mich, dass ich mich fragte: »Wen kann ich anrufen, um zu erzählen, dass Sammy Davis jr. mich in sein Haus einlud und zu mir sagte, ich sei eine großartige Tänzerin?« (Ich bin mir nicht sicher, dass meine Mutter die *richtige* Wahl war.) Schon die einfache Tatsache, dass Sie ein neues Leben führen, kann sich wie Prahlerei und Aufschneiderei anhören, sogar für Sie selbst. Wir müssen Menschen finden, die unsere Verletzlichkeit in solchen Phasen erkennen können und sie weder ermutigen, sodass sie in Terror ausartet, noch unberücksichtigt lassen.

Wisse, dass du, wenn du eine Art kultivierten Alleswisser in dir hast, der Vergnügen daran hat, auf alles Schlechte hinzuweisen, Unterschiede zu machen, zu argumentieren und Vergleiche anzustellen, du einem Schurken unterjocht bist. Ich wollte, du könntest von ihm befreit werden.

BRENDA UELAND

Als Künstler brauchen wir Menschen, die uns so sehen können, wie wir sind – so groß, wie wir sind, und so klein, wie wir sind, so kompetent und machtvoll, wie wir sind, und so verängstigt und winzig, wie wir uns manchmal fühlen. Als Künstler brauchen wir Menschen, die an uns glauben und fähig sind, unser größeres und umfassenderes Selbst zu sehen, und Menschen, die sanft und mitfühlend mit unserem kleineren Selbst umgehen können. Ich habe eine kleine und mir sehr werte Liste von Menschen, die ich mitten in der Nacht anrufen *könnte*, wenn ich hinsichtlich meiner kreativen Fähigkeiten einen Angstanfall erleide. Ed, Jim, Bill, Bob, Julie, Emma, Bruce. Ich sage damit nicht, *dass* ich sie anrufe, um ihnen um zwei Uhr morgens zu verkünden: »Ich kann nicht schreiben. Ich konnte noch nie schreiben. Ich habe die Welt zum Narren gehalten, und das wird sie bei Morgengrauen herausfinden.« Aber wenn ich sie anrufen müsste, würden sie es verstehen. Und ebenso stehe auch ich auf ihrer Bereitschaftsliste für mitternächtliche Anrufe. Keiner von uns möchte um vier Uhr morgens so deprimiert sein, dass er oder sie an Selbstmord denkt, aber bei allen von uns kommt es zuweilen vor, und oft vertreibt schon allein das Wissen, dass wir anrufen *könnten*, die Dämonen. Nehmen Sie sich einen Moment Zeit, um Ihr medizinisches Hilfsteam bei mitternächtlichen Verrücktheitsanfällen zusammenzustellen. Manchmal ist es schwierig, Menschen zu finden, die sich mit unserem größten wie mit unserem kleinsten Selbst gleichermaßen wohl fühlen.

Aus diesem Grund ist es außerordentlich wichtig, genau unterscheiden zu können, wer von unseren Freunden mit jeder »Kragenweite« zurechtkommt. Wenn Sie einen Freund mit großen Neuigkeiten anrufen, der Ihr »kleines« Ich liebt, könnten Sie auf ein beunruhigendes Schweigen stoßen, gefolgt von einem lauwarmen »Wow, das ist großartig!«, so als hätten Sie gesagt, dass Sie nun keine Symptome Ihrer exotischen Blutkrankheit mehr aufweisen. Rufen Sie, wenn Sie sich klein fühlen, einen Freund an, der Ihr »großes« Ich liebt, könnten Sie sich so willkommen fühlen wie eine Malaria übertragende Stechmücke. Das gilt ganz besonders dann, wenn Sie von Menschen umgeben sind, die den Kontakt zu ihrer eigenen Kreativität verloren haben oder sich ihrer nicht sehr gewiss sind; in solchen Fällen kann es sein, dass sie Ihr Bedürfnis nach Bestätigung und Unterstützung als Künstler nie wahrnehmen können werden. Für sie sind Sie der Glückspilz, wo liegt also das Problem? Diese Einstellung könnte Sie dazu bringen, sich ihnen insofern anzuschließen, als Sie nun auch Ihren eigenen Künstler vernachlässigen. Ein junger Romanschriftsteller, der einen Bestseller geschrieben hatte, gab all seine Einnahmen für die guten Anliegen seiner Freunde aus, »nur damit jeder wieder im gleichen Boot saß«, sprich: darum kämpfen musste, sich über Wasser zu halten. Ein in der Musikbranche tätiger Künstler, der einen Hit gelandet hatte, begann hektisch, Projekte für bedürftige Neulinge zu produzieren. Wenn Leute unserem Erfolg gegenüber zurückhaltend oder kritisch sind, versuchen wir oft unbewusst, sie zu kaufen – Friede um jeden Preis, selbst wenn es ein Stück von uns selbst ist.

Ob nun bewusst oder unbewusst, das Zurückhalten von Zustimmung und Anerkennung ist ein machtvolles Manipulationsinstrument, das uns dazu bringen kann, unsere eigene Sichtweise aufzugeben und zu versuchen, anderen entgegenzukommen und sie zufrieden zu stellen. Das kann sehr teuer werden. Wenn Leute Angst haben, in künstlerischer Hinsicht klein gemacht zu werden, sind sie vielleicht nie imstande, etwas anderes zu tun, als Sie klein zu machen. Wir aber wollen Menschen finden, die fähig sind, uns und unserem Künstler gegenüber großzügig zu sein.

Wir müssen lernen, jene zu meiden, die uns erpressen, indem wir ihnen kundtun, dass wir sie, sobald wir unsere Energien an uns ziehen und für einen kreativen Sprung versammeln, im Stich lassen werden. Wir müssen die finden, die uns sowohl helfen können, uns zu erden, als uns auch fördern können, wenn wir springen.

> *Wenn das Buch gut ist, wenn es von etwas handelt, worüber du Bescheid weißt, und wenn es wahrhaftig geschrieben ist und du beim nochmaligen Durchlesen merkst, dass das alles wirklich so ist, kannst du Kerle kläffen lassen, und der Lärm wird sich so angenehm anhören wie das Geheul der Kojoten draußen im Schnee in einer sehr kalten Nacht, während du in deiner eigenen Hütte sitzt, die du selbst gebaut oder für die du mit deiner Arbeit bezahlt hast.*
>
> ERNEST HEMINGWAY

Am besten managt man den öffentlichen Auftritt als Künstler mit einem sehr klaren Verständnis davon, wie stark einem das Rampenlicht zusetzt. Freunde, die zwar den Ruhm sehen, nicht aber seinen mörderischen Preis, sind Freunde, die wir uns möglicherweise nicht leisten können. So wie uns Koffein oder ein alkoholisches Getränk auf leeren Magen umhauen kann, kann uns auch der Strahl des Rampenlichts aus der Balance werfen, es sei denn, wir werden davor und danach spirituell genährt. Freunde, die unseren Erfolg sehen, nicht aber die damit verbundenen Stressfaktoren, können tatsächlich dazu neigen, uns genau in den Momenten, in denen wir selbst der Fürsorge bedürfen, darum zu bitten, sich ihrer anzunehmen. Deshalb brauchen wir davor, währenddessen und danach Freunde. Wir brauchen die, die uns helfen können zu springen und uns helfen zu landen, die uns helfen zu feiern und uns helfen zu trauern. Manche Freunde können nur das eine. Andere können nur das andere. Wir müssen die finden, die von ihrer Wesensnatur und ihrem Gefühlsreichtum her großzügig genug sein können, beides zu tun.

Das kann Ihre Tante Beate sein. Oder Ihre kleine Schwester. Es kann der Portier am Eingang zu Ihrem Apartmenthaus oder Ihre beste Freundin aus Studientagen sein. Wir alle brauchen einen persönlichen Jubelchor, wenn wir in der Öffentlichkeit einen Kreativitätssprung vollführen. Wir brauchen die ausgewählten Familienangehörigen und Freunde, die uns mit den Nährstoffen der Liebe und der Unterstützung unserer Kreativität versorgen können. Wenn Menschen in uns nur den Schwan sehen, dieses sich in der Öffentlichkeit zeigende anmutige

Geschöpf, und nichts von den unter der Wasseroberfläche heftig paddelnden Füßen wissen, sind sie nicht die Freunde, die wir in Wahrheit brauchen.

Und doch, wie der Schwan vom Wasser getragen wird, das durchsichtig und veränderlich, aber »da« ist, werden auch wir von höheren Kräften getragen, die unsichtbar und sich stets verändernd, aber existent sind. Unsere aufrichtigen Gebete werden beantwortet. Und wenn wir einsam sind und um noch ein bisschen mehr menschliche Unterstützung bitten, stellt sich auch diese Unterstützung ein.

In der letzten Zeit, als ich in Manhattan lebte, fern von meinem Nest in New Mexico, sehnte ich mich schmerzlich nach den Vorher-währenddessen-und-danach-Freunden der Tagein-tagaus-Art, wie ich sie von New Mexico kenne. Es war eine Überraschung und eine Erleichterung, als genau solche Menschen dann doch mit mir Kontakt aufnahmen. Ein Schauspielerfreund von vor 25 Jahren kreuzte auf. Eine geliebte Lehrerin von vor 35 Jahren. Eine andere von vor 15 Jahren und eine Reitfreundin aus noch weiter zurückliegenden Tagen. Diese Freundinnen und Freunde kannten mich, als ich jung, wild, sehnsüchtig und eine ganze Menge von dem war, was ich gelegentlich noch immer bin, wenn ich die Chance dazu bekomme. Heute fanden sich zwei kleine Briefe von diesen kürzlich wieder entdeckten Freunden in der Post. Auf dem Anrufbeantworter war eine Nachricht von meiner besten Freundin in der Grundschule. Alle diese »wundersamen« Wiedervereinigungen ereigneten sich direkt, nachdem ich ein ziemlich verzweifeltes Bittgebet losgeschickt hatte: »Lieber Gott, schick mir wirkliche Freunde. Ich bin zu einsam mit nur dir und mir und den guten Absichten.«

Die meisten von uns sind in der Gesellschaft »nur von Gott und den guten Absichten« zu einsam, und niemand weiß das besser als Gott. Statt sich zutiefst einsam zu fühlen, möchten Sie es vielleicht, so wie ich, damit versuchen, dass Sie zum Telefonhörer greifen und ein bisschen Detektiv spielen. Ich brauchte drei Anrufe, um Schwester Julia Clare Greene zu finden, meine High-School-Lehrerin für kreatives Schreiben, und als ich sie gefunden hatte und nachdem wir am Telefon miteinander gesprochen hatten, tat sie das, was Schriftstellerinnen nun mal tun: Sie schrieb mir. Jetzt habe ich ihr Foto und ihren Brief über meinem Schreibtisch befestigt, und das erinnert mich daran, dass ich so viele Freundinnen und Freunde haben kann, wie ich bereit bin, ihnen eine Freundin zu sein.

AUFGABE *Eine Person, die ich treffen möchte*

Fassen Sie sich ein Herz und unternehmen Sie von Herzen einige Schritte. Manche werden Ihnen sagen, dass wir »zu erwachsen« sind, um einen Jubelchor zu brauchen. Das ist ein knickriger Rat und trägt der Künstlerrealität nicht Rechnung. Wir brauchen einen Jubelchor und müssen auch selbst ein Jubelchor sein. Erfinden Sie eine imaginäre Person, die Sie unterstützt. Holen Sie sich ein Blatt Papier und verfassen Sie eine Annonce, in der genau steht, was Ihnen an einer kreativen Kollegin oder einem kreativen Kollegen wirklich gefallen würde. Vielleicht kennen Sie bereits eine solche Person. Wenn nicht, wird Ihnen Ihre Annonce helfen, einen möglichen Kandidaten zu erkennen, wenn er in Erscheinung tritt:

Gesucht
Eine kreative Kollegin/ein kreativer Kollege, die oder der mir und meiner Arbeit gegenüber echte Begeisterung und Großzügigkeit zeigt. Eine Person, die meine Hoffnungen, Träume und Enttäuschungen mit mir teilt, die mich ein bisschen verwöhnt, mich viel bejubelt und an mich glaubt, wenn ich selbst nicht an mich glauben kann. Eine Person, die imstande ist zu sagen – und es auch meint: »Das ist wunderschön, und du bist's auch.«

Ein Fanghandschuh

Als Künstler müssen wir uns auf den Prozess, nicht auf das Produkt konzentrieren, und doch brauchen wir einen Fanghandschuh so wie beim Baseballspiel – irgendeinen Punkt oder Ort, auf den der Ball, den wir werfen, hinzielt. Damit unsere Kunst erfolgreich auf ihrem wahren Kurs bleiben kann, brauchen wir den richtigen Fanghandschuh. So lernen wir, den Ball übers Schlagmal zu werfen. Idealerweise wünschen wir uns jemanden, der auch imstande ist, einen Wurf aufzufangen, der ein bisschen daneben gegangen ist, jemanden mit genügend Begeisterung, der »Hierher!« schreit.

Ein Kompliment ist so etwas wie ein Kuss durch einen Schleier.

VICTOR HUGO

Wir schaffen Kunst, nicht nur um uns selbst, sondern auch um der Welt etwas mitzuteilen. Irgendjemand oder irgendetwas muss diese Welt repräsentieren, und es muss der oder das *Richtige* sein. Hier müssen wir lernen, Intelligenz walten zu lassen.

Der große italienische Schriftsteller Italo Calvino formulierte es so: »Die Ohren rufen die Geschichte hervor.« Damit ist gemeint, dass das richtige Aufgenommenwerden unserer Kunst hilft, diese Kunst zu katalysieren. Reaktionen wie »Oh, das ist wunderschön!« oder »Ich liebe es, wie du das formulierst« können Wasser für unseren kreativen Garten sein. Ein begieriges »Erzähl mir mehr darüber« oder »Zeig mir das noch mal« kann unseren inneren Künstler zum Aufblühen bringen, so wie frostige Unaufmerksamkeit oder Gleichgültigkeit das Wachstum ersticken oder zum Stillstand bringen können. Und ebenso kann eine schiefe und voreilige negative Kritik dazu führen, dass es sich wie eine dem Dauerwind ausgesetzte Pinie in eine unnatürliche Schräglage entwickelt.

Die Arbeit im Frühstadium wird zumeist durch Wärme hervorgelockt. »Das wird großartig werden!« Vielleicht kennen Sie die Parabel von der Wette zwischen dem Wind und der Sonne, wer von ihnen beiden einen Wanderer dazu bringen kann, den Mantel abzulegen. Der Wind blies. Der Wanderer, unser Künstler, zog seinen Mantel fester an sich. Die Sonne schien sanft, warm, angenehm. Unser Künstler zog im Sonnenschein seinen Mantel aus.

Wenn Sie Schriftstellerin sind, ist Ihr bester Fanghandschuh nicht unbedingt eine Lektorin oder ein Lektor – es könnte auch eine begeisterte, das Wort liebende Freundin von Ihnen sein. Einige der besten literarischen Werke waren an jemand Bestimmten gerichtet. So wandten sich Rilkes *Briefe an einen jungen Dichter* nicht allgemein an die »jungen Leute allerorten«, sondern an einen jungen Geist und ein Herz, das ihn interessierte. Wir können eine solche Person eine »Muse« nennen, müssen es aber nicht; Ihnen gefallen vielleicht Begriffe wie »Initialzündung« oder »Katalysator«. Es ist ein Mensch, dessen spezifische Intelligenz die unsere entflammt. Diese alchemistische Anziehungskraft auf seelischer Ebene hat Künstler immer dazu gebracht, andere Künstler zu unterstützen und zu ermutigen und sich für deren Arbeit einzusetzen. Haydn bekam den Spitznamen »Papa«, weil er ein Fanghandschuh für Mozart war.

Nicht das, was wir in einer Unterhaltung erfahren, bereichert uns. Es ist die Hochstimmung, die durch raschen Kontakt mit prickelnden Gedankenströmen entsteht.

AGNES REPPLIER

Am Ende seiner mittleren Schaffensperiode, durch seine zunehmende Taubheit behindert – und frustriert von der Taubheit anderer für die Musik, die anscheinend nur er hören konnte –, machte Beethoven verzweifelt Gott zu seinem Fanghandschuh und ging daran, einige seiner gloriosesten Musikwerke zu komponieren. Dennoch ist es eine Geschichte der Einsamkeit.

Gott kann auch für uns der Fanghandschuh sein. Doch wie das Christentum vermutlich seinen Aufstieg nahm, weil viele Menschen einen Gott in menschlicher Gestalt brauchten, benötigen auch viele von uns Künstlern einen Fanghandschuh in menschlicher Gestalt.

Es ist romantisierender Unsinn zu glauben, dass wir Kunst in einem Vakuum schaffen wollen oder können. Zu sagen, wir schaffen sie, um uns selbst eine Freude zu machen und uns zufrieden zu stellen, ist nur die halbe Wahrheit. Auch dabei erfreuen wir einen bestimmten empfänglichen Aspekt in uns, eine Art innere Verkörperung unseres idealen Betrachters, Lesers oder Zuhörers. Ich schrieb *Der dunkle Raum*, um es meiner Freundin Ellen Longo in Einzelfolgen vorzulesen. Sie war Buchhalterin und eine leidenschaftliche Leserin. Ich schrieb *Popcorn: Hollywood Stories*, um meinen ersten Mann mit meiner Version von der Welt, die wir da beide überstanden hatten, zum Lachen zu bringen.

Gespräche über den Krieg von Männern, die im Krieg gewesen sind, sind immer interessant; wohingegen das Gerede eines Poeten über den Mond, der nicht auf dem Mond war, sehr wahrscheinlich langweilig ist.
MARK TWAIN

Große Kunst keimt nicht im Allgemeinen, sondern im Spezifischen. Sie gedeiht nicht im »Mehr oder weniger« – wie wenn wir vor einem gelangweilten Zuhörer einen Gedankengang lahm zu Ende bringen –, sondern im »Genau so!«, das wir begeistert einer aufmerksamen Person zeigen oder zu Gehör bringen. Ein lasches Zuhören, ein hastiger Blick, ein Mangel an wirklicher Konzentration – das kann ein Werk in der Frühphase und einen zerbrechlichen Schaffenden erstarren lassen, ja sogar zerstören. Sicher, Künstler sind unverwüstlich und hart im Nehmen, aber wir sind auch zarte Triebe. Unsere Gedanken und Ideen müssen begrüßt, müssen willkommen geheißen werden, oder sie werden wie schüchterne Bewerber entmutigt und verflüchtigen sich.

Bedeutet dies nun, dass wir ständig Bewunderung und Zustimmung wollen? Oh, wahrscheinlich schon. Bedeutet dies, dass wir Kritik hassen und über keine

Stringenz, keine Disziplin verfügen, nicht die Notwendigkeit in uns verspüren, uns zu verbessern? Ganz entschieden nein. Es bedeutet aber, dass unser Fanghandschuh für unsere Bemühungen, für unsere Aufwärmwürfe und unsere Schnitzer ebenso empfänglich sein muss wie für unsere fabelhaft schnellen Bälle und eleganten Würfe. Unser Fanghandschuh fängt unsere kreativen Energien auf, ist für sie in allen ihren Formen offen und setzt Vertrauen in unseren Künstlerarm – ungestüm, müde, strapazierfähig, wuchtig.

Einer meiner besten Fanghandschuhe ist mein Freund Ed. Wenn ich ihm sage, dass mein Schreiben ein bisschen holprig ist, sagt er: »Klar doch, aber später wird es straffer werden. Es ist großartig, dass du etwas zu Papier bringst.« Wenn ich sage, es gehe mir heute mit dem Schreiben so, als hätte ich geistigen Gelenkrheumatismus, sagt er: »Jeder wird ab und zu mal steif. Es kann ein Weilchen dauern, bis man warm wird. Ich bin ganz sicher, es ist nicht so schlimm, wie du denkst, und du wirst wahrscheinlich sehr bald wieder gelenkiger sein.« Wenn ich sage: »Ich habe so viel Arbeit, ich kann's gar nicht glauben«, hält er entgegen: »Stimmt, aber du hast schon öfter mal sehr lange umschreiben müssen, und wenn du immer schön weiter dran feilst, geht alles gut.«

Wie viele verstummen, weil sie, um zu ihrer Kunst zu kommen, schreien müssten?

ANN CLARK

Möglicherweise rühren Eds sanfte Coaching-Fähigkeiten von der Tatsache her, dass er ebenfalls schreibt. Vielleicht aber auch von seinen Jahren als Seniorpartner in einer Anwaltskanzlei, in denen er hitzigen jungen Rechtsanwälten bei ihrem Bammel vor Beginn eines Prozesses beistand. Es mag aber auch sein, dass es seine vielen Jahre als langsamer Langstreckenläufer waren, die ihn lehrten, wie wertvoll es ist, die Meilen einfach zurückzulegen, ohne den Versuch, die ganze Zeit über zu sprinten. Vielleicht habe ich einfach Glück, und Ed ist ein mitfühlender Mensch. Wie dem auch sei, ich brauche ihn. Er ist wie der Freund, der bei der 35-Kilometer-Marke auftaucht und mich sanft über die Ziellinie des Marathonlaufs geleitet. Ich weiß, Ed ist ein ganz hervorragender Fanghandschuh, weil ich auch andere kennen gelernt habe.

Einmal beging ich den Fehler, den Rohentwurf eines Buchmanuskripts einem meiner pedantischsten und hyperkritischsten Freunde zu geben. Man sagte mir: »Diesem Buch fehlt deine übliche Lockerheit und Souveränität. Diese Essays sind wirklich schwer verdaulich und nicht sehr sympathisch.«

Was sagt man darauf? »Es ist ein Rohentwurf, du Idiot! Dass man solche Entwürfe ›roh‹ nennt, hat seinen Grund!«

Ich habe auch schon Freunden mit nicht allzu ausgeprägter Urteilskraft Rohentwürfe meiner Buchmanuskripte gegeben. »Ich kann nicht erkennen, was du noch irgendwie daran ändern solltest. Es ist perfekt. Mir scheint nichts zu lang oder zu wenig auf den Punkt gebracht. Ich konnte immer erkennen, was du meinst, und ich liebe es einfach, wie du schreibst. Wahrscheinlich könnte ich auch das Telefonbuch lesen, wenn du es schreiben würdest …«

Solche Beurteilungen von Seiten persönlicher Freunde hinterlassen bei mir die Angst, *tatsächlich* das Telefonbuch geschrieben zu haben. Hört sich das Lob zu sehr nach Sirup an, kriege ich das schreckliche Gefühl, dass es mir so ergehen wird wie der Wespe, die beim Picknick mit ihren Beinen in der zuckrigen Marmelade stecken bleibt – du suhlst dich darin, bis du herausgeholt werden möchtest und musst. Nein, wir sind nicht wirklich auf allzu viel Zucker eines Fanghandschuhs aus.

Was wir uns von einem großartigen Fänger wünschen, ist das, was wir bei einem großen Fänger sehen: jemanden, der erwartungsvoll in der Nähe des Schlagmals hockt, ein wenig gespannt auf seinen Fanghandschuh tippt und sagt: »Wirf ihn hierher.«

AUFGABE *Fangen Sie sich einen Fanghandschuh*

Der erschaffende Teil unserer selbst ist jugendlich und verletzlich. Er braucht eine freundliche und spielerische Atmosphäre und sicherlich auch Mitgefühl, sodass er sich ausdehnen, experimentieren und sich zum Ausdruck bringen kann. Ein Fanghandschuh ist in vielerlei Hinsicht so etwas Ähnliches wie ein spiritueller Kumpel. Auch der »einsame Ranger« war bei all seinen großen Abenteuern nicht wirklich allein. Er hatte Tonto an seiner Seite.

> *Ich glaube …, dass jeder menschliche Geist Freude empfindet, wenn er einem anderen Gutes tut.*
>
> *THOMAS JEFFERSON*

Wenn wir an Zeiten denken, in denen wir besonders glücklich waren, stellen wir fest, dass wir einen unbeachteten Kumpel hatten, einen kreativen Gefährten, der uns anfeuerte, indem er reges Interesse an unseren Abenteuern nahm.

Greifen Sie zum Stift und buddeln Sie ein bisschen, um ein paar Ihrer früheren Gefährten und Kameradinnen auszugraben. Finden Sie auch heraus, welche Eigenschaften sie hatten, die Sie funkeln ließen.

1. Hatten Sie als Kind einen Fanghandschuh für Ihre kreativen Bemühungen?
2. Wer war Ihr bester Fanghandschuh? Meiner war meine Freundin Lynnie.
3. Was ließ er/sie Ihnen zukommen, was in Ihrem inneren Künstler Freude und Begeisterung aufkommen ließ?
4. Kennen Sie gegenwärtig eine solche Person?
5. Könnte diese Person Ihr Fanghandschuh sein?
6. Hatten Sie als Kind einen weiblichen oder männlichen überlebensgroßen Helden in Ihrem bevorzugten Kunstbereich? (Eine Person, die Sie einfach mochten und mit der Sie sich identifizierten, kein so einschüchternder Mensch, dass sich die Künstlerin/der Künstler in Ihnen davor versteckte.)
7. Was gefiel Ihrem Künstler an diesem Künstler?
8. Was würde diesem Künstler an Ihrem Künstler gefallen?
9. Schreiben Sie einen Brief an den Fanghandschuh oder an den schöpferischen Helden Ihrer Kindheit.
10. Schreiben Sie einen Brief zurück an Sie.

Check

1. *Wie viele Tage in dieser Woche haben Sie Ihre Morgenseiten geschrieben?* Wenn Sie einen Tag ausgelassen haben, was war der Grund? Welche Erfahrung haben Sie mit dem Schreiben der Morgenseiten gemacht? Erfahren Sie mehr Klarheit? Ein breiteres Spektrum an Gefühlen und Emotionen? Ein stärkeres Gefühl von Objektivität, Zielgerichtetheit und Ruhe? Hat Sie irgendetwas überrascht? Gibt es ein Thema oder Problem, mit dem Sie sich wiederholt befassen müssen?

Handeln bedeutet Charakter.
F. SCOTT FITZGERALD

2. *Haben Sie in dieser Woche Ihr künstlerisches Stelldichein gehabt?* Haben Sie bei sich ein gesteigertes Wohlbefinden festgestellt? Was haben Sie unternommen, und wie

fühlten Sie sich dabei? Das künstlerische Stelldichein kann eine schwierige Sache sein, und möglicherweise müssen Sie sich gut zureden, um sich dazu aufzuschwingen.

3. *Haben Sie Ihren wöchentlichen Spaziergang unternommen?* Wie fühlten Sie sich dabei? Welche Gefühle oder Erkenntnisse tauchten in Ihrem Inneren auf? Konnten Sie mehr als einen Spaziergang machen? Was hat Ihr Spaziergang für Ihren Optimismus und Ihr Gefühl von Perspektive bewirkt?
4. *Gab es in dieser Woche irgendwelche anderen Themen, die Ihrem Gefühl nach für Ihre Selbstentdeckung wichtig waren?* Beschreiben Sie sie.

ELFTE WOCHE

Ein Gefühl von Authentizität entdecken

Letztendlich wurzelt ein Künstlerleben in der Integrität und in der Bereitschaft, von unserer Version der Wahrheit Zeugnis abzulegen. In dieser Woche konzentrieren wir uns auf die persönliche Verantwortung für die Richtung unserer Kreativität und unser künstlerisches Format. Die Selbstachtung liegt im Tun, nicht im Getanen. Aus diesem Grund bilden unsere Widerstandskraft und unser Durchhaltevermögen einen Schlüssel für unsere schöpferische Langlebigkeit. Niederlagen werden von unserer Bereitschaft, wieder neu anzufangen, in Erfahrung umgewandelt. Die Texte und Aufgaben dieser Woche fordern uns auf, uns im Anfängergeist zu üben und uns, trotz Rückschlägen, für erneute Bemühungen und Bestrebungen zu öffnen.

Ermutigung

Künstler sind Leute, deren »wirklicher« Job, gleich welcher bezahlten Tätigkeit sie nachgehen, das Streben nach Spitzenleistungen ist, indem sie achtsam und gut auf das hören, was durch sie geboren werden will.

Wir Künstler sind nicht zerbrechlich, aber empfindsam und feinnervig. Wir sind den Wetterbedingungen unseres Daseins unterworfen. So wie ein im Haus verbrachter, langer grauer Winter zur Depression führen kann, kann auch eine Phase, in der wir unser schöpferisches Leben ohne den Sonnenschein der Ermunterung führen, eine Zeit der Verzweiflung auslösen. Zunächst nehmen wir die Verdunkelung gar nicht wahr. Uns ist nur nicht besonders nach Arbeiten »zumute«. Wenn wir arbeiten, dann ist es eine erzwungene und dröge Plackerei am Klavier, an der Staffelei, am Schreibtisch. Wir haben das Gefühl, endlos lang einen Hügel hinaufzuklettern, und machen vielleicht den Fehler, hinaufzublicken und zu sagen: »Ach du meine Güte, so weit noch. Das schaffe ich nie.«

Als Künstler zapfen wir regelmäßig eine innere Quelle an, und diese Quelle wird durch unsere spirituelle Verfassung gespeist. Wenn wir Geist und Seele stets achtsam genährt haben, scheinen die kreativen Wasser locker und ungehindert zu fließen. Sind Geist und Seele durch uneingestandene Entmutigung ausgetrocknet, trocknet auch unsere innere Quelle aus.

Warum sollten wir alle unsere kreative Kraft nutzen ...? Weil es nichts gibt, was Menschen so großzügig, so froh, so lebendig, so mutig und so mitfühlend werden lässt, so gleichgültig gegenüber den Kämpfen und der Anhäufung von Gütern und Geld.

BRENDA UELAND

Das Antidot für die Depression ist Lachen, und hier können wir uns glücklich schätzen, wenn unsere Freunde mit einem starken Sinn für schwarzen Humor ausgestattet sind. Es kann nämlich vorkommen, dass unsere Anrufe nach dem Muster aufgebaut sind: »Ich weiß nicht, ob ich mich nun umbringen oder meine Fingernägel maniküren soll.« Oder: »Ich kann mich nicht entscheiden, ob ich eine Dankbarkeitsliste erstellen oder mich aus meinem Fenster im zehnten Stock stürzen soll.«

Es bleibt die unbequeme Tatsache bestehen, dass es immer etwas Positives gibt, was wir tun könnten – ja, verdammt, es gibt *immer* etwas Positives! –, auch wenn wir vielleicht noch nicht das Herz oder den Mut haben, es zu tun. Wir müssen zugeben, dass, wie ein Witzbold sagte, unsere Entmutigung »ein dreckiger Job ist, aber einer, für den wir uns verdammt noch mal freiwillig gemeldet haben«.

Es gibt ein paar einwandfreie und absolut erprobte Stimmungsaufheller, die auszuprobieren die meisten von uns hassen. Es ist zum Beispiel ausgesprochen schwierig, Kuchen zu backen und sich dabei weiterhin mit Selbstmordgedanken zu tragen. Es ist sehr schwierig, Postkarten zu verschicken, ohne uns wenigstens ein bisschen für unseren Mumm und Schneid zu bewundern, selbst wenn dann auf unseren Karten zu lesen steht: »Lieber Gott, ich habe eine schreckliche Zeit, und ich wünschte, du wärst hier und würdest sie gemeinsam mit mir durchstehen.« Es ist schwierig, deprimiert zu sein und sich dabei eine uralte Komödie anzusehen. Es ist schwierig, traurig zu bleiben, während man eine Gemüsesuppe kocht. Fast alles, was wir machen könnten, vermag uns davon abzuhalten, Schwierigkeiten zu machen, und da die meisten von uns das intuitiv wissen, legen wir uns vielleicht ins Bett und lassen der Entmutigung freie Bahn, uns einzumachen. Haben wir uns auf ein Zwölf-Schritte-Programm eingelassen, erleichtern uns möglicherweise die schrecklichen Klagen eines Neulings weitgehend von unserer Last der Verzweiflung. Sich die wirklich katastrophalen Geschichten von jemandem anzuhören, während wir uns um so etwas Flüchtiges wie »Inspiration« sorgen, hat etwas Aufbauendes und Erhebendes. Die meisten Schriftsteller richtet es wieder auf, wenn sie die Geschichten von den harten Schlägen lesen, die irgendeine literarische Größe einstecken musste. Das Wissen, dass Rodgers und Hammerstein – vergeblich – von Penthouse zu Penthouse zogen, Klavier spielten und sangen, um das Geld für »Oklahoma!« aufzubringen, kann die Trübseligkeit von »Mir ist nicht danach zumute, einen Song zu schreiben« im Licht lächerlicher Selbstnachgiebigkeit erscheinen lassen. Und dann spricht auch eine ganze Menge dafür, sich einfach der vollen Wucht des Lebenssturms auszuliefern. Auch das hat einen gewissen aufmunternden Effekt. Schließlich, und das kann Wunder bewirken, gibt es noch die Möglichkeit, jemand wirklich Langweiliges anzurufen. Wenn dieser Jemand sich dann in atemberaubenden Details über etwas ergeht, was uns absolut über-

> *Wir werden das Wesen unseres besonderen Genies entdecken, wenn wir aufhören zu versuchen, unserem eigenen Modell oder dem anderer Menschen zu entsprechen, wenn wir lernen, wir selbst zu sein, und zulassen, dass sich unser natürlicher Kanal öffnet.*
>
> SHAKTI GAWAIN

haupt nicht interessiert, kann der Gedanke, sich wieder einem bisschen kreativer Arbeit zuzuwenden, tatsächlich etwas Verlockendes haben. Dies und ein wiederholtes Sich-vor-Augen-Führen von Folgendem: *Alle Künstler machen Phasen der Entmutigung durch. Alle Künstler haben tiefe innere Quellen des Selbstmitleids, in die wir immer wieder eintauchen. Allen Künstlern geht es besser als jemand anderem und schlechter als jemand anderem. Allen Künstlern geht es heute besser als in der Vergangenheit und schlechter als in der Zukunft. Alle Künstler spezialisieren sich auf Selbstzweifel. So schärfen wir die schöpferische Imaginationskraft …*

Wir können nicht alles und jeden in unserem schöpferischen Umfeld unter Kontrolle haben. Wir können nicht von der Gästetafel aufspringen und einem anderen Gast an die Gurgel gehen, der beiläufig bemerkt: »In Ihrem Alter müssen Sie sich der Tatsache stellen, dass sich viele Ihrer Träume nicht erfüllen werden.« Wir können keine Schläger anheuern – oder tun es zumindest nicht –, die ihn sich zur Brust nehmen, weil er unsere Hoffnung ermordet hat, aber genau das kann eine beiläufige Bemerkung anrichten, vor allem, falls wir nicht darauf gefasst sind, sie abzuwehren, wenn sie angeflogen kommt. Und das sind wir nur selten. »Lass sie ziehen«, sagen wir vielleicht, und dann verzieht sie sich in den Untergrund unseres Bewussteins. Und in diesem Fall ist sie dann Gift.

Wir Künstler wollen nicht kleinlich sein, aber die Wahrheit ist, dass wir es sein müssen. Wenn wir versuchen, eine Beleidigung hinsichtlich unserer Kreativität einfach »abzuschütteln«, tun wir oft nicht mehr, als sie zu begraben. Und wenn sie dann ordentlich in unserem Unterbewusstsein verstaut ist, kann sie langsam ihr zersetzendes Gift absondern. Wir genieren uns, einem Freund gegenüber diese »winzige« Bemerkung zu erzählen, die uns auf dem Weg hinaus aus dem Vorsprechraum verletzt hat, und das nächste Mal wird es schwieriger sein, zum Vorsprechen anzutreten. Warum? Weil wir durch das Verdrängen entmutigt worden sind.

Das Wort »Courage«, ein Synonym für »Mut«, leitet sich vom lateinischen *cor*, dem Wort für »Herz«, her. Es lässt sich leicht feststellen, ob wir entmutigt worden sind, indem wir die gefühlsmäßige Klangfarbe unseres Herzens überprüfen. Wenn wir uns vage melancholisch, ein bisschen verärgert, ein bisschen mürrisch fühlen, besteht die Wahrscheinlichkeit, dass wir entmutigt worden sind.

Es lohnt sich durchaus, davon auszugehen, dass es einen Grund für unser Unbehagen gibt, und ein wenig nachzuforschen, statt zu sagen: »Ich bin verrückt.

Was ist los mit mir?« Hinter diesem »Was ist los mit mir?« verbirgt sich nämlich sehr oft eine ignorierte Verletzung, wie geringfügig sie auch sein mag.

Ein Freund fragt, ob er Ihr Video anschauen darf – und tut es dann doch nicht. Wochen vergehen, und der Filmemacher in Ihnen denkt: »Ach, was soll's?« Sie schreiben einen Essay und schicken ihn einer Kollegin, und kein Ton kommt zurück, der ihnen verrät, ob der Cent, den Sie in den Brunnen geworfen haben, unten angekommen ist. Sie nehmen eine CD auf und schicken sie Ihrer Familie, wo sie offensichtlich auf taube Ohren stößt. Da haben Sie den »Knochen heimgeschleppt«, und da liegt er unbeachtet und unbeklatscht auf dem Boden, die Trophäe all Ihrer harten Arbeit.

Unzufriedenheit und Unordnung sind Zeichen der Energie und Hoffnung, nicht der Verzweiflung.

DAME CICELY VERONICA WEDGWOOD

»Völlig belanglos«, sagt Ihr erwachsenes Selbst. Aber Ihr Künstler? Ihr Künstler hat die Eigenschaften eines Terrierwelpen. Er war stolz, diesen Knochen gefunden zu haben, und schleppte ihn nach Hause, verteidigte ihn gegen andere Hunde und schaffte es, ihn Herrchen vor die Füße zu legen. Also, wie wär's mit einem Kopftätscheln? Ob es uns nun gefällt oder nicht, ob wir diese Disney-artige Beschreibung hassen oder nicht, Künstler *brauchen* es, dass ihr Kopf getätschelt wird. Wir brauchen Ermutigung, Lob, Trost. Es spielt keine Rolle, wie versiert wir sind; es ist einfach entmutigend und zerstörerisch, wenn unsere Arbeit nicht zur Kenntnis genommen wird.

Wir sollten wacher für den Schaden sein, den die Entmutigung anrichtet, und klug genug, direkt auf ihn einzugehen. Wenn niemand sonst uns ermutigt und anfeuert, müssen wir es selbst tun – mit Zeichen unserer Wertschätzung für gut geleistete Arbeit. Wir müssen mit unseren Manuskripten pfleglich umgehen, sie nicht in armseligen Stapeln an Plätzen herumliegen lassen, wo sie mit Kaffee übergossen werden. Wir müssen künstlerische Stelldicheins einplanen, die Fertigstellung einer neuen Geschichte feiern oder dass wir endlich aus der Hölle des Porträtmalens für diesen griesgrämigen Klienten entlassen sind, der durch nichts zufrieden gestellt werden konnte, obwohl das Gemälde allen anderen, die es sahen, gefiel. Wir müssen uns aktiv Freunde suchen, die uns nicht noch mehr entmutigen, wenn wir entmutigt sind, und Freunde, die mit uns jeden kleinen Sieg feiern können. Kurz gesagt, Entmutigung entsteht aus einer Erfahrung der Knickrigkeit –

von Seiten eines Kritikers, eines Kollegen, einer Freundin, unserer Familie. Und ebenso deutlich entsteht Ermutigung aus einer Erfahrung der Großzügigkeit. Idealerweise von Seiten anderer und unserer selbst.

Im Grunde ist Entmutigung eine Entscheidung zugunsten von Geiz und Knickrigkeit. Wir erklären, dass das Universum das am wenigsten Nette für uns getan hat und dass wir unten auf dem Grund vom Spielzeugsack des Weihnachtsmanns angekommen sind. Niemand wird je spontan wieder nett zu uns sein – und wir werden auch ganz bestimmt nicht den Weg dorthin weisen, indem wir authentisches und heilendes Mitgefühl für uns selbst aufbringen.

Meine Aufgabe ist nicht, mich neu zu erschaffen, sondern das absolut Beste aus dem zu machen, was Gott erschaffen hat.

ROBERT BROWNING

Wir wissen, wie man entmutigt bleibt, wenn wir entmutigt sind. Wir verstehen es, dann unsere am negativsten gesinnte Freundin herauszupicken, um sie anzurufen. Die meisten von uns haben in ihrem Bewusstsein eine Geheimnummer unter dem Eintrag prangen: »Ruf diese Nummer an, um Schmerz und Zurückweisung zu erleben.« Die meisten von uns wissen, wie wir, wenn wir uns wirklich schlecht fühlen, uns dadurch, dass wir sie anwählen, noch ein bisschen schlechter fühlen können.

Jennifer hat einen ausgezeichneten Kandidaten als schlimmstmögliche Person, die sie anrufen kann. Es handelt sich um einen ihrer ehemaligen Liebhaber. Ein Mensch, der ihr immer noch eine große Menge Geld schuldet und es fertig bringt, sie jedes Mal, wenn sie miteinander reden, um einen riesengroßen Gefallen zu bitten. Er ist ganz ausgezeichnet im Erzählen über die gesunde und langlebige Verfassung seiner phänomenalen Liebesaffären, in denen man seine Person wirklich zu schätzen weiß, und er ist auch sehr geschickt in Bemerkungen wie: »Ich habe gehört, du hattest eine ganz schreckliche Beziehung – stimmt das?« Jennifer erlebt die Versuchung, diesen Ex anzurufen, als Zeichen dafür, dass der Teufel quicklebendig ist und genau weiß, wo sie wohnt. Und doch kann sie noch dagegen ankämpfen, diesen Mann anzurufen, nicht anders, wie ein eben genesender Alkoholiker dagegen ankämpfen kann, sich den ersten Drink zuzuführen. Es scheint nur einfach nicht möglich zu sein, sich von dem Schmerz und der Ablehnung fern zu halten, die ein solcher Anruf unweigerlich mit sich bringt. Nicht, wenn sie die ganz klare Wahl hat, sich entweder selbst zu ermutigen oder nach Mr Gift zu greifen.

Wir alle kennen Jennifers Dilemma in irgendeiner Form. Wir stehen vor der Wahl zu denken: »Eigentlich mache ich meine Sache ganz gut und sollte mich wirklich für meine Fortschritte respektieren und achten.« Oder aber – und wir entscheiden uns nur allzu oft dafür: »Ich bin ein rückgratloses Kuriosum, unfähig, die Integrität, Entschlusskraft und Inspiration aufzubringen, deren es bedarf, eine Postkarte zu adressieren.« Wir haben alle Leute in unserem Umfeld, die uns für ziemlich nett halten und meinen, wir machten unsere Sache ganz gut, und andere Leute, die meinen – wie wir selbst auch oft –, dass wir es besser machen und besser sein könnten, wenn wir nur auf sie hörten …

Für die meisten von uns bedeutet der Gedanke, dass wir auf uns selbst hören, uns selbst vertrauen und uns selbst schätzen können, einen radikalen Glaubenssprung. Der Gedanke, dass wir zu uns selbst sagen können: »He, du machst das ziemlich gut und so viel besser als im letzten Jahr«, kommt einer Revolution gleich. Die Möglichkeit, dass wir uns selbst, unseren Entscheidungen, unserem gewissenhaften Fortschritt vertrauen können, dass dieses Vertrauen ausreichend, ja sogar bewundernswert sein könnte, erfordert, dass wir eine Spur Optimismus aufbringen. Optimismus in Bezug auf uns selbst und unsere Chancen ist eine bewusste Geisteshaltung. Wir können die Wahl treffen, das Beste und nicht das Schlimmste zu glauben, aber dazu müssen wir uns unseres eigenen negativen Kommentars aus dem Off bewusst werden und uns zu einer Änderung unseres mentalen Soundtracks entschließen.

Sobald du dir vertraust, so bald weißt du zu leben.

JOHANN WOLFGANG VON GOETHE

Optimismus ist für unsere spirituelle Gesundheit entscheidend wichtig. Ist unser Glas der Kreativität halb voll oder halb leer? Haben wir ein oder zwei Jahrzehnte damit vergeudet, nicht dahin zu kommen, wo wir hinkommen wollten, oder sind wir stark und erfahren und stehen vor weiteren Jahrzehnten, in denen uns unser Alter und unsere Reife und reine Erfahrung gestatten werden, uns in Bereichen zu verwirklichen, die, als wir jünger waren, außerhalb unserer Reichweite lagen? Das ist eine Sache der Wahrnehmung – und des Glaubens.

Die gute und die schlechte Nachricht ist, dass Künstler wie Pflanzen sind, die aufgrund von nur ein paar einfachen Variablen gedeihen oder verdorren. Es ist schwer, einen Künstler umzubringen, aber es ist außerordentlich leicht, ihn oder sie zu entmutigen. Dazu bedarf es nur eines gewissen Vorenthaltens, da kann es schon reichen, ein sehr schönes Stück Arbeit mit einem Bann zu belegen.

Wir alle kennen Zeitgenossen, die uns mitteilen, dass unsere Träume töricht sind, Luftschlösser, spleenig, dass wir für die Anerkennung, die wir errungen haben, dankbar sein sollten und dass wir unsere kreativen Ziele niedriger zu hängen hätten, als unsere hoch fliegenden Träume es erfordern. (Diese Leute haben sich selbst damit eingerichtet und fühlen sich mit allen Menschen unwohl, die bereit sind, unter Eingehung erheblicher Risiken weiterzumachen.) Glücklicherweise kennen wir aber auch Menschen, die sich nicht um die Aussichten oder das Alter oder irgendwas sonst bekümmern, sondern nur um die anstehende Arbeit. Das sind die Freunde, die wir uns ganz bewusst aussuchen müssen, um auf sie zu hören. Zu ihnen müssen wir mit unseren Wunden und Prellungen gehen, damit sie einen Verband anlegen.

Wenn wir uns »ein Herz fassen« und mit unserer Arbeit weitermachen sollen, müssen wir unser Herz ernst nehmen. Wir müssen auf seine Schmerzen hören und es seinen Freuden zuführen. Ein Herz muss es nicht haben, dass man ihm sagt: »Komm schon, werde hart.« Ein Herz braucht es, dass Sie eine kleine Aufmunterungszeremonie planen und durchführen. Wenn Sie das gemacht haben, werden Sie sich »ein Herz fassen«, werden Sie den Mut finden, wieder zu arbeiten – und gut zu arbeiten.

Vielleicht ist etwas zu lieben der einzige Ausgangspunkt, um dir dein Leben zu Eigen zu machen.
ALICE KOLLER

AUFGABE *Sich ein Herz fassen*

Wenn wir uns »ein Herz fassen« und uns selbst ermutigen sollen, müssen wir erst einmal unser Herz finden! Unsere Wahrheit liegt in dem, was wir lieben, und wenn wir uns in Erinnerung rufen, dass wir geliebt haben und auch jetzt lieben, finden wir unfehlbar unseren Weg zurück zu dem Ort, von dem aus das Erreichen unseres Ziels möglich ist.

In Reiterkreisen gibt es wie gesagt den Spruch, dass man sein Herz über die Hürde wirft und dann nachspringt. Damit ist der Mut gemeint, sich einer Sache ganz und gar, aus vollem Herzen, hinzugeben. Wenn wir ohne Courage sind, leben wir buchstäblich getrennt von unserem Herzen. Wir vergessen, wie groß und wie wagemutig unser Herz eigentlich ist. Wenn wir unserem Herzen vertrauen, vertrauen wir uns selbst. Die folgende Übung, von Oscar Hammerstein so wunderschön als »My Favorite Things« gelehrt, ist eine Lektion, die wir uns alle selbst beibringen können, wenn uns das Leben hart ankommt.

Greifen Sie zum Stift und listen Sie von 1 bis 50 ganz spezielle und besondere Dinge auf, die Ihr Herz liebt. Zum Beispiel:

1. rot geflügelte Amseln,
2. Brombeerkuchen,
3. Zitronenmarmelade,
4. Zeichnungen von Beatrix Potter,
5. die Ponyfrisur und die tiefschwarzen Augenwimpern meiner Tochter,
6. West-Highland-Terrier,
7. karierte Bänder,
8. selbst gekochten Reispudding,
9. Lilienöl,
10. die Fransen an den Maiskolben,
11. Cartoons von William Hamilton,
12. diese Liste anfertigen.

»Ich habe keinen Namen:
Ich bin erst zwei Tage alt.«
Wie soll ich dich nennen?
»Glücklich bin ich,
Freude ist mein Name.«
Süße Freude soll dir widerfahren!

WILLIAM BLAKE

Es ist fast unmöglich, eine Liste von unseren Herzenslieben anzufertigen, ohne zum Schluss zu kommen, dass wir in einer reichen, anregenden und angenehmen Welt leben, in der – wenn wir uns nur »ein Herz fassen« – die Dinge unbedingt zu einem guten Ende kommen.

Manchmal wird uns eine künstlerische Ermutigung zuteil, die wir genießen, schätzen und auf die wir aktiv reagieren. Zuweilen treffen wir aber auch auf eine künstlerische Ermutigung, die wir abtun, die wir nicht annehmen. Greifen Sie zum Stift und einem Blatt Papier. Notieren Sie der Reihe nach zehn Beispiele von künstlerischer Ermutigung, auf die Sie aktiv reagiert *oder* die sie ignoriert haben. Notieren Sie neben den Fällen, auf die Sie ansprachen, die von Ihnen unternommene Aktion. Notieren Sie neben den Fällen, die Sie ignorierten, eine Aktion, die Sie hätten unternehmen *können.*

Integrität

Was wäre, wenn wir mit der Vorstellung experimentierten, dass die Kreativität eine spirituelle und keine intellektuelle Transaktion ist? Es ist noch nicht lange her, dass Kathedralen zu Ehren und zum Ruhm Gottes erbaut wurden. Kunst und Kunstfertigkeit wurden regelmäßig in den Dienst höherer Reiche gestellt; den höheren Reichen wurde regelmäßig das Verdienst für die weltlichen Erfolge schöpferischer Personen zuerkannt.

»Die Ideen flogen mir direkt zu, geradewegs von Gott!«, soll Brahms gesagt haben – und Puccini: »Die Musik für diese Oper [Madame Butterfly] wurde mir von Gott diktiert; ich war nur das Werkzeug, um sie zu Papier zu bringen und der Öffentlichkeit zu übermitteln.«

Wenn sich diese Männer, Meister ihrer Kunst, vor dem Mysterium statt vor ihrer eigenen Meisterschaft verbeugen konnten, könnte dann in dem, was sie gesagt haben sollen, etwas für uns Heilsames liegen? Was, wenn die Kreativität selbst, wie uns unsere kreativen Vorfahren lehren, tatsächlich eine *spirituelle Erfahrung* ist, ein Weg, das Göttliche zu berühren und uns von ihm berühren zu lassen? Was, wenn wir das Schaffen von Kunst wieder als unser Geburtsrecht in Anspruch nehmen? Es nicht als Kinkerlitzchen neben den ernsthaften Angelegenheiten, mit denen wir Geld verdienen, anzusehen? Was, wenn wir uns daran erinnerten und darauf bestünden, dass Kunst für die Erfahrung des Menschseins von zentraler Bedeutung ist und ihr Würde verleiht?

> *Wo große Liebe ist, gibt es immer Wunder.*
>
> WILLA CATHER

Wir sind ein Ausdruck des Großen Schöpfers und dazu angelegt, unsererseits zu erschaffen. Es spricht nicht nur unser Ego, wenn wir erschaffen, es ist unser Geburtsrecht. Wir tragen die Kreativität so gewiss in uns wie unser Blut, und wenn wir sie zum Ausdruck bringen, geben wir unserer vollen Menschlichkeit Ausdruck, die weitaus mehr ist als nur materieller Natur. Wenn wir es verabsäumen, diesem

Ruf zu folgen, wenn wir ihn beiseite schieben und auf die Stimmen hören, die uns ablenken, befinden wir uns nicht in Einklang mit unserer Eigennatur und auch nicht mit dem, was man unser Schicksal, unsere Bestimmung nennen könnte.

Bewegen wir uns in kreativer, in schöpferischer Hinsicht in die richtige Richtung, erfüllt uns jede Tagesreise mit einem Gefühl von Befriedigung. Vielleicht kommen wir nicht so schnell voran, wie wir es uns wünschen, aber wir bewegen uns in die richtige Richtung und wissen das auch. Am Ende des Tages können wir unsere »Tra-raa!«-Liste aufstellen und sagen: »Ich habe drei wichtige Telefonate erledigt. Ich habe Informationen überprüft, die ich brauchte. Ich habe mir Notizen gemacht und konnte ein paar gute Absätze zu Papier bringen.«

Bewegen wir uns dagegen nicht in die richtige Richtung, überkommt uns ein Gefühl des Unbehagens. Es beschleicht uns zunehmend das Gefühl danebenzuliegen. Irgendetwas stimmt nicht. Wir meinen, zu stagnieren oder in einer Sackgasse zu stecken. Auch überkommt uns manchmal, wenn wir in eine falsche Richtung gehen und die Ereignisse sich beschleunigen, das alarmierende Gefühl, außer Kontrolle zu geraten. Etwas stimmt hier nicht und stimmt immer noch weniger und noch weniger. Dann ist es Zeit, auf die Bremse zu treten. Wenn das Schleudern aufhört, wenn wir schlitternd zum Halten kommen, können wir sagen: »Ich steuerte direkt auf die Klippe zu, musste aber nicht abstürzen.«

Die meisten Menschen haben so etwas wie das, was ich »meinen Piepser« nenne. Ich bekomme plötzlich die »Eingebung«, dass etwas nicht in Ordnung ist. Wenn ich das ignoriere, erhalte ich ein weiteres Signal. Mein Piepser piepst so lange, bis ich ihm Aufmerksamkeit schenke und dem ominösen Gefühl nachgehe, das ich zu ignorieren versuche. Kürzlich signalisierte mir mein Piepser, dass etwas an dem, was ich gerade geschrieben hatte, nicht ganz in okay war. »Oh, es muss in Ordnung sein«, versuchte ich mich zu beschwichtigen. »Wie schlimm kann es denn schon sein? Ich selber habe es ja geschrieben. Alle – drei Lektoren – sind es durchgegangen. Was ist mein Problem?« Als mein Piepser beharrlich weiterpiepste und sich die innere Ordnung auch durch noch so viele »Es ist in Ordnung« nicht wieder herstellen ließ, rief ich den fraglichen Text zurück, gerade als die Druckmaschinen schon anrollen sollten. War er in Ordnung? Absolut nicht. Er

Zwei Dinge ergeben eine Geschichte. Das Netz und die Luft, die durchs Netz fällt.

PABLO NERUDA

musste sofort ganz von vorn gründlich umgeschrieben werden, und das tat ich auch frohgemut im Gefühl, gerade noch einmal davongekommen zu sein.

Und so bedeutet das Gefühl von Richtigkeit im Allgemeinen, dass alles in Ordnung ist; und ein Gefühl von Verkehrtheit im Allgemeinen, dass etwas nicht in Ordnung ist. Auf solche Bauchgefühle zu hören, lohnt immer die Zeit und Mühe, die es beansprucht. Wenn wir Gott Gott sein und durch uns arbeiten lassen, erleben wir sowohl ein Gefühl von Heiterkeit und Gelassenheit wie auch von Begeisterung. Wir erfahren Integrität – was sich von dem lateinischen Wort *integer* herleitet und »unversehrt, lauter, ganz« bedeutet – nicht durch Zweifel oder Unbehagen zersplittert. Wenn wir das Gefühl von Einssein mit Gott, uns selbst und unseren Mitmenschen erleben, wissen wir mit Sicherheit, dass wir in unserer Integrität verweilen.

Sollten sich diese Worte »gewichtig« und »spirituell« anhören, dann, weil es die Sache, um die es hier geht, auch ist. »Erkenne dich selbst«, verkündete das Orakel von Delphi. Als Künstler müssen wir uns das zu Herzen nehmen, daran arbeiten, dass wir unsere innersten Erfordernisse und Gebote zum Ausdruck bringen und nicht einfach nur die vom Markt bereitgestellten Formen ausfüllen. Wenn wir uns darauf einlassen, die Konvention über den authentischen Selbstausdruck zu stellen, fallen wir der Götzenanbetung anheim. Auf Dauer gesehen, funktioniert das für uns Künstler nicht besser als für jene, die der Bibel zufolge das Goldene Kalb anbeteten. Der »Markt« ist das Goldene Kalb. Wenn wir ihn »anbeten«, töten wir unsere Seele ab, setzen wir mit der Zeit unser Eingestimmtsein auf die Arbeit aufs Spiel, die sich durch uns manifestieren will. Der Kommerz hat seinen Stellenwert, doch er steht nicht an erster Stelle.

> *Wenn du nicht die Wahrheit über dich selbst sagst, kannst du sie auch nicht über andere Menschen erzählen.*
>
> VIRGINIA WOOLF

Sie werden manchmal einen Künstler sagen hören: »Ach, sie hatten so gut wie gar kein Geld, und deshalb habe ich nicht so viel bekommen wie sonst üblich, aber es hat wirklich Spaß gemacht, bei diesem Film mitzuwirken.« Oder: »Ich *liebe* es, einem Komponisten, der gerade anfängt, zu einer ordentlichen Aufnahme zu verhelfen, deshalb habe ich ein paar von meinen Freunden versammelt, und wir haben wirklich gute Arbeit geleistet.« Oder: »Sie brauchten ein paar Fotos von ihrer Tanztruppe für die Öffentlichkeitsarbeit, und es hat mir großen Spaß gemacht, ihnen zu helfen. Ich meine, was für ein größeres Vergnügen kann es denn geben, als eine Gruppe kleiner Ballerinas zu fotografieren? Und diese Truppe ist erstklassig.«

Als Künstler haben wir eine andere Art von Verantwortlichkeit als viele andere Leute. Im Grunde ist das Kaliber unserer Arbeit unser Lohn und das, was sich für uns auf die Dauer gesehen auszahlt.

Als Künstler verfügen wir über eine Art inneren Geigerzähler, der laut und deutlich zu ticken anfängt, wenn wir auf ein abbauwürdiges Erzlager stoßen – auf erstklassiges, hochkarätiges Erz, was bedeutet, dass wir in Hochform arbeiten. Da dies eine Vorrichtung in unserem Innern ist, wird sie nicht leicht durch die Prestigeträchtigkeit eines Veranstaltungsorts oder die mangelnde Prestigeträchtigkeit eines anderen in die Irre geführt. Sie macht Qualität ausfindig. Sie erkennt das echte Ding, wenn sie ihm nahe kommt. »Verantwortlichkeit« bedeutet für einen Künstler die ganz unverblümte Einschätzung und Feststellung: Taugt es was? Ruhm, Geld, Prestige – nichts davon kann diese innere Spitzenleistungsmessuhr narren. Unterm Strich läuft es auf die simple Tatsache hinaus, dass Künstler gute Kunst respektieren – und wir uns selbst respektieren, wenn wir sie schaffen.

Ich denke tatsächlich, dass du, um Schriftstellerin zu sein, lernen musst, ehrfurchtsvoll zu sein.

ANNE LAMOTT

Der große Musiker Stephane Grapelli äußerte: »Ein großer Improvisateur ist wie ein Priester, der nur mit seinem Gott spricht.« In gewisser Hinsicht sind alle Künstler wie Priester, wenn sie lauschen, um die Stimme der Inspiration zu vernehmen, wenn sie die Spitzenleistung anstreben, die Verantwortung für dieses hohe Ideal übernehmen und es über jeden Boss oder Gehaltsscheck stellen. Wenn wir gegen unsere schöpferischen Ideale verstoßen, verstoßen wir gegen unser künstlerisches Gewissen – und dann wird uns sehr unbehaglich zumute.

Geben wir uns einer Kunst hin, die sich am Portemonnaie orientiert, überlassen wir uns dem Zynismus und dem Skeptizismus. Wir sind auf subtiler Ebene darauf aus, die Leute »zum Narren« zu halten. Wir sehen auf unser Publikum herab und sagen: »Wenn ich ihnen einfach gebe, was sie gewohnt sind zu kriegen, kann ich sie für dumm verkaufen.« Heißt das, dass wir immer und ganz bewusst gegen die Norm verstoßen müssen? Nein, ein erster Akt, der zweimal so lang ist wie üblich, ist zu lang, als dass das Publikum ihn bequem durchstehen könnte –

wenn überhaupt. Andererseits ist ein erster Akt, der willkürlich endet, weil er es von der Norm her »muss«, kein Akt, der darauf hört, »wo er enden will«, und zu der Form findet, die für ihn als Kunstwerk authentisch ist.

Als Künstler sind wir immer mit einem heiklen Balanceakt befasst. Wir wissen, wie »man die Dinge macht«, und müssen uns zugleich bemühen, ganz genau hinzuhören, um zu erkennen, ob unser spezielles Kunstwerk so geschaffen werden möchte. Wenn wir uns über jegliche Konvention hinwegsetzen, wirkt sich unsere Rebellion wahrscheinlich ebenso mutwillig zerstörerisch aus, wie wenn wir blind alle Regeln befolgen und zynisch kalkulieren, dass wir, wenn wir »es richtig machen«, mit etwas weniger Gutem, aber dennoch gut davonkommen, weil es »so gemacht wurde, wie man es immer macht«.

So werden Skeptiker geboren. Das fördert auch eine hässliche Kreuzung aus Haudegen und Künstler – die, an eine solch giftige Umwelt angepasst, einem schlecht durchdachten, selbstverherrlichenden Mythos das Wort redet, dem zufolge ihre Anpassung »normal« ist und jeder »wirkliche« Künstler im Stande sein muss, alles zu überleben. Doch das ist Unsinn. Künstler dieser Art treten zu später Nachtzeit in Talkshows auf, erzählen Geschichten von Krieg und Tollkühnheit, die *Star Wars* und Superagenten der Studios, die sie mindestens ebenso sehr in den Mittelpunkt rücken wie ihre Kunst. Wie sie selbst für sich macht auch die Presse Werbung für sie, und so schüchtern diese künstlich aufgeblasenen Künstler*artisten* unter Umständen echte Künstler von stillerer Art ein.

In Kulturen, in denen die Kreativität ins Alltagsleben eingebettet und eingewoben ist, praktizieren scheuere Seelen ihre Kreativität vielleicht ungestrafter. In den USA sind Künstler eine gefährdete Spezies. Stipendien werden rarer. Auch ist es schwieriger, öffentliche Anerkennung zu finden. Zu viel Macht ist in die Hände von zu wenigen gelangt – die Kritiker nehmen die Stelle des Publikums ein.

Viele begabte Künstler haben Angst vor dieser Entwicklung, fürchten, dass sie nicht im Stande sind, sie zu überleben, und lassen es zu, dass ihr Entmutigtsein ihre Kreativitätslandschaft verdunkelt. Natürlich! Möglicherweise halten sie sich zu lange im Schatten verborgen, weil es ihnen an Unterstützung mangelt – an den »Davor-währenddessen-und-danach-Freunden« –, die ihnen helfen würde, das Rampenlicht auszuhalten. Viele Situationen in der Öffentlichkeit sind für die Künstler Gift. Wir lernen, mit ihnen umzugehen, aber es fällt uns nicht leicht. Wie unser Organismus Antikörper entwickeln muss, hat in unserer Gesellschaft eine Künstlerseele das Gleiche zu tun. Und das ist nicht jedem gegeben. Viele ausgezeichnete Künstler können es nicht.

Wenn du nichts riskierst,
riskierst du sogar noch mehr.
ERICA JONG

In den 25 Jahren, in denen ich unterrichtete und daran arbeitete, die Blockaden geschädigter Künstler wieder aufzulösen, habe ich die Erfahrung gemacht, dass es nicht den Künstlern an Qualität mangelt, sondern unserer Gesellschaft an der *Charakterqualität,* die Künstler unter uns zu hegen, zu pflegen und wertzuschätzen. Wenn wir nicht ganz entschieden für uns selbst eintreten und uns selbst hegen und pflegen, fühlen wir uns erdrückt. Wenn nicht mehr von unseren zurückhaltenden Künstlern mehr Kunst machen, laufen wir Gefahr, weiterhin den Beurteilungen und Bewertungen jener Glauben zu schenken, die kritisieren, aber nichts kreieren, nichts erschaffen. Nicht die Qualität unserer Künstler ist das Problem. Das wahre Problem ist die Qualität unseres Kritikerklimas. Wir sind nicht wirklich aufgeschlossen und empfänglich für die Künste.

Angesichts dieser Fakten werden viele ausgezeichnete Künstler nicht mit dem Kritikerstempel ausreichender Billigung versehen und zweifeln daher vielleicht am Kaliber ihrer Kunst. Kunst zu schaffen braucht Mut – und Unterstützung, auch wenn uns unserer Mythos vom einsamen Künstler etwas anderes erzählt.

Die Leute, die verächtlich meinen, es mangele der Amateurkunst an Qualität, haben nicht ausreichend viele Rohdiamanten gesehen. Sie kaufen ihre Kunst gern bei Tiffanys, wo sie mit der Absegnung durch einen anderen und dem Stempel eines Markennamens versehen ist. Sie hatten nicht den Mut, eine Kirche zu betreten, dort eine schöne, wenn auch noch nicht ausgebildete Sopranstimme zu hören und Geld für deren Ausbildung zu hinterlegen. Sie waren nicht in einer Akademie oder sahen einen Studenten auf dem Gehsteig mit solch unerwarteter Virtuosität etwas zeichnen, dass sie sich gedrängt fühlten, sich zu erkundigen, ob sie diesem jungen Künstler irgendwie helfen und ihn unterstützen könnten. Es braucht Mut und Herz, Kunst zu schaffen, und es braucht Mut und Herz, Kunstschaffende zu unterstützen. Ein aus einer Kleinstadt im Mittelwesten stammender, gefeierter Pianist erwähnt immer die Großzügigkeit eines älteres Ehepaars in seinem Heimatort, das ihm, als er versuchte, seinen Weg zu machen, die Miete in New

York für ein Jahr finanzierte, ohne irgendeine Gegenleistung zu erwarten. Dieses Paar verfügte über die Weisheit, der Kunst im Künstler zu dienen, den unpolierten Edelstein zu sehen und ihm zu helfen, seine Fassung zu finden. Ihre Urteilskraft und ihr Engagement sind in unserer Gesellschaft ungewöhnlich.

Unsere Gesellschaft würdigt die Kunst wie auch die Künstler herab. Die Kunst ist nun etwas Profanes, bloß schmückendes Beiwerk, wohingegen sie einst im zivilisierten Leben eine zentrale Rolle einnahm. Künstler werden heute als entbehrlich erachtet oder bestenfalls als Randerscheinungen angesehen, vielleicht begabt, aber eben nur als Verzierung.

Künstler finden sich überall, und wenn wir sie nicht sehen – oder vielleicht nicht sehen, dass wir selbst welche sind –, dann deshalb, weil wir aus gesellschaftlichen Gründen unsere künstlerische Seele in der sicheren Zitadelle des Zynismus eingebunkert haben. Wir unterschreiben die Beurteilungen und Bewertungen der Kritiker, die schick und »kritisch«, aber künstlerisch impotent sind. Qualität ist nicht das Problem, das Interesse und die Fürsorge sind es. Wenn ich beim Unterrichten sage, dass wir alle kreativ sind und dass wir alle diese Kreativität nutzen sollten, um uns Ausdruck zu geben, bekomme ich manchmal von Skeptikern in spöttisch-höhnischem Ton zu hören: »Meinen Sie nicht, dass Sie damit eine Menge schlechte Kunst lostreten?«

Gute Kunst ist eine Form von Gebet. Mit ihr lässt sich sagen, was nicht zu sagen ist.

FREDERICH BUSCH

Seien wir realistisch: Es gibt bereits eine Menge Kunst in der Welt, die, was ihre Vorzüglichkeit angeht, einen nicht gerade zu Begeisterungsstürmen hinreißt. Tatsache ist aber auch, dass die, die sich damit zurückhalten, »ihre Kunst der Welt zuzumuten«, allzu oft diejenigen zu sein scheinen, die eine schönere Kunst schaffen.

Als Künstlerin, die auch unterrichtet, habe ich weitaus öfter demütig und bescheiden vor der überlegenen Qualität einer eben zum Durchbruch gelangten Arbeit gestanden, als dass ich mich für eine solche eben zum Durchbruch gelangte Arbeit hätte genieren müssen. Es ist häufig die Egostärke und nicht die Stärke der Kunst selbst, die darüber bestimmt, wie weit sich vorzuwagen ein Künstler gewillt ist. Wir haben ein solch grauenvolles, öffentliches, im Scheinwerferlicht stehendes Spektakel aus den Künsten gemacht, dass sich viele Leute mit enormem Talent äußerst vernünftig für ein Leben abseits vom Rampenlicht entschieden haben.

Bei unserem gegenwärtigen kulturellen Klima gibt es zu viel sauren Boden in unserem Garten der Kreativität. Das Rampenlicht verseucht das kommunale Wurzelgeflecht und Unterstützungssystem, das für das Gedeihen der Künste und Künstler unabdingbar ist. Unsere Kritiker sind wie ausgesprochen aggressive Gärtner, die geschäftig Unkraut jäten, immer noch mehr giftige Chemikalien ausbringen und unfähig sind, die zarten grünen Schösslinge, die Wachstum und Blüte versprechen, zu ermuntern und zu ermutigen.

Wir müssen in unserer Gesellschaft ganz bewusst geschützte Brutstätten für unsere Kunst einrichten. Wir müssen Menschen finden und Orte schaffen, die uns das Gedeihen ermöglichen. Wir müssen in Bezug auf das Kreativsein kreativ werden.

Die Phantasie verfügt über Ressourcen und Fingerzeige, von denen wir keine Ahnung haben.
CYNTHIA OZICK

Als Kreative müssen wir lernen, unseren Willen ganz achtsam und bewusst in die Tat umzusetzen. Wir müssen lernen, authentisch das Risiko der Selbstverbesserung auf uns zu nehmen. Wenn wir jeden Tag wirklich eine Stunde für das Schreiben am Theaterstück reservieren, wird uns das auf Dauer weiter bringen, als wenn wir uns sagen, dass wir das Stück schreiben werden, nachdem wir die Wohnung neu eingerichtet haben – weshalb wir noch eine weitere freiberufliche Arbeit annehmen, um uns nämlich den richtigen Computertisch zu kaufen, damit wir dann »wirklich« schreiben können. Träume werden Wirklichkeit, wenn wir anfangen, mit ihnen so umzugehen, als wären sie Wirklichkeit. Indem wir aufhören, sie zu verschieben und ihnen auszuweichen, und indem wir aufgrund von etwas ganz Konkretem rechtens antworten können: »Heute habe ich an meinem Traum gearbeitet.«

Kreativität ist nicht irgendetwas Vages, Verschwommenes, das wir tun werden. Es ist etwas ganz Reales, das wir tatsächlich *tun*. Es ist die Weigerung, uns unter Wert zu verkaufen oder unser Licht unter den Scheffel zu stellen, indem wir den Künstler in uns mit leerem Gerede – oder hohlen Schecks – abspeisen. Mag sein, dass wir tagsüber arbeiten müssen, um unsere Brötchen zu verdienen, und mag sein, dass uns dieser Job auch Halt und Struktur gibt, aber es wäre eine gefährliche Lüge, wenn wir uns einredeten, dass unser Gehaltsscheck von unserer Werbeagentur uns je dieselbe Befriedigung verschaffen könnte wie das Schreiben des Theaterstücks, von dem wir schon seit unserer Zeit in der Grundschule träumen.

Wenn wir Angst vor dem Versuch haben, das zu tun, was wir wirklich tun wollen, sagen wir häufig: »Das kann ich nicht machen.« Die Wahrheit ist, wir könnten, aber wir haben Angst, es zu versuchen. Und da wir es nicht versuchen, wissen wir auch nicht wirklich, ob wir unseren Herzenswunsch verwirklichen könnten oder nicht. »Ich könnte das nicht tun« bedeutet auch sehr häufig, dass wir uns wieder ein Ideal falscher Unabhängigkeit zu Eigen machen und spirituelle Hilfe meiden oder auf sie verzichten. Wir akzeptieren die Vorstellung von einem Gott, der ein vorenthaltender Gott ist und dessen Absichten unseren eigenen Träumen zuwiderlaufen. Wenn wir, und sei es auch unbewusst, an einen solch giftigen Gott glauben, sehen wir im Großen Schöpfer nicht den Mitkreator, den Partner, unserer Träume. Stattdessen sehen wir in Gott eine Barriere, den verweigernden Vater, der uns unsere Träume verwehrt. Doch in den meisten Fällen verwehren wir sie uns selber.

An diesem Punkt müssen wir uns auf unsere Integrität besinnen und ehrlich sein in Bezug auf das, was wir wirklich wollen. Wir müssen den Glaubenssprung machen – oder auch nur den kleinen Glaubenshopser –, der uns ein wenig in die Richtung unseres wahren Traums trägt. Diese ehrliche Bewegung von uns löst die Unterstützung unseres authentischen Selbst aus – statt die Unterstützung eines falschen Ichs, in dem wir nicht länger bequem und gemütlich hausen können.

»Aber was ist mit den schlechten Aussichten, den schlechten Chancen?« Sie ertappen sich vielleicht dabei, dass Sie nach einem Strohhalm greifen. Die »schlechten Chancen« sind ein bevorzugter Deckmantel falscher Götter. Sie sind das Leugnen von Wundern. Sie sind der Glaube an das Nichtglauben, der Glaube an das Hoffnungslossein, der Glaube an das Festsitzen da, wo wir sind, absolut fern jeder Macht und Kraft, die die schlechten Chancen ins Positive verwandeln könnte.

Überraschung ist da, wo Kreativität ins Spiel kommt.

RAY BRADBURY

Wenn wir uns auf unsere wirklichen Träume einlassen, lassen wir uns auf uns selbst ein. Wenn wir uns auf uns selbst einlassen, lassen wir uns auf das Vertrauen in die Macht ein, die uns geschaffen hat. Dann richten wir uns nicht nach falschen Göttern aus, sondern auf die wahre Macht des Universums, auf den Großen Schöpfer, durch dessen Macht und Kraft alle Träume eine Möglichkeit sind.

AUFGABE *Klopfen Sie sich auf die Schulter*

Sie haben schon viele beachtens- und lobenswerte Dinge geleistet und erreicht. Es ist eine gute Idee, eine Liste von 25 Unternehmungen, auf die Sie stolz sind, in greifbarer Nähe zu haben. Eine Liste zur Würdigung Ihres Charakters und Ihrer Wesensart, auf der Sie schwarz auf weiß festhalten, was Sie richtig gemacht haben. Dabei ist wichtig, dass Sie aufschreiben, auf was Sie tatsächlich stolz sind, nicht, auf was Sie stolz sein »sollten«. Und es sollte mindestens ein Eintrag dabei sein, der Sie zum Grinsen bringt, wenn Sie sich an die Sache erinnern, vielleicht eine Episode, in der Sie sich gegen einen Brutalo durchsetzten oder es schafften, im Augenblick einer verbalen Attacke die genau richtige Entgegnung parat zu haben.

Greifen Sie zum Stift und schreiben Sie 25 spezielle Ereignisse nieder, auf die Sie stolz sind. Seien Sie nicht überrascht, wenn eine positive Maßnahme zu weiteren positiven Projekten führt, zum Beispiel:

1. Ich bin stolz darauf, dass ich Domenica das Reiten beigebracht habe.
2. Ich bin stolz darauf, dass ich sie, als sie noch ein Kleinkind war, sonntags zum Ponyreiten mitgenommen habe.
3. Ich bin stolz darauf, dass ich sie mit mir auf meinem Pferd reiten ließ, damit sie lernte, die Balance zu halten.
4. Ich bin stolz darauf, dass ich sie Reitstunden nehmen ließ und ihr beim Reiten zusah.
5. Ich bin stolz darauf, dass ich mich im Religionsunterricht für Carolina einsetzte.
6. Ich bin stolz darauf, dass ich der Nonne gesagt habe, die Anhänger der *Christian Science* seien ebenso gut wie die Katholiken.
7. Ich bin stolz darauf, dass ich meiner Mutter ganze Wagenladungen von Veilchen für ihren Garten gebracht habe.
8. Ich bin stolz darauf, dass ich versucht habe, den Tomatenwurm zu retten, indem ich ihn wieder zusammenklebte.

Du beginnst an Format zu gewinnen, wenn du nach deinen Stärken suchst, sie entdeckst und dich dann total auf sie verlässt, was immer sie auch wert sind.

SARAH BAN BREATHNACH

9. Ich bin stolz darauf, dass ich mir von allen Welpen im Zwinger Tiger Lily ausgesucht habe.
10. Ich bin stolz darauf, dass ich, auch wenn ich nicht unterrichte, nach wie vor meine Morgenseiten schreibe.

Eine solche Liste trägt viel zum Aufbau eines Brückenkopfs der Integrität bei.

Wieder aufs Pferd steigen

Wir sind darauf angelegt, etwas aus uns zu machen. Wenn wir uns von anderen unterstützt fühlen, versetzt uns das in Feststimmung. Wir haben das Gefühl von Gemeinschaft und von gemeinsamen Zielen und von einem gemeinsamen Sinn für Humor – so als wären wir das kreative Äquivalent eines Quiltnähkränzchens oder einer Zusammenkunft zur gemeinschaftlichen Errichtung einer Scheune. Die Gruppenenergie fühlt sich stabil, belebend und gut an. Wir schwanken und wackeln nicht, weil helfende Hände unsere Leiter festhalten, während wir hinaufzuklettern versuchen. Etwas zu machen – und aus uns zu machen –, wenn wir Unterstützung erfahren, ist leicht. Deshalb sind große Sommermusikcamps so wichtig. Deshalb werden Maleinrichtungen und Schreibretreats so sehr geschätzt. Wir brauchen alle Unterstützung. Doch über diesen Luxus verfügen wir nicht immer.

Manchmal fällt die Unterstützung aus. Statt Hilfe zu bekommen, begegnen wir Hindernissen.

Manchmal erleidet unsere Kreativität eine entsetzliche Verwundung. Mag sein, dass unsere Knochen nicht gebrochen sind, aber unser Vertrauen und unsere Zuversicht sind es. Eine Schauspielerin wird von einem Regisseur emotional aufgeschlitzt, gegen den sich Hannibal Lecter wie ein Dilettant ausnimmt. Ein Pianist bekommt eine Besprechung von einem Kritiker, der den Taktstock mit einem Baseballschläger verwechselt.

Katastrophen dieser Art sind weit verbreitet. Sie stellen die Gefahren auf dem Weg dar. Künstler sind sensible Geschöpfe, und man kann uns durchaus erschrecken. Und ganz sicher kommt es vor, dass sich das sensible Reittier unseres Talents erschreckt und wir abgeworfen werden. »*Das* versuche ich nie wieder!«, schwören wir uns – und meinen den Roman; das fingerverdrehende, herzzerfetzende Concerto; diese Folterbank, die Bühne; und je länger wir »es« nicht wieder versuchen, desto stärker bringen wir uns zur Überzeugung, dass wir »es« *nie* wieder versuchen können. Wir sagen: »Es hat mich einmal verwundet, und ...«

Versuch's noch mal. Scheitere noch mal. Scheitere besser.

SAMUEL BECKETT

Doch es gibt nur eine einzige Heilkur für die Verwundung unserer Kreativität, nämlich die, etwas zu machen. Wenn wir nicht irgendetwas Kleines tun, wird unsere verwundete, aber doch aktive Imagination eine noch viel größere Sache aus dem machen, was uns passiert ist. Manchmal besteht der einzige Trost, den wir finden können, darin, dass wir uns selbst benennen. Wenn niemand sonst uns einen »Künstler« nennen will, dann müssen wir unseren Namen selbst sagen – und das können wir einzig und allein durch die Kunst. Es muss die passende Bandage für die Wunde sein. Hat man Ihr Musical verrissen, dann komponieren Sie etwas Neues. Hat man Ihre Malerei niedergemacht, malen Sie etwas, auch wenn es nur ein Küchenstuhl ist. Hat man Ihre Dichtung zerpflückt, dann sammeln Sie sich wieder, treten Sie ans offene Mikrofon und lesen Sie etwas vor. Ein mir gut bekannter berühmter Regisseur ist sich immer der Tatsache bewusst, dass schlechte Kritiken seine Möglichkeiten beeinträchtigen können, weiterhin kostenaufwändige Filme zu drehen. Daher betet er sich in schlaflosen Nächten immer wieder vor: »Wenn ich nicht in 35 drehen kann, kann ich in 16 drehen. Kann ich nicht in 16 drehen, kann ich in Super 8 drehen. Kann ich nicht in Super 8 drehen, kann ich zeichnen, kann ich Skizzen machen ...« Mit anderen Worten, er weiß, dass seine Medizin im Falle eines kreativen Flops – und sei er auch noch so gewaltig und katastrophal – im Satz liegt: »Ich kann – und werde – erschaffen.«

Wir *sollen* etwas aus uns machen, und manchmal müssen wir dieses »Machen« ohne spürbare Unterstützung bewerkstelligen. Wir fühlen uns durch unsere persönlichen Beziehungen abgelehnt und verunsichert. Uns beschleicht das Gefühl, dass uns die Menschen im Stich gelassen haben, und oft trifft dies auch tatsächlich zu. Und was noch entmutigender ist – uns ergreift das Gefühl, uns selbst im Stich gelassen zu haben, »nicht clever genug gewesen zu sein«. Und auch das stimmt manchmal. Als Künstler haben wir Nächte und auch Jahre, in denen wir in schlechter Verfassung, in schlechter Form sind. Das gehört zum Terrain. Das ist wohl ein *notwendiger* Bestandteil des Terrains.

Zu deinem wahren Selbst findest du durch Unbekümmertheit und Freiheit.
BRENDA UELAND

Als ich in meinen Zwanzigern war, schien sich alles, was ich anfasste, in Gold zu verwandeln. Erst war ich eine Journalistin, die mit dem Preis, den sie gewann, *The Washington Post* ausgestochen und es bis in die *Time* geschafft hatte. Dann heiratete ich eine große Liebe, Martin Scorsese, arbeitete Seite an Seite mit ihm und trug Texte zu seinen Filmen bei. Ich wurde eine beliebte Zeitungskolumnistin und hatte eine Glückssträhne als Drehbuchautorin, verkaufte drei Filme an Paramount und schrieb das Drehbuch für einen erfolgreichen Fernsehfilm mit Don Johnson als Elvis in der Hauptrolle.

Dann nahmen meine Dreißiger ihren Anfang. Zuerst kam eine schreckliche Scheidung. Dann drehte ich einen Spielfilm, doch wurde mir die Tonspur gestohlen. Ich synchronisierte den Film, brachte ihn in Europa heraus und bekam gute Kritiken, doch in den USA wurde er nicht gezeigt, es gab keinen »Lohn« für drei Jahre Arbeit. Ich schrieb Romane, konnte sie aber nicht veröffentlichen. Ich schrieb Theaterstücke, die Preise gewannen, aber nicht aufgeführt wurden.

Dann hatten meine Vierziger ihren Auftritt. *Der Weg des Künstlers* wurde veröffentlicht. Ein Dutzend weitere Bücher folgten im Verlauf des Jahrzehnts. Die Romane, die ich geschrieben hatte, wurden schließlich gedruckt. Meine Theaterstücke gelangten zur Aufführung. Statt der Schmerzen des Misserfolgs und der Anonymität lernte ich nun die Gefahren des Erfolgs kennen. »Rigoros« ist vielleicht das beste Wort zur Beschreibung meiner Vierzigerjahre.

In dieser ganzen Zeit blieb ich stetig, täglich, beim Schreiben. Ich arbeitete weiterhin für mich und andere mit den Werkzeugen kreativer Genesung und sogar des Überlebens. Ich wusste aus Erfahrung, dass eine schöpferische Karriere des Glaubens und des Vertrauens bedarf. Kurz gesagt, es gab nichts – nicht den »Zeit«-Verlust, als ich nicht gefragt war, nicht das Auf und Ab, als ich Mode war –, was sich nicht später als nützlich erwiesen hätte. Alles – und ich meine alles – ist Nahrung für das Feuer der Kreativität.

Als Lehrerin und Künstlerin erlebe ich das kreative Wachstum immer wieder durch Phasen gekennzeichnet, in denen die Syntax des Schöpferischen und die Zuversicht zusammenbrechen. Wir schreiben »schlecht«, weil wir nicht mehr so schreiben, wie wir waren, und noch nicht so schreiben, wie wir schreiben werden. In unserer Gesellschaft existiert nur wenig Verständnis für die Wachstumsprozesse eines Künstlers – die sich zudem oft in einer ausgesprochen öffentlichen Arena abspielen. Für exponiert in der Öffentlichkeit stehende Künstler, Filmemacher und Romanschriftsteller im Besonderen, gibt es wenig Raum für das Arbeiten in den notwendigen schöpferischen Wandlungsphasen. Konzertmusiker berichten vom gleichen Dilemma – ein Stil reift auf seine ganz eigene und sporadische Weise heran und geht nicht unmittelbar von Schönheit in Schönheit, sondern von Schönheit durch etwas anderes hindurch in mehr Schönheit über. Nur wenige Kritiker wissen dieses Stadium von »etwas anderem« zu würdigen.

> *Du strebst das an, was du dir wünschst, und wenn du es nicht bekommst, bekommst du es eben nicht, aber wenn du nichts anstrebst, bekommst du gar nichts.*
>
> FRANCINE PROSE

Kunst wird durch Talent und Charakter geschaffen. Unglück und Missgeschick stärken unseren Charakter und können auch unsere Kunst stärken. Sie erzeugen Einfühlungsvermögen und Mitgefühl für andere in Not. Das bringt mehr Tiefe in unsere Psyche und unsere Kunst. Unglück und Missgeschick wirken pädagogisch, und wie bei vielen pädagogischen Maßnahmen ist es schrecklich schwierig, sich ohne Hilfe von ihnen zu erholen. Diese Hilfe, ob nun in menschlicher oder nichtmenschlicher Gestalt, in Form eines Zufalls, eines Anrufs zur rechten Zeit, eines »Impulses«, etwas mal auf eine andere als sonst für uns übliche Weise zu tun, bedeutet eine Führung und Unterstützung, auf die wir uns verlassen können – und auf die wir in jedem Fall reagieren müssen. Wir werden nicht so sehr errettet, wir werden vielmehr verbunden und bekommen Gesellschaft.

Als ich dem Regisseur-Veteran John Newland zum ersten Mal begegnete, lebten wir beide in einem winzigen Bergstädtchen. Er hatte sich ganz offiziell nach einer langen und illustren Karriere dorthin in den Ruhestand zurückgezogen – ein Ruhestand, der etwa vier Minuten dauerte, bevor er sich daranmachte, Regie bei Theateraufführungen an der High School und am Gemeindetheater zu führen, Schauspielunterricht am College zu geben und alles zu tun, was seinen Fähigkeiten und Erfahrungen etwas Spielraum ließ, mochte dieser auch noch so beschränkt sein. Was mich anging, so befand ich mich in einer Phase, sagen wir mal, des »Angeschlagenseins«. Ich hatte ein paar künstlerische Stürze hinter mir – die vor allem eine Entmutigung im Bereich meiner musikalischen Arbeit bedeuteten – und sträubte mich dagegen, mich wieder aufs Pferd zu schwingen. Schließlich tun solche Stürze weh, und wurde ich nicht auch allmählich ein wenig zu alt dafür?

Mehr als nur ein bisschen in Selbstmitleid versunken, stieß ich auf Newland. Ich war gekommen, mir einen der Monologabende an der High School anzusehen, bei denen er Regie führte – meine Tochter gehörte seinem Ensemble an. Ich saß auf einem wackligen Stuhl im winzigen Zuschauerraum und verfolgte die verwegenen und bissigen Monologe eines Schülers nach dem anderen, gewagt für unsere kleine Stadt, gewagt für jeden Ort. Ich war an zahmeres Gemeindetheater gewöhnt.

Die Kunst ist unsere beste Möglichkeit, mit den Toten das Brot zu brechen.

W. H. AUDEN

»Wer zum Teufel hat das gemacht?«, fragte ich mich. Jemand hatte hier etwas Großartiges auf die Beine gestellt. Am Ende des Abends verwies man mich auf einen groß gewachsenen, gut aussehenden Mann mit einem Gesicht wie eine verwüstete Kathedrale und einem schneeweißen Haarschopf auf der Spitze seiner alpinen Statur.

»John Newland«, sagte er und schüttelte mir die Hand. »Sie haben ein talentiertes Kind. Ich höre, Sie sind selbst talentiert, also lassen Sie uns mal zum Mittagessen gehen und über die Dinge reden.«

Ich traf ihn zum Mittagessen und entdeckte, dass sein Optimismus das Beste auf der Speisekarte war. Mein Alter? »Sie sind ja noch ein Kind. Ich bin vierzig Jahre älter als Sie und arbeite immer noch.« Meine Entmutigung? »Lassen Sie mich Ihr Musical lesen. Ich wette, es ist gut. Wir werden es auf die Bühne bringen.« Meine Sorge um meine Karriere? »Sie haben immer noch weitere vierzig Jahre vor sich, also Kopf hoch, und machen wir was.«

Wir machten was. Wir brachten mein Musical *Avalon* auf die Bühne, und in diesen 4500 Kilometer von New York entfernten kleinen Zuschauerraum kam meine künftige musikalische Mitarbeiterin hereinmarschiert. »Zufälligerweise« sollte sie an diesem Ort Kammermusik spielen. Sie, eine klassische Musik spielende Bratschistin, brachte ein kleines Rudel ihrer Klassikfreunde zu Newlands und meiner Premiere von *Avalon* mit, um sich das Musical anzuhören.

»Was für eine gute Komponistin!«, dachte sie, während ich zusammengekauert in der letzten Reihe saß und mich fragte, ob ich diese Erfahrung, meine Musik zum ersten Mal aufgeführt zu hören, wohl überleben würde. Sie stellte sich mir an diesem Abend vor und dann noch einmal, als ich »zufällig« vier Monate später in New York neben ihr einzog. Es dauerte nur wenige Monate, und wir arbeiteten fröhlich zusammen – meiner Meinung nach nicht, weil ich clever genug war, mir meine Karriere auszutüfteln, sondern weil ich bereit war, wieder aufs Pferd zu steigen und zu begreifen, was Sache war, als erst John Newland und dann sie mich retteten.

Wir Künstler müssen uns, wenn die menschlichen Kräfte versagen, an den Großen Schöpfer um Hilfe wenden. Wir müssen uns in unser Gefühl von Isolation und Verzweiflung »ergeben« und uns für die spirituelle Hilfe öffnen, die wir so häufig als unerwartete innere Stärke erleben. Lassen Sie mich eines ganz klar sagen: Es erleben Künstler auf allen Ebenen Unglück und Not – manche von uns ziemlich öffentlich, manche unter schmerzlicher Geheimhaltung. Auf die eine oder andere Art – böse Kollegen, schlechte Kritiken – fallen wir vom Pferd.

Nicht glatt ist der Weg von der Erde zu den Sternen.

SENECA

Es ist ein spirituelles Gesetz, dass es in der ganzen Schöpfung keinen Verlust ohne Sinn und Bedeutung gibt. Und so ist der bittere Treuebruch unserer kreativen Kollegen, die »Vielen Dank« sagen und uns dann die Leiter runterschubsen (bei Pressekonferenzen unseren Beitrag nicht erwähnen, bei Mitarbeitertreffen unsere Ideen als die ihren ausgeben), im Grunde irgendwie ein Segen für uns. Ja, der Schubser tut weh – und der Verrat und die Desillusionierung. Aber in den meisten Fällen landen wir auf einem Strohhaufen. Wir stellen fest, dass unser Fall auf rätselhafte Weise abgepolstert ist. »Engel« tauchen auf. Manchmal spüren wir sie auf der inneren Ebene, als Inspiration, sobald wir fragen »Und was kommt als Nächstes?« statt »Warum ich?«.

Weil die Kreativität eine spirituelle Angelegenheit ist, sind Verletzungen der Kreativität spirituelle Wunden. Meiner Erfahrung nach werden die Bittgebete bekümmerter und gequälter Künstler *immer* vom Großen Schöpfer beantwortet. Selbst wenn wir uns über unser Schicksal beklagen und zu Recht schluchzen: »Ich kann nicht weitermachen«, machen wir weiter, und dies mit spirituellem Beistand. Irgendetwas rührt sich, was bedeutet, dass wir bereits weitermachen. Wir gewinnen wieder Boden, erst in Form von Gewahrsein, dann in Form von Handeln. Die Kreativität ist eine spirituelle Praxis und enthält in sich, wie alle spirituellen Praktiken, das Werkzeug der Selbsteinbringung.

Wir wünschen uns Kolleginnen und Kollegen, die sowohl über Talent wie Charakter verfügen. Um sie zu finden, müssen wir unser Talent und unseren Charakter heranschmieden und zu hellerem Leuchten bringen. Sehr oft sind die Menschen, die uns und unsere Werte verraten, jene, denen gegenüber wir ein gewisses Unbehagen verspüren, es dann aber als Paranoia abtun. Unser Geschenk ist, dass wir künftig unsere Vorahnungen als spirituelle Telegramme und nicht als Neurose verstehen.

Manchmal, ja sogar bemerkenswert oft, tauchen auch Engel in der Außenwelt auf. Und während unsere Schurken sich vom Ort des Verbrechens wegschleichen, treten unsere Helden und Bühnenarbeiter vor und versuchen, eine neue und bessere Show auf die Beine zu stellen. »Was, wenn du das mal versuchen würdest?«, fragt ein Freund. Und sofort sehen wir den Weg – oder zumindest den nächsten richtigen Schritt –, wenn wir ihn nur einschlagen oder tun wollen.

Ich habe das Gefühl, dass diese begrabenen Leben darum ringen, durch mich hervorzukommen und sich zum Ausdruck zu bringen.

MARGE PIERCY

Hat man uns als Künstler verraten und verkauft, müssen wir nachforschen, in welcher Hinsicht wir uns selbst unter Wert verkaufen oder unser Licht unter den Scheffel stellen. Ja, die anderen waren Dreckskerle – das ist Tatsache und unbestreitbar und schmerzlich. Doch was oft noch mehr schmerzt, ist die Erkenntnis unseres Anteils daran; gewöhnlich ist der Punkt, an dem wir davor zurückscheuten, uns selbst zu vertrauen, genau der Punkt, an dem sich das Blatt wendete. Damit wird das falsche Spiel anderer Leute nun nicht unsere eigene Schuld. Es bedeutet nicht, dass sie sich nicht anders und besser hätten verhalten sollen. Es bedeutet aber, dass wir uns in Zukunft anders und besser verhalten werden. Das ist der Teil, den wir ändern können.

Doch kommt diese Änderung nicht dadurch zustande, dass wir uns wegen unserer Dummheit beschimpfen. Nicht dadurch, dass wir die Fehler der anderen uns selbst zuschreiben. Nicht dadurch, dass wir behaupten, wir hätten sie irgendwie »dazu getrieben«. Sie kommt dadurch zustande, dass wir freundlich und nett zu uns sind, uns selber sanft zuhören. Dadurch, dass wir mitfühlenden Menschen und Mächten erzählen, wie verletzt wir sind, und dass wir zugeben, wie sehr wir Hilfe brauchen, um uns heilen zu können. Rufen Sie Ihre Tante Berta an und sagen Sie ihr, dass ein Kritiker Ihnen das Herz gebrochen hat. Schreiben Sie einen Brief an Oscar Hammerstein II., der nach dem Erfolg von »Showboat« ein ganzes Jahrzehnt an Fehlschlägen erdulden musste, und sagen Sie ihm, dass Sie eine Pechsträhne haben, und fragen Sie, ob er irgendwelche Ideen hat. Rufen Sie Ihre Oberschullehrerin an, die Sie für einen gewaltigen Erfolg hält, ganz gleich, wie Sie sich im Moment fühlen. Rufen Sie den Teil Ihrer selbst in sich hoch, der stark genug ist, um weiterzumachen. Das ist der Augenblick, in dem die Hilfe naht – sie sprudelt in uns hoch und tritt so leichtfüßig ein wie eine Brise, die den Vorhang leise bewegt. Es wird immer Hilfe geben. Wenn wir damit betraut sind, »etwas aus uns zu machen«, heißt das, dass wir in uns die Bereitschaft entwickeln müssen, auf diese Hilfe zu hören und sie auch in Formen zu akzeptieren, auf die wir nicht gefasst waren. Dann müssen wir handeln.

Als Künstler stecken wir *immer* in einem Prozess der Zusammenarbeit mit dem Großen Schöpfer. Risiken, die uns unmöglich hoch erscheinen, Castings, die sich völlig daneben anfühlen – all das kann sich, wenn wir um spirituelle Führung bitten, als im Rahmen des Gesamtplans notwendig herausstellen, als bedeutsam für das Wachstum und das Reifen unseres persönlichen kreativen Entwicklungsprozesses. Es ist wichtig, uns als Künstler in Erinnerung zu rufen, dass alle Brüche einen Glücksfall bedeuten, weil die Knochen dann an den gebrochenen Stellen oft am stärksten sind. Kunst ist Heilen, und Künstler heilen.

Der Große Schöpfer *wird* uns als Künstlern helfen, wenn wir uns selbst helfen. Wie finden wir diese schöpferische Hilfe? Wir finden den Schöpfer, indem wir erschaffen.

> *Sieh dich selbst als strahlende Kraft, vielleicht erleuchtet und für alle Zeit von Gott und seinen Boten angesprochen.*
>
> BRENDA UELAND

Als Künstler haben wir nicht die Kontrolle über unsere kreative Welt, doch wir haben über sehr viel mehr Kontrolle, als wir gemeinhin zuzugeben bereit sind. Wir vermeiden es, zur Kenntnis zu nehmen, über wie vieles wir Kontrolle haben, weil es vermeintlich bequemer und tröstlicher ist, sich vom Unmut, der Verstimmung und dem Groll über die Dinge, die unserer Karriere entgegenstehen, dahintreiben zu lassen, als die schreckliche Verletzlichkeit zu erleben, der wir uns aussetzen, wenn wir wieder einmal aufs Neue versuchen, unsere Arbeit in die Welt zu bringen.

Die meisten Künstler empfinden und reagieren wie verschmähte Liebhaber auf den Gedanken, sich wirklich für ihre Arbeit einsetzen zu sollen. Wie ein Junggeselle mit gebrochenem Herzen oder eine schüchterne Jungfer, deren zarte Träume ausgenutzt und missbraucht wurden, weigern wir uns, uns noch einmal verletzlich zu machen. Wir »wissen«, wie es davor ausgegangen ist. Wir haben »Angst davor«, wie es wieder ausgehen könnte, und so treffen wir uns mit unseren kreativen Träumen noch nicht einmal auf eine Tasse Kaffee, um zu sehen, ob es dieses Mal anders sein könnte.

Von einem jungen, unreifen Agenten abgelehnt, sagen wir: »Ach, sie sind alle so.« Aber stimmt das? Von einem zynischen Galeriebesitzer oder einem bitteren Dramaturgen abgeschmettert, kommen wir zum Schluss: »Ich werde es nie in eine Galerie schaffen.« Oder: »Meine Arbeit wird nie akzeptiert werden.« Nur allzu häufig unternehmen wir keinen weiteren Versuch – aus Angst, unserem gebrochenen kreativen Herzen noch mehr Schaden zuzufügen. Wir wissen nur allzu gut, dass unsere kreativen Träume im Innersten unseres Herzens ebenso wenig sterben wie unsere romantischen Träume, und wir fürchten uns vor den Einflüsterungen dieser Träume – den »untoten« Theaterstücken, Romanen und Gemälden, die wir in die Kellerverliese unserer Kreativität gesperrt haben, wo sie bei den brabbelnden Gespenstern unserer zerbrochenen Träume hausen.

Als Künstler sind wir Träumer, und wir fürchten den Albtraum, dass unsere Arbeit gemieden, schlecht behandelt oder falsch wahrgenommen wird. Und aus Angst davor lassen wir es zu, dass unsere Entmutigung verallgemeinernd von einer Einzelperson zu einem »Sie alle«, von einer einzigen harten Kritik zu einem »Immer«, von einer verletzenden Zurückweisung zu einem »Sie werden nie« gelangt. Wir entscheiden uns für einen defensiven intellektuellen Zynismus.

»Heilen«, so pflegte Papa mir zu sagen, »ist keine Wissenschaft, sondern die intuitive Kunst, die Natur zu umwerben.«

W. H. AUDEN

Wir fangen an, davon zu sprechen, dass »sie« unsere Arbeit nie schätzen werden. Wir fühlen uns allein und verlassen, und wir sind es – nicht weil »sie« uns, sondern weil *wir* uns verlassen haben. Wir haben nicht nur uns selbst aufgegeben, sondern auch Gott abgeschrieben. Wir haben gesagt »Was hat das für einen Zweck?« statt »Und was als Nächstes?«. Statt das Risiko einzugehen, uns verletzlich zu machen und uns wieder im Glauben an das Gute nach draußen zu begeben, haben wir unsere Träume und Hoffnungen unter dem versteckt, was wir die »realistische Einschätzung des Marktes« nennen. Wir haben gesagt: »Ach, sie sind alle so«, statt uns der Furcht erregenden Entdeckung auszusetzen, dass sie es möglicherweise nicht sind.

Künstler scheuen unter Umständen, wie talentierte Pferde, die sich beim Hürdensprung verletzt haben, davor zurück, es noch einmal mit dem Hürdenspringen zu versuchen. Und doch kann und muss ein talentiertes Pferd rehabilitiert werden. Als Künstler sind wir sowohl das Pferd wie der Reiter unseres Talents. Wenn wir abgeworfen werden, dürfen wir nicht zulassen, dass uns das umhaut. So etwas gehört zum Terrain.

Steigen Sie wieder aufs Pferd.

AUFGABE *Aua! Lass es mich besser machen*

Wir neigen dazu, Verletzungen unserer Kreativität geheim zu halten. »Es sollte mir nicht so viel ausmachen«, sagen wir. Oder: »Ich schien danach einfach das Interesse daran verloren zu haben.« Wir streiten gegenüber anderen und uns selbst ab, was für eine katastrophale Auswirkung so ein kreativer Tiefschlag auf uns haben kann. Wir fallen vom Pferd, und statt wieder aufzusteigen, reden wir uns ein, wir hätten das Interesse am Reiten verloren.

Unbetrauerte Verletzungen und Verwundungen unserer Kreativität führen zu Vernarbungen. Wir werden »härter«, aber darunter schwärt die Wunde. »Ich bin einfach nicht interessiert«, täuschen wir vor, sind aber in Wirklichkeit *sehr* interessiert – nur verwundet.

Die folgende Übung ist eine Übung in Mitgefühl und Vergebung. Wir verdienen Mitgefühl für den Schmerz, den wir wegen unserer Kreativitätsverletzung erlitten haben. Wir verdienen Vergebung, weil wir zugelassen haben, dass wir gestoppt oder aufgehalten oder behindert wurden, und gewöhnlich verurteilen wir uns ausgesprochen heftig dafür.

Greifen Sie zum Stift und führen Sie der Reihe nach zehn Verletzungen Ihrer

Kreativität oder diesbezügliche Enttäuschungen auf, die Sie sich bislang nicht zu betrauern oder aufzuarbeiten oder darüber hinwegzukommen erlaubten. Achten Sie darauf, dass Sie dabei sanft mit sich umgehen. Dies ist ein ausgesprochen prekärer und explosiver Vorgang.

Wenn Sie sich nun Ihre Liste der Verletzungen und Verwundungen ansehen, dann suchen Sie nach einem kleinen und sehr sanften Schritt, den Sie unternehmen können, um Ihren inneren Künstler wieder in die Arena zu führen, in der er die Verletzung erlitten hat. Doch dieser Schritt oder diese Schritte müssen überaus klein und sachte sein. Sagen wir zum Beispiel, Sie haben einen Roman geschrieben und in Reaktion auf Ihr Manuskript ein paar ermutigende und ein paar entmutigende Briefe von Literaturagenten bekommen. Ein erster Schritt könnte nun sein, dass Sie alle positiven Briefe und die ersten 25 Seiten Ihres Manuskripts noch einmal lesen. Gehen Sie langsam und achtsam vor. Wenn Sie ein Stück auf die Bühne gebracht und ein paar brutale Kritiken bekommen haben, möchten Sie vielleicht das Theater nun ganz meiden. Besorgen Sie sich eine Reihe von Theaterkarten. Mit anderen Worten, locken Sie Ihren Künstler heraus zu Spiel und Spaß und setzen Sie ihn dann wieder an die Arbeit.

> *Die Rationalität presst viel heraus von dem, was reichhaltig und saftig und faszinierend ist.*
>
> ANNE LAMOTT

Check

1. *Wie viele Tage in dieser Woche haben Sie Ihre Morgenseiten geschrieben?* Wenn Sie einen Tag ausgelassen haben, was war der Grund? Welche Erfahrung haben Sie mit dem Schreiben der Morgenseiten gemacht? Erfahren Sie mehr Klarheit? Ein breiteres Spektrum an Gefühlen und Emotionen? Ein stärkeres Gefühl von Objektivität, Zielgerichtetheit und Ruhe? Hat Sie irgendetwas überrascht? Gibt es ein Thema oder Problem, mit dem Sie sich wiederholt befassen müssen?
2. *Haben Sie in dieser Woche Ihr künstlerisches Stelldichein gehabt?* Haben Sie ein gesteigertes Wohlbefinden festgestellt? Was haben Sie unternommen, und wie fühlten Sie sich dabei? Das künstlerische Stelldichein kann eine schwierige Sache sein, und möglicherweise müssen Sie sich gut zureden, um sich dazu aufzuschwingen.

3. *Haben Sie Ihren wöchentlichen Spaziergang unternommen?* Wie fühlten Sie sich dabei? Welche Gefühle oder Erkenntnisse tauchten in Ihrem Inneren auf? Konnten Sie mehr als einen Spaziergang machen? Was hat Ihr Spaziergang für Ihren Optimismus und Ihr Gefühl von Perspektive bewirkt?
4. *Gab es in dieser Woche irgendwelche anderen Themen, die Ihrem Gefühl nach für Ihre Selbstentdeckung wichtig waren?* Beschreiben Sie sie.

Sei immer eine erstklassige Version deiner selbst statt einer zweitklassigen Version eines anderen.

JUDY GARLAND

ZWÖLFTE WOCHE

Einen Sinn für Würde entdecken

Der Schlüssel zu einem erfolgreichen kreativen Leben liegt darin, dass wir uns darauf verpflichten, Dinge zu machen und zu erschaffen und dabei aus uns und unserer Welt etwas Besseres zu formen. Kreativität ist ein Glaubensakt. Als Künstler haben wir unsere Quelle im Großen Schöpfer, was bedeutet, dass wir auf grenzenlose Stärke und Kraft zurückgreifen können. In dieser Woche konzentrieren wir uns auf das Überstehen jener Schwierigkeiten, denen man auf den höchsten Gipfeln der Kreativität begegnet. Unsere Fähigkeit, Probleme mit Anstand und Würde zu erfassen und zu umgreifen, beruht auf unserer Fähigkeit, uns treu zu bleiben. Die Texte und Aufgaben dieser Woche zielen darauf ab, Kreativität praktizierende Menschen mit den Überlebenswerkzeugen vertraut zu machen, die für ein erfolgreich aufrechterhaltenes kreatives Leben notwendig sind.

Der Glasberg

Während unten im Riverside Park bezaubernde Schneemänner unter kleinen Händen zum Leben erweckt werden, habe ich heute mit den eisigen Abhängen der Depression zu kämpfen. *Meine* Stimmung entspricht dem Märchen vom Glasberg: Jedes Mal, wenn ich hinaufzuklettern versuche, rutsche ich wieder ab.

»Das sind die Feiertage«, sagt eine Freundin, die mich anruft, um mir ernstlich Rat zu erteilen – und sie ist sich sicher, dass sich ihre Depression, ihr verstärktes Gefühl von hässlichen Aussichten, aus der gleichen Quelle speist wie die meine.

Der Meinung bin ich nicht.

Meine heutige Depression und meine Zweifel decken sich mit dem Stadium, in dem ich mich mit einem neuen Projekt befinde, dieses Mal einem Musical. Ich habe das Puzzlespiel auf dem Boden ausgelegt, kann eine Ecke hier und eine Ecke dort ausmachen, aber das große Loch in der Mitte findet seine genaue Entsprechung in der Angst, die ich empfinde: Werde ich je den wirklichen Gehalt, die Essenz, dieses Stückes finden und erfassen? Der Versuch, ein Projekt – ein Buch, ein Theaterstück, einen Liederzyklus – zu realisieren, gleicht dem Bemühen, einen großen Fisch an Land zu ziehen; wie in Hemingways *Der alte Mann und das Meer* reduziert sich die Welt auf diesen Fisch und mich, und ich mache mir Sorgen, dass er davonkommt. Wir Künstler mühen uns oft ab, unter sehr geringen Erfolgsaussichten einen großen Fisch an Land zu ziehen. Und was noch schlimmer ist, unser Fisch ist für die anderen oft unsichtbar, die uns als Papa, Mama, Lehrerin, Liebste oder Liebsten sehen und nicht als Menschen, der heroisch darum kämpft, aus dem archetypischen Meer des Schöpferischen etwas Gewaltiges an Land zu ziehen.

Ins Sichere willst du dich betten!
Ich liebe mir inneren Streit:
Denn wenn wir die Zweifel nicht hätten,
Wo wäre da frohe Gewissheit?

JOHANN WOLFGANG VON GOETHE

Wir wollen als normale Bürger durchgehen. Wir wollen nicht unser Telefon abschalten oder uns in den dunkelsten Bibliotheksecken verkriechen, um dort unsere Werke handschriftlich zu verfassen. Und doch erfordern das Malen, Schreiben, Bildhauern und Komponieren lange ruhige Zeitstrecken, in denen wir nicht unterbrochen werden. Und wie bewerkstelligen wir das, ohne arrogant oder abweisend zu wirken? Künstler entwickeln verschiedene Lösungen. Mein Telefon ist abgestellt, aber auf meinem Anrufbeantworter wird erklärt, wie sich das mit meinen Arbeitsstunden verhält und wann man mit einem Rückruf rechnen kann. Der Romanschriftsteller John Nichols schreibt von Mitternacht bis zum Morgengrauen, eine exzentrische Praxis, aber sie hält ihn davon ab, die ihn tagsüber anrufenden Leute anzublaffen: »Ich bin am Schreiben!«

Uns ist es so zuwider, eine große Sache aus unserer Arbeit zu machen, dass wir unter Umständen eine zu kleine daraus machen. Wir erklären nicht deutlich genug die Räume und Zeiten der Stille und des Alleinseins, nach denen wir uns zuweilen sehnen. Wir passen unsere Arbeit in die Nischen und Ritzen unseres Lebens ein, und das ist auch häufig gut so. So kommen wir zu einem Leben, und dieses Leben bereichert unsere Kunst. Aber wir reden selten darüber, dass wir uns nächtens verstohlen aus dem Ehebett schleichen, um von zwei Uhr nachts bis vier Uhr morgens zu schreiben oder zu malen. Wir erzählen nicht, dass wir uns ein Wochenende weg von unserer Ehe oder Anwaltskanzlei stehlen, um in einem verlotterten Hotel an unserem Kriminalroman zu schreiben.

Deine Hand konzentriert sich für dich. Ich weiß nicht, warum das so ist.
DAME REBECCA WEST

Ein Pianist, der sich auf eine Konzerttournee vorbereitet, mag vielleicht Unterricht geben – guten Unterricht –, aber er bereitet sich auf die Konzerttournee vor und ringt gewaltige Notenbände mit seinen bloßen Händen nieder, selbst wenn er dabei weiterhin seine Unterrichtsstunden am Konservatorium hält. Eine Romanschriftstellerin, die zuhört, wie ein Buch ihr seine Geschichte erzählt, mag auch zugleich ihren Kindern zuhören, aber das Buch ist stets am Reden, manchmal auch am Flüstern, und dafür *muss* sie immer ein inneres Ohr gespitzt halten. Eine Stückeschreiberin, die ein neues Bühnenstück zu Papier bringt, macht sich Sorgen darüber, ob ihr geistiges Kind wohl je auf die Beine kommt, und lauscht wie eine frisch gebackene Mutter in die Nacht, während die »wirklichen« Kinder, sauer und schmollend, sich bei ihren Freunden beklagen: »Mama schreibt.«

Manchmal müssen Mamas und Papas schreiben – egal, wie sehr sie ihre Kinder lieben. Nicht zum Ausdruck gebrachte Kunst steigt im Künstler hoch, bis sie eine Ebene von Rastlosigkeit und Verlangen erreicht, auf die er durch das Schaffen von Kunst eingehen muss – nichts anderes erlöst ihn von diesem Juckreiz. Weiter »fehlt« diesem Menschen nichts, auch wenn es manchmal nicht danach aussieht.

»Was ist los, Mama?«, wollen unsere Kinder wissen, die spüren, dass wir gar nicht da sind, dass wir uns geistig ganz woanders befinden. Wir müssen an uns halten, ihnen nicht »den Kopf abzureißen«, wenn wir gerade über einem Satz brüten.

»Nichts, Mama muss schreiben.«

»Was ist los, Liebes?«, fragt unser Lebensgefährte.

»Nichts, ich muss einfach nur malen.«

In dem Jahr, in dem ich an der Northwestern University und bei den Chicago Filmmakers das Filmen unterrichtete, während ich gleichzeitig privat den *Weg des Künstlers* lehrte und ein paar »Right-to-write«-Kurse gab, musste ich wirklich dringend schreiben. Das Unterrichten nahm zu viel von meiner Zeit und Konzentration in Anspruch, und die Familie beschlagnahmte den Rest. Um mal wegzukommen, arrangierte ich eine kurze Auszeit in Taos, und während ich darauf wartete, an Bord des Flugzeugs zu gehen, hörte ich plötzlich eine Männerstimme in meinem Kopf sprechen. Ich schnappte mir Stift und Notizblock und begann, das Diktat aufzunehmen. Der Text quoll wie eine rasant hereinbrechende Flut in mir hoch, herrisch und fordernd: Ich musste es niederschreiben. Ich schrieb auf dem Flug von Chicago nach Albuquerque. Ich schrieb auf der Busfahrt von Albuquerque nach Taos. Ich quartierte mich in meinem Motel ein, immer noch schreibend, um dann in den folgenden Tagen weiterhin vom Frühstück bis zum Abendessen zu schreiben, wobei ich draußen an einem Tisch von »Dori's Café« saß, wo man an Schriftsteller gewöhnt war. Und jeden Abend bekam ich einen klagenden Anruf von meiner Familie: »Wann kommst du nach Hause?«

»Jetzt noch nicht«, erwiderte ich. »Ich muss das durchstehen.« Ich blieb fast den ganzen Monat und den größten Teil des ersten Romanentwurfs in Taos. Dann fuhr ich widerstrebend nach Hause, wo ich mich bald in ein Café zurückzog und dort in der hintersten Ecke versteckt den Rest schrieb. Es dauerte einige Monate, bis ich wieder zur Rolle zurückkehrte, die meine Familie bevorzugte: »Mami« und »Ehefrau«. Ich hatte die Schulden gegenüber der Schriftstellerin in mir schlichtweg zu hoch anwachsen lassen, indem ich ihr eine Weile lang nicht den absolut ersten Platz einräumte. Dieses Erlebnis lehrte mich, besser aufzupassen und meiner Schriftstellerin ein bisschen umfassender Achtung und Respekt zu erweisen. Eine Familie kann sich leichter an tägliche für das Schreiben reservierte Stunden gewöhnen als an Zeiten, in

Freiheit bedeutet, dass du dir deine Bürde wählst.

HEPHZIBAH MENUHIN

denen sie verlassen wird. Sie lernt auch leichter, während der Glasbergphase des Beendens eines Buches die Luken dicht zu machen und irgendwie zurechtzukommen, als sie mithilfe von aus 1000 Meilen Entfernung gegebenen fernmündlichen Anweisungen durchzustehen. Jedes Projekt hat seine Glasbergphase, eine Zeit, in der nichts gut genug vorangeht, weil die Arbeit einfach so schwer ist. Familienangehörige und Freunde lernen, sie zu erkennen und zu überstehen. Sie schaffen das, wenn wir ihnen die Sache erklären und eine Chance geben.

Wir bemühen uns so sehr um »Normalität«, weil wir so viel davon gehört haben, dass Künstler verrückt sind. Wir haben zu viele Geschichten über Jackson oder Anne Sexton, zu viele über Sylvia Plath und Zelda und den fragilen Scott Fitzgerald gehört. Unser Widerwille, *so* eine Art von Person zu sein, hat uns geübte Lügner werden lassen – manche Lügen sind notwendig und dienen dem Selbstschutz. Frauen wissen das. Als erfahrene Künstlerin trage ich mein Werk wie eine heimliche Schwangerschaft mit mir herum. Ich bin mir *immer* des inneren Lebens gewahr und muss es schützen. Ich möchte mich entschuldigen, wenn diese Metapher nur mit einem Geschlecht verbunden zu sein scheint. Die kreativen Männer, die ich kenne und mit denen ich zusammenlebte, lassen ihre künstlerischen Projekte oft wie eine geheime Militäroperation erscheinen – ebenfalls eine geschlechtszugeordnete Metapher –, die der Geheimhaltung, Strategie und des Schutzes bedarf.

Erst wenn wir wirklich wissen und begreifen, dass wir eine begrenzte Zeit auf Erden haben – und dass wir in keiner Weise wissen können, wann sie abgelaufen ist –, beginnen wir, jeden Tag so voll und ganz zu leben, als sei er der einzige, den wir haben.

Elisabeth Kübler-Ross

So wie wir darauf trainiert sind, Mamas und Papas zu sein, Lehrer und Banker, Rechtsanwälte und Richter und so vieles, was Verantwortung trägt, und angewidert sind von den beklagenswerten Geschichten von Künstlern als unverantwortlichen Monstern, fällt es uns möglicherweise schwer, genügend Verantwortung für unsere Kunst und den Künstler in uns aufzubringen, um sie in den gelegentlich notwendigen Zeiten der harten Kletterpartien zu beschützen, dann, wenn ein großes Projekt schlussendlich in seine Form springt – oder eben nicht. Dieses heikle und tückische Stadium, der Glasberg des schöpferischen Zweifels, ist ein schlüpfriger Abhang, vor dem wir allein stehen. An seiner eisbedeckten Flanke müssen wir einen kleinen Halt für unsere Füße finden, müssen wir uns langsam hinaufschieben vom Konzept bis zur eigentlichen Konzeption – eine schwierige Geburt, so entscheidend wie das Bezwingen unseres Everests der Kreativität. »Ich höre es! Ich höre es! Aber ich krieg es nicht in meine Hände«, jammerte einmal ein befreundeter Pianist mir vor. »Ich höre es, ich höre es! Aber ich habe es nicht alles auf dem Papier«, jammerte ich zurück, als mich eine riesige Woge der Musik umwarf und ich, während ich unterging, mich abmühte, die Noten schnell genug mitzuschreiben.

Als Künstler sprechen wir nicht viel über die täglichen Ängste, die sich mit dem Kunstschaffen verbinden und die ihre schlimmste Form während der Glasbergphase annehmen, aber den Rest der Zeit immer noch schwierig genug sind. Für die meisten von uns gilt im Großen und Ganzen, dass wir uns nicht leichthin über die Notwendigkeit äußern, Kunst zu schaffen, über den Preis dieses Kunstschaffens und über den noch höheren Preis, den wir zu zahlen haben, wenn wir sie nicht schaffen. Unser Glasberg ist *unser* Glasberg, und er ist, wie die meisten Märchen, für andere unsichtbar, aber für uns sehr real. Kunst ist eine Berufung, ein Ruf, und wenn niemand den Ruf so laut vernimmt wie wir, bedeutet das keineswegs, dass er nicht ertönt, keineswegs, dass wir ihn nicht hören, und auch keineswegs, dass wir nicht auf ihn reagieren müssen, wenn er ergeht.

Mit der Zeit werden Familienangehörige und Freunde immer geschickter darin, die Symptome unserer kreativen Berufung zu erkennen. »Musst du schreiben?« oder »Musst du dich ans Klavier setzen?«, fangen sie vielleicht an, uns zu fragen. Die meisten von uns haben sich Partner oder Partnerinnen gesucht, die den Künstler in uns lieben – vor allem, wenn sie sich erst einmal sicher sind, dass unser Künstler nicht den Wunsch hat, sie zu verlassen. Die Frau eines Romanschriftstellers weiß, dass keine Mahlzeit jemals so befriedigend sein wird wie eine gute Runde am Schreibtisch. Belegte Brote und Kuchenstücke haben so eine Art, am Rand unseres Schreibtischs aufzutauchen, und werden dankbar verschlungen. Zweifellos gibt es eine ganz spezielle Nische im Himmel für die Menschen, die uns geholfen haben, unsere geistigen Kinder zur Welt zu bringen. Bloße Widmungen von Büchern scheinen ein unzulänglicher Ausdruck des Dankes zu sein im Vergleich zu der Dankbarkeit, die wir empfinden, wenn wir gut verstanden werden; eine Dankbarkeit, die in ihrem Maß nur dem Entsetzen gleichkommt, das wir vielleicht empfinden, wenn wir missverstanden werden. So wie es Künstlern eben manchmal von Seiten derer widerfährt, die unser Bedürfnis, Dinge zu erschaffen, als Bedürfnis missverstehen, etwas Besonderes – und Elitäres – zu erschaffen und aus uns zu machen.

Als ich jung war, hatte ich einen guten Freund, Nick Cariello, der sehr politisch war. Er lud mich ein, seine anderen guten Freunde zu besuchen, die noch politischer waren als er. Ich erinnere mich an einen langen, weintrunkenen Gesprächsabend, an ein zorniges Gespräch darüber, dass Künstler auch nicht anders als alle anderen sind. Dass sie nicht als etwas Besonderes angesehen werden sollten. Dass sie, wie der Rest der Gesellschaft auch, den Abfall raustragen sollten.

Wir sind die Heldin unserer eigenen Geschichte.

MARY MCCARTHY

»Ja, das können wir machen, wenn die Reihe an uns ist«, sagte ich. »Aber wenn du einen Künstler dazu zwingst, achtzehn Stunden am Tag Abfall herumzutragen, wird er trotzdem noch Kunst schaffen müssen. Es ist unsere Berufung.« Und es ist unsere Berufung. Also tragen wir den Abfall. Aber wir tragen auch unsere Geschichten, unsere Symphonien, unseren Tanz und unsere Träume. Wir tragen sie im täglichen Leben und, immer mal wieder, den Glasberg hinauf, der unser Everest ist.

AUFGABE *Den Glasberg erklimmen*

Greifen Sie zum Stift und beantworten Sie die folgenden Fragen so rasch wie möglich:

1. Haben Sie ein Projekt, das dabei ist, in die Glasbergphase einzutreten?
2. Können Sie Ihren Arbeitszeitplan ein bisschen rigider abschirmen als gewöhnlich?
3. Wie können Sie sich zusätzlich Zeit zum Alleinsein stehlen, und sei es auch nur eine halbe Stunde am Tag?
4. Schaffen Sie es, der Familie, Freunden und dem Telefon für eine Weile zu entkommen?
5. Haben Sie sich damit angefreundet, in einem Café, im Hinterzimmer der Bibliothek, in der hintersten Koje des Schnellrestaurants, in Ihrem Auto zu schreiben?

Vielleicht gibt es in Ihrer Nachbarschaft ein spirituelles Zentrum, wo Sie ein kreatives Retreat machen und an den gemeinsamen Mahlzeiten teilnehmen können. Nonnen, Priester und Mönche können in Phasen des schöpferischen Zweifels eine großartige Unterstützung sein. Viele Nonnen- und Mönchskloster bieten Retreat-Räume an, in denen man Energie zu sammeln vermag, um ein Projekt schließlich beenden zu können.

Vielleicht ist zu viel von allem ebenso schlimm wie zu wenig.

EDNA FERBER

Landen

Um Kunst zu schaffen, dehnen wir uns aus und ziehen wir uns zusammen. Ausdehnen und zusammenziehen: große Ideen und minuziöse, gewissenhafte Arbeit, um sie in immer noch feinerem und feinerem Detail auszuarbeiten. Wenn wir uns in dieser Art konzentrieren, sind wir erst groß und dann »einsgerichtet«. In der Hitze des schöpferischen Moments ist unser Denken – oder Fließen – heiß, stark, dicht, rasch und leicht fließend wie gute Tinte. Wir ziehen am Himmel schreibend unsere Bahn.

Unsere kreative Höhe weist Merkmale des Gezeitenwechsels auf – in uns herrscht Ebbe, und in uns herrscht Flut. Oder, wenn Sie so wollen, wir dehnen uns aus und ziehen uns zusammen, verändern Größenmaß und Form wie eines dieser phosphoreszierenden Rätsel der Meere, die Qualle, die so sehr einem Fallschirm ähnelt. Wenn wir uns auf dem Gipfel eines kreativen Höhenflugs befinden und landen wollen, ähneln auch wir einem wunderschönen, voll aufgeblähten Fallschirm beim Versuch, auf die Erde aufzukommen. Herrlich? Ja. Aber gefahrlos? Nicht unbedingt. Das Beenden eines Romanentwurfs löst unter Umständen eher Gedanken an einen Selbstmord aus als ans Feiern. Die »Nachgeburtsdepression« kann unerwartet und *tief* sein.

Fallschirme kommen oft mit einem Schlingern auf dem Boden auf. Unsere kreativen Höhenflüge mögen auf die gleiche Art landen. Unser Schirm fällt um uns herum in sich zusammen, und wir stolpern blind umher. Oder er bleibt noch ein wenig geöffnet, und wir stolpern, von unserer Restgeschwindigkeit gezogen, über die Wiese. Mit anderen Worten, wir tragen von einer solchen Landung vielleicht ein paar blaue Flecken und Prellungen davon und werden plötzlich von Klaustrophobie übermannt, wenn unser kreativer Schirm kollabiert und uns das normale Leben zu ersticken droht.

Wenn wir Dinge erschaffen, werden wir manchmal sehr, sehr groß. Oder einfach sehr, sehr frei. Auf dem Gipfel des schöpferischen Augenblicks sind wir nicht durch unseren alltäglichen Quatsch eingeschnürt und klein gemacht – unser Alter, die Spannungen in unserer Familie, unser Gefühl, nur ein Rädchen im Getriebe zu sein. Es ist hart, nach einer so berauschenden Expansion wieder zu unserer normalen Größe zurückzufinden – und oft tun wir es zunächst auch nicht.

Ein kreativer Höhenflug ist genau das – ein Höhenflug. Wir gelangen zu einer Sicht auf unser Leben und unsere Träume und oftmals noch viele andere Dinge, höher als die der Vogelperspektive. Wir »sehen« das große Ganze, und eine solche Vision kann unsere gewöhnliche Sichtweise von den Gegebenheiten zerschmettern. Wir sind erschüttert von der Größe und Bedeutung dessen, was wir gesehen haben, und der Umfang unserer eigenen Person fühlt sich für uns fremd an.

Unter Umständen können wir beim Versuch, wieder in unserem eigenen Leben zu landen, unsere reale Größe verfehlen und beim Gefühl ankommen, sehr klein zu sein. Aus diesem Grund werden Astronauten nach ihrem Flug einer eingehenden Einsatzbesprechung unterzogen und eignen sich langjährig erfahrene Künstler mit der Zeit spezielle Fähigkeiten an, die ihnen helfen, sich wieder in ihrem Leben und ihrer Familie zu akklimatisieren. Das Beenden eines lange dauernden Projekts ähnelt ein bisschen einer Fahrt über den Kontinent. Wenn wir wieder nach Hause kommen, müssen wir uns vielleicht erst einmal verstecken und ein paar Tage schlafen, bevor wir unsere Freunde aufsuchen, sonst könnte der Wiedereintritt ins Alltagsleben ein bisschen holprig werden. Das ist normal, nur ein bisschen beängstigend. Es ist halluzinogen wie bei *Alice im Wunderland*: Ich war so groß, und jetzt bin ich so klein. Es ist nicht so, dass wir zu »großköpfig« geworden sind, sondern vielmehr so, dass wir noch immer voller sehr großer Ideen im Kopf sind.

> *Oh unsichtbare Welt,*
> *wir schauen dich,*
> *Oh ungreifbare Welt,*
> *wir berühren dich,*
> *Oh unkennbare Welt,*
> *wir kennen dich.*
>
> FRANCIS THOMPSON

In der Welt der Kunst wimmelt es von beliebten Geschichten und ollen Kamellen darüber, wie Künstler aussehen und sich benehmen, wenn sie im schöpferischen

Höhenflug die ätherischen Gefilde aufsuchen. In der Erregung des Notierens der Musik für mein erstes Musical zog ich einen langen Seidenkittel an und trug ihn – vielleicht tagelang – verkehrt herum, ohne es zu merken. Wer hat, von einer Idee ergriffen und darum kämpfend, sie an Land zu ziehen, schon Zeit, sich Gedanken über die Kleidung zu machen oder sich darum zu bekümmern, ob man normal aussieht? Ein mir bekannter Romanschriftsteller vergisst, sich seine dritten Zähne einzusetzen.

Bequemlichkeit, Unbelastetsein ist beim schöpferischen Höhenflug angesagt. Alles andere fällt unter den Tisch. Und dann endet der Flug, und du denkst: »Oh, ich sollte meine Haare waschen, meinen Bruder anrufen, die Küche durchwischen oder sauber machen und aufräumen.« Wir versuchen intuitiv, uns zu erden, indem wir uns plötzlich dem Saubermachen, Schrubben, Kochen, Freundeanrufen hingeben. Der Wiedereintritt ist ein unberechenbarer Prozess. Erst mit der Zeit werden wir darin erfahren, lernen, Leuchtsignale hochzusenden, um unser Vorankommen anzuzeigen: Ich hänge immer noch drin und hoffe, nächste Woche aufzutauchen.

Als trockene Alkoholikerin bin ich auf der Hut vor allem, was zu hoch und zu schnell ist. Euphorie ist für mich eher eine Erinnerung als ein Zustand, auf den ich aus bin. Und doch, wenn ich plötzlich einen Stromschlag erhalte, finde ich es sowohl ein wenig aufregend und faszinierend wie auch erschreckend. Ich weiß, es ist gefährlich, und ich muss auf eine achtsame Landung bedacht sein.

Erlerne die Kunst zu wissen, wie du dein Herz öffnen und deine Kreativität einschalten kannst. Da ist ein Licht in dir.

JUDITH JAMISON

Vielleicht landen wir nicht gerade anmutig, aber wir können lernen, zunehmend sicherer zu landen. Wir können, wenn wir uns darin üben, lernen, die intensive Energie unserer fieberhaften Arbeit sanfter abfließen zu lassen. Funktioniert ein Bad? Das Saubermachen? Einen bestimmten Uraltfreund anzurufen – auch das kann wirklich erdend sein.

Vor allem aber können wir uns selbst in Erinnerung rufen: Der Boden ist da, und wir kommen wieder auf die Beine.

»Ich versuche, ein paar Tage lang mit niemandem zu reden«, erklärt ein erfahrener Romanschriftsteller. »Ich weiß, dass ich ein bisschen seltsam bin, wenn ich ein großes Stück Arbeit beendet habe, und deshalb versuche ich, mir genug Raum zu lassen, um für mich allein seltsam sein zu können.« Ich koche mir vielleicht einen Topf Suppe. Lese möglicherweise einen schlechten Krimi. Unternehme eventuell mit meinem Hund wirklich lange Spaziergänge. Irgendwann fange ich dann an, mich wieder normal zu fühlen. Mir fällt auf, dass ich den Boden wischen muss oder das Auto staubsaugen. Ich merke, dass meine Laufschuhe allmählich auseinander fallen und ich es vielleicht schaffe, in einen Laden zu gehen und mir ein Paar neue zu besorgen. Vielleicht verschiebe ich es sogar noch einen Tag, bis ich es nicht mehr aushalte, es nicht zu tun. Der Punkt ist, dass sich das Schreiben eines großen, langen Textes ein bisschen mit einem gewaltigen Sturm vergleichen lässt. Hinterher ist man etwas zitterig und desorientiert, und es braucht Zeit, bis die Dinge sich wieder gesetzt haben. Du möchtest dich nicht gern mit deinen Freunden unterhalten und dich anhören, als seist du eben von Außerirdischen entführt worden. Du möchtest abwarten, bis du sie wieder fragen kannst, wie es ihren Kindern geht und ob jener Kunstfilm es wirklich wert ist, dass man hingeht und ihn sich anschaut. Mit anderen Worten, du möchtest erst dann wieder in die Welt eintreten, wenn die Welt wieder mehr aufzuweisen hat als nur dich und deine Kunst in Riesengroßbuchstaben. Für mich bedeutet das ein paar Tage des Übergangs, und wenn ich versuche, sie zu überspringen, benehme ich mich reichlich merkwürdig, und das fällt auf. Jetzt lasse ich gern den Staub sich erst mal setzen.

AUFGABE *Was vermittelt Ihnen das Gefühl, geerdet zu sein?*

Greifen Sie zum Stift und führen Sie zehn Aktivitäten auf, die Sie sich geerdeter fühlen lassen, zum Beispiel:

1. Suppe kochen,
2. staubsaugen,
3. Bettwäsche wechseln,
4. Wäsche waschen,
5. Kuchen backen,
6. die Videos mit dem Pferdetraining anschauen,
7. das Auto polieren,
8. den Kühlschrank sauber machen,

Ein wenig von dem, wofür du eine Schwäche hast, tut dir gut.

MARIE LLOYD

9. die beste Freundin/den besten Freund aus meiner Gymnasialzeit anrufen,
10. mein Büro aufräumen und Rechnungen bezahlen.

Der regelmäßige Gebrauch dieses Werkzeugs ist eines der bestärkendsten Rituale in einem schöpferischen Leben. Wie die tägliche »Tra-raa!«-Liste hilft es uns, ein Gefühl begründeten und erdenden Feierns in unser Dasein zu bringen. Und das deshalb, weil es das Leben selbst betont. Wir mögen zwar »für unsere Arbeit leben«, dennoch ist das Leben größer als unser Werk und muss es auch sein. Wenn wir die Alltäglichkeit des Lebens wieder in den Vordergrund treten lassen, werden wir in gewisser Hinsicht zu unseren eigenen Eltern, die uns nach jedem unserer schöpferischen Höhenflüge mit einem »Willkommen zu Hause« begrüßen. Eine ehemalige Schülerin und nunmehr Kollegin hat es sich im Zusammenhang mit dieser Routine zur Gewohnheit gemacht, sich selbst Glückwunschkarten zu schreiben. »Gute Arbeit!«, steht da zu lesen. Sie hat Postkarten für das erfolgreiche Beenden von Aufträgen für Musikarrangements, von Musikaufnahmen und Musikworkshops. Und nun, da ihre Sprünge immer größer werden und immer mehr in der Öffentlichkeit stattfinden, gewinnt ihre ganz private Praxis des Selbstbeglückwünschens sogar noch mehr an Bedeutung. Unsere Arbeit fühlt sich nicht nur gut, sondern sogar noch besser an, wenn wir sie in den tröstlichen Rahmen unserer fortlaufenden Routineangelegenheiten und Beziehungen stellen.

Was Sie dadurch erhalten, ist ein Sie erdendes Gefühl der Verbindung mit Ihrem Leben und Ihren Beziehungen vor, während und nach dem schöpferischen Höhenflug.

Alter und Zeit

Es gibt ein beachtliches Buch mit Blumenfotografien von Irving Penn, der sich anfänglich bei *Vogue* einen Namen gemacht hatte, wo er Models auf dem Gipfelpunkt ihrer jugendlichen Blüte fotografierte. Seine Linse fing Suzy Parker ein, so prachtvoll wie eine im Glashaus gezüchtete Orchidee, eine Frau, so auf eine erzwungene und formschnittige Schönheit getrimmt wie eine einzige perfekte Blüte auf die Vollkommenheit. Vielleicht richtete er in Reaktion auf diese hybride, hoch gezüchtete Welt der Haute Couture nun seine Kamera auf die Welt der Blumen in Knospengestalt, in der Blüte und danach in welkendem, prachtvollem Verfall.

> *Und es kam der Tag, an dem das Risiko, in der Knospe eng verschlossen zu bleiben, quälender war als das Risiko, sich zur Blüte zu entfalten.*
>
> ANAÏS NIN

Penns Aufnahmen sind bemerkenswert. Wir bewundern die Knospen in all ihrer bei der Entstehung begriffenen Herrlichkeit. Wir bewundern die Dynamik und Kraft der Blüten auf dem Gipfel ihrer Vollkommenheit. Aber die Offenbarung dieses Buches ist die Schönheit der Blumen, wenn sie, wie Penn enthüllt, von der Reife in den sanften Verfall, von der Vollkommenheit in eine andere Vollkommenheit übergehen. Die Schönheit, die sich schon fast verströmt hat, besitzt eine bestimmte Eindringlichkeit und Kraft. Sie bewahrt Reste dessen, was sie war, und ihr verblassender Glanz erinnert uns daran, dass wir sterben, um wieder aufzublühen. Wir sind »nach Plan zum Samenkorn geworden«.

Ach wenn wir doch bloß unsere Empfindungen und Gefühle dem Altern gegenüber der Welt der Natur entnähmen! Wenn wir nur beobachten wollten, mit welch tiefer Fürsorge und großer Führungsqualität und Intelligenz ältere Tiere die jungen betreuen und anleiten!

Ich arbeitete mit dem Regisseur John Newland, als er in seinen Siebziger- und Achtzigerjahren war. Dieser hoch gewachsene Mann mit seinem schneeweißen Haar, seinen prachtvoll zerklüfteten Gesichtszügen und seinem Adlerblick für Heuchelei und Betrügerei war weitaus wagemutiger als die jungen Regisseure, die ihm auf seinem Terrain folgten. Wie Miles Davis hatte er gelernt: »Fürchte dich nicht vor Fehlern. Es gibt keine.« Dünne Szenen schnitt er erbarmungslos fröhlich raus. Er ließ eine ganze Bandbreite von Wut, Zorn und Kühnheit zu – Tatsache ist, er forderte sie. Er kannte das volle Spektrum der menschlichen Klaviatur. Er erwartete, dass alle Register gezogen wurden, und war nicht zufrieden, wenn dies nicht geschah.

Ja, unsere Jugend vergeht, aber wir sind so oft blind für das, was wir gewinnen, und für die Schönheit dessen, was wir als Künstlerin oder Künstler werden. Es gibt keine Note silbernen Klangs oder kein silbrig gewordenes Haar, die nicht vollkommen und wunderschön wären. Es ist schwer, nicht gegen das Schwinden körperlicher Schönheit und Kraft aufzubegehren; der köstliche Wagemut und die

Geschicklichkeit, die wir einst besaßen, die Wendung einer Melodie oder die Rundung einer Hüfte, so perfekt wie ein reifer Pfirsich, so strahlend und golden wie der unter Mühen errungene goldene Apfel – natürlich vermissen wir all diese Dinge.

Aber wir gewinnen an Schönheit. Wir gewinnen an Zärtlichkeit. Wir gewinnen an Sehnen und Verlangen und Befriedigung und Sättigung, wenn wir die Möglichkeit dazu bekommen – nicht nur oder einzig und allein, was unser sexuelles und physisches Ich, sondern auch, was unser kreatives Ich angeht.

Ich wünsche mir, dass das Leben nicht billig, nicht schäbig, sondern heilig ist, ich wünsche mir, dass die Tage Jahrhunderten gleich sind, duftend und reich beladen.

RALPH WALDO EMERSON

Mit 54 bin ich immer noch bereit zu lernen. Ich bin bereit, den Gedanken zu hegen, dass jede Person, die etwas erlernt, woran ihr liegt – sei es das Klavierspielen wie in meinem Fall oder der Umgang mit dem Gefühlsleben eines Menschen, mit dem sie gerade eine neue Beziehung eingegangen ist –, dass jede lernende Person diese trügerische Mischung aus Verletzlichkeit und Frustration, Hoffnung und Entmutigung empfindet. Da gibt es ein aufregendes Element der Selbstachtung: Du versuchst es.

Ich denke, dass einer der Vorteile, »in meinem Alter etwas zu machen«, der ist, dass ich lange genug gelebt habe, um nicht zu meinen, dass »hart« falsch oder sogar unmachbar bedeutet. Es bedeutet einfach »hart«. Und ich denke auch nicht mehr, dass mein »Hart« schlimmer ist als das »Hart« eines anderen. Ich denke, alle Anfänger haben große Hoffnungen und schleudern sich ihren Hoffnungen und Träumen entgegen wie Wogen gegen eine Klippe, bis sie es kapieren: immer und immer wieder, wie eine Woge, ja, aber vielleicht wie eine sanftere Woge. Wasser *höhlt* den Stein. Übung macht es, wenn schon nicht »perfekt«, dann jedenfalls »besser«. Nehmen Sie mich und das Klavier.

Klar doch, es müssen Geist und Muskeln und Herz trainiert werden. Alle müssen Geduld lernen, die Tugend, die ich hasse, und das Wiederholen, von dem Gott klugerweise den Einfall hatte, täglich Gebrauch zu machen. Ach ja, die Sonne geht auf, und das Klavier wartet. Ich brauche mir einfach nur zu sagen: »Mach eine Routine, keine besondere Gelegenheit daraus. Genieße es, wenn Pianisten zerklüftete Höhen erklimmen, aber lass dich nicht von ihnen entmutigen. Sie zeigen dir, was Pianisten vermögen und was ein Piano vermag. Und dann bedeutet das Wort ›Piano‹ zudem noch ›leise und sanft‹.«

Ich arbeitete auch mit dem altgedienten Schauspieler Max Showalter zusammen, als er in seinen Siebzigern und Achtzigern war. Mit 82 reiste er nach Taos, um in einem von mir geleiteten Kreativitätscamp zu unterrichten. Er beschlagnahmte das Klavier und zog Hunderte von uns stundenlang in seinen Bann, als er seine sieben Jahrzehnte Showbusiness und acht Jahrzehnte Leben Revue passieren ließ. »Du musst positiv eingestellt sein. Du musst wissen, dass das Leben gut ist – jedes Fitzelchen davon«, sagte Max zu mir. Er lebte jedes »Fitzelchen« seines Lebens voll und ganz aus. Als ich ihn zum ersten Mal in den Siebzigerjahren in Hollywood traf, kümmerte er sich um einen riesigen, prachtvollen Garten, und dreißig Jahre später hatte er einen anderen riesigen, prachtvollen Garten nach Connecticut verpflanzt. Wir nahmen in beiden Gärten Fotos voneinander und von unseren Visionen vom Leben auf. Max machte ein Foto von mir als aufblühende junge Frau, und auf unserem letzten gemeinsamen Foto zeigen sich bei mir ein paar silbrige Strähnen im goldenen Haar. Wir sprachen bei jenem Besuch über den Garten der Talente, den er ebenfalls hegte und pflegte, sein Arbeiten mit guten Freunden am Goodspeed Theatre und an Gemeindeprojekten, um junge Talente zu seiner altbewährten und kampferprobten Version von Theater hinzuführen: »Ein Ort des Versprechens, wo wir alle überlebensgroß werden können. *Nein!* So groß, wie das Leben es uns erlaubt, und das ist reichlich.«

> *Was man in der Jugend sich wünscht, hat man im Alter die Fülle.*
>
> JOHANN WOLFGANG VON GOETHE

AUFGABE *Die Gemeinschaft aller Heiligen*

Haben Sie schon einmal in Betracht gezogen, Ihre Heiligen der Kreativität, jene sich im Jenseits befindlichen Künstler, die Sie bewundern, um Hilfe zu bitten? Diese Praxis, weit davon entfernt, ketzerisch zu sein, erweist der Tatsache Ehre, dass das Schaffen von Kunst eine spirituelle Tradition ist. Unsere künstlerischen Vorfahren *sind* eine Quelle der Inspiration, nicht nur im Fortleben ihrer Werke, sondern auch im Fortleben ihres schöpferischen Geistes. Indem wir sie direkt mit einbeziehen, ehren wir richtigerweise ihre Beiträge zu unserem Leben, und zudem bringt diese Praxis oft große, kreative Früchte hervor. Haben Sie irgendwelche Widerstände gegen eine solche Praxis?

Unsere Kultur ist ziemlich primitiv und arrogant in ihrer Weigerung, den prägenden Einfluss unserer Vorfahren zu ehren und dankbar anzuerkennen.

Machen Sie einmal folgendes Experiment: Wählen Sie eine Künstlerpersönlichkeit aus, die bereits verstorben ist. Bitten Sie sie um Hilfe und einen Beitrag zu einem Problem, vor das Sie sich gestellt sehen. Schreiben Sie sehr rasch nieder, was Sie hören. Da sagt Ihnen vielleicht Haydn, dass Sie richtige Ordner für Ihre Kompositionen anlegen und Ihr Arbeitszimmer in Ordnung bringen sollen.

Eine junge Komponistin gewöhnte sich an ihren siebten Sinn, der sie in ihren alltäglichen Angelegenheiten anleitete: »Geh in diesen Musikladen«, »Ruf deinen alten Professor an« usw. Da sich diese Anweisungen in kreativer Hinsicht spürbar positiv auswirkten, kam ihr der Gedanke, schöpferische Vorfahren um Inspiration zu bitten, wenn schon nicht vernünftig, dann doch zumindest interessant vor. Rigoros in klassischer Musik geschult und mit einer zumindest rudimentären Vorstellung von der Lebenssituation und dem Naturell eines jeden Komponisten ausgestattet, begann sie nun, um spezifische Hilfe zu bitten. Und sie berichtete, dass sie Haydn strikt und sehr intelligent fand, Mozart naiv, aber inspirierend, Beethoven freundlich, konzentriert und leidenschaftlich – und dass ihre eigenen Kompositionen eine enorme Verbesserung erfuhren. Sie bat darum, inspiriert zu werden, und das geschah ihrem Gefühl nach auch.

Bedenke dies: Was, wenn die Erbsünde, die »Ursünde«, dir deine Ursprünglichkeit verwehrt, statt sie zu feiern? Jeder Mensch verfügt über ein außerordentliches, außergewöhnliches Geschenk: Wir haben die Gelegenheit, durch unser Alltagsleben der Göttlichkeit auf Erden Ausdruck zu verleihen. Wenn wir uns dazu entscheiden, diesem unendlich kostbaren Geschenk Ehre zu erweisen, nehmen wir an der Wiedererschaffung der Welt teil.

SARAH BAN BREATHNACH

Eines Tages fragte sie sich beim Schreiben ihrer Morgenseiten, ob diese Inspirationen alles nur ihre »Einbildung« waren. Sofort hörte sie: » Es gibt hier eine Menge Seelen, die sich sehr für das interessieren, was wir gemacht haben, und sehr dafür, was du machst. Wir helfen gern, wenn wir können.«

Dienen

In vergangenen Jahrhunderten schuf man die Kunst wie gesagt zu Ehren und zum Ruhm Gottes. In diesem Lichte betrachtet, bedeutete eine Karriere in den Künsten eine Karriere des Dienens, nicht des Egoismus. Darin findet sich ein Hinweis für uns.

Widmen wir unsere Arbeit einer höheren Sache statt der Werbung für uns selbst, befreit sie das vom Prätentiösen. Es geht nicht mehr darum, wie gut wir sind, sondern darum, wie gut wir im selbstlosen Dienen von etwas sein können, das größer ist als wir selbst. Manchmal können wir ein Buch einer Person widmen, die wir gerne erreichen möchten. Rilkes klassische Briefe an einen jungen Dichter erschlossen ihm sein eigenes inneres Reservoir an Weisheit und Großzügigkeit.

Als Künstlerinnen und Künstler sind wir die Überbringer von Geschenken, spirituellen Begabungen, die wir gratis erhalten und die nur darum bitten, genutzt zu werden. Eine Begabung für Musik bittet darum, dass wir ihr Stimme verleihen. Ein feines fotografisches Wahrnehmungsvermögen bittet darum, dass wir uns darauf konzentrieren. Wir sind es unseren Begabungen schuldig, dass wir Gebrauch von ihnen machen, und auch das ist eine Form von Verantwortlichkeit.

Einige der besten Theaterstücke – Shakespeares eingeschlossen – wurden auch mit Hinblick auf das Schaffen von wunderbaren Rollen geschrieben, um den Talenten von Freunden einen Dienst zu erweisen. Jedes Mal, wenn wir die Wahl treffen zu dienen, öffnen wir die Tür zu höherer Inspiration. Wir mögen mit einem Werk auf jemanden oder etwas abzielen, der, die oder das es unserem Gefühl nach wert ist. Diese Demut, zu der wir uns entschieden haben, nimmt die Anspannung und Verengung fort, die eintreten, wenn es bei unserer Arbeit nur um uns und unsere glänzende Karriere geht. Wir sind dann vielleicht brillant im Weitergeben, streben aber nicht länger angestrengt nach Brillanz. Darum zu bitten, zu Diensten sein zu können und für die richtige Inspiration offen zu sein, um durch unser Werk zu dienen, das macht uns belehrbar, und wenn wir belehrbar sind, wirkt sich das auf unsere Arbeit immer zum Besseren aus.

Will jemand mir nachfolgen, der verleugne sich selbst.

NEUES TESTAMENT

Wenn wir unser Werk nur in den Dienst unserer Hoffnung auf Ruhm und

Anerkennung stellen, wird es von unserer Befangenheit beeinträchtigt, die uns fragen lässt: »Wie mache ich mich?« Können wir ohne diese Befangenheit arbeiten, sind wir auch in der Lage, freier zu arbeiten und mehr in die Vollen zu gehen. Unser Ego tritt beiseite und agiert nicht länger als beengendes Ventil, das unseren schöpferischen Fluss schmälert und unseren Fokus diffundiert. Wir denken weniger an »uns« und mehr an »es«, die Arbeit und das Werk selbst.

Ich entsinne mich, in einem Music Park unter wispernden Bäumen gesessen und einem brillanten Pianisten zugehört zu haben, der sich durch eine furiose Darbietung peitschte, so dramatisch wie ein aufziehender Gewittersturm. Ich saß zwischen zwei erwachsenen Männern, die wie kleine Kinder verzückt den sich ergießenden Tonkaskaden lauschten, ihre Gesichter so strahlend wie ein leuchtender Weihnachtsbaum. Hier war Magie im Spiel. Später erfuhr ich, dass dieser musikalische Magier den ganzen Abend gegen einen inneren Kritiker anspielte, der diesen übergangenen Akkord, jenen erstickten Mordent monierte. Er spielte trotz alledem mit der Hingabe eines Mönches – solche Abende und Nächte sind des Künstlers Ölberg, eine Nacht, die nur aufgrund von Glauben durchstanden werden kann.

»Ich muss mich daran gemahnen, dass es etwas Größeres gibt als mich und meine Fähigkeiten, etwas Wichtigeres als die Wahrnehmung meines Egos«, vertraute mir der Pianist an. Dieses Etwas liegt in der Kunst selbst, ist die schöpferische Kraft, die uns durchströmt und jene heilt und verwandelt, die ihr begegnen.

»Es war, als sähe man Magic Johnson beim Basketballspielen zu«, flüsterte einer der Männer mir auf jener Bank zu. Wieder dieses Wort »Magie« und vollendete Fertigkeit. Auch wenn Magic Johnson mal keinen guten Abend hat, macht er immer noch mehr Punkte als die anderen. Seine langen Pässe und Einwürfe besitzen immer noch unheimliche Eleganz und Lockerheit. Dies gilt auch oft für Künstler. Unsere für die anderen »besten« Abende können sich in unserem Innern wie unsere schlimmsten anfühlen. Romanschriftsteller mit langjährigen literarischen Karrieren berichten bedauernd von großartigen Rezensionen von Büchern, die sie am wenigsten mögen, und von lauen Reaktionen auf Werke, die sie persönlich am meisten schätzen. In gewisser Hinsicht ist es nicht unsere Sache, wie wir selbst und andere unser Werk aufnehmen. Unsere Aufgabe ist, es zu machen. Wir arbeiten, und die Arbeit arbeitet durch uns.

Schauspieler jammern darüber, dass sie schreckliche Abende haben und begeistert aufgenommen werden, und an Abenden, an denen sie sich am stärksten verbunden fühlen, nur schwachen Applaus bekommen. In gewisser Hinsicht ist ein Sänger nur das Vehikel für einen Song, und der Song ist nur ein Vehikel für die Musik selbst. Ganz gleich, wie versiert und anerkannt wir als Künstler werden mögen, im Kern existiert immer diese essenzielle Anonymität: Wir stehen im Dienst von etwas, das größer ist als wir selbst.

Wir können uns unsere Talente nicht zugute halten. Was zählt, ist, welchen Gebrauch wir von ihnen machen.
MADELEINE L'ENGLE

Wir haben in unserer Gesellschaft eine äußerst seltsame Vorstellung von Kunst. Wir haben aus ihr einen Kult des Individuums gemacht, statt das, was sie schon immer war, eine auf Kommunikation und Gemeinschaft abzielende menschliche Bestrebung. Wir »kommunizieren« durch die Kunst, und das sowohl mit den Kräften der Inspiration, wenn wir arbeiten, wie auch mit anderen Menschen, die uns und jenen Kräften durch unsere Arbeit begegnen. Kommunizieren bedeutet, sich mit offenem Herzen einzustellen und einzuschwingen, und das ist unmöglich, wenn wir nur an uns selbst denken.

Manhattan quillt über von Musikern und Musikschulen. Einige der allerbesten von beiden finden sich in den tiefen Schluchten dieser winzigen, überfüllten Insel. Und einer der besten Musiklehrer Manhattans unterrichtet mit dem allergrößten Maß an Innovation – und aus dem Geist des Dienens heraus.

»Bücher für Anfänger am Klavier sind einfach schrecklich«, sagt er. »Einige der allerbesten Schüler hassen es, mit ihnen zu arbeiten. Sie reagieren einfach nicht auf die Musikstücke darin und langweilen sich.« Langeweile ist natürlich der Feind des Lernens, und deshalb hat dieser Musiklehrer eine ganze Reihe von Musiklektionen – Musik und damit einhergehenden Märchen – für Anfänger komponiert. Wer würde nicht gern den Walzer spielen lernen, den sie tanzten, als Dornröschen mit einem Kuss aus dem Schlaf geweckt wurde? Wer würde nicht gern den Song spielen, den eine mächtige Orgel spielte, als sie sich in den jungen Königssohn verliebte? So hat dieser Meisterlehrer Stück um Stück, Lektion um Lektion, im reinen Bestreben, seinen begabten und enttäuschten Schülern zu Diensten zu sein, einen Lehrplan aufgebaut, der lebendig, innovativ und ungemein spielbar ist.

»Hier, lass mich etwas für dich aufschreiben«, sagt er und zieht Notenlinien aufs

Papier. »Würde es nicht Spaß machen, das hier zu lernen?« Und die großen schwarzen Noten treten schief und krumm und verführerisch ihren Marsch übers Papier an.

Während er jedes Ego und allen Snobismus beiseite lässt und sich nicht darum kümmert, wie Musik unterrichtet werden »sollte«, lehrt dieser großartige Lehrer aus einem Geist der Liebe und des Dienens heraus. Ist es da ein Wunder, wenn seine Schüler eine Liebe zur Musik entwickeln, die ihnen ungemein dienlich ist? Als Künstler sollen wir ein Kanal für Inspiration sein. Da sind hohe Gedanken und hohe Absichten und höhere Sphären, die zu uns und durch uns sprechen können, wenn wir es zulassen. Wenn unser Ego und unsere vom Ego gespeisten Ängste an die zentrale Stelle in unserer Kunst gestellt werden, haben wir uns einen großen Felsblock in unseren Weg gerollt. Unsere Karriere kann sich nicht ungehindert entfalten, weil sie sich aufspalten muss, um mit unnatürlicher Intensität und Geschwindigkeit den im Strom unseres Wohls hockenden Fels zu umgehen. Stromschnellen sind in Flüssen wie auch in den Wasserläufen unseres kreativen Flusses tückisch. Es ist uns weitaus dienlicher, zu Diensten zu sein.

Liebe ist der Geist, der den Künstler auf seiner Reise motiviert ... Sie ist ein machtvoller Beweggrund im Leben des Künstlers.

ERIC MAISEL

Wenn wir an ein Werk denken, sollten wir besser fragen »Für wen ist dieses Werk? Wem wird es dienlich sein?« statt »Wie wird es mir dienlich sein?«. Wenn wir erst einmal einen Weg gefunden haben, wie unsere Arbeit von Nutzen sein kann – und bestünde er auch nur darin, dass sie eine wundervolle Rolle für einen Freund bereithält –, dann geht unsere Arbeit glatt voran. Es geht nicht mehr um »uns«. Wir haben uns als »selbstbezogene« Schöpfer zurückgezogen und uns wieder in die ganze Schöpfung eingereiht, ein Arbeiter unter Arbeitern, ein Freund unter Freunden. Wenn wir das tun, wird unsere Arbeit weniger von unseren schweren Ängsten bedrängt. Diese werden jedes Mal überwunden, wenn wir ganz einfach fragen: »Was kann ich tun, damit diese Arbeit noch mehr von Nutzen ist?«

Der Regisseur Steven Spielberg sagte einmal in einem Interview, dass er hoffe, Gott würde am Eingang zum Himmel zu ihm sagen: »Steve, danke, dass du zugehört hast.« Dieses Lauschen auf die Inspiration, diese Bereitschaft, unseren schöpferischen Willen mit einem Gespür für höhere Führung in Einklang zu bringen, steht einer Karriere nicht entgegen, sondern ist eine bessere und geerdetere Art und Weise, eine aufzubauen. Eine Karriere, die sich nur auf den Gedanken an das eigene Fortkommen gründet, wurzelt nicht gut und tief genug im Fortkommen von Ideen. Bei all ihrem bewundernswertem Können müssen Künstler, die es verabsäumen, ihre Ziele und Ideen zu vertiefen, feststellen, dass ihre Karriere mit der Zeit in eine gewisse seichte, ewige Gleichheit mündet.

Deinem eigenen Denken zu glauben, zu glauben, dass, was in deinem innersten Herzen für dich wahr ist, für alle Menschen wahr ist – das ist Genie.

RALPH WALDO EMERSON

Tschechow riet den Schauspielern: »Wenn ihr an eurer Karriere arbeiten wollt, dann arbeitet an euch selbst.« Und man könnte hinzufügen: Wenn ihr an euch selbst arbeiten wollt, dann arbeitet daran, dass eure Karriere im Dienst von etwas steht, das größer ist, als ihr selbst es seid. Widmet euch nicht euch selbst, sondern weiht euch etwas oder jemand anderem. Diese Erweiterung wird euch sowohl als Mensch wie auch als Künstler größer machen.

Früher pflegten wir Gott »den Schöpfer« zu nennen. Uns war bewusst, dass unsere eigene Kreativität ein göttliches Geschenk war, ein Kanal für Gott, durch uns zu arbeiten. Als wir uns selbst und unsere Individualität statt die uns allen gemeinsame Menschlichkeit als Schrein in den Mittelpunkt unseres Bewusstseins stellten – eine Verlagerung, die wir möglicherweise der Psychotherapie zu verdanken haben, die uns eine Menge nutzlosen Narzissmus und auch die unerfreuliche Überzeugung, dass es in der Kunst ums Kompensieren geht, beschert hat –, gingen wir unserer richtigen Auffassung von der Kunst als Dienst verlustig. Wir erkannten uns selbst unser Geburtsrecht als Schöpfer ab und verloren das Wissen, dass die Kunst ein Akt der Seele und nicht des Egos ist. Wann immer wir die Kunst in den Bereich des Heiligen zurückführen, wann immer wir sie in irgendeiner Form zu einem Akt des Dienens machen, und sei es auch nur, dass wir sie in den Dienst eines Gedankens wie den der Schönheit oder Wahrheit oder Menschlichkeit stellen, erleben wir wieder die entspannte Leichtigkeit des schöpferischen Flusses und die Minderung unserer schöpferischen Zweifel. Wenn wir darum bitten, » lauschen und hören« zu können, erschaffen wir Werke, die es wert sind, gehört zu werden, und wir selbst vernehmen den Herzschlag unserer uns allen gemeinsamen Menschlichkeit, die in der Göttlichkeit begründet ist.

Wir schaffen vielleicht ein Kunstwerk, um für weltweites Verständnis einzutreten. Wir schaffen möglicherweise wunderschöne Musik zum Ruhm und Nutzen der Musik selbst. Wir schreiben eventuell ein Stück, um Alkoholikerinnen Mut zu machen. Mag sein, wir malen ein Bild, um unserem Schöpfer unseren Dank für die Schönheit von Königin Annes Spitze kundzutun. Wenn wir unsere Kunst im Geist des Dienens schaffen, macht uns das die Bürde des Egos leichter. Es führt zur Klarheit in der Konzentration, Reinheit in der Absicht und folgt einem spirituellen Gesetz, das man ganz einfach folgendermaßen formulieren könnte: Die Form folgt der Funktion. Und wenn die »Form« unserer Arbeit für das höhere Bewusstsein offen ist, erfährt auch ihre Funktion eine Erhebung.

Wie kann man sich selbst kennen lernen? Durch Betrachten niemals, wohl aber durch Handeln.

JOHANN WOLFGANG VON GOETHE

Kunst bewegt sich durch uns hindurch. Sie wird von unserer Individualität gefärbt, doch sind wir genau genommen nicht ihr Ursprung. Oder anders ausgedrückt, ein Kunstwerk mag seinen Ursprung in uns haben, aber wir haben unseren Ursprung in etwas Größerem, als wir selbst es sind. Wir sind, jeder von uns, mehr, als wir zu sein scheinen, mehr als die Summe unserer bloßen menschlichen Komponenten. Wir werden von einem göttlichen Funken beseelt, und dieser göttliche Funke beseelt auch unsere Kunst. Wenn wir darum bitten, mit unserer Kunst zu Diensten sein zu können, stoßen wir in unserem Studio der Kreativität ein Fenster auf. Und die größere Welt der Inspiration kann durch diese Öffnung in uns einströmen. Ein befreundeter Maler spricht davon, dass die Kunst ein »Loch für die Imagination« braucht. Ich würde es wohl folgendermaßen ausdrücken: »Wenn wir ein Kunstwerk etwas Größerem als unserem Ego weihen, wird dieses Größere eine spürbare Präsenz.« Ein großartiges Gemälde, Gedicht oder Musikstück weist dieses unbestimmbare »Etwas mehr« auf. Wir spüren es, und obwohl wir es zu benennen und zu definieren versuchen, entzieht es sich der Definition und dem Erfassen. Ein Atem des Göttlichen durchweht uns Künstler und auch unsere Kunst. Gehen Sie in eine Kathedrale, und Sie werden etwas spüren, was größer ist als die Künstler und Handwerker. Unsere angestellten Künstler werden ebenfalls von einer höheren Hand geführt. Nehmen Sie zum Beispiel Bach, der angestellt wurde, Musik zu komponieren, damit seine Kirche in den Gottesdiensten – wieder der Dienst – etwas zu spielen und zu singen hatte. Was Bach komponierte, war mehr als nur dienlich und nützlich. Vom Geist des Dienens inspiriert, schuf er die Kantaten, die wir Jahrhunderte später so sehr lieben und schätzen.

Wir dürften wohl alle im Dienste eines Künstlers stehen, der größer ist denn wir als Künstler. Das Leben selbst wirkt durch uns. Wir sind die Trägerinnen und Träger von Träumen und Wünschen, die vielleicht schon Generationen früher entstanden sind. Musikalisches Talent vererbt sich in Familien weiter. Ebenso die Begabung für die Bühne und fürs Schreiben. Wenn wir uns dazu entscheiden, Kunst aus einem Geist zu erschaffen, der sich in den Dienst eines größeren Ganzen stellt, werden wir im Grunde einfach nur wahrhaftig. Wir sind alle Teil eines größeren Ganzen, und wenn wir dies in aller Aufrichtigkeit anerkennen, nähern wir uns ein winziges bisschen der Demut, einer simplen und reinen Einfachheit, die es möglich macht, dass sich die Schönheit des großen Entwurfs durch uns zeigt. Wenn Schönheit Wahrheit ist und Wahrheit Schönheit – und ich glaube, dass es so ist –, dann lässt unsere dankbare Anerkennung unseres Platzes in einem größeren Plan der Dinge eine erste wahrhaftige Note anklingen, der mehr Schönheit folgt.

Eine nach innen gekehrte Begabung, die sich nicht verschenken kann, wird zur schweren Last, manchmal sogar zu einer Art Gift. Es ist, als würde der Fluss des Lebens gestaut.

MAY SARTON

AUFGABE *Schönheit ist Wahrheit und Wahrheit Schönheit*

Jeder von uns hat in sich die Fähigkeit, ehrfürchtig zu staunen und zu bewundern. Die einen werden durch eine musikalische Sequenz von Bewunderung erfasst. Andere lässt der Anblick eines Schmetterlingsflügels bescheiden und heiter gelassen werden. Alle diese Eingangstore zum Göttlichen warten auf uns, warten darauf, dass wir sie nutzen, um Kontakt herzustellen. Da gibt es so manche Dinge, die uns einfach glücklich machen, so manche Dinge, die wir einfach und aus keinem ersichtlichen Grund lieben. Deshalb haben wir den Spruch: »Gott findet sich in den Details.« Wir alle erfahren die Berührung des Großen Schöpfers, wenn wir uns mit etwas in Berührung kommen lassen, das wir lieben.

Weil der Teil in uns, der kreativ ist und erschafft, jugendlich und unschuldig ist,

ist ein guter Kinderbuchladen ein idealer Ort, um »Spielzeuge für Künstler« zu sammeln. Suchen Sie nun einen auf. Wenn Sie Dinosaurier lieben, besorgen Sie sich ein Dinosaurierbuch. Wenn Hunde Sie glücklich machen, dann finden Sie für sich ein Hundebuch. Sorgen Sie dafür, dass auf Ihrem Nachttisch mindestens ein Buch zu einem Thema liegt, das Sie ganz einfach entzückt. Entzücken öffnet dem Großen Schöpfer die Tür, damit er uns berührt und ein Gefühl des Wohlbefindens auslöst. Ob Sie nun Zebrafinken lieben oder einfach Zebras. Lassen Sie das, was Sie lieben, und dass Sie die Person sind, die es liebt, feiern. Wenn Sie sich mit dem kindlichen Teil in Ihnen verbinden, der die materielle Welt liebt und genießt, verbinden Sie sich mit der Empfindung und dem Gespür, das Aristoteles hatte, als er sagte, dass allen Dingen der Natur etwas vom Wunderbaren innewohnt.

Nur das Herz weiß, wie man findet, was kostbar ist.

FJODOR DOSTOJEWSKI

Lassen Sie sich staunen und wundern.

Epilog

Ich möchte dieses Buch gern mit einer Bemerkung über die Gnade ausklingen lassen. Das heißt, ich würde gern die Stellung würdigen, die die Gnade beim Schaffen von Kunst und von Künstlern innehat. Es ist eine große Gnade, dass wir als kreative Wesen geboren werden. Es ist eine große Gnade, dass wir Zugang zu dieser Kreativität haben. Auch wenn Sie es vielleicht anders ausdrücken würden, es fühlen sich alle schöpferisch tätigen Menschen durch ihre Arbeit von der Hand des Großen Schöpfers berührt. Die Kunst ist eine spirituelle Praxis. Wir üben sie vielleicht nicht perfekt aus und müssen das vielleicht auch gar nicht. Doch ausüben müssen wir sie. Ich bin davon überzeugt, dass uns das Schaffen von Kunst in vollerem Umfang menschlich macht. Und wenn wir in vollerem Umfang menschlich werden, werden wir auch in vollerem Umfang göttlich, berühren wir auf unsere irdische Weise den ewigen Funken in jedem von uns. Auf unsere Kunst konzentriert, verbinden wir uns mit dem kunstreichen und geschickten Herzen allen Lebens. Der schöpferische Puls, der uns durchströmt, durchströmt alle Schöpfung. Wir können wohl sagen, dass die Kreativität eine Form des Gebets ist, eine Form der Dankbarkeit für alles und der Anerkennung von allem, wofür wir dankbar sein müssen, wir, die wir in dieser Welt unseren Weg gehen.

Literatur

Meine Erfahrungen als Lehrerin zeigten mir, dass die Leserinnen und Leser dieses Buches mehr davon haben, wenn sie etwas tun, als wenn sie noch ein Buch lesen.

Aber für den Fall, dass Sie den unbedingten Wunsch verspüren weiterzuforschen, habe ich hier viele meiner Lieblingsbücher aufgelistet. Diese Werke gehören für mich zu den besten auf ihrem Gebiet. Versuchen Sie um der Einfachheit willen, die Arbeit mit dem Buch *Mit offenen Augen durch die Welt* erst zu beenden, bevor Sie sich weiteren »Input« zuführen.

Aftel, Mandy: *Der Roman unseres Lebens.* München: Deutscher Taschenbuch Verlag 1998. Überzeugend und nützlich.

Ban Breathnach, Sarah: *Einfachheit und Fülle.* München: Goldmann Verlag 1997. Ein sich auf meine Arbeit gründendes, sie erweiterndes und zutiefst berührendes Buch.

Berendt, Joachim-Ernst: *Nada Brahma: Die Welt ist Klang.* Reinbek: Rowohlt-Tb. 1999. Ein eloquentes und überzeugendes Buch zur Klangtheorie.

Bolles, Richard Nelson: *Durchstarten zum Traumjob: das Handbuch für Ein-, Um- und Aufsteiger.* Frankfurt a. M.: Campus Verlag 2002. Originelles und pragmatisches Buch darüber, wie man Ziele setzt.

Bonny, Helen: *Music and Your Mind.* Barrytown, N. Y.: Helen A. Bonny and Louis M. Savary, 1973, 1970. Ein detaillierter Ratgeber zur Anwendung von Musik als Gegengift bei emotionalem und mentalem Schmerz.

Brande, Dorothea: *Schriftsteller werden.* Berlin: Autorenhaus Verlag 2001. Eins der besten Bücher über das Schreiben, auf die ich je gestoßen bin.

Burnham, Sophy: *Engel: Erfahrungen und Reflexionen.* Olten: Walter Verlag 1992. Eine elegante und tief empfundene Erforschung der spirituellen Mächte und Kräfte, die in unserem Leben wirken.

Bush, Carol A.: *Healing Imagery and Music.* Portland, Oregon: Rudra Press 1995. Ein überaus nützlicher Ratgeber über das Hören auf Heilung.

Campbell, Don G.: *Der Seele Klang: die heilende Kraft von Atem, Ton, Musik.* München: Kösel Verlag 1997. Grundlegendes Werk über das Heilen mit Klang – klar, leidenschaftlich und nützlich. Alle der vielen Bücher Campbells sind wichtig und überzeugend, aber dieses Buch bleibt bahnbrechend.

Cassou, Michelle, und Cubley, Steward: *Life, Paint, and Passion: Reclaiming the Magic of Spontaneous Expression.* New York: Jeremy P. Tarcher/Putnam 1996. Leidenschaftliches und aus Erfahrung sprechendes Buch für bildende Künstler.

Chatwin, Bruce: *Traumpfade.* München: Hanser Verlag 1990. Ein vorzügliches, mysteriöses und beeindruckendes Buch.

Choquette, Sonia: *The Psychic Pathway.* New York: Random House, Crowne Trade Paperbacks, 1994, 1995. Sicherer, geerdeter und praktischer Leitfaden für das Erschließen von spirituellen Begabungen.

–, *Your Heart's Desire.* New York: Random House, Crowne Trade Paperbacks, 1997. Ein überaus klarer, Schritt um Schritt vorgehender Ratgeber für das Manifestieren von Träumen zu funktionierender Realität.

Eisler, Riane: *Kelch und Schwert. Von der Herrschaft zur Partnerschaft.* München: Goldmann-Tb. 1993. Grundlegendes Werk über die Unterschiede in der männlichen und weiblichen Herangehensweise an das Leben.

Fassel, Diane: *Wir arbeiten uns noch zu Tode. Die vielen Gesichter der Arbeitssucht.* München: Kösel Verlag 1991. Wendet sich an Arbeitssüchtige und macht sich für ein resolutes Intervenieren stark.

Fox, Matthew: *Freundschaft mit dem Leben: die vier Pfade der Schöpfungsspiritualität.* Frankfurt a. M.: Fischer-Tb. 1998. Ein wichtiges, berichtigendes Buch über die christliche Tradition; brillant, leidenschaftlich, mitfühlend.

Franck, Frederick: *Zen in der Kunst des Sehens.* Kreuzlingen: Ariston Verlag 1998. Eine ausgezeichnete Abhandlung über den Wert der »Achtsamkeit« im schöpferischen Leben.

Gawain, Shakti: *Stell dir vor. Kreativ visualisieren.* Reinbek: Rowohlt-Tb. 1986. Hilfreich, um zu lernen, wie man eine Vision schafft und aufrechterhält.

Goldberg, Bonni: *Room to Write: Daily Invitations to a Writer's Life.* New York: Jeremy P. Tarcher/Putnam 1996. Ein meisterlich provokantes und kluges Schriftstellerwerkzeug.

Goldberg, Natalie: *Writing Down the Bones.* Boston, Mass.: Shambala Publications 1986. Eins der besten Bücher über das Schreiben, die je geschrieben wurden.

Goldman, Jonathan: *Heilende Klänge: die Macht der Obertöne.* München: Droemer

Knaur Verlag 1994. Beeindruckendes und sanftes Lehrbuch über Heiltechniken mit Klängen.

Grof, Christina, und Grof, Stanislav: *Die stürmische Suche nach dem Selbst. Praktische Hilfe für spirituelle Krisen.* München: Kösel Verlag 1991. Ein provokantes Buch über das Missverstehen von spirituellen Erfahrungen in unserer Gesellschaft.

Harmon, Willis, und Rheingold, Howard: *Higher Creativity.* Los Angeles: Jeremy P. Tarcher 1984. Ein wertvolles und oft aufschlussreiches Buch über die Kreativität vor allem berühmter, aber auch anderer Autoren.

Hart, Mickey: *Die magische Trommel. Eine Reise zu den Quellen des Rhythmus.* München: Goldmann-Tb. 1993. Ein großartiges Buch über Musik als spirituelle Erfahrung.

Heywood, Rosalind: *ESP: A Personal Memoir.* New York: E. P. Dutton & Co., Inc., 1964. Ein entzückendes Buch über persönliche Begegnungen mit höheren Kräften.

Holmes, Ernest: *Creative Ideas.* Los Angeles: Science of Mind Communications 1973. Ein kleines, beeindruckendes und wichtiges Büchlein über das bei der schöpferischen Manifestation zur Anwendung gebrachte spirituelle Gesetz.

James, William: *Die Vielfalt religiöser Erfahrung.* Olten: Walter Verlag 1978. Grundlegendes und bahnbrechendes Werk, das die verschiedenen Formen des spirituellen Erwachens beschreibt und viele Einsichten in die Kreativität als spirituelle Angelegenheit aufweist.

Jeffers, Susan: *Selbstvertrauen gewinnen. Die Angst vor der Angst verlieren.* München: Kösel Verlag 1992. Ein Buch zur Überwindung von Angst. Stößt gleich zum Kern vor.

Leonard, Jim: *Your Fondest Dream.* Cincinnati: Vivation 1989. Ebenfalls ein Buch, das gleich zum Kern vorstößt; viele Brainstorming-Techniken.

Lewis, C. S.: *Miracles.* New York: Macmillan 1947. Inspirierend, prickelnd und provokant. Eine Herausforderung in Bezug auf Aufgeschlossenheit und Unvoreingenommenheit.

Lingerman, Hal A.: *Bewusst hören: Musik als Mittel zum Heilen, Entspannen, Träumen, Aktivieren und Therapieren für den täglichen Gebrauch.* Haldenwang: Shangrila 1984. Exzellentes Buch über Musik als Medizin; wissenschaftlich, aber lesefreundlich.

London, Peter: *No More Secondhand Art: Awakening the Artist Within.* Boston: Shambala

Publications, Inc., 1989. Ein Manifest für die Kunst als persönlicher Prozess, nicht als Produkt.

McClellan, Randall Ph. D.: *The Healing Sources of Music.* Rockport, Mass.: Element Books, Inc., 1995. Eine lesefreundliche, weit gespannte Informationsquelle.

McLean, Dorothy: *Du kannst mit Engeln sprechen.* München: Heyne Verlag 1997. Ein wunderschönes Buch und eine faszinierende Autobiographie von einer der Begründerinnen Findhorns.

Mathieu, W. A.: *The Listening Book: Discovering Your Own Music.* Boston: Shambala Publications, Inc., 1991. Ein angenehmes, die Musik als Lebensweg entmystifizierendes Buch.

Matthews, Caitlin: *Singing the Soul Back Home. Shamanism in Daily Life.* Rockport, Mass.: Element Books, Inc., 1995. Ein wundervoll reichhaltiges Buch für eine geerdete spirituelle Praxis.

Miller, Alice: *Das Drama des begabten Kindes und die Suche nach dem wahren Selbst.* Frankfurt a. M.: Suhrkamp, 1. Auflage 1979. Ergiebiges Buch darüber, wie toxische Familiendynamik die Kreativität dämpft.

Nachmanovitch, Stephen: *Free Play.* Los Angeles: Jeremy P. Tarcher 1991. Ein wunderbares Buch über kreative Freiheit.

Noble, Vicky: *Mythen, Musen und Tarot – Motherpeace.* München: Frauenoffensive, 1. Auflage 1987. Kreativität durch die Linse der Göttinreligion gesehen.

Norwood, Robin: *Wenn Frauen zu sehr lieben. Die heimliche Sucht, gebraucht zu werden.* Reinbek: Rowohlt 1986. Grundlegendes Werk über Co-Abhängigkeit.

Peck, M. Scott: *Der wunderbare Weg. Eine neue Psychologie der Liebe und des spirituellen Wachstums.* München: Goldmann Verlag 1989. Ein Buch für spirituelle Skeptiker.

Shaughnessy, Susan: *Walking on Aligators.* New York: HarperCollins 1993. Angenehmer, kluger Ratgeber für alle, die daran arbeiten, den Wert des Prozesses wie den des Produkts schätzen zu lernen.

Sher, Barbara, und Gottlieb, Annie: *Wishcraft: vom Wunschtraum zum erfüllten Leben.* Tübingen: Universitas Verlag 2000. Ein überzeugendes, katalysatorisch wirkendes Buch über das kreative Leben, ähnelt meiner Arbeit und meinem gegenwärtigen Denken.

Starhawk: *Das fünfte Geheimnis.* Buxtehude: Hannah 1996. Bestrickender Roman über spirituelle Ökologie.

–, *Der Hexenkult als Ur-Religion der großen Göttin; magische Übungen, Rituale und Anrufungen.* Freiburg: Bauer Verlag 1987. Hervorragendes Buch, handelt von Kreativität und dem Gott/der Göttin in uns.

Tame, David: *Die geheime Macht der Musik: die Transformation des Selbst und der Gesellschaft durch musikalische Energie.* Zürich: Verlag Musikhaus Pan 1991. Ein erhellender einführender Überblick über die heilenden Kräfte der Musik.

Ueland, Brenda: *Die Lust zu schreiben.* Frankfurt a. M.: Zweitausendundeins Verlag 2001. Über die pflegliche Behandlung und Instandhaltung des Schriftstellers als kreativen Künstlers. Gewitzt, persönlich und pragmatisch.

W., Bill: *Alcoholic Anonymous: The Story of How More Than One Hundred Men Have Recovered from Alcoholism.* Akron, Ohio: Carry the Message 1985.

Wegscheider-Cruse, Sharon: *Choicemaking: For Co-dependents, Adult Children and Spirituality Seekers.* Pompano Beach, Fla.: Health Communications 1985. Für die Demontage von co-abhängiger Arbeitssucht empfohlen.

Woititz, Janet: *Home Away From Home: The Art of Self-Sabotage.* Pompano Beach, Fla.: Health Communications 1987. Wichtig, um dem Mechanismus der Erfolgsvereitelung Einhalt zu gebieten.

Wir kamen zu dem Glauben ... das geistige Erlebnis von AA, wie es von einzelnen erfahren wurde. Hrsg.: Anonyme Alkoholiker, München 1985. Nützliches und berührendes Buch über embryonisches Vertrauen.

Wright, Machaelle Small: *Behaving As If God in All Life Mattered.* Jeffersonton, Va.: Perelandra, Ltd., 1987. Eine spirituelle Autobiographie über die Arbeit mit Erd- und anderen Energieformen.

Zimmer Bradley, Marion: *Die Nebel von Avalon.* Frankfurt a. M.: Krüger Verlag 1992. Ein eindrucksvoller, sinnträchtiger Roman über weibliche Spiritualität im vorchristlichen England.

Folgende Bücher sind als spezielle Hilfe bei Problemen gedacht, die häufig die Kreativität blockieren.

Alcoholics Anonymous: *The Big Book.* New York: Alcoholics Anonymous World Services. Für Alkoholiker und Nichtalkoholiker gleichermaßen zur Bewahrung eines gesunden und nüchternen Lebensstils. Inspirierender Ratgeber.

The Augustine Fellowship: *Sex and Love Addicts Anonymous.* Boston: The Augustine Fellowship, Sex and Love Addicts Anonymous Fellowship-Wide Services

1986. Eines der besten Bücher über Sucht. Die Kapitel über Entzug und den Aufbau einer Partnerschaft sollten Pflichtlektüre sein.

Beatty, Melody: *Codependent No More.* San Francisco: Harper & Row 1987. Hervorragend, um die Tugendfalle zu durchbrechen.

Cameron, Julia, und Bryan, Mark: *Money Drunk, Money Sober.* New York: Ballantine Books 1992. Ein Werkzeugkasten für die finanzielle Unabhängigkeit. Dieses Buch schafft eine neue Sprache und Sicht in Bezug auf das Geldmanagement. Es erwuchs aus dem *Weg des Künstlers,* weil Geld der am häufigsten angeführte Grund für eine Blockade ist.

Hallowell, Edward M., M. D., und Ratey, John J., M. D.: *Zwanghaft zerstreut oder Die Unfähigkeit, aufmerksam zu sein.* Reinbek: Rowohlt-Tb. 1998. Unschätzbares Buch über Konzentrationsstörungen.

Louden, Jennifer: *Tu dir gut: Das Wohlfühlbuch für Frauen.* Freiburg: Bauer Verlag, 19. Auflage 1999. Praktischer Ratgeber zur Selbstfürsorge, für Frauen und für Männer brauchbar.

Orsborn, Carol: *Enough Is Enough: Exploding the Myth of Having It All.* New York: G. P. Putnam's Sons 1986. Eine hervorragende Hilfe, um die heroisch arbeitssüchtige Persönlichkeitsstruktur zu demontieren.

Die Autorin

Julia Cameron ist Künstlerin, Bestseller-Autorin und international bekannte Seminarleiterin. Sie schreibt Drehbücher für Film und Fernsehen und produziert Dokumentarfilme; ihre journalistischen Arbeiten wurden mehrfach ausgezeichnet. Sie lebt mit ihrer Familie in Taos, New Mexico.

Staunend durchs Leben gehen, neugierig sein wie ein Kind – das ist ein wesentlicher Leitsatz von Julia Cameron, der Expertin in Sachen Kreativität. In ihrem praxiserprobten 12-Wochen-Programm stellt sie neue Strategien und Techniken vor, die die eigene Kreativität sowohl in beruflichen als auch privaten Dingen nachhaltig anregen und vergrößern – die Fortsetzung des Bestsellers »Der Weg des Künstlers. Ein spiritueller Pfad zur Aktivierung unserer Kreativität«.

Sämtliche ins Deutsche übersetzten Bücher von Julia Cameron sind bei Knaur MensSana erschienen:

◊ Der Weg zum kreativen Selbst
◊ Der Weg des Künstlers
◊ Der Weg des Künstlers im Beruf
◊ Von der Kunst des Schreibens
◊ Wer sagt, dass Gott nicht gerne lacht?
◊ Einsichten des Herzens
◊ Inspirationen